高等院校经济学管理学系列教材

管理心理学
Management Psychology

颜世富 ◎主　编

马喜芳　周　蕾　陈霜晶 ◎副主编

图书在版编目(CIP)数据

管理心理学/颜世富主编. —北京:北京大学出版社,2016.1
(高等院校经济学管理学系列教材)
ISBN 978-7-301-26619-9

Ⅰ.①管… Ⅱ.①颜… Ⅲ.①管理心理学—高等学校—教材 Ⅳ.①C93-05

中国版本图书馆 CIP 数据核字(2015)第 297860 号

书 名	管理心理学
	GUANLI XINLIXUE
著作责任者	颜世富 主编 马喜芳 周 蕾 陈霜晶 副主编
责任编辑	黄 蔚 王业龙
标准书号	ISBN 978-7-301-26619-9
出版发行	北京大学出版社
地 址	北京市海淀区成府路 205 号 100871
网 址	http://www.pup.cn
电子信箱	sdyy_2005@126.com
新浪微博	@北京大学出版社
电 话	邮购部 62752015 发行部 62750672 编辑部 021-62071998
印 刷 者	河北滦县鑫华书刊印刷厂
经 销 者	新华书店
	787 毫米×1092 毫米 16 开本 20.75 印张 492 千字
	2016 年 1 月第 1 版 2019 年 12 月第 3 次印刷
定 价	48.00 元

未经许可,不得以任何方式复制或抄袭本书之部分或全部内容。
版权所有,侵权必究
举报电话: 010-62752024 电子信箱: fd@pup.pku.edu.cn
图书如有印装质量问题,请与出版部联系,电话: 010-62756370

目 录

第一章　管理心理学概述 ……………………………………………… (1)
　　第一节　管理心理学的研究对象 ……………………………………… (2)
　　第二节　管理心理学的理论基础 ……………………………………… (8)
　　第三节　管理心理学研究方法 ………………………………………… (22)
　　第四节　如何学习管理心理学 ………………………………………… (27)

第二章　管理心理学的由来与发展 ……………………………………… (34)
　　第一节　中国古代管理心理思想史 …………………………………… (36)
　　第二节　西方管理心理学的创立 ……………………………………… (57)
　　第三节　管理心理学的发展 …………………………………………… (66)

第三章　心理资本与管理 ………………………………………………… (74)
　　第一节　心理资本的概念 ……………………………………………… (75)
　　第二节　心理资本的结构与测量 ……………………………………… (78)
　　第三节　心理资本开发的方法 ………………………………………… (80)

第四章　个别差异与管理 ………………………………………………… (84)
　　第一节　人格概述 ……………………………………………………… (85)
　　第二节　人格测验 ……………………………………………………… (89)
　　第三节　气质与管理 …………………………………………………… (97)
　　第四节　性格与管理 …………………………………………………… (100)
　　第五节　能力与管理 …………………………………………………… (106)
　　第六节　个性倾向性与管理 …………………………………………… (111)

第五章　群体心理与行为 ………………………………………………… (122)
　　第一节　群体的结构、类型和功能 …………………………………… (123)
　　第二节　群体行为 ……………………………………………………… (126)
　　第三节　群体动力 ……………………………………………………… (130)

第六章　沟通与人际关系 ………………………………………………… (136)
　　第一节　人际关系及其发展 …………………………………………… (137)
　　第二节　人际吸引 ……………………………………………………… (142)
　　第三节　管理中沟通能力的自我训练 ………………………………… (145)

第七章　组织与组织文化 ………………………………………………… (152)
　　第一节　组织概念 ……………………………………………………… (153)
　　第二节　组织理论 ……………………………………………………… (157)

第三节　组织结构 …………………………………………………… (165)
　　第四节　企业文化管理 ………………………………………………… (180)

第八章　压力管理与组织健康 ……………………………………………… (187)
　　第一节　压力概述 ……………………………………………………… (189)
　　第二节　工作压力管理 ………………………………………………… (193)
　　第三节　员工援助计划 ………………………………………………… (207)

第九章　领导理论 …………………………………………………………… (211)
　　第一节　领导概述 ……………………………………………………… (212)
　　第二节　经典领导理论 ………………………………………………… (214)
　　第三节　领导理论的新发展 …………………………………………… (224)

第十章　核心团队建设 ……………………………………………………… (234)
　　第一节　领导者的自我管理 …………………………………………… (236)
　　第二节　核心团队 ……………………………………………………… (247)
　　第三节　核心团队的优化 ……………………………………………… (251)

第十一章　权力 ……………………………………………………………… (256)
　　第一节　权力概述 ……………………………………………………… (257)
　　第二节　权力的应用 …………………………………………………… (265)
　　第三节　权力影响策略 ………………………………………………… (269)

第十二章　决策行为 ………………………………………………………… (275)
　　第一节　决策理论 ……………………………………………………… (276)
　　第二节　决策的分类 …………………………………………………… (279)
　　第三节　决策制定过程 ………………………………………………… (284)
　　第四节　决策风格研究 ………………………………………………… (286)
　　第五节　如何决策 ……………………………………………………… (289)

第十三章　激励 ……………………………………………………………… (296)
　　第一节　激励概述 ……………………………………………………… (297)
　　第二节　激励的基本理论 ……………………………………………… (301)
　　第三节　激励的原则和方法 …………………………………………… (310)

参考文献与推荐读物 ………………………………………………………… (315)

后　记 ………………………………………………………………………… (323)

第一章 管理心理学概述

管理学、心理学两门学科,和人们的学习、生活与工作关系非常密切,自从诞生以来就受到广泛关注,在国内外都受到过热捧和冷遇,由两门学科交叉融合的管理心理学同样如此,不同国家、不同地区、不同时间,学科的命运差别很大。本章介绍管理心理学到底是什么,管理心理学的研究内容,管理心理学的理论基础,我们如何学习和研究管理心理学,学习管理心理学的意义。

案例

为什么"坏"老板容易成就大业

杰克·韦尔奇
通用电气前CEO

比尔·盖茨
微软公司创始人

史蒂夫·鲍尔默
微软前CEO

迈克尔·戴尔
戴尔公司创始人

拉里·埃里森
甲骨文公司CEO

张瑞敏
海尔集团董事局主席

任正非
华为公司创始人、总裁

马云
阿里巴巴集团创始人

图1-1 世界上著名的"坏老板"们

通用电气原CEO韦尔奇(Jack Welch)对管理人员训话:如果害怕得罪人,不敢直接如实评价员工、正面批评员工,就从管理岗位上走开!

微软的比尔·盖茨(Bill Gates)和鲍尔默(Steve Ballmer)对着完不成任务的员工骂粗话、对着不能迅速领会他们意图的员工讽刺挖苦是常有的事。

戴尔电脑的迈克·戴尔(Michael Dell)更是IT业的著名"恶人"。

甲骨文公司的拉里·埃里森(Larry Ellison)甚至在企业员工的T恤衫上直接印上"杀死对手"的挑战性宣言。

张瑞敏通过当"恶人"改造人,以"砸冰箱"和"不允许员工随地大小便"起家。张瑞敏说"伟人首先是恶人"。如今广为流传的关于海尔的管理经验往往是由一个个"恶人"管理的小故事串联成的。张瑞敏如此做的原因是要"改造人"。他提出了"日事日毕,日清日高"的管理理念,要求每一个工人和管理者学会管理自己的时间和目标。海尔的研究者们称之为"OEC管理法",意为全方位地对每天、每人、每事进行清理控制。通过当"恶人",张瑞敏完成了对海尔人的改造。

任正非这位老板的"坏"也是很出名的。任正非对刚进华为的新员工说:"进了华为就是进了坟墓。"他对部分研发人员不顾市场、只顾埋头钻研时批评:"华为没有院士,只有院士。要想成为院士,就不要来华为。小改进,大奖励;大建议,只鼓励。"任正非批评一位刚进华为就给自己写"万言书"的北大学生:"此人如果有精神病,建议送医院治疗;如果没病,建议辞退。"

马云也是"坏人"。2011年8月29日,阿里巴巴集团董事长马云在内部邮件中直接地批评部分新员工的浮躁态度。他警告来公司不到1年的人,千万不要给他写战略报告,谁提战略谁离开!公司不是请我们发展我们的,公司花钱请我们是来发展我们客户成长的。我们是通过发展客户来发展自己。马云的基本意思是:花钱是请你做事的,不是请你提想法的。说得非常直接,听起来也很刺耳。马云在不同场合反复强调执行力的作用。据称,马云与孙正义曾经探讨过一个问题:一流的点子加上三流的执行水平,与三流的点子加上一流的执行水平,哪一个更重要?结果两人得出一致答案:三流的点子加一流的执行水平。马云曾将阿里巴巴称为"一支执行队伍而非想法队伍"。

第一节 管理心理学的研究对象

一、什么是管理心理学

上述案例中这些老板的言论,看起来感到奇怪,为什么"坏老板""恶高管"能够把公司管好,企业能够成长发展?企业以成败论英雄,如果公司不能盈利,老板本人就该下台。微软、甲骨文、海尔、华为等公司的董事长总经理们善于利用管理心理学中的心理技术,给员工心理上制造畏惧感、危机感、紧迫感,从而严格要求自己、努力工作、实现目标。事实上,"坏老板"领导团队的执行力往往胜过"好老板"。更有点评称,历史往往是由"坏人"创造的,比如:半个"流氓"出身的刘邦、从小调皮捣蛋的曹操、逼父造反的李世民、没皮没脸的朱元璋等,因为只有"坏人"才敢起来造反和变革。创造好公司也是如此,因为"坏老板"有更坚强的神经系统,更有与众不同的思维模式,敢于打破常规,突破习惯的桎梏和传统的束缚,所以能在残酷的商业竞争中取得胜利。

管理工作是复杂的劳动,不会因为领导者心肠好、勤奋就劳而有功就取得高绩效。管理心理学就是一门帮助管理者取得组织高绩效的重要学问。

中国管理心理学的发展是从引进、翻译国外早期心理学著作开始的。中国已故著名心理学家陈立在1935年出版了《工业心理学概观》,第一次从环境、疲劳、休息、工作方法、事故与效率,以及工业组织、激励与动机等重要方面,系统论述了中国工业心理学和管理心理学的基本问题。该书的出版对20世纪30年代至40年代乃至以后的中国管理心理学发展和演变都产生了重要的影响。从20世纪50年代开始,我国逐步开展工程心理学和劳动心理学的研究,但管理心理学的起步较晚。由于十年"文化大革命"的影响,在20世纪60年代,我国管理学界、心理学界对西方正在迅速发展的工业与组织心理学知之甚少,直到20世纪70年代末党的十一届三中全会召开之后,我国转向以经济建设为中心,工业部门感到需要运用心理学的知识调动企业管理人员和职工的积极性,心理学界也感到需要开展有关生产管理中心理学问题的研究,在这种改革和开放的形势下,管理心理学才逐渐得到发展。

陈立,1902—2004

20世纪70年代末80年代初,复旦大学、上海交通大学、华东师范大学、杭州大学、大连理工大学和中国科学院心理研究所等机构的学者,展开了行为科学、组织行为学与管理心理学的探讨和培训。之后,在我国企业界、学术界,对行为科学与管理心理学的探讨更广泛地开展起来。1980年,中国心理学会筹建了"工业心理学专业委员会",在其首次专业会议上明确指出我国工业心理学分为工程心理学和管理心理学。以后,在有关部门的组织、倡导下,翻译出版了一些国外较有影响的管理心理学、组织心理学和组织行为学著作,1985年由我国学者卢盛忠和俞文钊主编的《管理心理学》教材相继出版,各地为此举办了各种类型的管理心理学讲习班和讲座,经济院校管理学专业也开设了管理心理学课程。

1980年之后,国内外发表了大量的管理心理学论文,出版了众多的管理心理学专著和教材,大家对于管理心理学的名称、定义和学科体系提出了很多不同的观点,如中国科学院心理研究所徐联昌在《走出丛林的管理心理学》自序中感叹道:之所以把本书定名为《走出丛林的管理心理学》,是因为对"管理心理学"本身的含义可以有不同的理解,它在不同的国家、在不同的场合有着多种用法,如果加以排队、总结,就会成为一片"丛林",如行为科学、组织行为学、组织心理学,再放宽一些,还可以有更多的名称,如人力资源管理、人事心理学之类。我在这片"丛林"中过了多年,既有风景如画的时候,也有山洪暴发、乱石崩雪的险恶气候,真正是"命"悬一"线"的日子,但是我们始终是条件越困难,越要努力奋斗,绷住了一股"咬定青山不放松"的劲儿,终于"走出"这片丛林,开创了我国"管理心理学"研究的新局面。

不要说其他人群,就是大学管理学院、心理学院,一些教师和学生也不大明白管理心理学和组织行为学的区别,因为课程名称是组织行为学,教师可能推荐一些管理心理学参考书;课程名称是管理心理学,教师则可能推荐一些组织行为学参考书。诚如徐联昌先生所言,围绕管理心理学有一系列相近似或者内容交叉重叠的名称,例如组织行为学、工业与组织心理学、工业心理学、工业社会心理学、劳动心理学、行为科学、行为管理学、心理管理、人力资源管理心理学、组织心理学等。从这些不同的名称可以看出,大家对于管理心理学研究的侧重点是什么有分歧,往往各执一端,加以发挥。

大家对于管理心理学概念的界定也不相同,有的偏重于从心理学上去解释,有的侧重于从管理学角度去探讨,有的侧重于从人群组织角度去研究,有的则重视从行为规律上去阐发。

首次运用"管理心理学"名称的是美国管理学家莉莲·吉尔布雷斯（Lillian Moller Gilbreth），她1914年出版了一本《管理心理学》，在书中她力图把心理学概念运用到科学管理中去。孙时进和颜世富在其2000年主编的《管理心理学》中，把管理心理学定义为研究管理过程中人们的心理现象、心理过程及其发展规律的科学。俞文钊在第三版《管理心理学》中认为，管理心理学是研究组织中人的心理活动规律，用科学的方法改进管理工作，充分调动人的积极性的一门科学。苏东水在第五版《管理心理学》中指出，管理心理学是研究组织管理中人的心理活动规律的科学，主要体现为研究社会团体中人与人之间的关系，以及人与环境间的良好配置。管理心理学是把心理学的知识应用于分析、说明、指导管理活动中的个体和群体行为的心理学分支，是研究管理过程中人们的心理现象、心理过程及其发展规律的科学。刘永芳在《管理心理学》中提出，管理心理学是研究组织管理活动中人的行为规律及其潜在的心理机制，并用科学的方法改进管理工作，不断提高工作效率与管理效能，最终实现组织目标与个人全面发展的一门学科。

上述关于管理心理学的定义虽然有一些差异，但是一个共同的取向是，把管理心理学看成心理学的分支学科。我们认为，管理心理学是管理学和心理学的交叉学科，他们是交叉互动的关系，我们不仅要研究管理过程中的心理活动，还应该研究心理过程、个性心理特征的调节、控制与管理。

为了强调心理活动需要调节和管理，心理管理非常重要，颜世富出版了《心理管理》一书。他指出，管理工作应该坚持"治心为上"的原则，从心出发。心理管理包含以下内容：倡导管理中要以心为本；管理者自身要有良好的心理素质；管理者得到被管理者的拥戴是搞好管理工作的前提和基础；管理过程实际上是心理调节过程；管理者应该了解被管理者的需求，尊重被管理者的意愿；管理者要有洞悉心灵的能力；心治要与法治相结合。越来越多的人认识到心理管理的重要性，如胡君辰和潘晓云出版了《心智管理导论》，郭金山和王剑辉出版了《心理管理——体系与技能》。宋朝苏洵说"为将之道，当先治心"，董仲舒在承认治理国家的关键人物是皇帝的同时，指出统治者的心理尤为重要："君者，民之心也；民者，君之体也。心之所好，体必安之；君之所好，民必从之"。（《春秋繁露·为人者天》）董仲舒将管理者喻为人之心，被管理者喻为人之体，身体是在心的支配下才活动的，所以管理者的心理活动很重要，管理者"心动"，被管理者才会"行动"。因此，管理者自己首先要重视自己的心理建设。

综上所述，我们认为：管理心理学是研究管理活动的行为规律及其潜在的心理和生理机制，以及心理活动的调节和控制规律，并用科学的方法有效营运组织的有形和无形存量资本，以最大限度地实现增值。

该定义主要有以下四层含义：第一，管理心理学既探索管理活动中的行为规律，又揭示这些行为背后潜在的心理机制。行为是外显的，心理机制是内隐的。第二，管理心理学既探索管理活动中的行为规律，又揭示这些行为背后的生理机制。以前的管理心理学对于管理行为、心理活动的生理机制基本上缺乏研究，我们认为这方面的研究应该加强。第三，管理心理学除了研究管理活动中的心理活动规律，还研究如何预测、调节和控制心理活动，引导积极心理活动。以前的管理心理学对于这方面的研究很少，不全面，有待加强。第四，管理心理学研究的目的是调动一切积极心理因素，挖掘潜能，整合和开发资源，帮助组织获取高绩效,以最大限度地实现增值。不管是企业组织还是非盈利机构,都应该有绩效意识,并严格认真地实施绩效管理。

二、管理心理学的学科性质

以开展微观取向为主要研究方向的学者,一般把管理心理学视为心理学的分支学科;另外一些关注管理行为、管理职能、管理过程的人,则把管理心理学视为管理学的分支学科。这两种观点具有明显的局限性,妨碍了管理心理学的发展。我们认为管理心理学是介于管理学与心理学之间的一门交叉性学科,与其他众多学科有着密切的联系,是一门综合性很强的学科。

管理心理学要研究管理行为的神经生理机制,要涉及人的神经系统、神经类型和人脑结构等自然性质,同时,现代心理学的研究运用各种实验、计算机模拟、数据处理等自然科学的手段与方法,因此,管理心理学具有自然科学的性质。管理心理学又是一门社会性很强的学科,因为管理工作者和其管理的对象都生活在社会之中,研究人的心理绝不能孤立地脱离人的社会因素去研究,所以人除了自然属性外,还有更重要的社会属性,也就是说,管理心理学又具有社会科学的性质,是一门自然科学与社会科学交叉的学科。

三、两种取向的管理心理学

管理心理学是管理学和心理学交叉形成的一门学科,从事该学科研究的人员也主要来自于心理学和管理学两个领域。由于这两个领域的研究人员在生活经历、知识结构、研究兴趣等方面存在差异,所以这门学科在不断发展的过程中,逐渐演变出了心理学取向的管理心理学和管理学取向的管理心理学。

心理学取向的管理心理学是基于心理的或从个体角度出发的管理心理学。这种管理心理学看问题比较微观、深刻,注重个体层面的问题和行为背后的心理机制和生理机制,侧重于从心理学的角度出发,用心理学的理论、知识和方法来分析问题,提出的解决方案也是微观、心理取向。

管理学取向的管理心理学看问题比较宏观,关注管理行为、管理职能和管理过程,侧重于用管理学的原理和方法分析问题、解决问题。管理学取向的管理心理学是基于组织层面出发的管理心理学,主要为管理者服务,关注管理行为和组织绩效之间的关系。

两种取向的管理心理学都研究管理活动的行为规律及其潜在的心理活动规律,他们在研究的主要内容上基本上差不多,但是研究的角度、层次、深度和目标有区别。

四、管理心理学的研究内容

目前已经出版的管理心理学著作,主要是论述管理过程中的心理活动规律,普遍采用的体系的基本线索是"个体心理与管理—群体心理与管理—组织心理与管理—领导心理与管理",即个体心理、群体心理、组织心理和领导心理。管理心理学到底应该研究哪些内容?从学术组织的归属来看,中国的管理心理学者主要挂靠在中国心理学会工业心理学专业委员会下面。我们来看看2010年中国心理学会工业心理学专业委员会的学术年会研讨了哪些主题、哪些内容。

> **阅读材料**

中国心理学会工业心理专业委员会 2010 年学术年会研讨内容

2010 年 4 月 2 日至 3 日，以"创新变革、和谐发展"为主题的中国心理学会工业心理学专业委员会 2010 学术年会在上海交通大学召开。此次会议由上海交通大学安泰经济与管理学院承办，上海行为科学学会和上海慧圣咨询公司协办。上海交通大学党委副书记徐飞教授、中国心理学会理事长和国际心理学联合会副会长张侃教授、中国心理学会副理事长沈模卫教授、工业心理学专业委员会主任委员王重鸣教授等 15 名理事出席并主持了会议。来自上海交通大学、北京大学、浙江大学、清华大学、中国科学院心理研究所、中国人民大学、北京师范大学、华东师范大学、同济大学、中山大学、华中科技大学，以及大亚湾核电站、慧圣咨询公司等机构的 200 余名专家学者、企业人士参加了会议。

徐飞首先代表上海交大致辞，接着作了《现代人为什么不快乐》的主题演讲。徐飞教授最后指出，我们每个人的快乐、烦恼和痛苦都不是因为事情本身，而是我们看待事情的观念和态度。随后，多位专家学者做了大会主题报告，其中有中国科学院心理研究所张侃的《国民心理特征》、浙江大学王重鸣的《工业组织心理学研究进展与展望：创业与变革的视角》、芝加哥大学奚恺元的《如何发展持续满意度》、北京大学王垒教授的《思维方式与工业、经济心理学研究》、中国科学院心理研究所王二平的《群体性事件的分析与预警》和上海交通大学唐宁玉的《文化智力研究：从个体到团队》。

大会具体分为经济心理与决策、幸福学、个体心理和社会责任、心理资本与变革领导、文化及思维方式和组织管理、心理测评和领导力评估、群体性事件的心理分析、经济心理与决策、交互情境中的信任问题研究、消费决策和幸福、人力资源管理体系的评价研究、人格及行为和工作态度、组织社会化和职业发展、创业创新和领导力研究、认知及情绪和决策、胜任力模型和行为评估、领导力的基础和作用机制研究、人因学与安全问题研究、情绪和决策判断、积极组织行为研究、团队决策和团队效能研究、组织公正研究、知识型员工和人才延揽政策研究、工作投入和组织承诺研究、广告和品牌研究、大学生职业选择和适应性研究等专场进行研讨。

每一个专场均交流了诸多论文，例如，"领导力的基础和作用机制研究专场"研讨论文有：领导者的权力基础研究、中国变革型领导行为问卷的发展及其作用机制的研究、人人都有权力——感知下属的权力、变革型领导作用机制的相关研究、自我领导理论在绩效评价中的应用等；"心理资本与变革领导专场"研讨论文有：心理资本（PsyCap）稳定性的探讨——来自三个危机管理干预研究的证据、环境因素与个体因素对心理资本的影响、挑战性—阻断性压力对工作绩效的双重作用机制探讨等；"经济心理与决策专场"研讨论文有：相似性判断对跨期决策中的时间延迟效应的影响、时间压力对偏好反转的影响、时间压力与情绪性权衡困难对延迟选择行为的影响、投资决策中风险偏好和时间延迟及其关系的模拟实验研究、自尊对自我他人决策时偏好反转的影响、成就动机与风险水平对框架效应的影响、认知需要和材料特征对框架效应的影响、"义—利"描述框架下心理账户中价值观非替代性研究、情绪启动对决策中框架效应的影响、不确定决策中好奇满足的研究、落花悖论（fallen flowers paradox）：跨期选择是否能表征为期望最大化的运算过程、跨期选择中偏好反转的心理机制研究、网络购物情境中消费者个体购买决策的线索偏好和信息加工方式等。

我们从上述学术研讨会的内容可以看出,工业心理学、管理心理学的研究内容是很丰富的,以往管理心理学教材涵盖的内容太局限和片面,没有与时俱进。我们认为,管理心理学研究的内容应该包括:管理心理学学科基础、个体心理与行为、群体心理与行为、组织心理与行为、领导心理与行为等。

(一) 管理心理学学科基础

此部分研究管理心理学的概念、学科性质、研究内容、理论基础、研究方法、研究意义以及管理心理学在西方的创立和发展过程。虽然管理心理学诞生在美国,但是中国古代有着丰富的管理心理思想,而且这些管理心理思想对于现实管理以及学科发展很有启发意义,所以本书对中国古代一些著名流派中的管理心理思想进行了介绍。管理心理学作为管理学和心理学的交叉学科,它的理论基础是什么是必须搞清楚的,这些理论对于分析和解决管理心理学方面的问题具有重要的指导意义。心理资本学说对于管理心理学学科的发展意义重大,本书安排专章介绍。

(二) 个体心理与行为

任何企业、事业单位都是由众多的个体所组成的,所以研究管理活动中的心理规律、心理活动的调节与控制,离不开对个体心理和行为的研究,主要包括:个别差异、个性、个性测验、个性心理特征与管理等。

俗话说:"人上一百,形形色色""人心不同,各如其面"。由于社会实践的复杂性,人与人各自都在自己的实践中形成自己所特有的心理和行为特点,人的个别差异主要表现在气质、能力和性格等不同方面的心理特征上。只有熟悉个体心理和行为特征,管理才有针对性,激励才会有效果。许多机构都非常重视全员绩效考核,因为只有个人绩效提高了,组织绩效才能提高。

(三) 群体心理与行为

此部分主要包括群体行为和个体行为的区别、群体动力、群体交往与人际关系等内容。

群体心理和个体心理不是简单相加的关系。群体行为就是各种相互作用的影响力的一种错综复杂的结合,这些力的作用不仅影响着群体的结构,也修正着个人的行为。这种影响力既可能是正向的、积极的,也可能是反向的、消极的,特别是在非正式群体中,这种影响力尤其明显。如何搭建平台或者利用平台建立关系、维持关系、巩固关系,都是管理心理学应该关注的内容。

熟悉中国社会的人都知道人情、面子、关系的重要。一个管理人员能量的大小及工作绩效,与他认识多少人、认识多少有分量的人、多少人认识他关系密切。在我们的生活中、工作中,遇到的"关系"有很多种,比如朋友关系、同学关系、老乡关系、员工关系、客户关系等,但说到底其实都是以人际关系为基础的。

(四) 组织心理与行为

组织心理就是研究在各种组织系统中,组织环境对人们完成组织目标所构成的心理和行为的影响。组织心理和行为,主要包括组织理论、组织设计、组织健康、组织文化等内容。

组织结构直接决定了组织中的正式指挥系统和沟通网络,它不仅影响着信息和材料的流通与利用效率,而且也影响着整个组织系统中的心理气氛。因此,适当的组织结构对于有效地实现组织目标,是至关重要的。组织,尤其是企业组织,除了受权力的直接指挥、控制外,文化也发挥着重要的影响力。

(五)领导心理与行为

组织形式各异,但都是由不同级别的领导者在指挥和控制。几千年来,中国社会的运转都是以各种不同层级的官员为中心的,在中国文化背景下,领导比西方重要得多。领导心理与行为,主要包括领导理论的多个流派、权力、决策和激励等。

无为而治是很多人的梦想,但是必须先做好领导者自我管理、领导班子建设,管理好自己是管理好别人的前提。中国传统文化提倡"修己安人",管理学大师德鲁克(Peter F. Drucker)非常重视自我管理的价值,但是自我管理是传统管理心理学教材的空白或薄弱内容,本书认为自我管理是领导行为的重要内容。管理工作能否取得高绩效,除了领导者自己做好表率外,还必须有核心团队的追随、辅助,把战略执行为绩效。

领导行为及领导心理,尤其是权力等内容,虽然是管理心理学的核心内容,但是因为太重要太敏感,有些方面是研究的禁区,所以,以往的研究成果很少。对管理学、组织行为学造诣精深的罗宾斯(Stephen P. Robbins)引述坎特(Rosabeth Moss Kanter,2007)的观点,分析了人们对于权力问题研究很少的原因:"权力常常被人们描述为一个肮脏的字眼。对于大多数人来说,谈论性或金钱可能比谈论权力更容易一些。拥有权力的人矢口否认,追逐权力的人尽力掩饰,而那些擅长获取权力的人则对如何获取权力讳莫如深"(Kanter,1992)。被《金融时报》赞誉为"使领导学成为一门学科,为领导学建立学术规则的大师"的本尼斯(Warren G. Bennis),虽然强调权力在管理工作中意义重大,但是也认为权力是组织"最后的肮脏的秘密"。权力等问题如此敏感,但因为它在管理工作中的地位实在太重要,国内外的学者也已经从不同角度开展了一些研究,本书把国内外的一些研究成果介绍给大家。

上面简单介绍了管理心理学的研究内容,实际上,人的管理活动、心理活动是系统的、整体的,受到多种因素的影响,一项行为或心理活动并不能单独完成。我们在研究管理心理学时,也要树立整体观念,不能孤立地学习和运用某个方面的知识,而需要纵横交错、融会贯通。

第二节 管理心理学的理论基础

国内外的管理学、心理学以及管理心理学,都在不同范围、不同程度上对学科的理论基础进行了一些探讨,形成一些不同观点。基于国际化和本土化相结合的原则,我们认为,中国管理心理学的理论基础是治心为上论、人性复杂论、五行系统论、知行统一论和阴阳平衡论。

一、治心为上论

"心,主宰之谓也"(《朱子语类》),朱熹明确肯定心的主宰、支配、控制作用。朱熹这里说的心,指心理、精神,即明朝《医学入门》中说的"神明之心"。据说1958年毛泽东在参观成都武侯祠时,对诸葛亮殿前的楹联注视良久:

能攻心则反侧自消,从古知兵非好战;

不审势即宽严皆误,后来治蜀要深思。

这副对联可以说是对管理活动的高度概括。管理者要善于攻心,要善于审时度势。在中国传统文化里,诸葛亮已经成为智慧的化身,这幅评价诸葛亮的对联,充分显示出人们对"攻心""治心"的重视。

治心为上论主要包含以下内容:倡导管理中要随时重视心理因素,从心出发;管理者自身要有良好的心理素质;管理者得到被管理者心理上的拥戴是搞好管理工作的前提和基础;管理过程实际上是心理调节过程;管理者应该了解被管理者的需求,尊重被管理者的意愿;管理者要有洞悉心灵的能力;心治要与法治相结合。

(一) 管理从心出发

在管理工作中,心理因素随时都重要,从希望做一件事情的念头开始,到一个任务的完成,整个过程中都必须重视心理因素。例如在战略管理中,以前大家忽视心理分析,现在很多学者在改变这种局面。战略管理的认知学派代表人物赫伯特·西蒙(Herbert A. Simon)、马克里达可斯、达汉姆和斯奇温可等人认为:战略形成是发生在战略家心理的认识过程,战略表现为决定人们如何处理环境输入信息的方法、概念、计划、纲要和框架,输入信息在认知地图译码之前要经过各种各样的歪曲过滤器,否则仅仅是对想象中存在的世界的解释,换句话说,看到世界是可以构建的,作为概念,战略在初始形成时比较困难,在实际形成中偏重实用性而不是最优化,当战略不再可行时,也很难改变。乔瓦尼·加韦蒂(Giovanni Gavetti)在《哈佛商业评论》上发表了一篇文章《用心理学引导战略》,他认为,战略家同时必须是实践型心理学家,能够用专家的方法分析和管理自己以及他人的思考过程;战略领导力的一个关键要素,就在于具有一种心智能力,能够发现对手不能发现的机遇,同时能有效管理相关各方的认知,争取他们的支持。杰克·特劳特(Jack Trout)等人提倡的市场营销的定位理论,也重视研究消费者的心智模式。

(二) 心主神明论

心主神明论是《黄帝内经》的观点。《黄帝内经》认为,"心者,君主之官,神明出焉"(《素问·灵兰秘典论》),"心者,五脏六腑之大主也,精神之所舍也"(《灵枢·邪客》),即人的一切心理活动、脏腑机能活动均由心神来支配。荀子也认为:"心者,形之君也,而神明之主也"(《荀子·解蔽》)。"耳目者,视听之官也。心而无与视听之事,则官得守其分矣。夫心有欲者,物过而目不见,声至而耳不闻也。故曰:上离其道,下失其事。故曰:心术者,无为而制窍者也。故曰:君"(《管子·心术上》)。对于人体来说,心居于统治地位,而心的活动是有一定规律的,即"心处其道";同时视、听等感知觉是耳、目等感官所产生的,也是按一定规律活动的。《黄帝内经》还认为:"神乎神,耳不闻,目明,心开而志先,慧然独悟,口弗能言,俱视独见,适若昏,昭然独明,若风吹云,故曰神"(《灵枢·八正神明论》),说明人们对客观世界的正确认知能力是在健康的心理主宰下完成的。

(三) 管理者自身要有良好的心理素质

孟子说:"先王有不忍人之心,斯有不忍人之政也。以不忍人之心,行不忍人之政,治天下可运之掌上"(《孟子·公孙丑上》)。以心治心,管理者自己首先要有一颗充满能量的心,然后才能去激发、带动、调节被管理者的心理能量,达到"大治"的目标。

中国古人对皇帝、圣人、君子、将军等人提出的一些心理素质上的要求,对于所有管理者的心理修炼来说都有积极的参考价值。苏洵说:"为将之道,当先治心。泰山崩于前而色不变,麋鹿兴于左而目不瞬,然后可以制厉害,可以待敌"(《心术》)。苏洵讲的"治心",是强调管理者首先要调节、管理好自己的心理,不是叫将军一开始就去"治"士兵的心,他重视沉着冷静、注意力、气魄等方面的心理素质。孔子希望管理者胸怀坦荡("君子坦荡荡")、谦虚谨慎("君子泰而不骄")、勇于改过("君子之过也,如日月之食焉:过也,人皆见之;更也,人皆仰之")。孔子还针对管理者在不同的生理发展阶段会有不同的心理弱点的情况,提出了忠告:"君子有三戒:少之时,血气未定,戒之在色;及其壮也,血气方刚,戒之在斗;及其老也,血气既衰,戒之在得"(《论语·季氏》)。孟子希望管理者要有使命感、责任感:"如欲平治天下,当今之世,舍我其谁也?"(《孟子·公孙丑下》)刘安认为,管理者要有决策能力:"运筹于庙堂之上,而决胜于千里之外矣"(《淮南子·兵略训》)。

(四)"得民心"是搞好管理工作的基础

"得民心",即管理者得到被管理者的真心拥戴。吕不韦把"得民心"看得比攻城掠地还重要:"得民心则贤于千里之地"(《吕氏春秋·顺民》)。苏轼则把能否得民心直接与国家的存亡联系起来:

> 人主之所恃者,人心而已。人心之于人主也,如木之有根,如灯之有膏,如鱼之有水,如农夫之有田,如商贾之有财。木无根则槁,灯无膏则灭,鱼无水则死,农夫无田则饥,商贾无财则贫,人主失人心则亡。(《东坡全集·上皇帝书》)

苏轼把人心比喻为根、膏、水、田、财,形象生动,表达的意思是:人心是管理的基础。古今中外,统治者被愤怒的臣民赶下台的故事屡见不鲜,中国历史上朝代的不断更替,一般也都是被统治者在忍无可忍的情况下,揭竿而起,将专制独裁霸道的君主赶下了台,"失民心而立功名者,未之曾有也"(《吕氏春秋·顺民》)。

(五)管理过程中随时注意心理调节

"劳心者治人",也可以说成"治人者劳心"。管理过程,实际上是管理者支配、控制、调节被管理者心理的过程。被管理者在自己心理的指挥下工作,完成组织目标,生产产品,提供劳务,获得经济利益或社会效益。

在打仗之前,将领应该鼓舞士气、激发斗志;在与企业进行竞争之前,企业领导者应该为职工鼓劲,希望大家在产品的质量上、数量上胜过竞争对手。在从事管理工作时,管理者从一开始要绷紧自己的心弦,然后才能拨动被管理者的心弦。吕不韦说:"故凡举事,必先举民心,然后可举"。被管理者心理上有所准备之后,你提出的主张、采取的措施便容易被接纳。在管理过程中,管理者要善于将被管理者的注意力引向组织目标,统一认识、统一思想,"圣王之治也,慎为察务,归心于壹而已矣"(《商君书·壹言》)。

二、人性复杂论

长时期来,我国古代思想家主要以善恶的有无来讨论人性问题。这种人性善恶论也就是对人性本质的揭示。为了和西方人性论相对比,我们也主要介绍人性善恶思想。

(一) 中国古代的人性论

从人的自然本性来分析，中国古代对人性的探讨可以归纳为性善论、性恶论、性无善无恶论、性有善有恶论四个派别。

1. 性善论

性善论认为所有的人生来都具有善良的特性。性善论首先由孟子提出，在孟子看来，人生来即具有恻隐、羞恶、辞让、是非四个"善端"，《孟子·公孙丑上》篇中指出，"无恻隐之心，非人也；无羞恶之心，非人也；无辞让之心，非人也；无是非之心，非人也。恻隐之心，仁之端也；羞恶之心，义之端也；辞让之心，礼之端也；是非之心，智之端也。"也就是说，人生来具有的恻隐、羞恶、辞让、是非四个"善端"，还只是"善"的萌芽，只是一种发展成真正的善性的可能性。如果把它们"扩而充之"，就可能发展成为仁、义、礼、智，使人具有真正的善性；反之，如果让它们遭到泯灭，就不仅不会产生仁、义、礼、智，反而会使人去"为不善"。可见，孟子的性善论主要针对那四个"善端"而言。

孟子，前372年—前289年

而正是人具有这些"善端"，才使得人与动物区别开来。用西方人本主义的观点来看，孟子的性善论实质上是一种潜能论。

《淮南子》的性"纯朴无邪"说，董仲舒的"性有善质而未能善"说，张载的"天地之性"说，二程的"性即天理，未有不善说"，朱熹的"人性皆善，气禀为恶"说，王阳明的"性无不善，穷理以尽性"说，王夫之的"继善成性说"，戴震的"原善"说等，基本上都是提倡或者拥护性善论的。

性善论者在管理上一般主张"施仁政"，强调道德本位思想，提倡人治。希望管理者和被管理者共同遵奉仁、义、礼、智、信等规范。

2. 性恶论

荀子、韩非等人认为人的本性是丑恶的。荀子在《荀子·性恶》篇中开宗明义地写道："人之性恶，其善者伪也。"他列举了大量的材料来论证人性本恶，例如，他说："今人之性，生而有好利焉，顺是，故争夺生而辞让亡也；生而有疾恶焉，顺是，故残贼生而忠信亡也；生而有耳目之欲，有好声色焉，顺是，故淫乱生而礼義文理亡焉。"荀子将争斗、不讲忠信、不讲文明礼貌、好利、好色等不良行为都归因于人性本恶。韩非则将人性本恶讲得更加淋漓尽致。韩非认为人的本性是丑恶的，即使是君臣、父子、夫妻之间的关系，也是相互利用、讲究功利的关系，仁义礼智信都是骗人的谎言，他在《韩非子·六反》中写道："父母之于子也，产男则相贺，产女则杀之，此俱出父母之怀衽，然男子受贺，女子杀之者，虑其后便，计之长利也。"

与性恶论主张相对应，持性恶论者主张在管理活动中重视法治，提倡用严厉的奖惩来约束社会成员。

3. 性无善无恶论

告子、墨子提倡性无善无恶论。据《孟子·告子上》记载，与孟子同时代的告子曾提出"性无善无不善"说。孟子的性善论就是针对告子的此种观点而阐发的。

告子从"生之谓性"的观点出发，认为"性"是天生的资质，就好比自然的杞柳，其本性是无所谓善与不善的。他又把"性"比作流水("湍水"),认为人没有善与不善的定性,正如同水没有东西流动的方向一样:"性犹湍水也,决诸东方则东流,决诸西方则西流。人性之无分于善不善也,犹水之无分于东西也。"

墨子的人性"素丝"说,同告子的人性如杞柳、湍水的"无善无不善"说如出一辙。《墨子·所染》记载:"子墨子言染丝者而叹曰:'染于苍则苍,染于黄则黄,所入者变,其色亦变。五入必而已则为五色矣。故染不可不慎也。'"意思是说,人的自然本性(生性)如素色的丝,染于青色则变青,染于黄色则变黄,全依所染的色彩不同而不同。也就是说,人的本性无所谓善恶之别,完全由在环境与教育的影响下人们学习的结果所致。17世纪英国著名思想家洛克曾提出"白板"说,用以反对"天赋观念"论,即认为儿童的心理就像一块白板,任凭在上涂什么就是什么。

4. 性有善有恶论

性有善有恶论这一人性观比较复杂,至少包含三方面的内容:一是就个体而言,其本性有善良有丑恶;二是就群体而言,有些人性善,有些人性恶,有些人性有善有恶;三是可以使人的本性向善,也可以使人的本性趋恶。

先秦时就有人提出"有性善有性不善"说;"性可以为善可以为不善"说,如董仲舒的性三品说,认为从群体而言,性有善有恶;扬雄持"善恶混"说;张载将人性划分为气质之性与天地之性,他认为天地之性是纯善的,而气质之性是善恶相混的。性有善有恶论与西方的"复杂人"假设的思想相类似。

(二) 西方的人性假设

西方管理心理学中有关人性的假设有"经济人""社会人""自我实现的人""复杂人"等四种。

1. "经济人"与X理论

"经济人"的假设从所谓"享乐主义"的哲学观点和亚当·斯密的经济理论出发,认为人的一切行为都是为了最大限度地满足自己的私利。人都要争取最大的经济利益,工作都是为了获得经济报酬。美国工业心理学家麦格雷戈(Douglas McGregor)在1957年提出了两种对立的管理理论:X理论和Y理论。麦氏主张Y理论,反对X理论。X理论就是对"经济人"假设的概括,其基本观点如下:(1) 多数人天生是懒惰的,他们都尽可能逃避工作;(2) 绝大多数人希望奉命而为,宁愿被领导,怕负责任,没有抱负,要求安全高于一切;(3) 对多数人必须用强迫、控制,乃至惩罚、胁迫的方法驱使他们工作,如利用他们怕惩罚、怕被解雇的心理去激发他们工作,以达成组织目标。

对人性的认识不同,管理者的管理理念、管理原则和管理方法就有所不同。与"经济人"假设和X理论相对应的管理主张是:

(1) 管理的重点是任务。组织管理的一切工作都是为了让工人提高工效,完成组织任务。为了克服人性的自私与懒惰,管理必须有严格的制度,实行标准化作业、程序化操作和规范化管理,以确保生产任务的完成。

(2) 管理的原则是实行权威督导与控制。管理权力高度集中在少数管理者手中,强迫多数员工绝对服从管理者的意志。

(3) 管理者的职能是充当"决策人"和"指挥人",决定一切,发号施令充分运用管理权力。

(4) 激励制度是实施个人奖惩。用金钱刺激员工劳动积极性,同时对消极怠工者采取严厉惩罚措施,即所谓的"胡萝卜加大棒"政策。

"泰罗制"(Taylorism)就是 X 理论管理风格的典型代表。泰罗(Frederick W. Taylor)进行"时间—动作"研究以制定科学的、标准化的操作方法;他实行计件工资,为的是以高报酬刺激工人提高工效;他强迫工人像牛一样俯首帖耳地服从其指挥,限制工人进行自由交往。泰罗甚至对工人不能像牛那样愚蠢和驯服而公然表示遗憾。

2. "社会人"与人际关系理论

"社会人"的假设是由"霍桑实验"的主持人,哈佛大学心理学家梅奥(George Elton Mayo)提出的。"人际关系理论"是从"社会人"假设出发,强调应满足人的社会心理需要的管理观点,是一种提倡尊重人与协调人际关系的民主管理观点。该理论认为:(1) 人在交往中总是寻求心理满足的,企业绩效高低取决于员工的士气,而士气则决定于工人在生活和工作环境中的人际关系。(2) 群体对员工的劳动态度与绩效有制约作用,其中非正式群体的作用应该特别被管理者重视。管理者的任务就是通过沟通使正式组织的经济需求与非正式组织的社会需要取得平衡。(3) 反对集权的"任务管理",提倡尊重人的民主管理。这一理论为管理开辟了新的方向。

George Elton Mayo,
1880—1949

与"社会人"假设和人际关系理论相对应的管理主张是:(1) 管理的重点不应只注重任务指标的完成,而应该转移到关心人,协调好人际关系上。(2) 提出"参与管理"的新颖理念。参与管理是指在不同程度上让员工或下级参加企业决策的研究和讨论。(3) 管理者的职能不是"决策人"和"指挥人",而应当是"联络人",担负起上下级之间信息沟通的责任,促进组织内人际关系的和谐。(4) 提倡集体奖励政策。认为组织奖励个人会强化个人竞争意识,从而激化群体中的人际矛盾,而奖励集体则能强化整体协作意识,促进集体内部团结从而提高群体竞争力。

从"经济人"假设到"社会人"假设,管理学在人性观上前进了一大步,认识到了人不仅是生物实体,更重要的是社会实体,因此促进了以物为中心的管理向以人为中心的管理的飞跃,使管理实践从传统管理跃上了现代管理的台阶,具有深远意义。

3. "自动人"与 Y 理论

"自我实现的人(自动人)"的概念是马斯洛(Abraham Harold Maslow)提出的。马斯洛认为,人类需要的最高层次就是自我实现。所谓自我实现,指的是人都需要发挥自己的潜力,表现自己的才能,只有将潜力充分发挥出来,人的能力才能充分表现出来,才会感到最大的满足。麦格雷戈总结并归纳了马斯洛的人性观及其他人的类似观点,结合管理问题,提出了 Y 理论,Y 理论是与 X 理论根本对立的,它实际上是"自我实现的人"的假设的概括,其基本内容如下:(1) 一般人并不是天生厌恶工作。(2) 控制和惩罚不是使人实现企业目标的唯一办法,多数人愿意对工作负责,并有相当程度的想象力、创造才能。

Abraham Harold Maslow,
1908—1970

(3) 激励在需要的各个阶梯上都起作用。人们在执行任务的过程中能够实现自我管理和自我指挥。

与"自我实现的人"假设及 Y 理论相对应的管理主张是:(1) 管理的重点不是注重完成任务,也不仅是协调人际关系,而是要创造一种适宜的工作环境和条件,让员工能充分发挥自己的潜能以达到自我实现的满足。(2) 提倡内在激励。管理者调动员工积极性不仅仅靠物质刺激,也不仅仅靠和谐的人际关系,而是强调工作本身对工作者积极性的激励作用。(3) 管理者的职能是充当"采访者",了解每个员工的特长、需要与愿望,从而为他们创造适宜的环境条件,减少员工在自我实现过程中所遇到的障碍。(4) 提倡目标管理与自主管理,认为在管理制度上应该更具有灵活性,给员工更多一些完成工作的自主权,以便在实现目标过程中能充分地发挥人的独立创造才能。

我们在"激励"部分会介绍,马斯洛在晚年的时候,又成为超个人心理学的主要奠基者之一,提出了第六层次需要和 Z 理论。

4. "复杂人"与超 Y 理论

"复杂人"的假设首先由史克恩提出,莫尔斯、洛斯奇通过比较实验证明人性并不只有一种固定的假设,管理也就不能是一个固定的模式,因而提出超 Y 理论的管理观点。超 Y 理论的主要内容如下:(1) 人的需要是多种多样的,而且这些需要随着人的发展和生活条件的变化而发生改变。每个人的需要都各不相同,需要的层次也因人而异。(2) 人在同一时间内有各种需要和动机,它们会发生相互作用并结合为统一的整体,形成错综复杂的动机模式。(3) 人在组织中的工作和生活条件是不断变化的,因此会不断产生新的需要和动机。(4) 由于人的需要不同,能力各异,对于不同的管理方式会有不同的反应。因此,没有一套适合于任何时代、任何组织和任何个人的普遍有效的管理方法。

超 Y 理论并不像前述各理论那样提出非此即彼的管理主张,而是提倡兼收并蓄,强调要根据员工需要、动机的差异和变化,灵活实施管理。对于组织机构、领导作风、工作制度等都不应固定或划一,而应该实行灵活的弹性管理。要求管理者权衡情境的变化,相应改变自己的管理风格和手段。

"复杂人"假设和超 Y 理论,克服了此前各种理论片面、静止的缺陷,强调因人制宜、因地制宜的灵活管理,这一主张包含了可贵的辩证法思想,在实践上也更加接近管理现实。但是,"复杂人"假设和超 Y 理论也并不完备,它过分强调了人们之间的差异性和变化性的一面,而忽视了人性共同性和稳定性的另一面,因而在超 Y 理论看来,管理只是一种艺术而无规律可循。同时,"复杂人"假设只从现象上认识人性的复杂性,并没有从社会生产关系的本质上去了解人们的需求、动机的本质差别。故该理论仍不可免地存在片面性。

对人性的认识,古今中外的贤哲有许多高明的见解,这些见解虽然在时代、地域上有巨大的差异,但在思想深处却有着惊人相似的一面,例如中国古代的性恶论与当代西方的 X 理论,中国古代的性善论与当代西方的 Y 理论,中国古代的性有善有恶论与当代西方的复杂人假设等,诸多见解在本质上是相似、相近,甚至相同的。

三、五行系统论

世间事物具有千丝万缕的联系,世界是一个系统。根据中国传统的五行学说,自然与人是一个有机的整体(即"天人合一"),人与社会也是有机的整体。

(一) 五行的含义

有关五行学说的起源和内容很复杂。春秋时期,晋国大夫蔡墨谈及"五行之官":"木正曰句芒,火正曰祝融,金正曰蓐收,水正曰玄冥,土正曰后土"(《左传》昭公二十九年);马王堆西汉墓帛书中的"五行",指仁、义、礼、知(智)、圣;《史记·历书》《论衡·说日篇》把五行与"星"联系在一起,五星指辰星、太白、荧惑、岁星、填星(现在指太阳系九大行星中的水星、金星、火星、木星、土星五行星);子罕、叔向则从"五行"的效用方面出发,把"五行"称"五材"。

人们一般认为《尚书·洪范》赋予五行哲学意义:

> 五行:一曰水,二曰火,三曰木,四曰金,五曰土。水曰润下,火曰炎上,木曰曲直,金曰从革,土曰稼穑。润下作咸,炎上作苦,曲直作酸,从革作辛,稼穑作甘。

后世的五行学说应用得较多的内容中,五行分类占了较大的比重。人们可以把自然、社会、人事等方面的一切事件纳入五行模式中进行分类,木、火、土、金、水变成一种代表符号、一种模式,远远超越了这五种事物的本身意义。《尚书·洪范》便是第一次对之抽象化,把具有相同属性的事物进行概括。

(二) 五行的生克乘侮

五行相生指滋生、助长之意;五行相克,指克伐、制约之意。五行之间相生相克的关系是:木生火,火生土,土生金,金生水,水生木;木克土,土克水,水克火,火克金,金克木。对于五行的相生、相克,人们比较熟悉,对于五行相乘、五行相侮则比较陌生。"乘"指乘虚侵袭之意,即被克的一方比较虚弱,造成克制太过;"侮"指恃强凌弱之意,即被克的一方太强盛,反而"欺侮"主克的一方,进行反克。乘侮均会引起不平衡。

五行之间处于相对平衡状态,自然、社会、人的生活就会处于正常状态,如果五行之间太过与不及,相生、相克失去相对平衡,则会引起一系列问题。

(三) 五行互藏

五行之间除了有生克乘侮关系之外,还存在着互藏关系。互藏即你中有我、我中有你,五行功能总是互相涵化、互相包容的。明末清初方以智以水火为例说明阴阳体用互藏关系:阳气无形体,以阴为体;此阴之体为阳为用。火性阳,中藏阴气功能,方能凝聚成体;阴体之物燃烧,则火炎向上,这是阳以阴为体;水性阴,中藏阳气功能,乃能流动不息,发生润下作用,是阴之体以阳为用。即物物有阴阳、物物有水火。水火互藏,有体有用,体用有别,但体用不可分。就五行中水、火、土三行的关系看,也有互藏关系。土气因阳光而蒸发,是土中藏火气;火气上升,冷而为水气,水气凝结,下降而成水;下降之水渗入土中,遇地中之火气,再升上空中成水气,如此循环往复。火的功能不止能生土,也能生金、生水、生木。金靠火熔化,水靠火升降,木非火不能向荣。方以智认为,一行之中,各具其他四行,只是每行偏重有所不同。

五行互藏的观点用在管理上,提示我们要注意各种因素彼此相联系,之间既有差异性,也有统一性。

(四) 世界的五行模式

五行学说具有强大的生命力,具有神奇的魅力,其重要贡献之一便是对世界的五行分类模型。人们为了更好地认识世界、改造世界,利用阴阳五行学说对世界进行分类。分类的依据,远远超越了木、火、土、金、水五种"元素"的原始意义,人们主要依据对自然、社会、人体的特性及功能的认识进行分类。例如,木系统可以包括季节方面的春季、颜色的青色、方位的东方、五脏的肝、器官的目、心理的魂等,情绪的、决策的谋虑、军队的将军等等,都属于木的系统,各个系统类别之间的关系,普遍适用于五行相生、相克、相乘、相侮等规律。

四、知行统一论

关于知行的定义很多,本书把知行理解为内在心理和外在动作行为。知行统一论主要是王夫之的观点,知行并重论是其基础。知行统一论认为,心理和行为是统一的,人内在的心理可以表现为外在相应的行为,我们可以通过行为研究心理。朱丹溪在继承《黄帝内经·灵枢·论疾诊尺》"从外诊内"思想的基础上,在《丹溪心法》中对于疾病诊断进行了总结:"欲知其内者,当以观乎外;诊于外者,斯以知其内。盖有诸内者形诸外。"人的身体内有了毛病,一定会在身体表面显现出来,内心的想法也必定在行为上表现出来。我们可以通过外在的表征、行为来推断内在的疾病、心理等,知行应该是统一的。

王夫之,1619—1692

知行问题是中国思想史上特有的一对范畴,老子片面强调知,他认为"不行而知,不出户,知天下。不窥牖,见天道,其出弥远,其知弥少";孔子重行,他认为"讷于言而敏于行","始吾于人也,听其言而信其行;今吾于人也,听其言而观其行";荀子也认为"知之不若行之","坐而言之、起而可设而可施行";董仲舒认为"天意难见""其道理难",只有"不学而自知""见人之所不能见"的圣人,才能"察物之异,以求天意";王弼提出"不行而虑可知";程颐提出"知先行后""知难行易"的知行观;朱熹坚持"知先行后",同时强调"行"在有关知、行关系上的特殊重要性,"学之之博未若知之之要,知之之要未若行之之实";王阳明提倡"知行合一";王夫之则提出"知行统一论";孙中山提倡"知难行易";等等。

(一)知行并重论的发展

知行并重论是知行统一论的基础。知行并重论主要由朱熹与王阴明的知行思想综合而成。朱熹认为知行相须,不可偏废。相须即双方之中任何一方都不能离开另一方。虽然他有时也谈"行重于知",但总体上看,他是主张知行"相须""并列""不可偏废"的,即主张二者同样重要:

> 知行常相须,如目无足不行,足无目不见。(《语类》卷九)
> 致知力行,用功不可偏,偏过一边,则一边受病。(《语类》卷九)
> 知之愈明,则行之愈笃;行之愈笃,则知之益明。(《语类》卷一四)

朱熹用了许多形象生动的比喻来说明知行之间的密切关系,强调知行之间不可偏废,尤其不可重知轻行。王阳明对朱熹的有些见解进行了批判,但在知行关系上,他更加强调知行的密切不可分关系,提出了著名的知行合一说:

　　　　某尝说知是行的主意,行是知的功夫;知是行之始,行是知之成。若会得时,只说一个知,已自有行在,只说一个行,已自有知在。古人所以既说一个知又说一个行者,只为世间有一种人,懵懵懂懂的任意去做,全不解思维省察,也只是个冥行妄作,所以必说个知,方才行得是;又有一种人,茫茫荡荡悬空去思索,全不肯着实躬行,也只是个揣摸影响,所以必说一个行,方才知得真。此是古人不得已补偏救弊的说话,若见得这个意时,即一言而足。(《传习录上》)

　　　　行之明觉精察处,便是知;知之真切笃实处,便是行。(《全书》卷六《答友人问》)

　　王阳明认为知行同时发生、知行相互渗透、知行不可分离。他既反对只知不行的空想,又反对盲目乱行,提倡致知与躬行同时进行。

(二) 知行并重论的内容

　　朱熹、王阳明所说的行,不能简单地理解为"实践""行动",朱熹认为"动止语默处皆是行";"人言匹夫无可行,便是乱说。凡日用之间,动止语默处皆是行,且须于行处警省,须是战战兢兢方可,若悠悠泛泛地过,则是不可。"(《语类》卷一三) 朱熹此处所讲的"行",既包括了由肌肉收缩而产生的身体方面的行动,还包括了心理活动。对于王阳明所说的"行",更不能简单地看成肉体方面的行动,要理解王阳明的知行合一说,必须具备一些佛教和道教知识,王阳明认为:"夫禅之学与圣人之学,皆求尽其心也,亦相去毫厘耳。"(《重修山阴县学记》)

　　王阳明对于明朝中叶士大夫的言行不一、口是心非、坐而论道、世风日下、道德沦丧极为反感,希望用知行合一说来补偏救弊,把知行合一作为"对病的药";他希望利用知行合一说将人的丑恶活动消灭于恶念开始冒出来的时候:"今人学问,只因知行分作两件,故有一念发动,虽是不善,然却未曾行,便不去禁止。我今说个知行合一,正是要人晓得一念发动处,便是行了。发动处有不善,就将这个不善的念克倒了,需要彻根彻底,不使那不善的念潜伏在胸中,此是我立言宗旨。"(《传习录》下) 从心理学的角度看,人的外显行为是由内在的心理支配的,恶念不加克制是可能变成恶行的,如果恶念一闪现,人就意识到这恶念会转变成恶行,恶行对自己对社会都有害处,这时,利用"无时无方"的心的力量将恶念克制掉,就相当于消灭了许多恶行。

　　从管理学上来看,知行合一的意义是:管理理念与管理行为同样重要;管理理论与管理实践同样重要;修己与安人同样重要;宣传与实干同样重要;软管理与硬制度同样重要;心理过程与外显行为同样重要,即知即行,知错便改。

(三) 知行统一论

　　在知行关系中,王夫之反对王阳明的"知行合一"观点,他认为:"知"和"行"各有其功效,但又相互起作用,正因为相互起作用,二者才能够相互区别;只有相互区别,才能在认识的过程中相统一并显现其功效。所以"知"和"行"的关系是既互相区别,又互相统一。他有这样的论述:"知行相资以为用,惟其各有致功,而亦各有其效,故相资以互用。则于其相互,益知其必分矣。同者不相为用,资于异者乃和同而起功,此定理也。不知其各有功效而相资,于是姚江王氏'知行合一'之说,得借口以惑世。"

　　王夫之认为知和行存在这样的联系:(1) "知行并进"。由于"知行"有不同的效用,所以能相互促进,不断深化。由知而行,由行而知,从而使认识"同进于高明而不穷"。(2)"行"是统一的基础。在"行"的基础上,"知行"才能统一。(3)知行不离。"知"和"行"是认识的统一过程,不能割裂了"知"和"行",如果"知而非行,行而非知",就会陷入"知先行后"说。(4)"行"是"知"的基础。"知"离不开"行",不"行"就得不到"知","君子之学,未尝离行以为知也必矣";"行可兼知,而知不可兼行。"他认为"知"的目的在于实践,"知之尽,则实践之而已。实践之,乃心所素知,行焉皆顺,故乐莫大焉。""且夫知也者,固以行为功者也。行也者,不以知为功者也。行焉可以得知之效也,知焉未可以得行之效也。"就是说,"行"可以得到"知"的效验,但"知"却得不到"行"的效验。这种用"行"来检验"知"的观点,是王夫之知行观中最引人注目之处。王夫之得出自己的结论:"行可兼知,而知不可兼行。"他认为在"知""行"关系中,"行"是主导的,"知"是从属的;"行"是绝对的,"知"是相对的;在"知"和"行"的矛盾统一体中,"行"是二者统一的基础,也就是说"行"可以包括"知",但"知"不能包括"行"。他说:"凡知者或未能行,而行者则无不知。且知行二义,有时相为对待,有时不相为对待。如'明明德'者,行之极也,而其功以格物致知为先焉。是故知有不统行,而行必统知也。""俟之他日而行乃为功,是知不得有行之效也。行可兼知,而知不可兼行。下学而上达,岂达焉而始学乎?君子之学,未尝离行以为知也必矣。"即内在心理和外在行为应该是统一的。这种观点放在现代管理中,就是因为人们对于心理活动不能直接观察,因此一般都是通过结果和过程来推断心理活动和心理特征,重视以绩效论英雄。

五、阴阳平衡论

对于阴阳的重要性、普遍性说得最直接、最透彻的是《黄帝内经》和《朱子语类》。阴阳思想在《黄帝内经》盛行时代应用普遍,人们应用这种思想来解释许多现象,"阴阳者,天地之道也,万物之纲纪,变化之父母,生杀之本始,神明之府也"(《素问·阴阳应象大论》),"人生有形,不离阴阳"(《素问·宝命全形论》)。《黄帝内经》认为,天地万物包括人体、生老病死、千变万化,根本规律都是阴阳之道。朱熹等哲学家主张阴阳的普遍存在,人的任何动作行为,都离不开阴阳,都受阴阳之理的支配,"天地之间,无往而非阴阳,一动一静,一语一默,皆是阴阳之理"(《朱子语类》卷65《易一·纲领上之上》)。阴阳学说的内容丰富复杂,我们认为主要包括以下几方面:阴阳对立、阴阳相感、阴阳互藏、阴阳互根、阴阳消长、阴阳转化、阴阳无限、阴阳合一、阴阳平衡等。

(一)阴阳对立

阴阳对立类似于矛盾的斗争性,指阴阳双方属性不同,互相对抗、互相抑制、互相削弱。阴阳之间处于对立状态,"阴胜则阳病,阳胜则阴病。阳胜则热,阴胜则寒"(《素问·阴阳应象大论》)。中国古人把积极的、运动的、干燥的、外在的、向上的方面,规定为属阳,反之属阴。就两种不同事物而言,"天地者,万物之上下也;阴阳者,血气之男女也;水火者,阴阳之征兆也"(《素问·阴阳应象大论》);"天为阳,地为阴;日为阳,月为阴"(《素问·六节藏象论》)。就同一事物内部对立的两个方面而言,如药物气味的划分为"阳为气,阴为味"(《素问·阴阳应象大论》)。《黄帝内经》中几乎对人们目力所及和认识到的所有事物都予以阴阳属性的规定。

易经把世界上万事万物的矛盾概括为阴阳两个方面。阳主刚,主健,主向上,主充实,主开放,主活跃;阴主柔,主顺,主向下,主空虚,主闭塞,主沉静。《易经》从基本元素或生成学的角度,把世界分成阴、阳两大类。阴、阳既是构成世界的两种元素,即所谓阴气和阳气,又是促成世界产生的两种对立的力量,即阴阳的相互作用产生了天、地、人和世界万物。《周易》中有泰否、大小、往来、吉凶、祸福、进退、得失30余对互相对立的概念。

（二）阴阳相感

阴阳之间既有对立、矛盾的关系,又有相互感应、联结、合作的关系。感应,指阴阳双方在进行物质、信息的不断交流中所发生的反应。自然界万事万物都是在天地间阴阳二气的交感作用下形成并发生各种变化的:"天地合而万物生,阴阳接而变化起"(《荀子·礼论》);"(阴阳)二气交感,化生万物"(《易传·感》);"在天为气,在地成形,形气相感而化生万物";"阴阳相错,而变由生"(《素问·天元纪大论》);等等。此处的"合""接""交""感""错"都是指阴阳双方的交感关系及其作用。

《周易》将八卦分为四个对偶组。《易传》认为,每一个对偶组都反映了阴阳相感的原则:"天地定位,山泽通气,雷风相薄,水火不相射,八卦相错。""故水火相逮,雷风不相悖,山泽通气。然后能变化,既成万物也。"(《说卦传》)即这种阴阳相感的作用,是促进万物生成变化的必要条件。《彖辞传》在论述咸卦时,认为柔上而刚下,两气感应以相与,主张"天地感而万物化生,圣人感人心而天下和平"。咸,就是感的意思。来知德在《易经集注》中说:"感者,感而应也,无应不为感矣。"天地万物普遍相互关联,而这种关联是以感应为前提的,因感应而化生了世间万物,因感应而变化出人间万象。阴阳感而有天地,男女感而有子嗣,天地感而万物化生。除了咸卦,《彖辞传》在论述泰、否、大有、小畜、贲、恒等卦时,也反复强调阴阳相感的重要性,"天地交而万物通也,上下交而其志同也"。如果阴阳不感应不贯通,就会发生一系列人们不希望看见的场面,"天地不交而万物不通也,上下不交而天下无邦也"。

（三）阴阳互藏

世界复杂多样,很多时候你中有我,我中有你。阴阳互藏是指阴或阳任何一方都蕴涵有另一方,阳不是绝对纯粹的阳,阴也不是绝对纯粹的阴。

判定事物阴阳属性时要根据其所涵属阴或属阳成分的多少而定,而阴阳成分的多少又是依据所涵阴阳成分的隐显状态加以判断的。如果事物属阳的显象状态成分多而明显,属阴的隐匿状态成分少而隐匿,就判定其属性为阳;反之则判定其属性为阴。这就是"阴中有阴,阳中有阳"(《素问·金匮真言论》)及"阴中有阳,阳中有阴"(《素问·天元纪大论》)之意。阴阳互藏不但是事物内部或者两个事物之间阴阳双方发生一切关系的前提,同时也是所有事物能够共同存在的必需条件,因此说"孤阴不生,独阳不长","阳无阴则无以生,阴无阳则无以化"。在中药学里,几乎所有的药物之性味和复方都蕴涵这一原理,故将其广泛地应用于指导临床辨证和用药。

（四）阴阳互根

阴阳双方不仅存在互相制约关系,还存在互为根据、相互为用的关系。所谓阴阳互根是指对立的阴阳双方互为存在的前提、依据的关系,任何一方都不能脱离另一方而单独存在,双方相互促进、相互资助。正如《素问·阴阳应象大论》所说:"阴在内,阳之守也;阳在外,阴之使也"。例如寒与热,寒属性为阴,热属性为阳,没有属阴的寒作为参照划分的前提,就不可能有属阳的热。反之亦然。

《黄帝内经》认为云雨的形成过程就充分体现了大自然的阴阳互用关系:"地气(属阴的水湿)上为云"是借助了阳热之气的气化作用,此即"阳化气""热生清"之义。"天气(空中的水气)下为雨"是阴寒之气的凝聚作用,此即"阴成形""寒生浊"之义(《素问·阴阳应象大论》)。此处是以大自然中云和雨、天气和地气的往复循环为例,论证了阴阳互为根据、相互促进、互相为用的关系,所以张介宾说,"阴不可无阳,阳不可无阴"(《质疑录》)。

(五) 阴阳消长

夜晚阴气重阳气弱,凡是生病的人,多数人夜间的痛苦超过白天。阴阳双方在一定时间、一定限度、一定范围内总是处于此消彼长、彼消此长的动态变化之中。阴阳的相互消长是在阴阳对立制约和互根互用前提下发生的一种运动变化。

《黄帝内经》认为,人在一天的不同时间,其阴阳消长变化一直不断:"故阳气者,一日而主外,平旦人气生,日中而阳气隆,日西而阳气已虚,气门乃闭"(《素问·生气通天论》)。阴阳互为消长有两种表现形式:一是"此长彼消",指阴阳在对立制约关系中一方力量太强(即长),就会使对方因过度的制约而消减(即消),表现为阳长阴消,或阴长阳消,此时是以阳或阴的一方之"长"为矛盾的主要方面;另一是"此消彼长",指当一方减弱时会因制约力量的减退(即消)而引起对方增长,表现为阴消阳长,或者阳消阴长,此时是以阳或阴的"消"为矛盾的主要方面。如四季气候变化中"冬至四十五日,阳气微上,阴气微下;夏至四十五日,阴气微上,阳气微下"(《素问·脉要精微论》),就是阴阳互为消长的具体表现。这是《黄帝内经》用自然界阴阳之气的彼此消长运动揭示四时气候寒暑变迁的气候变化规律,并说明人体内脉象应四时变化的机理同样是体内阴阳消长运动的结果。

(六) 阴阳转化

阴阳转化指阴阳双方在一定的条件下,会向着对立的方面转化,即阳变为阴,阴变为阳,"重阴必阳,重阳必阴"(《素问·阴阳应象大论》)。物极必反,否极泰来,已成为人们生活中的常识。《周易》认为64卦的变化最终都归结为阴阳矛盾对立统一的相互转化,每卦只要阴阳互变,就可以转化为另一卦。泰卦辞:"小往大来,吉,亨。"否卦辞:"不利君子贞,大往小来。"意即地气上升而往,天气下降而来,两气交合,吉祥、亨通;反之,天地闭塞,大道消,小人就会猖獗,故不利君子。

《易经》把大和小、往和复、坎和盈、泰和否等相互对立的事物或概念联系统一起来,认为两者之间可以相互转化,同时还看到了泰中有否,否中有泰,即肯定的、好的事物中有否定的、坏的因素存在;反之,否定的、坏的事物中,亦有肯定的、好的因素存在。所以泰卦爻辞认为泰并不是绝对的有得无失,而是所失者小,所得者大,故为吉;否卦爻辞亦认为否并不是绝对的有失无得,而是所失者大,所得者小,故不利。因此,要看到泰可以转化为否,存可以转化为亡,以居安思危、治不忘乱之心行事,才能由否而泰,由危而安。故否卦九五爻辞云:"休否,大人吉。其亡其亡,系于苞桑。"意即人如果常怀忧患意识,防止否运之来,时常提醒自己,则能有小心谨慎之行,这样才能"先否后泰",由否转化为喜。

(七) 阴阳无限

根据阴阳不同的层次、范围和环境,阴阳无限可分、灵活多变。阴中有阳、阴中有阴、阳中有阳、阳中有阴,阴阳之中又可以分阴阳,而且可以无限地区分下去。以人为例,"夫言人之阴阳,则外为阳,内为阴;言人身之阴阳,则背为阳,腹为阴;……故背为阳,阳中之阳,心也;背为阳,阳中之阴,肺也;腹为阴,阴中之阴,肾也;腹为阴,阴中之阳,肝也"(《素问·金匮真言论》)。以自然界为例,"平旦至日中,天之阳,阴中之阳也;日中至黄昏,天之阳,阳中之阴也;合夜鸡鸣,天之阴,阳中之阴也;鸡鸣至平旦,天之阴,阴中之阳也"(《素问·金匮真言论》)。最后,《素问·金匮真言论》总结道:"阴阳者,数之可十,推之可百,数之可千,推之可万,万之大,不可胜数,然其要一也。"

阴阳可以无限区分下去,但对于阴阳来说,有一个前提,同一组阴阳关系只能是同一范畴、同一层次上的对立、相反,阴阳之间的等级应相同,如不能把天为阳与人腹为阴并立,不能把热为阳与静为阴并立。

(八) 阴阳合一

阴阳双方,不可分离,它们是合一的。我们既要看到事物内部两种势力的相推、相荡,又要看到双方的相感、相通,最后还当了解阴阳相推、相感的结果,必然是阴阳合和,"保合太和,乃利贞"。

即无论阴阳双方如何相推、相感,毕竟是共处于一个整体之中,阴阳只是事物中存在的对立因素、势力、性能,而不是两种绝对对立的实体,保持阴阳双方的结合,达到高度和谐,万物乃可顺利坚固。

《易传》明确指出,乾坤双方具有"阴阳合德"的特性:"子曰:乾坤,其《易》之门邪?乾,阳物也;坤,阴物也。阴阳合德,而刚柔有体,以体天地之撰(数),以通神明之德"(《系辞下传》)。有阴阳双方的和谐统一,方有气化过程的神妙莫测,变化无穷。中国哲学早就强调"和",主张"和实生物,同则不继"(《左传》),"天地以和顺为命,万物以和顺为性"(《周易外传·说卦》);相反者"互以相成,无终相敌之理"(《张子正蒙注·太和》)。

(九) 阴阳平衡

阴阳平衡是指相对的动态平衡。相对的动态平衡,是指事物中对立的两方面力量的配比适宜于事物运动的规律性,并表现为事物处于有序的运动状态中。这种阴阳和谐状态对于自然界来说,"阴阳二气最不宜偏,不偏则气和而生物"(《类经附翼·大宝论》),表现为正常的气候及物候特征;在于人体,则表现为"阴平阳秘,精神乃治"(《素问·生气通天论》)。

《黄帝内经》认为"阴平阳秘"是生命活动最佳有序的和谐状态;故而若阴阳和谐有序的状态失常,就是疾病发生的最基本的病机;"用阴和阳,用阳和阴"(《灵枢·五色》),"谨察阴阳所在而调之,以平为期"(《素问·至真要大论》),是医生诊察疾病、分析病机、指导临床施针、用药的最高行为准则。因此说,"医道虽繁,可以一言以蔽之,曰阴阳而已"(《景岳全书·传忠录》)。

阴阳在不同的环境有不同的意义,可以广泛地应用于自然、社会、人事多方面,例如《鬼谷子·捭阖术》所称:"故圣人之在天下者,自古及今,其道一也。变化无穷,各有所归:或阴或阳,或柔或刚,或开或闭,或弛或张。"管理工作也是如此,不管如何变化无穷,都难越阴阳之理、柔刚之道、开闭之法、弛张之术。

再复杂的管理工作,其核心内容同样也是"谨察阴阳所在而调之,以平为期"。阴阳是辨证的总纲、管理诊断的大法。"察色按脉,先别阴阳",经营管理,首先要对企业现状进行客观的诊断、分析、判断问题到底出在哪里。不管是战略问题,还是组织结构、财务、营销、流程等方面的问题,都可以归纳概括为阴阳方面的问题。《黄帝内经》认为"明于阴阳,如惑之解,如醉之醒"(《灵枢·病传》)。阴阳理论妙用无穷,是探索自然、社会、生命奥秘殿堂的钥匙,理解了阴阳理论,也就容易正确认识中国纷繁复杂的管理现象和本质。管理工作,就是整合多种资源达到阴阳平衡的结果。

第三节 管理心理学研究方法

在大学管理学院,一般研究生都会开设一门管理学研究方法课程,有的学校本科生也可能有这个课程;在大学心理学院或心理学系,一般则会开设心理学研究方法课程;管理心理学是管理学和心理学的交叉学科,所以研究方法也是综合运用管理学和心理学的研究方法。有人以为只有心理学才有系统的研究方法,管理学是没有科学研究方法的,这是对现代管理科学的误解。其实,心理学的研究方法也多是借助物理学、医学、生理学等学科的方法。本书将介绍观察法、实验法、案例法等方法。在具体的研究工作中,一般是多种方法结合使用,甚至是跨越学科使用一些方法。活跃在边缘科学前沿的美国人西蒙(Herbert A. Simon)在获得诺贝尔奖后,心理学界说他是心理学家,经济学界说他是经济学家,管理学界则说他是管理学家。可见,西蒙使用的研究方法和获得的研究成果,在心理学界、经济学界和管理学界都是得到认可的。

一、观察法

观察法是有目的、有计划地观察研究对象在一定条件下的言语、行为、表情等反应,从而分析其心理活动和行为规律的一种研究方法。观察可以以感官为工具,也可以利用录音、录像、摄影等现代技术设备作为辅助,来提高观察的效果。观察法是科学研究中最原始,也是应用最广泛的一种方法。从事任何研究,几乎都离不开观察法。只要是在日常生活条件下,对能够直接地、系统地观察到的心理活动的发生和发展的有关研究,均可运用观察法。

观察从时间上分有长期观察和定期观察;从范围上分有全面观察与重点观察。一般情况下,观察法可以按照以下两种维度进行分类。

第一,按照观察者所处的情境特点,可以把观察法分为自然观察与控制观察两类。自然观察是在完全自然真实的条件下观察他人的行为,而且被观察者一般不知道自己正在被观察。例如,某销售主管想弄清楚公司一名推销员绩效不佳的原因,就和该推销员一起销售产品,在工作过程中有意观察推销员的一言一行,从而发现问题的症结所在。控制观察是在限定条件下所进行的观察,也就是在操纵或控制一些条件的情况下所进行的观察,被观察者知道自己处于被观察的状态。

第二,从观察者与被观察者的关系出发,可以把观察法划分为参与观察与非参与观察两类。参与观察是指观察者直接参与被观察者的活动,在共同活动中进行观察;非参与观察是指观察者不参与被观察者的活动,以旁观者身份进行观察。

综上,观察法的优点是应用广泛、方便,看到的情景是当时的实际情况,最真实、可靠,被观察者的心理活动和行为表现具有自然性和真实性。其缺点是研究者只能处于被动的地位,消极地等待有关现象的出现,时机难以把握,观察所得到的材料难以定量分析,不能精确了解心理现象发生的原因。另外,有些情况不能自然观察,且观察到的现象很难重复实现。同时,观察在很大程度上取决于观察者自身的水平和理解,主观因素难以控制。观察法对一些复杂现象的本质特征也很难深入了解。因此,最好能与其他方法一起使用,才会具有更大的效益。

二、访谈法

访谈法是通过面对面的谈话,直接了解他人心理状态和行为的一种方法。就研究者对访谈结构的控制程度而言,访谈可以分为三类:结构化访谈、无结构化访谈和半结构化访谈。

第一,结构化访谈。在这类访谈中,研究者对访谈的走向和步骤起主导作用,是按照自己事先设计好的、具有固定结构的统一问卷进行访谈。在这种访谈中,选择访谈对象的标准和方法、所提的问题、提问的顺序以及记录方式都已经标准化,研究者对所有的受访者都按照同样的程序问同样的问题。

第二,无结构化访谈。无结构化访谈没有固定的访谈问题,研究者鼓励受访者用自己的语言发表自己的看法。这种访谈的目的是了解受访者自身认为重要的问题、他们看待问题的角度及其表述方式等。无结构化访谈中,研究者起到的只是一种辅助作用,尽量让受访者根据自己的思路自由联想。访谈的形式不拘一格,研究者可以根据当时的情况随机应变。

第三,半结构化访谈。在半结构化访谈中,研究者对访谈结构具有一定的控制作用,但同时也允许受访者积极参与。通常,研究者会事先备有一个粗线条的访谈提纲,根据自己的研究设计向受访者提出问题。但是,访谈提纲主要只作为一种提示,研究者在提问的同时会鼓励受访者提出自己的问题,并且根据访谈的具体情况对访谈的程序和内容进行灵活的调整。

综上,访谈法的优点是简单易行,便于迅速取得第一手资料,因而使用范围较为广泛。其缺点是仅凭受访者的口头回答而得出的结论往往缺乏可靠性和真实性,因此,这种方法一般不单独使用,而应把它与其他研究方法结合起来运用。

三、内省法

内省法又称自我观察法、自我分析法等,是对自身的心理现象进行观察并加以陈述的一种方法。它可以是口头报告,也可以是书面报告;可以是实验性的,也可以是非实验性的。早在4世纪,哲学家奥古斯丁(Aurelius Augustinus)就正式提出了内省法,这时的内省法只是引导被试进行自我观察、体验,研究者再对被试的陈述进行分析,没有实验的概念,即没有适当的控制条件。比如提斯顿主张把内省变为一种立时的回忆,即在一个心理活动停止之后,对自己的心理经验进行立刻的回想。

为了保证内省法的效果,应注意:第一,由于内省法中的观察者与被观察者同属一个本体,很难完全摆脱主体的经验、态度等变量的干扰,所以要特别注意对结果进行严格的客观检验。

第二,由于内省法的结果要通过语言报告,而社会语言本身具有许多模糊和含混之处,且人们的文化背景、个体经验等方面均存在差异,所以,人们对同一词汇可能形成不同的理解。为了确保报告的严谨与精确,必须尽可能消除报告语言的模糊性和不确定性,控制语言中无关变量的干扰。

内省法对于了解和控制心理现象有一定的积极意义,但也有一些缺点,如观察结果要受人的注意规律的制约,主体难以在某种心理活动发生的同时又去注视、监督这种心理活动,重复验证比较困难等。

四、案例研究法

管理现实的复杂性和丰富性不是单纯依靠科学技术方法或社会科学方法的进步就能解决的,这正是管理的艺术性的真谛。案例研究方法属于经验性研究方法的范畴。案例研究指研究者通过查阅记录、访谈、发调查表和观察等方式,搜集关于某个特定的人或群体的详尽资料,然后进行分析的研究方法。经验主义的案例研究者确信,可以通过研究经验来分析管理行为,案例类似人为地创造出实验室,使考察者能够考虑环境因素,去体验和解释事实,概括出管理原理。孔茨认为,管理学研究者和实际管理工作者通过研究各色各样的管理案例,就能理解管理问题,自然地学会有效地进行管理。案例研究具有以下特征:

(1)案例研究是一种经验性的研究,而不是一种纯理论性的研究。案例研究的意义在于回答"为什么"和"怎么样",而不是回答"应该是什么"。

(2)研究对象是现实管理现象中的事例证据及变量之间的相互关系。案例研究的研究对象决定了它属于现象学(phenomenological)的研究范畴。在这样一个研究过程中,人们可以将研究重点放在捕捉社会经济现象的片断的真实细节上,而无需预先严格设定或梳理清楚其中蕴藏的为数众多的变量之间的复杂关系。

(3)整体性的要求。要通过案例(单一事例或有限事例)来得出归纳性的结论或预测未来时,研究者必须对这一事件所涉及的各部分的互相依赖关系及这些关系发生的方式进行深入的研究。

(4)案例研究具有广泛的适用性。案例研究不仅可以用于分析受多种因素影响的复杂现象,还可以满足那些开创性的研究,尤其是以构建新理论或精炼已有理论中的特定概念为目的的研究的需要。

五、扎根理论

扎根理论(grounded theory)是质化研究的一个杰出代表。扎根理论最初由美国学者格拉塞(G. Glaser)和斯特劳斯(Anselm Strauss)于1967年在《扎根理论的发现》中提出。之后,两位作者及其合作者不断对这一方法加以发展。斯特劳斯、考宾(Juliet Corbin)的《质化研究基础:扎根理论的程序和技术》,迈尔斯(Matthew B. Miles)、休伯曼(A. Michael Huberman)的《质化资料分析:新方法手册》,进一步完善和发展了这个理论。

扎根理论的主要观点是,研究者在研究开始之前一般没有理论假设,而是带着研究问题,直接从原始资料中归纳出概念和命题,然后再上升到理论。也就是说,扎根理论的本质是归纳法,而不是演绎法。扎根理论一定要有经验证据的支持,但它的主要特点不是经验性,而在于它从经验资料中抽象出新的概念和观点,发现新的互动与组织模式。

扎根理论的抽样特点一是目的性,二是小样本,即只选择几个个案,作深入研究。这种抽样方式与量化研究的随机抽样大相径庭。在资料收集方面,量化研究主要运用问卷调查法,有时也会运用访问法和观察法等,但是具有封闭性、结构化的特点,其研究收集的资料范围比较广,但是不够深入。相反,扎根理论主要运用观察、访问、实物等,范围虽只涉及几个个案,但是收集到的资料非常深入详细。

扎根理论分为两个主要的流派:格拉塞最初提出的扎根理论原始版本(即经典扎根理论)与斯特劳斯的程序化扎根理论;两个流派理论最大的差异在于编码的过程。前者的编码过程分为实质性编码和理论性编码两个步骤,而后者分为开放式编码(open coding)、关联式编码(axial coding)、核心式编码(selective coding)三个步骤。对资料分析及其译码过程差别不大,都是将资料揉碎再进行概念化以及形成范畴的过程。问题在于理论形成的过程,扎根理论的三级编码讲究程序化,提出了一个典范模型(paradigm model)来对概念范畴进行整理以形成理论,最终形成从开放式编码、关联式编码、核心式编码到理论建立的四个循序渐进的步骤。

六、问卷法

问卷法又称问卷调查法,是研究者通过内容明确、表达清晰的调查表格,让被调查者根据个人情况填写,来了解其心理活动和管理行为的方法。常用的方法有:

(1)是非法。要求被调查者按规定的标志对问卷中的问题作出"是"与"否"的回答。

(2)选择法。要求被调查者在并列的两个或多个陈述句中选择其一作为回答。

(3)等级排列法。要求被调查者在多种可供选择的答案中,选出其中几项并按其重要程度进行排列作出回答。

(4)等级量表法。要求被调查者对问题的回答按其从肯定到否定的不同等级中选择其一作为回答。

问卷调查法的优点在于它是一种标准化、结构化的工具,能够在相当广泛的范围内了解到工作对象的心理状态,不仅省时、省力、省费用,而且还可以进行数量分析,使结果数量化。缺点是由于无法将所得结论直接与被试者的实际行为进行比较,对所获得材料很难进行质的分析。另外,对文化程度偏低或文字理解能力较差的被试者,就不适合。因此,无论是谈话调查法,还是问卷调查法,研究结果都受被试对象主观心理因素影响,所得结果都不如观察法那样直接客观。

七、实验法

西方一些管理学者重视实验研究,取得了一些重要的成果,我们熟悉的有泰罗为制定工作定额而做的"搬运生铁"实验,吉尔布雷斯夫妇(Frank Bunker Gilbreth, Lillian Moller Gilbreth)的"动作分解和研究"实验,梅奥主持的霍桑实验等。由于人类行为的复杂性,许多变量不容易控制,因而人们很难有把握说,一定形式的行为,就是某一组织特点的直接产物。实验的研究方法恰好可以克服现场研究方法中一些固有的缺点。因为实验的研究方法可以在严密控制的条件下,引起被试者某种心理现象的发生,然后观察它们的变化。

Frederick Winslow Taylor, 1856—1915

实验法是有目的地严格控制或创设一定条件,来引起某种心理活动或行为表现以进行研究的方法。实验法的优点是主动性和可靠性。研究者可以积极地干预被试者的活动,而不是被动地等待某种现象的出现。研究者通过改变某些控制条件,可以揭露某种心理现象产生的原因。也可以通过反复实验,积累一定数量的材料,从而判断被试者某种心理现象的典型性和偶然性。实验法要求研究者必须在事前进行周密的实验设计。实验研究法通常可以分自然实验法和实验室实验法两种情况。

（一）自然实验法

自然实验法又称现场实验法。这种方法,就是在正常工作的条件下,适当地控制与实际生产活动有关的因素,以促成被试者某种心理现象的出现,具有较大的现实意义。这种研究的主要优点是,它既可以主动地创造实验条件,又是在自然情境下进行的,因而其结果更符合实际,兼具观察法和实验法的两种优点。但是它不如观察法广泛,也不如实验室实验精确。有时,由于现场条件的复杂性,许多可变因素要全部排除或在短期内保持不变,往往难以做到,必须进行周密地计划,并坚持长期观察研究才能成功。

现场实验的优点是能够结合日常生活和工作进行,避免了实验室研究的局限性,使研究结论更具备可推广性;缺点是不容易严格控制现场的无关变量,研究得出的结论可能会存在偏差。

（二）实验室实验

实验室实验是研究者在实验室中进行的研究。由于研究者可以借助实验室对实验条件进行严密的控制,可以帮助研究者有效地确定各变量之间的因果关系,因此实验室实验的内部效度是最高的。由于实验室的环境与真实的工作环境不同,故其研究结论的局限性也是很明显的。一般来讲,不能把实验室实验获取的结论直接应用到真实环境中去,因此实验室实验的缺陷就在于其外部效度较低。

八、测验法

测验法是指采用标准化的心理量表或精密的测验仪器来测量被试有关心理品质或行为的研究方法。量表是心理测验常用的研究工具。目前流行的测验量表种类繁多,大致有以下几种分类:按测验的内容可分为智力测验、个性测验、态度测验和能力测验等;按测验的方式可分为文字测验与非文字测验;按测验的方法可分为问卷测验、操作测验和投射测验三大类。

在管理心理学研究中,测验法常常作为人员测评的一种工具。例如,用智力量表测定组织成员的一般和特殊能力状况;用个性量表测定组织成员和领导者的性格特征,等等。测验法的最大优点是简便易行,测验内容广泛,具有较强的科学性,能够对研究的心理现象进行定量的分析。但测验法也存在一些问题,如心理测验的运用有一定难度,测验者必须经过专门的训练。另外,量表的设计、取样技术等都有较高要求,使用时若有不慎,就会使测验结果产生很大的误差。

测验研究是一种介于经验研究与实验研究之间的方法。它的本质是先从一个定量的个体中收集有关某一问题的常模资料,据此编制出测验题目(标准化量表)作为尺度,去研究其他的个体。从内容上分,测验研究包括人格测验、能力测验、职业倾向测验、态度测验等。从测验类型上看,管理心理学中运用较多的是标准化测验和社会心理测量。

(一) 标准化测验

标准化测验的常模资料必须从标准化样本中产生,应能代表将要研究的总体。韦氏智力测验量表、格塞尔个性量表、明尼苏达多项个性调查等均属于标准化测验。标准化测验的量表制定比较复杂,需要有较高的统计、抽样技术支持,主持人要经过专门训练,但量表一经制定,运用起来则非常方便,具有广泛的适用性。

(二) 社会心理测量

社会心理测量是美国心理学家莫里诺(J. E. Moreno)于20世纪30年代创造的。他用非常简单的问卷向被试个别提出"你最愿意与谁合作"之类的问题,从而发现人与人之间的自发吸引力与群体聚合力等,并且用人际关系矩阵或社交测量图加以表示。社会心理测量在管理心理学中有着直接的应用,如研究团体或组织中某人或某群体的社会地位指数、受拒指数、吸引率、排斥率等。

九、现代技术法

随着现代科学技术的发展,一些先进的生理学、物理学、医学等方面的技术可以被引进来开展管理心理学的研究,例如结构功能水平研究方法:脑损毁法、功能性磁共振成像(FMRI)、正电子发射体层摄影术(PET)、脑电图(EEG)、脑磁图(MEG)、经颅磁刺激(TMS)、深部脑刺激(DBS);细胞分子水平研究方法:单细胞电活动记录方法、基因组学方法、神经元定位方法、受体定位方法、表观遗传学方法;整体系统研究方法:行为学建模方法、家系研究、双生子研究、寄养子研究等。

新近发展起来的脑成像技术如FMRI,PET等,为直接观察大脑在进行高级认知加工时的活动状况提供了强有力的研究手段。在注意研究领域,陈霖等人研究了动态图形的视觉选择性注意的ERP效应,鉴别出该效应的特征波,它反映注意力对发生于大脑视觉皮层的动态图形信息加工过程的加强和易化。而在非注意状态下,视觉系统对刺激某些属性(例如朝向)的改变能够进行一定程度的自动加工,产生类似听觉失匹配负波(MMN)的ERP变化,但其神经基础可能与听觉系统有所不同。高文斌和魏景汉等人对视觉空间注意范围的ERP等级效应的实验结果提示:视觉注意的空间范围加工晚于其空间方位的加工。沈政等人采用神经电生理技术研究恒河猴的前额叶执行控制功能,该研究细胞水平的详细实验记录数据表明,灵长类动物前额叶皮层内具有多种类型(感知觉相关、决策相关、go运动相关、奖励相关、多事件相关)的神经元,存在丰富的局部神经网络,这是其控制高级中枢的物质基础。

第四节 如何学习管理心理学

一、理解管理心理学和相关学科的关系

管理心理学是介于管理科学和心理科学之间的一门边缘学科,也是一门综合性很强的学科。它与管理学、心理学、组织行为学、行为科学、社会心理学、人类学等学科有着密切的联系,涉及的各学科的基础理论众多,跨学科性非常明显。一方面,管理心理学从这些学科摄取养料,吸收这些学科的研究成果;另一方面,管理心理学也为这些学科提供素

材,丰富和充实这些学科。管理心理学与管理学、心理学、组织行为学等学科,有着密切的联系,同时又有着一些区别。

(一) 管理心理学与心理学

普通心理学是研究人的心理活动的一般规律的科学,它主要研究心理过程与个性问题。心理过程包括认识过程(感知、记忆、思维、想象等)和意向过程(情感、意志等);个性包括兴趣、动机、气质、性格、能力等。管理心理学研究的是组织管理活动中人的行为规律及其潜在的心理机制。这构成了管理心理学的主要理论基础。管理首先是对人的管理;要管理人,首先就要了解人,要了解人的心理特点和心理活动规律,唯其如此,才能从人的实际出发,调动和激发人的积极性,实现有效的管理。

随着心理学基本理论研究的不断深入,新成果不断涌现,管理心理学将得到进一步的发展;而管理心理学的发展,又将反过来验证和丰富心理学的基本理论,促进心理学的繁荣。管理心理学与心理学二者密不可分但又不可互相替代。

(二) 管理心理学与管理学

管理学是研究管理活动过程及其规律的科学,它是由一系列管理理论、职能、原则、方法等组成的科学体系,是社会科学、自然科学和技术科学相互渗透而形成的一门综合性学科。而管理心理学是研究管理活动过程中人的行为规律及其潜在心理机制的学科,也就是说,它主要研究管理过程中的心理问题。如果说管理学比较注重较为宏观的组织层面的问题的话,那么管理心理学则更注重较为微观的个体层面的问题;如果说管理学比较重视外在的行为层面的问题的话,那么管理心理学则更注重内在的心理层面的问题。

(三) 管理心理学与组织行为学

管理心理学与组织行为学这两门学科之间既有十分密切的联系,又有一定的区别。其区别主要有:(1) 研究的侧重点不同。管理心理学着重研究行为背后潜在的心理活动规律,侧重于把心理学的原理应用于组织管理活动中;而组织行为学则重点探讨行为特点和规律本身,把人的外显行为作为研究对象,以达到预测和控制行为的目的。管理心理学侧重于本源学的研究,组织行为学侧重于现象学的研究。(2) 理论基础不同。管理心理学的理论源泉主要是心理学;而组织行为学作为行为科学的一个分支,它的理论来源更加多样化,不仅来自心理学,还来自管理学、社会学、人类学、政治学、经济学等学科。

Hugo Münsterberg, 1863—1916

(3) 形成背景不同。管理心理学的形成经历了长期的理论和实践准备。1912 年,德裔美国心理学家闵斯特伯格(Hugo Münsterberg)出版了《心理学与工业生产率》一书,首先正式把心理学应用到工业管理中。之后,随着心理学理论的不断发展及应用范围的逐步扩大,1958 年,美国心理学家利维特(H. J. Leavitt)正式提出"管理心理学"这一术语,并出版了第一本《管理心理学》著作,使管理心理学成为一门独立的学科。组织行为学是由行为科学发展而来的,是行为科学与组织管理相结合而形成的分支学科。自 20 世纪 60 年代起,美国的工业和组织心理学研究开始从各大学的心理学系转到管理学院和研究生部。同时,这一领域的研究队伍除心理学家外,社会学家、人类学家甚至语言学家、数学家等陆续参加进来,知识来源不断扩大,形成一个跨众多学科的研究领域。

管理心理学与组织行为学之间的联系主要为：(1) 心理与行为密切相关。尽管管理心理学与组织行为学研究的侧重点不同，但事实上人的心理与行为之间是密不可分的。一方面，行为是心理的外在表现，组织行为学在研究人的行为时，必然会涉及行为背后的潜在心理机制；另一方面，心理是一种内隐的活动，管理心理学在探索人的心理活动规律时，也需要通过观察分析人的外部行为来达到推断内部过程的目的。心理与行为的这种联系就决定了管理心理学与组织行为学之间的密切关系。(2) 研究内容上的联系。在研究内容上，管理心理学与组织行为学虽各有特色，但在总体框架上却无大的差别，研究的基本内容皆为组织管理活动中个体、群体、领导、组织等方面的心理与行为规律。因此两门学科在内容上十分相近，只是对同一问题的研究视角和出发点有所不同。(3) 研究目的上的联系。管理心理学与组织行为学的研究目的基本相同，即通过对组织管理活动中人的行为规律及其潜在心理机制的探索，揭示有关的规律，不断促进管理工作的科学化，持续提高工作绩效与管理效能，最终实现组织和人的全面发展。

（四）管理心理学与行为科学

行为科学是研究和探索人们的行为规律的一门科学。它以人为研究对象，以预测和控制人的行为为目的。行为科学诞生于20世纪50年代初的美国。1949年，芝加哥大学举行的一次跨学科会议上首先采用"行为科学"这一概念，1953年由福特基金会正式定名，在1956年于《行为科学月刊》上正式提出。行为科学是一门综合性学科，涉及心理学、社会学、人类学、生理学、生物学、伦理学等学科。

行为科学在企业组织中的应用即被称为"组织行为学"，它综合运用上述学科的知识，研究组织中人的个体行为、群体行为、领导行为、组织行为的规律。可见，它与管理心理学的人力管理部分有交叉联系。管理心理学不但研究管理活动中人的心理与行为，也讨论目标、信息、时间、环境等因素。

（五）管理心理学与社会心理学

社会心理学研究在各种社会群体中人们彼此相互作用的条件下所产生的心理现象。例如，人们在交往的过程中，相互联系、相互影响，并且彼此之间产生相互感知和相互理解，于是从中就发生了人们之间的相互感染、暗示、模仿、嫉妒、服从、社会舆论和社会压力等社会心理现象。社会心理学的内容，既包括在群体中人们彼此之间的关系和个人在群体中的地位，也包括个人对群体的影响或群体对个人的影响。可见，社会心理学与管理心理学的关系是非常密切的，它也为管理心理学提供了重要的理论根据。

管理活动在本质上也是一种社会实践活动，社会心理学的研究成果必然有助于管理心理学的建设。事实上，管理心理学也正是在社会心理学的影响与渗透下产生的，社会心理学是管理心理学的母体。无怪乎有人把"管理心理学"称为"工业社会心理学"。

二、掌握管理心理学研究的基本原则

管理心理学的研究应遵循科学研究的基本原则。具体来说，管理心理学在研究过程中应该注意遵循如下原则：

（一）客观性和主观性相结合

所谓客观性原则，就是实事求是的原则。客观性原则要求在管理心理学研究中研究者不能用主观的愿望或猜测来分析人的心理活动。即无论其研究结果如何,都应该尊重事实,对任何心理现象都应按其本来的面目加以考察,而不附加任何外来成分。必须如实记录被研究对象的客观反应,不能把主观体验和客观观察到的事实混淆,也不能用研究者的主观感受替代客观观察到的事实,或者附加到客观观察到的事实上去。人的心理活动无论如何复杂,也不管他作出何种假象和掩饰,都必然会在内部的神经生理过程和外部的行为中表现出来,这是揭示心理发生、发展和变化规律的基础和依据。我们研究人的心理行为,必须从这些可以观察到的现象中去研究,包括实验的设计、材料的搜集整理、结论的得出,都必须贯彻客观性原则,必须在掌握事实的基础上进行严密的处理,认真分析。当由于个体差异的干扰,导致有时研究结果不完全一致时,研究者绝不能附加任何主观成分,切忌把自己的主观体验与客观观察到的事实相混淆。客观性原则,还要求对心理现象的研究不能只停留在现象的描述上,还必须揭示其客观存在的规律性,并将所得出的规律性知识放到实践中去检验其正确与否。只有这样,才能使研究达到科学的水平。

人的心理和行为非常复杂,著名哲学家冯友兰先生对"历史"与写的历史之间的区别的讨论颇值得我们深思。冯友兰说,历史有两种含义,其一指事情自身,或称"客观的历史";事情之记述可称为"写的历史"或者"主观的历史"。从事社会科学研究必须坚持客观性,但要坚持好客观性原则很难。我们在提倡尊重事实,重视定量性资料的同时,也要充分发挥人的主观能动性。管理的实质是以心治心的过程,而人的心理活动又是隐秘的,古人说"画龙画虎难画骨,知人知面难知心",要洞悉人的心灵,单靠一些仪器测出来的数据是远远不够的。研究管理者时,除了收集客观材料外,他们自己的内省体验(自我观察心得)、经验总结也是重要的素材。客观化的定量研究与主观化的定性探索都相当重要。

(二) 分析研究与整体研究相结合

西方的管理工作做得细致、认真、规范化,一般的企业都有装订成册的管理规范汇编,有明确的员工考评方案与实施细则,有严格的质量控制标准。这与西方管理文化重视分析、客观等有关。中国的企业,尤其国有企业,管理方面并没有多少客观化的细则要求,即使到一家有几十年历史的大型企业中去调查,也很难找到一些管理规范方面的文本。考核、奖惩方面的制度条例通常只是一些粗线条的、笼统的评语似的语句。东方管理文化的整体观念、模糊观念、人治观念对企业管理一直有深刻的影响。

只注重分析、重视细节局部,可能导致只见树木,不见森林,不利于企业作为一个整体的形象发展,企业与地方工商、税务、公安等部门的关系也可能被忽视。同样,偏重模糊,靠威信、感情、人际关系进行管理,可能导致效率低下,发展缓慢。我们在进行东方管理学的研究时,不能割裂分析研究与整体研究之间的关系,既要善于在思想上把研究对象分解为各个部分、个别特性或个别方面,又要把研究对象的各个部分或不同特性、不同方面结合起来。

(三) 国际化和本土化相结合

管理心理学和其他许多学科一样,是从国外引进的。翻译、引进、消化、吸收,是正常的,但是,在理论体系、研究方法,甚至使用案例方面,管理心理学主要还处于引进和模仿阶段。各国由于文化、历史、风俗的不同,导致人们形成不同的心理和行为。传统的西方管理心理学已经被证明并不能解决某些非西方背景下的人们的管理心理和行为问题。

学习和研究管理心理学,应该国际化和本土化相结合,即结合西方管理心理学理论,挖掘和弘扬中国古代丰富的管理心理思想,关注和研究取得了举世瞩目成就的中国的经济建设,以管理心理学本土化为契机,把中国管理心理学融入整个世界的管理心理学当中。

三、学习和研究管理心理学的意义

约翰·D. 阿拉姆(John D. Allam)在《管理行为的困境》一书中说,任何一种管理职位都存在五种固有的两难处境:第一,个人利益和组织利益如何结合起来;第二,需要控制又需要主动性;第三,既要执行不顾个人的规则和程序,又要照顾个人的需求;第四,组织影响,集体准则和个人需要的矛盾;第五,焦点在于既要支持现状,执行规范,又要改变现状和规范。其实,我们还可以发现管理活动中更多的困惑,例如本节开始的案例中,老板应该做好人,还是做恶人;买股票是买涨好,还是买跌好。这些两难困惑,贯穿于计划、组织、控制、激励、领导的各个管理环节中。学习管理心理学将有利于我们理解和应对这些两难处境。

(一) 帮助个人和组织获得高绩效

任何组织都是由各种各样的不同性格、气质、能力、兴趣、爱好和志向的人组成的,组织中的每一个人同时都各有各的具体目的和利益,组织管理者必须学习掌握心理学知识,应用管理心理学知识,才能根据每个人的特长安排他们的工作,使每个人都能各得其所,最大限度地调动整体积极性。没有作为管理核心要素人的改变,根本谈不上组织绩效的提高,管理效能也不可能得以充分发挥。人是有智力、有情感、有思想意识的生命个体,人的言语行为不仅受外界环境的左右,而且还受自身心理状态、心理发展水平的调节支配。心理因素是人从事某项活动的基本动力,良好的心态能促进人的心理健康,充分发挥人的积极性,从而提高活动效率。

利用管理心理学的有关原理和方法,能够最大限度地激发人的潜能,充分发挥人的积极性,帮助个人和组织取得高绩效。员工的心理不仅影响管理者管理效能的发挥,而且还影响员工当前的表现,以及其未来的发展。因此,对于组织来讲,管理者对员工实施管理时必须关注人的心理发展规律,进行心理管理,真正调动起员工内在的积极性,如此才能避免组织陷入危机,提高组织绩效的水平。承诺、信任员工和让员工全面参与是实现组织绩效提高的关键,只有在不断地观察、分析员工作为"心理人"而非"机器人"的基本心理特征的情况下,依据其心理活动规律实施心理管理,发挥心理管理的间接性、能动性、客观性和后像效应,给不同的人提供不同的环境,才能充分发挥人的潜能,从而提高组织绩效,完成组织目标,创造良好的经济效益。

(二) 提高领导水平

企业管理的实质是对人的管理,对人的管理更着重对人的心理状态的把握及其行为的管理。只有当管理者掌握了工作中个体、群体、组织、领导者、被领导者的心理活动规律之后,才能制订出管理个体、群体与组织的科学管理方法,极大地促进领导者领导水平和领导艺术的提高。

新的工业革命,生产的大规模作业与生产设备和设施的现代化,把人从简单而沉重的劳动中解放出来。社会科技的进步,要求管理者必须通晓管理心理学知识,用管理心理学理论去弄清生产、设备与人的关系,科学地调动生产者的积极性,提高人的内在潜力,使设备、设施通过人发挥出更大的潜力和作用,为社会创造更多财富。企业领导者把握职工需求,不断提高职工的政治素质、业务素质,充分挖掘企业人才资源的潜力,无疑对深化企业改革,全面加强企业管理,提高经济效益会起到巨大的促进作用。

现代企业从事社会化大生产,要求企业职工在集中统一指挥下彼此协调工作。企业领导者应时刻把握员工的心理脉搏,了解、理解企业员工的需求欲望、志向和能力、想法和建议,对积极的心理进行鼓励,对消极心理要进行疏导与防范,最终实现有效的管理,提高企业的经济效益。

(三) 整合好有形和无形资源

管理本身就是一项潜力巨大的资源。现代企业管理要求生产的管理者必须掌握渊博的知识和管理技能,有较强的组织协调能力,巧妙的领导艺术和领导方法,严密的相互协作,搞好上下左右的沟通,使人尽其才,物尽其用,发挥各个生产环节的积极性。这就要求管理者必须了解人际关系、人员心理活动动态,作出正确的人事安排的决策、计划,搞好组织协调。

企业员工心理管理就是通过科学的测量和分析,准确理解和把握不同员工或相同员工不同时期的心理状态,正确地进行人力的配置和优化,更重要的是解决激烈的市场竞争带来的员工心理问题,帮助员工缓解心理压力,促进员工心理健康。这种充满人文关怀的员工心理管理,能够减少员工对组织的抱怨,树立良好企业形象;增强员工对企业的认同,促进各部门、各层次员工之间的沟通;提高员工士气,改善组织气氛,降低员工的缺勤、离职率;降低企业运营成本,提高企业经营绩效。

如果不熟悉员工的性格脾气、兴趣和能力,直接的后果就是人才流失。人才流失对于企业来说是一定的损失,特别是业务骨干和管理人才是企业的重要财富,如果此类人才大量流失,其损失是难以弥补的。

(四) 提高员工素质

管理心理学有助于个体的自我改进、自我提高、自我完善。

现代管理的人性化回归到人本管理的最终诠释,以员工尊严、员工追求、员工发展、员工情感为出发点的管理,其本质特征就是考虑到每个员工都是一个独特的个体。员工个体的行为表现无不由他的个体心理和内在感受所支配和决定。

个体的发展与完善固然有赖于许多外界的客观条件,如良好的家庭背景与社会氛围等,但更为重要的还是个体自身的主观努力,以及个体的自我管理水平。在人的一生中,个体的主观努力随着年龄的增长而愈显重要。虽然人的自我意识在个体早期就已萌芽,但此时还更多地表现出不自觉性和被动性,更多地受环境和他人的支配。随着青年期的到来,个体在心理上"断乳",自我意识逐渐增强,更多地表现出自觉性和能动性,更倾向于支配环境和他人。从这个时期开始,个体就逐步摆脱各种依附关系,以独立的姿态出现于社会,个体因此必须努力塑造自己的形象,学会自我管理,并且对自己的所作所为承担责任。个体是成功还是失败,是奋进还是退缩,都与他能否自我设计、自我控制、自我调节、自我完善有密切的关系。

管理心理学是个体自我完善的良友。以人力管理为例,管理心理学中关于自知与知人、交往与吸引、冲突与沟通的理论,可以帮助个体形成和谐的人际关系,赢得他人的喜爱与尊重。环境管理心理学则有助于个体创造良好的心理氛围与工作环境,提高生活、学习和工作的效率。如果一个人能够真正掌握并运用管理心理学的原理，那也就掌握了自我管理的方法，无论置身于什么场合或情境，他都能寻求最佳的生存方式、最佳的发展方向，都能有效地实现个体的价值，发挥个体的潜力，并对社会的进步作出贡献。

（五）丰富与发展心理学和管理学

自冯特1879年创立心理学、泰罗1911年创立管理学，都分别超过100多年的时间了。两门学科在发展过程中，都涌现了观点纷呈、内容丰富的多个学术流派，都在借助其他学科的研究方法来使自己显得更科学、规范。两门学科对于帮助人们认识世界改变世界都作出了重要贡献，但是，在不确定性的现实世界，有时那些理性、定量的模型也显得苍白无力，没有用处。

作为管理心理学的研究，既要宏观、整体地观察和分析管理行为，也要微观、局部、深刻地研究管理行为的心理和生理机制。

人们在从事管理活动时，总是从以物的管理为中心，向以人的内在心理为中心过渡，管理上不断向人的内心深处进军。我们相信，随着社会生产力和科学技术水平的不断提高，随着现代通讯与信息传播技术的发展，人与人之间、组织与组织之间在物的方面必然会不断缩小差距，而以心理上的竞争为显著特征。因而，未来的管理科学必然是以管理心理学为核心内容的科学。

思考题

1. 如何理解管理心理学的定义？你认为管理心理学应该研究哪些内容？
2. 关于管理心理学的学科性质，教材中介绍了三种观点，你赞同哪一种，为什么？
3. 联系管理事例，分析治心为上论、人性复杂论、五行系统论、知行统一论和阴阳平衡论在现实中的应用。
4. 试述西方人性论的观点及对应的管理主张。
5. 管理心理学有哪些研究方法？在这些研究方法中，你喜欢哪些方法，为什么？
6. 试述管理心理学与相关学科的关系。
7. 试述研究管理心理学的基本原则。
8. 怎样才能让管理心理学促进管理学和心理学的发展？

第二章 管理心理学的由来与发展

学习一门学科的历史,是继承和发展这门学科的基础。管理心理学作为一门学科,它有怎样的过去?它是如何发展起来的?管理心理学虽然诞生于美国,但是中国传统文化也具有丰富的管理心理思想,这些思想对于管理学的学科发展和管理实践,都有启发意义。本书坚持国际化和本土化相结合的原则,认为中国古代管理心理思想和西方管理心理学的发展历程都值得研究。

案例

以孝为先:社区管理的重庆江南模式①

对于中国传统管理思想是否具有现代运用价值,一直存在很大的争议。对于孝道的现代价值争议更大,孝道作为农业文明的产物,是封建社会的糟粕,还是中国传统文化的精华?在当今时代是否可以影响和改变人的心理与行为?是否可以发挥重要的治世之功?重庆市长寿区区委常委张云平博士,以中国传统孝道思想为主要指导思想,在长寿区江南街道进行了有益的探索,取得了满意的效果。

重庆市长寿区江南街道,面积67.89平方公里,辖7个村2个社区,辖区人口5万余人,其中残疾人762人。2009年8月,张云平调任重庆市长寿区委常委兼江南街道党工委书记,始终坚持把群众的安危冷暖放在心中的最高位置,很快使江南街道这一远近闻名的"上访街道"先后被评为全市安全生产示范区、重庆市卫生城市;2010年,街道成功创建全国文明街道;2012年,街道孝亲敬老志愿者队伍获得重庆市委表彰;2013年11月,江南街道被重庆市社科联命名为社会科学普及教育基地,并荣获孝老爱老道德风尚单位等等。这些荣誉的取得都离不开张云平倡导的"以孝为先"理念。

就在张云平上任之初,百年重钢因环保迁建,直接导致江南街道农转非人员高达8 178人,占街道总人口的36.3%。这些失地农民文化低、无技术,担心难以融入城市,加上无限度地追求利益最大化,千人集体上访、围堵政府的现象日趋加剧,给政府行政造成极大的困难。

张云平在思考,为什么这些群众和我们要闹对立情绪?政府部门已经给了他们不少的政策优惠,他们为什么不领情?直到一次下乡调研,农村孤寡老人的生存现状,深深地刺痛了张云平的心,江南街道农转非人员中60岁以上的老人占总人口的19.26%,这些老人孤独忧伤。张云平对中国历史有深入研究,想到古代有孝治天下的说法,《孝经》以孝治天下的思路得到多个朝代统治者们的认同,汉朝更将这一思想运用到治国之中,汉代皇帝谥号前都要加一"孝"字,诸如孝惠、孝文、孝景、孝武等。张云平

---

① 资料来源:http://www.ccs.cn/jrgz/zmxx/news/2015-8/2654_129590.shtml,2015年3月访问。

决定在江南街道推广孝道，想验证一下先贤的智慧是否还有现代价值，于是号召党员干部认真学习《弟子规》，展开"亲情结对"的活动，主动给孤寡老人当干儿子、干女儿，近距离为群众提供服务。

选择《弟子规》作为宣传读物，也是江南街道宣传孝道文化取得良好效果的经验。《论语》《孝经》等著作，一般人看不懂，《弟子规》可谓儒家文化的科普读物。江南街道的干部和许多居民都能够熟背《弟子规》中的一些句子。《弟子规》全文1 080个字，以三字一句，两句一韵的形式编撰而成。《弟子规》把孝道列于首位，强调孝道一方面是为了培育家族成员服从尊长的心理，维护家族内部的秩序，另一方面，更在于推及这种服从的心态——对来自单位、组织、上级的工作要求本着"服从"的心理，如此社会的秩序才能步入正轨。

认龙佰瑄为干爹是张云平推行孝道文化的关键事件。他前往养老院看望慰问老人时，认识了当时已经87岁的龙佰瑄，老人身患重病、卧床不起，张云平就认了老人做干爹，经常问寒问暖，帮干爹洗脚，还背他到医院治疗。以后的每一个春节，他都把老人接到家里过年，直到今天。起初，大家对他的行为都不理解，但是他坚持认为孝敬父母是孝，帮助孤寡老人，维护社会和谐，更是共产党员的大孝。已经93岁了的龙老爹，见人就讲：张书记比亲儿子还好。

张云平在江南街道组织开展了"上善若水，孝感江南"系列活动。此项活动突出"关爱今天的老人，就是关爱明天的自己"，其中包括：对全街道84户69周岁以上的困难老人进行走访慰问；投票产生并表彰11名孝亲敬老之星；组建老年维权中心，聘请2名律师义务为老人提供法律援助；9个村居的228名志愿者成立11支孝亲敬老队伍，为老人们义务宣传、义务劳动、义务维权、义务体检；开展维护老年人权益知识巡回讲座，放映相关电影；组织机关干部、村居干部开展"上善若水，孝感江南"主题演讲比赛；指派江南卫生院医生到村居公共服务中心义务为60岁以上的老人免费体检，传授健康养生知识；等等。

2012年，张云平又率领街道机关干部一对一地与118名孤寡老人重新签订"以信行孝"承诺书。约定党员干部要把结对帮扶的孤寡老人视如亲生父母，每月用电话或其他方式问候老人1至3次，每两个月"回家"陪老人吃1次饭，每年陪老人过生日，请老人回家过春节，每年为老人做1次体检等，并接受社会、群众、舆论公开监督。

张云平不摆架子，有一颗平和的心。他的手机里储存了2 000多个电话号码，其中1 600多个号码是长寿区农民的电话。群众有任何事情都可以给张云平直接打电话，他也坚持把群众的"柴米油盐"作为自己行政的"大事"，坚持多办顺应民意、化解民忧、为民谋利的实事。在他的影响下，江南街道118名孤寡五保老人，都有了自己的党员干部"子女"，在真诚的关爱下，安享晚年。

在倡导党员干部以实际行动献孝心的同时，张云平经过艰苦细致的走访得出结论，政府的责任就是要想方设法提高就业率，拓宽群众的生存空间，引导他们对城市文明的责任感和对城市生活的认同感，帮助其树立现代公民意识、权利意识、平等意识和以劳动谋生的自信和自觉。而培养农民的生产能力是解决农民集体上访的有效途径。

重钢迁建投产和两大园区的快速发展，为江南街道带来了大量的就业机会，张云平把为农民办好事、做实事、解难事与"送岗位、送政策、送培训"活动结合起来，同时在社区设置502个公益性岗位，组织"春风行动""就业援助"和"草根援助"等活动，实现城镇就业6 827人，转移剩余劳动力就业10 027人，新增就业1 521人，成功创建了4个"充分就业村"。

用传统文化治理社区，光靠口头或书面形式上的宣传是远远不够的，更重要的是要把传统文化和具体管理工作结合起来，才能让传统文化发挥最大的效用。江南街道通过建立孝老敬亲基地、道德讲堂、七彩小屋等方式，为传统文化的传播搭建了有力的载体，让群众对本来有些"空洞"的文化，有了更直观的认识。

"以孝为先"的管理理念，调动了方方面面的积极性，江南街道经济发展绩效卓越：2013年实现地区民营经济产值45 200万元，比2008年翻了一倍多；地方财政收入1.8亿元，是2008年的6.03倍；社会零售总额16 130万元，是2008年的4.8倍；农民人均年纯收入13 130元，是2008年的2.69倍。江南街道其他方面也同样取得了喜人的成绩。

第一节　中国古代管理心理思想史

张云平博士倡导"以孝为先"的管理理念，调动了方方面面的积极性，使江南街道的经济发展取得了明显的成就。台湾大学心理学系杨国枢等人对孝道心理进行了深入研究，并编制了孝道心理的测评量表。类似于孝道心理等思想在中国古代文化中内容丰富，如果善于挖掘和弘扬，会对当代管理具有重要的理论和实践价值。中国是世界心理学思想最早的发源地之一，中国古代就有着丰富的管理心理学思想。史蒂文·奥特（J. Steven Ott）编辑的《组织行为学经典文献》一书中提及，公元前525年，孔子认为，服从组织（政府）是最可敬的公民目标，这成了职权系统合理化的基本依据。著名心理学家张耀翔认为，中国古时虽无"心理学"名目，但属这一种的研究，则散见于群籍，美不胜收。不仅有理论的或叙述的心理研究，且有客观的及实验的研究；不仅讨论学理，且极注重应用，他们称这种研究为"性理"，为"心学"。燕国材和杨鑫辉等人发掘和整理了大量的中国古代心理思想资料，朱永新领导的团队在燕国材和杨鑫辉等人工作的基础上，对中国古代管理心理思想进行了系统的挖掘、整理和提炼，出版了《管理心智——中国古代管理心理思想及其现代价值》。中国古代管理心理思想内容丰富，我们选择儒家、道家、法家、墨家和兵家的管理心理思想进行简要介绍。

一、儒家管理心理思想

儒家主要以孔子和孟子为代表。先秦时期的儒家还只是百家争鸣中的一家，汉武帝"罢黜百家，独尊儒术"之后，儒家思想成为影响中国2000多年的主流思想，中国管理心理思想的形成自然也离不开先秦儒家的管理心理思想。古语有云"半部《论语》治天下"，说明儒家理论中所蕴含的管理心理思想的精华对现代的管理也有着深远的影响和重要的借鉴意义。

（一）人性论

1. 性善论及人性有善有恶论

儒家主要提倡性善论，也有人提倡有善有恶论。我们在管理心理学基础理论部分已经对孟子等人的性善论思想进行了介绍。据《孟子·告子上》载，孟子的学生在同老师讨论"性"的问题时，曾提到四种人性论，除性善论与性无善无不善论外，尚有不知其代表人物的"有性善有性不善"说以及世硕等的"性可以为善可以为不善"说。前者明显是一种性有善恶说。王充把世硕等的人性论理解为"人性有善有恶"，他说："周人世硕，以为人性有善有恶，举人之善性，养而致之则善长；性恶，养而致之则恶长。如此，则性各有阴阳，善恶在所养焉。故世子作《养书》一篇"。王充把世硕的人性论作"人性有善有恶"理解，显然是为自己的人性论服务的。王充主张"性三品论"，认为上人生来性善，下人生来性恶，中人生来无善无恶或善恶混。这与"人性有善有恶"论是基本一致的。

孔子，前551－前479年

属于性有善恶说的，还有董仲舒的"性三品"说，扬雄的"性善恶混"说，韩愈的"性三品"说，张载的"气质之性"说等。

2. 人贵论

在我国古代，从《尚书》"惟人，万物之灵"起，到清末龚自珍的"天地至顽也，得倮虫三百而灵"止，几千年来形成一种"人贵"论的优良传统。这个传统，实质上就是认为人有价值。所谓人贵即人有价值，主要表现在两个方面：一是人类的价值，一是个人的价值。孔子对这两种价值都持肯定的态度。关于前者，反映在孔子对待"天命"的态度上。不少研究孔子思想的学者认为，就其基本倾向说，孔子所说的"天命"系指整个世界的客观规律而言，既包括自然界的规律，也包括人类社会发展的规律。在孔子看来，人虽然不能改变"天命"，但却可以认识"天命"、顺应"天命"，从而发挥人的主观能动性。至于个人的价值，孔子则肯定每个人都有独立的意志，以及像松柏一样挺拔的独立人格。每个人为了维护自己的尊严，为了坚持正义的事业，能够克服各种困难，排除各种障碍，甚至作出自我牺牲，杀身成仁，舍生取义。历代思想家几乎没有不赞扬人的地位与价值的，如孟子倡导"大丈夫"精神、民贵君轻的思想，荀子主张"制天命而用之"，王充肯定"人生莫不有力"等。

3. 人本论

孔子提出的"仁者爱人""仁者人也""修己安人"等，孟子倡导的"人者仁也""仁义"治国、"民为贵，君为轻"等思想，以及墨子推行的"兼爱"主张，荀子强调的"人定胜天"的理念等，都透露出了"以人为本"的气息。而明确提出"以人为本"这个光辉命题的是《管子·霸言》："夫霸王之所始也，以人为本，本理则国固，本乱则国危。"

以人为本，指在管理工作中要尊重人，以人为出发点，要考虑人的利害安危等多方面的需要，注意协调人与人之间的关系。虽然孔子和孟子没有直接提出"以人为本"，但是儒家思想中包含着丰富的以人为本思想。儒家的以人为本思想可以归纳为：(1) 爱人。孔子对"仁"的解释很多，但其核心思想就是"爱人"。他的所谓爱人，不只是爱亲属、爱学生，而是要爱所有的人。所以当有人告诉他马厩失火的消息时，他的第一个反应是："伤人乎?"不问马。(2) 安人。孔子明确提出"修己以安人""修己以安百姓"(《论语·宪问》)的主张。(3) 敬人。孟子说:"爱人者,人恒爱之;敬人者,人恒敬之"(《孟子·离娄下》)。(4) 挈情。《大学》提出"挈情",意思是现代心理咨询上讲的共情,就是要以自己的爱恶之情去推度他人,也就是俗话所说的"将心比心""以心换心",从而处理好人与人之间的关系。这是我国古代的一种优良传统,从孔子的"己欲立而立人,己欲达而达人"(《雍也》),"己所不欲,勿施于人"(《卫灵公》),"老吾老,以及人之老;幼吾幼,以及人之幼"(《礼记·礼运》),直到戴震的"遂己之欲,亦思遂人之欲"(《原善下》),都体现了这种"以人为本""以情挈情"的思想。(5) 育欲。明代何心隐提出,人的"声、色、臭、味、安逸"等基本欲望是人皆共有的,都应当得到平等的满足。

（二）激励思想

儒家肯定人的物质需求,孔子说:"富与贵,是人之所欲也;不以其道得之,不处也"(《论语·里仁》)。他承认欲的存在,认为有欲,但不能贪。"富而可求也,虽执鞭之士,吾亦为之"(《论语·述而》)。孔子强调,人们对富贵等"利"的追求应受到"义"的制约,如《论语·宪问》中写到的"见利思义,见危授命""义然后取,人不厌其取"。孟子不但将孔子的物质需要扩展到社会交往、尊重和名望等精神上的需要,还进一步发展了孔子的见利思义思想,反对把义与利对立起来。如《孟子·告子下》说"为人臣者怀利以事其君,为人子者怀利以事其父,为人弟者怀利以事其兄,是君臣、父子、兄弟终去仁义,怀利以相接,然而不亡者,未之有也"。孔孟都主张治国先富民,为政要善,个人应有责任感和使命感,方能对民众起到较好的激励作用。《孟子·梁惠王上》中说,"明君制民之产,必使仰足以事父母,俯足以畜妻子",《论语·颜渊》中说"子欲善而民善矣",《论语·泰伯》则写道"士不可以不弘毅,任重而道远"。在这些"礼治"的措施之外,孔孟还极为推崇"乐"在管理个体中的激励作用,《论语·泰伯》中说"立于礼,成于乐"。礼从外部调节人的行为,乐则从内部激发人的情感,两者共同为德治服务。

基于这种思想,儒家把物质利益作为满足百姓需要的基本激励手段,与此同时,更注重从道德精神上来引导和教化激励对象。孔孟都提出了"富民、养民"思想,认为使人民富裕是一切管理之基础,加强了德治思想的可行性和现实性。在激励老百姓的方式方法上,先秦儒家既强调榜样的力量,认为"其身正,不令而行;其身不正,虽令不从";也重视从个体自身着眼,让每个人认识并担负起自身的责任,激发其责任心和奉献精神,进而满足其成就感,即"修己才可安人"。

（三）用人心理

儒家非常看重人的价值,认为在管理中要充分挖掘每个人的潜能,发挥每个人的作用。因此,在如何用人上,儒家也有一道比较完整的思想。

在识别人才方面,先秦儒家认为要通过观察、调查、考察等方法来了解一个人。如《论语·公冶长》提到,识别一个人时要"听其言观其行",《孟子·离娄上》提出,"存乎人者,莫良于眸子。眸子不能掩其恶。胸中正,则眸子了焉。胸中不正,则眸子眊焉。听其言也,观其眸子,人焉廋哉？"只有做好识人的环节,才能为后面的合理用人打好基础,正所谓"不患人之不己知,患不知人也"(《论语·学而》)。做好识人之后,用人要做到任人唯贤,所谓"举直错诸枉,则民服;举枉错诸直,则民不服"(《论语·为政》)。除此之外,还要做到知人善任、用人之长。儒家提出的这些思想,不仅在任人唯亲的宗法制度下具有进步意义,对我们现代管理中的用人原则也具有积极的指导作用。做好认人、用人之后,儒家还强调要通过对人的不断教育培养来提高人的整体素质,这里蕴含着儒家的培训思想。董仲舒反对官吏世袭制和任亲制,提出选贤使能、用其所长、各尽其才,并设计了定期考试制度,改变了西汉初期官场混乱的局面,激发了官吏的积极性,推动了国家的统一和社会的安定。

东汉时著名的思想家和政治家刘劭,针对当时人才选拔和使用名不副实的流弊,写出了对策性文献《人物志》。《人物志》主要分析和研究了如何知人、选人、用人和培养人,不但给出了行事的原则和方法,还分析了其中可能遇到的困难和容易出现的错误。在"知人"方面,刘劭认为了解人的才能和品性是正确选拔和合理使用人才的前提,会给国家和个人带来好处。在如何选拔贤士上,刘劭主张通过对人的道德行为、生活作风、才能性情的品评结果来选定。品评是借助于人的外部表现来进行的,如观察人的神、精、筋、骨、气、色、仪、容、言等九个特征就可以知道其内在素质。

(四)领导心理

儒家有关领导心理的内容,主要体现在对领导者的素质、决策心理的论述上。除了"修己安人"的态度外,儒家还强调领导者要有勤俭、谦逊、公正的道德品质,要有乐观向上、积极有为的进取精神,要有正直刚强的人生态度,除此之外领导者还要博学多闻,要具备一定的能力才能做好管理的工作。做决策的时候,领导者应该做到"多闻慎行"、深谋远虑。儒家尤其还强调决策的中庸之道,即凡事都要适中适度、灵活多变。

董仲舒认为,领导者需要不断加强自身的修养,以提高自己对社会认知的能力,从而提高管理百姓、治理国家的能力。他继儒家"五事"即貌、言、视、听、思之后,提出了对领导者认知素养的要求。他认为,领导者应该是这样一种人,即态度恭敬、言语正当、视觉明晰、是非明辨、听觉聪慧、思想豁达。他还认为领导者要时时调整自己的心态,以保持乐观的情绪,这对提升其认知能力、对国家民众的管理都是极有好处的。《春秋繁露·循天之道》中写到:"和乐者,生之外泰也;精神者,生之内充也。外泰不若内充,而况外伤乎?忿恤忧恨者,生之伤也;和说劝善者,生之养也。君子慎小物而无大败也。行中正,声向荣,气意和平,居处虞乐,可谓养生矣"。

二、道家管理心理思想

老子、庄子是道家的代表人物。鲁迅曾经说过:"中国根柢全在道教"。这里所谓的根柢是指中国的优秀文化,其中尤以道学为甚。道家文化内蕴宽润,可以融各家学说众多矛盾于其中,大智若愚,反朴自然,化纠纷为平静,化动荡为谧重。道家的管理思想自秦汉以来,便影响着中国社会的发展。

(一)人贵论

道家主张人贵论,老子说:"域中有四大,而人居其一焉。人法地,地法天,天法道,道法自然。"宇宙中有四个伟大的事物,人占其中之一。人遵循地的法则,地遵循天的法则,天遵循道的法则,道遵循自己生成的样子。

重民、爱民是道家的一贯主张。《道德经》四十九章写道:

老子,前571年—前471年

"圣人常无心,以百姓之心为心。"老子推崇的是没有私心,重视民心民意的圣人。《吕氏春秋·顺民》认为"先王先顺民心,故功名成"。《太平经》作者把"以民为本"作为管理的核心,"治国之道,乃以民为本也"。

道家注重知人。道家不仅指出"知人者智"(《道德经·三十三章》),而且总结了知人方法。庄子曾借孔子之口提出了观人"九征",讲了知人的九种方法,《吕氏春秋》据此提出"八观六验""六戚四隐"的知人法。这是对先秦时期知人法的总结,也最为全面。《淮南子》的主张与《吕氏春秋》的"八观六验"知人法基本一致,只是在考察的内容上要省略一些。《淮南子》选择对"贵""富""穷""贱""贫"这五种境遇进行观察。"六验"除"守""节"外,还考察"僻""特""志"等方面的品质特点。

(二) 谋略管理思想

《道德经》一书,粗浅阅读,以为它主张消极避世、清静无为。事实上,关于道家的思想要旨,《汉书·艺文志》有一段简要说明,谓"道家者流,盖出于史官,历记成败、存亡祸福、古今之道。然后知秉要执本,清虚以自守,卑弱以自持,此君人南面之术也。合于尧之克攘,《易》之嗛嗛,一谦而四益,此其所长也。及放者为之,则欲绝去礼学,兼弃仁义,曰独任清虚,可以为治。"《周易》64卦,只有谦卦没有负面、消极、不吉利的描述,文中所谓"嗛嗛",其本义出自《周易·谦卦》,该卦的象辞称:天道亏盈而益谦,地道变盈而流谦,鬼神害盈而福谦。《汉书·艺文志》追本溯源,从《周易》谦卦发掘道教的思想旨趣,进而对道家政治文化特质进行概括,认为它是"君人南面之术",讲究谋略,以柔弱胜刚强,故能以"一谦"而获得四种益处。

中国兵家的谋略,后世的许多权术,其思想根源,都来自于道家智慧。道家的辩证思想十分丰富,有无相生,以退为进,欲夺固予,是古代管理谋略思想的重要内容。《道德经》提出有无相生的思想:"天下万物生于有,有生于无"(《道德经·四十章》)。海尔集团总裁张瑞敏从中得到启示,主张注重企业文化,强调"无形比有形更重要"。道家主张以"退"为策略来获得最后胜利,用兵有言曰:"吾不敢为主而为客;而敢进寸而退尺"(《道德经·六十九章》)。道家的"退"并非坐以待毙,退的目的在于以逸待劳,避其锋芒,然后寻求战机。一旦时机成熟,就应采取积极措施。"欲夺固予"是老子主张的一项谋略。《道德经》三十六章记载:"将欲歙之,必固张之;将欲弱之,必固强之;将欲废之,必固兴之;将欲夺之,必固与之。"声东击西、以假乱真,作为权术阴谋固然不足为训,但将它应用于经营管理,不失为一条颇有价值的谋略。道家整体的管理谋略讲究通过"无为"达到"无不为""无不治"的管理效果。

(三) 决策心理思想

决策是管理过程的关键环节。作出正确的决策需要广泛收集各方面的信息。专制制度下,国家的最高决策权掌握在君主一人之手。而要保证作出正确决策,就不能不听取多方面的意见。先秦道家主张领导者不自以为是,不自大自满,"不自见,故明;不自是,故彰;不自伐,故有功;不自矜,故长。"(《道德经·二十二章》)这一思想暗含着听取众人意见的思想。

《道德经》四十七章有"不出户,知天下;不窥牖,见天道"之说。《淮南子》对此作了新的阐释,指出善用众智、众力是实现"知天下","见天道"这一目的的手段,"乘众势以为车,御众智以为马,……是故不出户而知天下,不窥牖而知天道"(《淮南子·主术训》)。

《太平经》注重沟通民情，把民气上达作为"太平"的征验之一，作者还建议设置类似如今"意见箱"的"封"，作为信息沟通的渠道。在管理层内部，《太平经》主张"上下革谏"。君主纳谏，臣子直言，这在贞观统治集团治理中得到成功地运用。明代朱元璋赞扬唐太宗"屈己从谏"，同时希望臣子能"尽忠进谏"。

（四）无为而治

道家的"无为"建立在"道法自然"的哲学思想基础上，居道家管理思想核心地位。"无为"是道或天道的一项重要属性，并非无所作为，而是讲不妄为、少作为。人道要效法天道。就管理者来说，"无为"是指人适应自然，自觉服从客观规律的管理行为过程。道家的管理宗旨就是通过"无为"，最后到达"无不治"的管理效果。

"无为"的管理心理学意义有三方面：第一，"无为"能减少管理的心理阻力。只有"无为"而治，才能使下属在不知不觉中接受管理要求，避免引起反感。老子认为，以智取天下，别人还之以智；以力为出发点，别人还之以力。"智慧出，有大伪。"（《道德经·十八章》）第二，"无为"可以减少冲突。道家认为，过分的利益引诱，会导致相互争斗。管理者既要满足下属的合理需要，又要防止贪欲带来损害。老子主张"圣人为腹不为目"（《道德经·十二章》），主张生活简单，反对追求官能享乐。管理者"无为"，"清心寡欲"，即不提供过分的利益，就会有利于管理。第三，"无为"在于充分发挥组织机构的作用，避免管理者主观干扰，所谓"功成事遂，百姓皆谓我自然"（《道德经·十七章》）。

在"无为"的思想下，管理者应适当超脱，避免主观、随意决策，不干扰日常的管理工作。所谓"无为而治"就是这个道理。

（五）激励心理

先秦道家认为朴素是人的本性，但是社会环境的物欲横流使得人们原本朴素的本性受到扭曲，因此老庄都提出要复归，要返璞归真回到人性本来的面目。因此，管理者的主要任务就是创造良好的环境，排除干扰人性的因素，顺应人的本性，把人的潜力没障碍地充分发挥出来。

道家提出无欲、无为，并不是否定人的需求，朴素人性的内涵是不把自己所做的据为己有，不居功、不贪婪，也就是说先秦道家重视满足人合理的需求，管理者对老百姓要"甘其食，美其服，安其居，乐其俗"，只有满足了老百姓的基本需求，人的积极性才会高，社会才可以被称作是"至德之世"。当然，人的需要也不能无限制地满足，应因势利导，这样才能实施有效管理。这就是《吕氏春秋·为欲》中提到的"人之欲虽多，而上无以令之，人虽得其欲，人犹不可用也。令人得欲之道，不可不审矣。"道家倡导自然、不强求的需要满足方式，认为清心寡欲，知足、自然地满足需要才能得到好的结果。

（六）领导心理

先秦道家认为，领导者要有较高的素质，并且要通过不断学习提高自身的素质，即"治身"。慈、俭、退让是道家三宝。《道德经·六十七章》说："我有三宝，持而保之。一曰慈，二曰俭，三曰不敢为天下先。"慈、俭对后世的统治者产生了深远的影响，他们或标榜自己慈爱百姓，节俭财用，或对此加以倡导。唐魏征在向唐太宗上的"十思"疏中，提出了君臣要注意的十个方面，这十个方面包含道家清虚自守的思想内涵。

领导者要有服务精神，要没有私心，要重视民意，即"圣人常无心，以百姓心为心"。老子认为只有那些具备愿意为被管理者服务品质的人才会成为好的管理者。除此之外，先秦道家认为管理者了解管理对象的心理与把握自己的心理一样都非常重要,既要知人,也要自知,所谓"知人者智,自知者明"。在管理中,管理者只有在了解员工、关心员工的基础上,做到审视自己、克制自己,才能达到好的管理效果。

道家还主张领导者要稳重、清静,保持清醒的头脑。在成绩面前,领导要克服骄傲情绪:"果而勿矜,果而勿伐,果而勿骄"(《道德经·三十章》)。道家认为善于用人的领导是谦下的:"善用人者,为之下"(《道德经·六十八章》)。领导者只有做到谦虚不傲,才不会引起下属的逆反之心,把下属都团结在自己的周围。道家主张顺应自然,尊重人的不同特点,根据人的不同才能、特长任用人。老子提出"无弃人"的思想:"圣人常善救人,故无弃人;常善救物,故无弃物"(《道德经·二十七章》),即要教化人民,用其所长,使人尽其才,不求全责备,不要随便遗弃任何人。《淮南子·主术训》进而提出"因资而用""人得其宜"的用人原则。《太平经》在回答如何用人的问题上,提出"问能而仕"的用人原则,"各问其才能所长,以筋力所及署其职"。

三、法家管理心理思想

法家的言论说得太直接,容易令人反感和抵触,所以在中国古代直接倡导实施法家思想的朝代并不多,但是,在现实管理工作中,却在普遍运用法家的思想、原则和方法。法家在反对儒家的"礼治"、"仁政"的过程中形成了自己的"法治"思想,并对中国古代管理心理思想产生深刻的影响。它的代表人物主要有先秦时期著名的思想家慎子、商鞅、管子、韩非子,荀子的言论中也包含着一些法家的管理心理思想。法家代表著作有《慎子》《商君书》《管子》《韩非子》等。

韩非子,前280—前233年

(一)性恶论

韩非子把人性本恶直截了当地表达出来:"凡人之有为也,非名之,则利之也"。韩非子说:"好利恶害,夫人之所有也。"意思是好利恶害是人所共有的。"人不食,十日而死;大寒之隆,不衣亦死",故好利恶害产生于个体生存的需要,是无法避免的生理现实,对人的行为起着支配的作用。韩非子认为好利恶害欲求的满足很大程度上依赖于外在的社会物质环境,如果环境可以提供满足人类基本需要的物质资源,人就会和平相处,否则会产生争斗从而向恶。也就是说,好利恶害的人性本身并无善恶意义。因此,国家的治与乱其实都是外在物质资源的多寡造成的。

与慎到的"人莫不自为也"(《慎子·因循》)的"自为"之心类似,《管子·禁藏》认为追求功利与逃避灾祸是人之常情,即"夫凡人之情,见利莫能勿就,见害莫能勿避"。在论据的组织上,《管子·禁藏》则通过大量举例和做对比等形式来进行,如"其商人通贾,倍道兼行,夜以继日,千里而不远者,利在前也;渔人之入海,海深万仞,就彼逆流,乘危百里,宿夜不出者,利在水也。故利之所在,虽万仞之山,无所不上;深渊之下,无所不入焉。"从业者的劳作都是建立在于己有利的内在驱动力之上的,并认为追求利益,避免危害是十分自然的事情,"故审利害之所在,民之去就,如火之于燥湿,水之于高下"(《管子·禁藏》)。《管子·版法解》中也说:"凡人者莫不欲利而恶害。"这也是经济学理性人假设的人性基础。不管我们考虑利害的角度是人与人之间,还是人与事之间,人在行事之前总是会首先权衡事情本身与己之利弊,有利则往,有害则避。这是符合进化论逻辑的,因为只有趋向有利的生活环境,生物生存下去的机会才会更大。所以,《管子》是从"利"字上来理解人性的。

法家还认为,正因为人有趋利避害的思想,因而可以用利去激发人的积极性,又可用义去约束人"恶"的本性,做到利、义的协调。

(二) 以人为本思想

法家在认为人性本恶的同时,又明确提出以人为本的思想。中国古代以人为本思潮的社会根源早在西周末年就已形成,《尚书·五子之歌》有"民惟邦本,本固邦宁"之说,但在《管子》中首次明确提出了"以人为本"理念。《管子·霸言》篇中写道:"夫霸王之所治也,以人为本,本治则国固,本乱则国危。"管子之所以提出以人为本,是因为他认识到,人民是政权稳定的根本。《管子》开篇《牧民》中提到:"政之所行,在顺民心;政之所废,在逆民心。"可见以人为本的重要。《管子》更进一步提出"争天下者,必先争人"。不重视"人"的社会价值和作用,"小者"将导致"兵挫而地削","大者"将导致"身残而国亡"。所以"人,不可不务也,此天下之极也"。

《管子》人本思想中的"人"主要指区别于帝王、封君、领主、贵族的普通民众,其"以人为本"思想,体现在爱民、惠民、富民的国家治理中。另外,《管子》人本思想中的"人"也包括隐于普通民众之中的"人才",而《管子》所定义的人才应该是"不必以先帝,常义立之谓贤。"即不受先帝常规束缚而有所创造的人。要做到这一点,必须"闻一言而知万物",有了广博的知识,还要反修其身,"博学而不自反,必有邪"。除此之外,还要能从实际出发解决问题:"所贤美于圣人者,以其于变随化也。"

《管子》认为,这样的人才对于国家富强兴盛非常重要。《管子·幼官》中提出,治理国家的关键在于"求天下之精材","收天下之豪杰,有天下之称材"。可见,在两千年前,《管子》就已经将人才提高到国家兴亡的高度。因此,《管子》特别重视人才的招致、培养和使用,并形成了一系列人力资源管理思想。

(三) 需要分层论

《管子》中对人的需要已经有了分层的认识:"仓廪实而知礼节,衣食足而知荣辱"(《管子·牧民》)。礼节、荣辱之类的伦理规范和伦理观念,都要在基本的物质生活条件具备的情况下才能发生作用。从心理学的角度来分析,实际上是揭示了人的两种需要:一是生理的需要,二是在生理基础上的社会伦理需要,且认识到了前者的首要地位及其对后者的决定性作用。文中更有"衣食之于人也,不可一日违也,亲戚可以时大也"(《侈靡》)。

《管子》还根据当时的社会和生产力的发展状况提出了物质需要的内容、标准等,这也得到了一些研究者的认可。如文中的"仓廪实"和"衣食足",其具体内容是指:"富民有要,食民有率,率三十亩而足于卒岁。岁兼美恶,亩取一石,则人有三十石,果蔬素食当十石,糠秕六畜当十石,则人有五十石,布帛麻丝,旁入奇利,未在其中也。故国有余藏,民有余藏"(《管子·禁藏》)。唐代思想家杜佑对《管子》这一需要的权重层次思想青睐有加,将其与儒家经典相媲美。他说:"夫理道之先在乎行教化,教化之本在乎足衣食。《易》称聚人曰财。《洪范》八政,一曰食,二曰货。《管子》曰'仓廪实则知礼节,衣食足则知荣辱。'夫子曰'既富而教'。斯之谓也"(《通典·序言》)。可见,各家对物质决定意识的认识是一致的,对物质首要地位的重视也是很明显的。

韩非子认为君主要长久控制和操纵臣民,就必须依赖其好利恶害的欲求,使其始终处于不满足的状态。对此他作了一形象的比喻:"夫驯鸟者断其下翎焉,断其下翎,则必恃人而食,焉得不训乎?"由此他推断道:"夫明主畜臣亦然,令臣不得不利君之禄,不得无服上之名"。君主对臣民的管理,是通过名利对其好利恶害的人性加以利用和控制实现的。韩非子的这种人性论,抓住了人的生物性需要,认为人有自利自为性,复杂多样性等。由此,韩非子主张严刑峻法,以使天下得到大治。此外人的欲求是无止境的,因此他主张减少对臣民欲求的刺激,建立合理的分配制度,将人性过度的欲求维持在合适的范围之内。

(四) 人才选拔思想

《管子·小匡》中指出,经过教化,各乡各里必有"秀异之才","以耕则多粟,以仕则多贤"。因此,要发掘人才,就要建立自下而上的人才选拔制度。齐国的"三选"制度,就是由乡长、官长、君主三个层次逐级选拔人才的方法。"三选"的人才有两类,文称贤,武称才。《管子·立政》篇还规定,选贤工作要做到"三月一复,六月一计,十二月一著。凡上贤不过等"。这一句话强调了两个方面的内容:一是举贤选贤的循环时间;二是选贤荐贤不可越级,形成按时、层层上报的固定制度。

为了避免有贤不报,人才被埋没,或是随便乱报,任人唯亲的现象发生,建立法令,使蔽贤者得到惩罚是必要的。《管子·小匡》篇记载,每年正月朝会,君主会亲自询问:"于子之乡,有居处为义、好学、聪明、质仁、慈孝于父母、长悌于乡里者?有则以告。有而不以告,谓之蔽贤,其罪五。""于子之乡,有拳勇股肱之力、筋骨秀出于众者,有则以告。有而不以告,谓之蔽才,其罪五。"地方各级政府官员如隐瞒或埋没贤才不举荐,就要被定罪,其罪之大,入于五刑。这完整地建立了以赏罚机制作为选拔人才的保障,从而保证了国家治理对人才的不断需求。

《管子》的选贤之法已经形成一套完整的具有严格而明确程序的制度。自下而上的人才选拔在严明的奖惩和周密的考核制度配合下,确保人才推陈出新,这一套制度对我国的人才梯队建设以及组织员工的选拔都有借鉴意义。

(五) 人才配置思想

任何一个企业人力资源管理工作者所追求的目标,都是使合适的人干合适的事,人事相配,做到人尽其才,能尽其用。事实上,这些现代人力资源配置思想早在几千年前的《管子》中就已有体现。

《管子》的人才配置思想总的来说,就是"察能授官,任其所长"。《管子·形势解》中写道:"明主之官物也,任其所长,不任其所短。故事无不成,而功无不立。乱主不知物之各有所长所短也,而责必备。"不仅用人者要知道被用者之短长,被任用者也要对自己的长短有认知。"贤人之臣其主也,尽知短长与身力之所不至,若量能而授官。上以此畜下,下以此事上,上下交期于正,则百姓男女皆与治焉"(《管子·君臣上》)。

《管子》的人才配置思想中创造性地提出了人才退休制度,进而形成人才再生产的循环。《管子·七法》中写道:"爵贵有名以休之"。《管子》认为,对国家和人民作出贡献的人,应授予爵位,功劳越大,爵位越高,然后令其退休。"是故有事则用,无事则归之于民"(《管子·乘马》)。退休之后,仍可对社会发展尽义务,"高子国子退而修乡,乡退而修连,连退而修里,里退而修轨,轨退而修家"(《管子·小匡》)。退休之后,还可以从事培养教化人才的工作,其原来的职位,则由有能力的年轻贤才来担任。新旧更替,为年轻人才创造了机会,形成一个人才再生产的循环。

(六) 激励思想

法家把人的需要作为管理的基本出发点。商鞅指出,民性的根本特点是追求个人利益的满足,而在追求利益的时候,必然要失去礼法,丢失常性,因此必须加以控制和统一。管子认为人的本性是要追求欲望的满足,在这个过程中,人的善恶是可以诱导的,关键看管理者如何去想办法诱导,管子说:"凡民从上也,不从口之所言,从情之所好者也。上好勇,则民轻死,上好仁,则民轻财。故上之所好,民必甚焉"(《管子·法法》)。在具体管理人的方法中,韩非子认为应该充分利用人的"畏恐"心理来控制没有止境的欲望。商鞅则具体阐述了应该用刑罚来阻止人们过分追求享乐的思想,"德生于刑",这样才能很好地进行管理。

法家提出了一系列激励原则和方法。"予之为取"是激励的目的,即激励民众的真正用意在于取得更多;"令顺民心"是激励的前提,法令只有建立在顺民心顺民性的基础上,相应的激励机制才能起到可预期的作用;用于激励的方法主要是奖赏与杀戮两样;注意赏罚的公平,强调不得以喜怒爱恶定赏罚;根据需要厚赏重罚;赏罚讲究信用,颁布和实施的赏罚法令前后要保持一致:"故明君之行赏也,暖乎如时雨,百姓利其泽;其行罚也,畏乎如雷霆,神圣不能解也"《韩非子·主道》。

(七) 培训开发思想

法家认为,恶的本性是可以通过后天的影响和个人的修习来改善的。但对于如何改善,法家的主要代表人物们有不同的看法:荀子和管子倾向于儒家的思想,认为可以通过礼仪道德来达到改变民性的目的;商鞅和韩非子则强调用刑法来制止人的恶性,他们认为人都有"畏恶"的心理,所以要多用刑、用重刑,才能很好地进行管理。正如商鞅在《商君书·说民第五》中写到的:"刑生力,力生强,强生威,威生德,德生于刑。"

《管子》深知培训与开发的作用及重要性,它把人的教育与培养看作"一树百获"的百年大计。《管子·权修》篇说:"一年之计,莫如树谷;十年之计,莫如树木;终生之计,莫如树人。一树一获者,谷也;一树十获者,木也;一树百获者,人也。"教化使"不肖者化焉",能收到"一树百获"的效果。《管子》的教化思想分为两个方面,一方面以道化民,从思想上教化民众;另一方面是技能教化。

(八) 领导心理

韩非子认为君主要治理好天下,必须采取法、术、势三者相结合的治国方略。由于法家认为人性本恶,所以明确反对儒家的"心治",而主张"法治"。法家又认为"法生于君",因此在具体执行时仅仅凭"法"是不够的,还要强调用"术"和"势"。这里的"术"包括对官吏的任用、工作成效的考查、生杀大权的掌握、提拔才能之人等方面的内容,是帝王统治的手段。而"势"则指威望、权势、地位,是管理者用来提高自己的影响力和组织管理成效的手段。法家认为真正的"明君"应该行法、操术、乘势,即颁布全国上下统一的法令,用术来驾驭臣民,凭势加强君主的权威,这样的国君才能做到政治清明,国泰民安。

法、术、势结合的思想实际上就是告诉领导者,要管好一个组织的核心是权力问题。法是权力的表现形式,术是权力的手段,势是权力的归属。要制定严明的规章制度,清晰和强有力的奖罚措施,让每个人都看到,而且每次奖罚都要公开,这样,领导者下的命令才有人服从,权力才能有效行使。同时领导者要有一些技巧和计谋,而且这些计谋要做到恰当周密,以此保证其实施的效果,这样才能够控制局面,掌握下属的言行,发现问题及时解决,确保管理的顺利进行。

(九) 行法制而非人治

法家是从人的需要和欲望的角度来认识人的,认为人的欲望是人行为的基本驱动力,而人如果缺少自我抑制欲望的能力,就会为所欲为,造成社会混乱。所以,法家认为人"性本恶",需要用严格的手段加以管理和控制。一旦某些需要尤其是基本的需要得不到满足,就会导致人的邪念,酿成灾祸。《韩非子·解老第二十》中写到:"人有欲则计会乱,计会乱而有欲甚,有欲甚则邪心胜,邪心胜则事经绝,事经绝则祸难生。由是观之,……故曰:祸莫大于可欲。"

法令需明确,具有稳定性,不能朝令夕改。否则就会赏罚无可靠依据,最终使得国家积弱。同时"明主立可为之赏,设可避之罚",则贤者劝赏,不肖者少罪。因此,韩非子所说的激励是让人可以做到和避免的,且做到之后便会受到奖励,避免之后就不会受到惩罚,如此则天下能得到治理。

明确职责,严格考核。韩非子说:"明君使事不相干,故莫讼;使士不兼官,故技长;使人不同功,故莫争讼。"每个人都做自己分内之事;事成则赏,事败则罚,则会条理分明,并且能最大限度地发挥各级人员的特长,提高工作效率。干得如何,根据职责进行考核,最后根据考核结果进行赏罚。韩非子说:"为人臣者陈而言。君以其言授其事。专以其事责其功。功当其事,事当其言,则赏;功不当其事,事不当其言,则罚。"

四、墨家管理心理思想

春秋战国时期的百家争鸣以儒、墨两家影响最大,正所谓"世之显学,儒墨也"。墨家是先秦显学,秦汉以后,由于封建大一统的完成和儒家正统思想地位的确立,墨学逐渐式微,几近湮没。蔡尚思在《中国古代学术思想史论》一书中说:"墨子最为历代王朝所排斥,然其优良思想最多,是中国古代思想界积极派的祖师";"在中国思想文化史上,我认为墨学是优点最多的文化遗产"。墨家思想在中国传统文化中占据重要地位,墨家的管理心理思想是中华古代管理智慧的重要组成部分,墨家的代表人物是墨子,著有《墨子》一书。《墨子》中包含着丰富的管理心理原理和方法。

(一)"兼相爱,交相利"的组织管理原则

吕思勉在《先秦学术概论》中高度概括到:"墨子主旨,全书一贯,兼爱为其根本。"兼爱指人与人之间普遍的相爱。墨子提出的"兼相爱,别相恶"的思想是构成以和谐性、平衡性、整体性

墨子,前479年—前381年

为特征的东方管理文化的重要部分,也是中华民族几千年来一直崇尚的"和为贵"精神的另一种表现方式。墨家将"兼相爱,交相利"视为国家、组织、团队管理的核心原则,把道德伦理与物质利益结合起来,认为兼爱就是互利,就是利他。

墨子认为人们之间的相互憎恶、仇视、欺诈、残害产生了各种各样的罪恶,他坚决反对

"别相恶",认为应该"兼以易别",即用"兼相爱"来取代"别相恶"。墨子通过对产生害与利原因的对比,认为兼爱是义政,别恶是暴政,兼爱是实现天下之利的最佳途径,符合民意,代表人民的利益。

"兼爱"是"贵和尚中"的东方文化的精髓,是中国文化基本精神的一个构成部分。"兼爱"是墨家思想的核心和精华,是墨家学派区别于先秦其他学派的根本标志,是墨家其他主张的理论基础和出发点。"非攻"思想是直接从"兼爱"衍生出来的,"尚贤"思想体现了"兼爱"精神,"尚同"思想是以"兼爱"为前提的,"节用""节葬""非乐"思想则都是以"兼爱"为原则的。"兼爱"是墨家学说的总纲领,既是社会道德追求,又是政治目标,同时具有世界观的哲学意义,也是墨家管理心理思想的理论基础。

墨子认为"交相利"指人们之间相互帮助,不损人利己,但并非只讲爱不讲恨。墨子把"兴天下之利"与"除天下之害"相提并论,爱憎分明。墨子是功利主义者,希望人与人之间在现实的物质利益方面通过互助而取得平衡,达到天下大同的目标。墨子把爱和利密切联系起来,认为利是爱的基础和实质,利天下就是最大的义。墨家的"兼"是对爱的方式、范围、程度的规定,说明如何去爱,主要包括平等性、普遍性、相互性、无私性四个原则。池田大作认为:"墨子的爱比孔子的爱更为现代人所需要。"墨家的爱是一种博爱。墨子认为,"兼爱"是一种理想的道德境界,是一切善恶的标准——"兼即仁矣,义矣",凡是兼爱之人就是仁人、义人。在春秋无义战的社会背景下,墨子希望人们能够兼爱,创造一个太平盛世。

(二)领导者的品德

《墨子》要求领导者具有"厚乎德行"的品德特征。中国自古至今,一直提倡贤人政治,崇尚以德为先,对领导者的道德素质要求很高。品格因素作为一种非权力影响力,是反映领导者内在素质最重要的指标。优秀的品格因素会使领导者具有较大的影响力和树立良好的威信,使下属产生敬重感,成为其学习的榜样,这有利于组织的健康发展。墨子认为品行是一个人最重要的东西,这一根基不牢,其他方面就会缺乏发展的基础。他在《墨子·修身》篇写到:"君子战虽有陈,而勇为本焉;丧虽有礼,而哀为本焉;士虽有学,而行为本焉。是故置本不安者,无务丰末"。他认为领导者的品质对树立威信起着很大的作用,而在形成领导者品质的各要素中,道德品质又占据很重要的位置,因为道德品质的好坏直接影响到领导行为的性质与领导工作的效能。正如墨子所说,君子作战虽然有阵法,但勇敢是根本的东西;治丧虽然有礼仪,但哀痛是根本的东西;士人虽然有学问,但品行是根本的东西,因此,根基立得不牢靠,就别期望枝繁叶茂。

如何做到"厚乎德行"?墨子认为,应该从别人对自己的态度了解自己的情况,并经常内省,作自我批评,从而早日养成高尚的道德情操,"君子察迩而迩修者也。见不修行,见毁,而反之身者也,此以怨省而行修矣"(《墨子·修身》)。意指:君子能明察左右,跟着修养自己的品行,如果因为修行不够受到别人的毁谤,就经常反躬自问,检查自己,这样,别人的怨言少了,自己的品行修养也提高了。

(三)领导者的知识结构

墨子要求管理者具有"博乎道术"的知识结构。墨子之所以能创立与儒家争鸣的墨家学派,并成为其第一代领袖,与他自身的博乎道术是分不开的。墨子曾求学于著名史官史角的后代,早年"学儒者之业,受孔子之术","通六艺之论",平日言谈、讲学常引用

《诗》《书》以及《春秋》内容,博得"北方圣贤人"的美誉,他是中国古代少有的数学、物理、逻辑、文学、政治、军事、科技等学科集大成者。墨子的手工技艺水平和军事才能比著名的公输班还略高一筹。墨子具有先秦诸子少有的科技意识和发明创造能力,他用木头削成的车轴能承受六百斤重的物体,用木料做的鸟能在天上飞一天,他比公输班更早发明云梯,他对物体运动中力的作用、杠杆原理、光线折射、投影关系、小孔成像、点线面体圆概念等力学、光学、几何学方面的认识,广泛而深刻,具有先驱意义。他写的《墨子·城守》各篇则成为军事经典之作。

在先秦诸子中,墨子既是一位理论家又是一位实践家。在理论方面,墨子与孔子等圣贤一样,能够深入到哲学层次,进行哲理性思辨,并著书立说,掀起百家争鸣的学术高潮。例如,"墨经"(指《墨子》中《经上》《经下》《经说上》《经说下》《大取》《小取》六篇)把知识的来源分为亲知、闻知和说知,这种唯物的认识论已达到相当高度。墨子在论辩时善于应用分析归纳法。《墨子·非命》中谓"三表法"是:"有本之者",指立论要有历史依据;"有原之者",指立论要有现实证明;"有用之者",指立论的正确与否要看实际效果。"三表法"既有唯物因素,又符合逻辑辩证方法。而"墨经"中的"以名举实,以辞抒意,以说出故","以类取,以类予"则直接揭示了概念、判断和推理这三种思维形式以及它们之间的区别和联系,并指明推论赖以进行的逻辑方法,在中国乃至世界古代哲学史上具有重要的地位。在实践方面,墨子是一位手艺精湛、技术高超的工匠,能顷刻之间削三寸之木成一能载五十石的车轴,研制会飞的木鹰;墨子是一位杰出的外交家和军事家,曾独自一人到楚国与公输班进行模拟战争,并说服楚王放弃侵略;墨子还是一位教育家,由他独自创办的墨家学派其实是一所强调实践和献身精神的流动性综合学校,"其弟子弥丰,充盈天下"。

(四)沟通能力训练

能言善辩的口才是成为一个成功领导的基本条件。《墨子·小取》篇中阐述辩论的目的是:"夫辩者,将以明是非之分,审治乱之纪,明同异之处,察名实之理,处利害,决嫌疑",也就是辩论要分清是非,审察治乱的规律,辨明同异的所在,考察名实的道理,决断利害,解决疑惑。

《墨子·小取》篇总结了一套立辩的方法。墨子常用的辩论技巧有打比方、举例子、援引对方、归谬法、举反例。墨子在辩论中屡屡获胜,除了精通辩论技巧外还有强大的后盾,那就是高尚的道德风范,良好的人格品质,渊博的知识和强大的政治、军事、经济实力。精通逻辑的墨子及后学在辩论中灵活运用多种方式,熟练运用各种技巧,不仅成为辩中高手,而且记录其辩论原则、方法、技巧和实例的"墨经"已成为后世辩才的必读之书。

(五)不计个人得失的工作态度

墨子崇尚先王圣贤,以他们为榜样,"摩顶放踵利天下",为百姓利益劳作一世也不后悔、厌倦,正如他在《墨子·节用》篇中写道的:"古者明王圣人所以王天下、正诸侯者,彼其爱民谨忠,利民谨厚,忠信相连,又示之以利,是以终身不厌,殁世而不倦"。墨子在行义的过程中,遇到很多困难,也遭到别人的误解,甚至有生命的危险,他的朋友劝他放弃孤身一人去行义,他说:"今有人于此,有子十人,一人耕而九人处,则耕者不可以不益急矣。何故?则食者众而耕者寡也。今天下莫为义,则子如劝我者也,何故止我?"他的回答不仅反映了他积极救世的实干精神,也显示了他坚强的意志品质。

墨子在行义的过程中，不仅自己以身作则，而且严格要求弟子不能贪图功利而违背自己的信仰，违背自己的行事原则，违背墨家所倡导的"义"。《墨子·鲁问》中记载了一个故事，墨子派弟子胜绰去项子牛那里做官，而胜绰重利轻义，违背师言，助纣为虐，墨子派人要求项子牛辞退胜绰，他说："我使绰也，将以济骄而正嬖也。今绰也禄厚而谲夫子，夫子三侵鲁，而绰三从，是鼓鞭于马靳也。翟闻之：言义而弗行，是犯明也。绰非弗之知也，禄胜义也。"墨子反对空谈，认为应该言行一致，"常使若二君者，言必行，行必果，使言行之合，犹合符节也，无言而不行也。"当墨子一听到公输班为楚造云梯将攻宋，"起于齐，行十日十夜而至于郢，见公输班"，与之展开一场惊心动魄的模拟战争。墨子及弟子凭着摩顶放踵的工作态度，为"兴天下之利，除天下之害"而勤生薄死，矢志不移，为国为民作出巨大贡献。

（六）"非乐节用"的生活作风

"节俭则昌，淫佚则亡"，是墨家关于领导者品行要求的一个主要内容。春秋战国时期，生产力比较落后，加上连年战乱，人民生活水平很低，而当时的许多王公大人却生则奢靡，死则厚葬，加剧了国穷民困、社会混乱。为此，墨子用《墨子·节用》《墨子·节葬》《墨子·非乐》三篇文章来抨击腐败，提倡廉洁。两千多年过去了，现在有些领导在创业时期能艰苦朴素，但当事业稍有所成时就贪图享乐，奢侈浪费，不思进取，既阻碍了组织的再发展，也意味着自己事业的结束，所以墨子的节俭思想对反腐倡廉，帮助领导者养成节俭朴素的生活作风有借鉴意义。

墨子认为，节省开支，避免浪费，其实就是增加了一倍的收入，《墨子·节用上》篇写道："圣人为政一国，一国可倍也；大之为政天下，天下可倍也。其倍之非外取地也，因其国家去其无用之费，足以倍之。圣王为政，其发令、兴事，使民用财也，无不加用而为者。是故用财不费，民德不劳，其兴不多矣。"圣人治理一国，要想让国家的财富成倍增加，不是向外扩展、掠夺土地，而是省去无用的费用，也就是要节省。

墨子不仅提倡节俭，而且要求统治者在灾荒之年主动减少自己的俸禄，带头艰苦朴素，和百姓一起渡过难关。《墨子·七患》中说："岁馑，则仕者大夫以下皆损禄五分之一；旱，则损五分之二；凶，则损五分之三；馈，则五分之四；饥，则尽无禄，禀食而已矣。"饥荒之年，官员应当缩减俸禄，减少食物。为了厉行节用，墨子还力主非乐。墨子节用非乐的思想符合当时人民的利益，勤俭持家也逐渐成为中华民族的传统美德。

（七）"兼容守拙"的为人原则

良好的心境是领导者素质中不可或缺的内容。对于如何保持积极、乐观和平衡的心境，创造和谐愉快的人际环境，墨子在《墨子·亲士》篇中阐述了兼容无斗、守拙安心的为人处世原则。

海纳百川，有容乃大。领导者应该有虚怀若谷、包容万物的胸怀，善于听取不同的意见，虚心学习别人的长处，有效地利用"外脑"，来成就大业。墨子说："是故江河之水，非一源之水也；千镒之裘，非一狐之白也。"江河里的水不是一个源头的水，价值千金的皮衣也不是一只狐狸腋下的白皮能制成的。

墨子认为无论是锥、刀、井、木、龟、蛇的灭亡，还是比干、孟贲、西施的死亡，都是由于他们的所长导致的。东方文化注重集体，个人的作用不被突出，加上小农意识和文人相轻的旧习，常会出现打击精英的情况，这种文化经千年积淀，一时难改，现代领导因此面临着如何适应环境的难题。墨子提出的"太盛难守,善于守拙"的思想是适应这种独特的东方管理文化的一种较好的方法。现代领导者可从历史中吸取教训,在自我发展时适度表现自己,有意识地加强自我保护,避免由于自己的优秀而遭到别人的打击、陷害。

(八) 墨子的决策心理思想

科学地收集、分析信息是作出有效决策的前提。墨子提出的"助己视听众"的信息收集和"以见而知隐"的信息分析的方法很有参考价值。在作出决策之前,必须有准确、及时、全面的信息。《墨子·尚同》描述了全面收集信息来帮助自己有效决策的做法:"非神也。夫唯能使人之耳目助己视听,使人之吻助己言谈,使人之心助己思虑,使人之股肱助己动作。助之视听者众,则其所闻见者远矣;助之言谈者众,则其德音所抚循者博矣;助之思虑者众,则其谈谋度速得失;助己动作者众,则其举事速成矣。"墨子认为,成功的管理者并非神人,而是充分利用其他人来帮助自己收集信息,使用别人的耳目帮助自己去听去看;使用别人的嘴帮助自己去说;使用别人的心帮助自己思考;使用别人的手脚帮助自己去行动,这样所见所闻丰富了,自己善言所安抚的范围广博了,计谋规划就能实现,想做的事也就能很快成功了。

信息收集后,要进行仔细分析,摒弃表面无关、虚假和错误的信息,对各种信息进行整合再加工。墨子认为,信息的分析方法是"以见知隐,以往知来"。

(九) 墨子的尚贤心理

在群雄争霸的春秋战国时期,各国竭力招贤纳才,选贤任能成为各国统治者的主要任务,墨子把《墨子·尚贤》篇放在其书之首,把"尚贤"作为治理国家的十大对策之一,可见墨家对人力资源的重视程度。墨家对于人力资源的价值有着充分而深刻的认识。在《墨子·亲士》篇中,墨子明确提出人才决定国家命运的观点:"入国而不存其士,则亡国矣。见贤而不急,则缓其君矣。非贤无急,非士无与虑国。缓贤忘士,而能以其国存者,未曾有也"。只有贤士,才能为国谋划,替君解忧;如果怠慢贤士,则离亡国之期不远了。墨子认为国家统治者要想国富民强,其首要任务就是尊贤使能,《墨子·尚贤上》载:"今者王公大人为政于国家者,皆欲国家之富,人民之众,刑政之治,然而不得富而得贫,不得众而得寡,不得治而得乱,则是本失其所欲,得其所恶。是其何故也?""是在王公大人为政于国家者,不能以尚贤事能为政也。是故国有贤良之士众,则国家之治厚;贤良之士寡,则国家之治薄。故大人之务,将在于众贤而已。"同时,墨子还认为,"得意贤士不可不举,不得意贤士不可不举,尚欲祖述尧、舜、禹、汤之道,将不可以不尚贤。夫尚贤者,政之本也。"意指:管理者不论是在得意之时,还是在失意之时,都应该尚贤,才能成大业。

(十) 墨子的人才选拔心理思想

在墨子所处的社会,"任人唯亲","亲亲,尊尊"的宗法等级制度仍然占主导地位,使处于社会中下层的"农与工肆之人"很少有参政、议政、从政的机会。墨子为了实现尚贤使能的目标,提出了一条非常重要的甄选原则:"有能则举之,无能则下之"。《墨子·尚贤上》载:"故古者圣王之为政,列德而尚贤,虽在农与工肆之人,有能则举之,高予之爵,重予之禄,任之以事,断予之令,曰:爵位不高则民弗敬,蓄禄不厚则民不信,政令不断则民不畏",意指:古代圣王施政时,使有德者列于位次,使贤能得到尊重,即使是农民与工匠、商人,有才能的就提拔他们,给他们以高爵、厚禄,把政事、权力交给他们。因为爵位不高,百姓就不敬重;俸禄不厚,百姓就不信任;权力不大,百姓就不畏惧。他还说:"举三者授之贤者,非为贤赐也,欲其事之成。故当是时,以德就列,以官服事,以劳殿赏,量功而分禄。故官无常贵,而民无终贱,有能则举之,无能则下之。举公义,辟私怨,此若言之谓也"(《墨子·尚贤》)。墨子认为统治者提拔了有德有能的人后,要给他们地位、财富与权力,这样百姓才会敬重他们,服从他们的管理,从而吸引更多的人来为其服务,同时按照每个人的表现和业绩进行提拔和任用,使所选官员有一定的流动性,并不断有新生力量来补充,这样才能有利于更好地管理。

墨子通过许多广为人知的古代例子来证明"有能则举之"的正确性:"古者舜耕历山,陶河濒,渔雷泽,尧得之服泽之阳,举以为天子,与接天下之政,治天下之民。伊挚,有莘氏女之私臣,亲为庖人。汤得之,举以己相,与接天下之政,治天下之民。傅说,被褐带索,庸筑乎傅岩,武丁得之,举以为三公,与接天下之政,治天下之民。"舜、伊挚、傅说原来的地位并不高,但因为其"有能"而"被举之",不但实现了自身价值,而且为国为民作出巨大贡献。选人的标准是能力和德行,可以避免许多管理中的不正之风,使甄选更具科学性。

(十一)墨子任用人员的心理思想

由于真正的贤人难以驾驭,如《墨子·亲士》中载:"良弓难张,然可以及高入深;良马难乘,然可以任重致远;良才难令,然可以致君见敬"。所以领导者在用人时必须胸襟开阔,能容其所长,容其所短,容其所言,容其所怨。

墨子强调了善于用人的重要性,他举例说:"昔者文公出走而正天下,桓公去国而霸诸侯;越王勾践遇吴王之丑而尚摄中国之贤君。三子之能达名成功于天下也,皆于其国抑而大丑也。太上无败,其次败而有以成,此之谓用民","故虽有贤君,不爱无功之臣;虽有慈父,不爱无益之子。是故不胜其任而处其位,非此位之人也;不胜其爵而处其禄,非此禄之主也"(《墨子·亲士》)。墨子还认为人才应该各尽所能,用其所长。《墨子·节用中》载:"凡天下群百工,轮车鞼匏,陶冶梓匠,使各从事其所能"。《墨子·尚贤中》则描述了用人正确后贤人的工作业绩:"贤者之治国也,蚤朝晏退,听狱治政,是以国家治而刑法正。贤者之长官也,夜寝夙兴,收敛关市、山林、泽梁之利,以实官府,是以官府实而财不散。贤者之治邑也,蚤出莫入,耕稼树艺、聚菽粟,是以菽粟多而民足乎食。"

墨子认为贤人最重要的特点就是勤政,他们工作时应主动、积极、富有创造性,为了工作早出晚归,尽心尽力。所以上级领导对于积极工作、政绩显著的人要给予奖励和提拔,对于无才不肖者要惩戒和废弃,"故古圣王以审以尚贤使能为政,而取法乎天。虽天亦不辨贫富、贵贱、远迩、亲疏,贤者举而尚之,不肖者抑而废之"(《墨子·尚贤中》)。

(十二)墨子人员培训心理思想

墨子游学列国,弟子众多,是一位杰出的教育家,有一套自己的教育方法与原则,其中许多内容仍然适用于现在的人员培训。

第一,墨子主张理论联系实践,要求从书本和生活中学习。在教育学生时,一方面要他们学习先王的圣贤之道,另一方面要他们学习日常生产经验和技艺中总结出的科学知识。墨子认为,"天下之所以生者,以先王之道教也"。人们应该首先学习先人留下的间接经验,学习古人的长处从而加快自己的成长。同时,墨子要求弟子们不但要熟练掌握技术而且要探明其原理,凡事要知其然,还要知其所以然。

第二,墨子认为教育培训范围要广,对象要多,这样效果会更好。墨子认为一个人的能力毕竟有限,所以应该劝说和教会更多的人来劳动,去实现"义"。在现代企业中,每个人都需要培训,只是培训的层次和内容不同,一个企业的素质取决于它的员工的素质,而员工素质的提高主要在于培训,所以培训对象的范围一定要扩大。

第三,墨子认为教育培训要主动积极。墨子说:"今夫世乱,求美女者众,美女虽不出,人多求之;今求善者寡,不强说人,人莫之知也。"(《墨子·公孟》)墨子通过追求美女和出门算命两个例子强调,由于求知欲强的人不多,所以教育者要积极、主动地去引导人们懂得学习的重要性。

第四,墨子认为在培训的过程中要根据员工各人的性格,分科论教和量才而教,不能拔苗助长,也不能大材小教。《墨子·耕柱》中载:"能谈辩者谈辩,能说书者说书,能从事者从事,然后义事成也"。意指要根据教育对象素质的不同,挖掘其潜力,发挥其特长。《墨子·大取》中载:"深其深,浅其浅,益其益,尊其尊",指在教育时应该根据弟子的知识深浅程度、能力强弱,对深者教其深,对浅者教其浅;对强者要增加其教学内容,加深深度;对弱者要减少教学内容,降低难度,这样使学生的潜力得到充分发展,调动学生的积极性。

(十三) 人员考评心理思想

墨子认为对人员的考评可从两方面入手,一是"合志功而观",即同时考察动机和效果;二是"听言迹行、察其所能",即通过语言、行为和能力来考察人。行为的动机与目标是两个既联系又有区别的概念。凡是能引起人从事活动,指引活动的内在驱力,均称之为动机。这种动机是人活动的推动力,有激励作用,有助于目标的实现。对于目标与动机的关系,墨子认为应"合志功而观"。志就是动机,功就是目标、效果。《墨子·鲁问》篇记载:"鲁君谓子墨子曰:'我有二子,一人者好学,一人者好分人财,孰以为太子而可?'子墨子曰:未可知也。或所为赏与为是也。钓者之恭,非为鱼赐也;饵鼠以虫,非爱之也。吾愿主君合志功而观焉。"墨子认为两位王子的言行是为了赏赐和名誉,正如钓鱼之人躬身垂钓,不是对鱼表示恭敬;用小虫作鼠饵,不是对老鼠表示爱心,所以应该把动机和效果结合起来考察,了解其真实的想法。

墨子指出人们应有正确的动机,即:"志行,为也。行,所为不善名。行也,所为善名,巧也,若为盗。"因为行为是动机与动作的结合,做事的动机不应是求名,否则就如偷盗一样。在看待目标时,墨子说:"动,利民也。功,不待时,若衣裘。"意指行为的效果只要对人民有利,不必在乎时间。

(十四) 人员激励心理思想

墨家的管理文化是融"法、理、情"为一体的,动之以情,晓之以理,严之以法,多种激励方法综合使用,效果显著。激励是运用各种刺激手段满足人的需要,激发人的动机,开发人的潜力,调动人的积极性与创造性,使之趋向于一定的目标。墨子在两千多年前提出的激励方法在现代企业管理中仍然有实用价值,主要包括赏罚、榜样、情感、荣誉等激励方法。

赏罚激励。墨子认为用惩罚和奖励的强化方法取得的效果比较明显。在《墨子·尚贤下》中,墨子从管理者的角度分析说:"凡我国能射御之士,我将赏贵之;不能射御之士,我将罪贱之。凡我国忠信之士,我将赏贵之;不忠信之士,我将罪贱之。"很显然,人们为了得赏免罚,就会纷纷学射御,守忠信,从而达到统治者的管理目标。在赏罚的时候,上下要统一标准,这样才能起到激励效果,如果赏罚的对象违背了众人的意愿,就不但没有积极作用,而且会带来负面影响,所以墨子说:"若苟上下不同义,赏誉不足以劝善,而刑罚不足以阻暴"。

墨子强调赏罚结合,厚赏重罚,即"赏明可信,罚严足畏"。"罚"给人们规定了行为的准则,"赏"给人们树立了努力的目标,两者结合,巧妙运用,可达到激励斗志的目的,激发责任感、自豪感,杜绝和严戒那些违法乱纪的行为,从而提高战斗力和内聚力。

墨子认为用荣誉等精神力量可以有效地调动将士的积极性。《墨子·旗帜》中规定:对于立功将士,除了给予物质奖励,还授予他一面大旗,立于各营署之中,称为"某人之旗",使别人全知道他立有战功,并尊重他,学习他,因此这种大旗是军人的无上荣誉。

墨子通过各种激励方式使墨家学派成为一个组织严密、纪律严明的学术团体和武装团体,具有非常强的凝聚力和战斗力,实行战斗型的团队管理,不仅注重完成任务,实现目标,而且上下同心,同生共死。

五、兵家管理心理思想

兵家思想是基于春秋战国时期各家思想文化内涵和当时战乱迭起的时代背景发展起来的,它具有丰富的思想内容和深厚的理论底蕴,最重要的是对战争实践的指导价值有着其他各家无法比拟的高度。兵家的论著主要有《孙子兵法》《吴子兵法》《孙膑兵法》和《尉缭子》等,这些兵法著作中,同样包含着丰富的管理心理思想。

(一)战略性管理心理思想

《孙子兵法》中的战略性管理思想,在中国历史上的地位非常突出,其《谋攻篇》中关于"百战百胜,非善之善者也;不战而屈人之兵,善之善者也。故上兵伐谋,其次伐交,其次伐兵,其下攻城"的远见卓识,对世人产生了深远的影响。《孙子兵法》字里行间都贯穿着战略制胜的精神,如在运筹、谋划大计方针方面提出"五事"和"七计",并强调这是关系"国之大事,死生之地,存亡之道"的重要问题。《孙子兵法》要求在制定战略过程中要做到"知彼知己",《孙子兵法·谋攻篇》中论述到"知彼知己者,百战不殆;不知彼而知己,一胜一负;不知彼,不知己,每战必殆"。在实施战略过程中要精心计划,计划得愈周密,就愈可能战胜敌人。《孙子兵法·计篇》认为"多算胜,少算不胜,而况于无算乎!"这一"知"一"算",从战略管理心理上说,胜负已明。在市场竞争中也是同样道理,只有熟悉竞争对手多方面的数据,才能采取合适的竞争策略,在竞争中赢得优势。

孙武,前545年—前470年

(二)全面信息管理心理思想

兵家的军事论著中关于信息管理有比较成熟的思想,他们特别重视信息管理在用兵作战中的决定性价值。《孙子兵法》认为,信息管理对决策和战争的成败起决定性的作用,那句著名的"知己知彼,百战不殆"说的就是这个道理。也就是说,要掌握全面信息,做统筹的考虑,做全面的信息管理。

在收集信息上,也要做到全方位收集,这样才可以全面分析,继而作出正确决策:"故经之以五事,校之以计,而索其情:一曰道,二曰天,三曰地,四曰将,五曰法。""凡此五者,将莫不闻,知之者胜,不知者不胜。故校之以计,而索其情,曰:主孰有道?将孰有能?天地孰得？法令孰行？兵众孰强？士卒孰练？赏罚孰明？吾以此知胜负矣"(《孙子兵法·计篇》)。这里的"五事"是指政治、天时、地利、将帅、法制等，对于这五方面的信息，将军必须全面地了解和掌握，否则就不能取胜。再从七个方面比较敌我双方的条件，认真地进行分析比较，探索敌我双方的优劣长短，来判断战争胜负的情形，这样，就可以研究作战的大计，预知战争的结局。《尉缭子》中也同样提出，"权敌审将，而后举兵"。当然，要真正掌握这些方面的信息，还必须采用多种信息采集手段。

(三) 决策心理思想

《孙子兵法》关于决策心理有一著名的论断，"夫未战而庙算胜者，得算多也；未战而庙算不胜者，得算少也。多算胜，少算不胜，而况于无算乎！吾以此观之，胜负见矣。"古代的"庙算"本意是指兴兵作战前在庙堂举行会议，谋划战略战术，预测战局变化及其结局，然后授权将帅，率兵出征。这就是进行战略决策。只有进行充分的计算谋划、得胜的条件充分，就能够取胜，只有简单的计算谋划、得胜条件不够充分，就不能取胜，更何况没有计算谋划、缺乏得胜条件呢？战争中的状况扑朔迷离、变化莫测，有许多未知和不确定的因素，身系胜败存亡重任的决策指挥者，只能根据已知来判断未知，要求具备高超的指挥决策能力。

孙子的决策心理思想是以"全胜"为目标，以"非战"为方式，以全面的信息管理为前提，并且包含以下三条原则。

1. "善之善者"的优选原则。科学的决策必须来自多项方案的选择，没有选择就没有决策。《孙子兵法》中的优选原则包含两方面的内容。一是"百战百胜，非善之善者也；不战而屈人之兵，善之善者也。"即要以能否实现"不战而屈人之兵"的最高理想为标准；二是能够超出众人所知，超出力战取胜的境界。"见胜不过众人之所知，非善之善者也；战胜而天下曰善，非善之善者也，故举秋毫小为多力，见日月不为明目，闻雷霆不为聪耳。"预见胜利不超过一般人的见识，不是高明中最高明的；经过力战而取胜，被天下人说好，也不是好中最好的。孙子坚决反对那种人云亦云的决策方案，也不同意那种全票一致通过的决策项目，他用三个比喻说明真正英明的决策和由此而获得的胜利应该超过普通人的认识和理解能力。

2. "践墨随敌"的调控原则。决策确定以后，由于情况不断发生变化，在实施过程中要建立反馈，及时调整纠偏。"践墨随敌，以决战事"的决策原则，意思是实施既定计划时，要随着敌情的变化不断改变策略，以确保最后的胜利。虽然孙子没能从信息反馈系统的角度来阐述这一思想，但从一侧面足以窥见孙子十分重视信息反馈对决策的重要意义。

3. "奇正相生"的变化原则。《孙子兵法》中的"奇正相生"的思想特别丰富，奇正是指军队作战时的变法和常法。在战法上明攻为正，暗袭为奇，按一般原则作战为正，采用特殊战法为奇。《孙子兵法》中说"三军之众，可使必受敌而无败者，奇正是也"，意思是统帅三军不败的原因，正是因为奇正等方法用得恰到好处。应该说，奇兵、正兵、奇法、正法等都是决策中的备选方案，这种备选方案越多就越能够应付各种不同的局面，即使遭到突袭也不会失败。"战势不过奇正，奇正之变，不可胜穷也。奇正相生，如循环之无端，孰能穷之？"作战的情形不过奇正两种情况，然而奇正的变化又是无穷无尽的，奇正相互转化就像圆环一样永远没有尽头。在作战中，善于出奇者更容易取得胜利，"凡战者，以正合，以奇胜，故善出奇者，无穷如天地，不竭如江河"。这种情况是完全符合决策的优选原则的。战争中各种情况瞬息万变,要使形势向有利于我方而转化,只有善于利用这种变化才可以取得胜利。

(四) 战术性管理心理思想

"兵者,诡道也",《孙子兵法》中对战术指挥方面的论述很多,其中很多内容已深入人心,如攻其不备、出其不意、兵贵神速等,对人们开展管理工作也具有重要的启示意义。

面对战争,不仅要具有战略性的"知"与"算"的科学态度,在战术上也要使用超人的计谋,因为"兵贵胜",所以才可以"兵以诈立"。只有通过各种计谋和技术技巧扰乱敌人的视线,打乱敌人的部署,打击对手的信心,攻其不备,才能战胜对手,即"能而示之不能,用而示之不用,近而示之远,远而示之近……攻其无备,出其不意"(《计篇》)。就是说要通过一定的手段迷惑敌人,在对方疏于防范的情况下,来个"攻其不备",取得胜利。

《孙子兵法》中还提出了"正合奇胜"的法则。"凡战者,以正合,以奇胜。故善出奇者,无穷如天地,不竭如江河"(《孙子兵法·势篇》)。"正合"可大致解释为按通常的战术原则,以正规的作战方法进行的战斗;而"奇胜"则是指根据战场情况,运用计谋,出其不意,打对方一个措手不及。也就是说,从战法上讲,明攻为正,暗袭为奇,按一般原则作战为正,采取特殊战法为奇。它启迪人们在管理活动中,善于出奇者才容易取得好的业绩。"兵之情主速,乘人之不及,由不虞之道,攻其所不戒也"(《孙子兵法·九地篇》),充分说明了兵贵神速和攻其不备、出其不意的制胜效力。

(五) 领导心理

《孙子兵法》13篇中都贯穿着对将帅心理素质的要求。《孙子兵法》特别重视将领的地位和作用。兵家认为,国家的强弱兴衰在某种程度上取决于领导者的心理素质和决策指挥才能。《孙子兵法·计篇》对将领的要求是:"将者,智、信、仁、勇、严也",尤其强调"仁""信"是将领的基本心理品质,要求将领对士兵要仁慈并且诚信;"智""勇"则是指将领要富有智慧和勇敢精神,只有文武双全者才配作将领;另外,将领还要做到"严",也就是能够廉洁守法、纪律严明。将领首先对自己要求严格,才能对下属要求严格,要先严于律己,再严于律人。《孙子兵法·火攻篇》中也对领导者个人情绪控制与心理防范作了论述,指出:"主不可以怒而兴师,将不可以愠而致战。"就是说领导者要保持清醒的头脑,不要因冲动而出兵,也不可感情用事而盲目参战。要求领导者应具备较强的自我控制能力和较强的心理承受力,以客观情势而不以主观意愿进行决策。

《孙子兵法》要求将帅把主导思想放在依靠、运用、把握和创造有利取胜的形势上,而不是去苛求手下的将士,《孙子兵法·势篇》中论述道:"故善战者,求之于势,不责于人,故以择人而任势","任势者,其战人也,如转木石。木石之性,安则静,危则动,方则止,圆则行。故善战人之势,如转圆石于千仞之山者,势也"。也是要想办法激发队伍高昂的士气,使之蕴涵一种一触即发的巨大冲力,就像拉满的弩,以及触发的机,以及像高山上向下滚动的圆石一样,不可阻挡,也就是要求领导者要具备善于造势和思想发动、激发士气的能力。

《孙子兵法》中除对将帅的基本素质提出要求外,也明确重视军事方面的专业素养,《孙子兵法·谋攻篇》指出:"不知三军之事,而同三军之政者,则军士惑矣;不知三军之权而同三军之任,则军士疑矣。"由此可见,专业素质是领导者应具备的最基本的素质。

现代管理心理学中有关权变的思想在《孙子兵法》中也有体现。例如,《孙子兵法·

虚实篇》中的"五行无常胜,四时无常位,日有短长,月有死生"和"兵无常势,水无常形,能因敌变化而取胜者,谓之神"。这是明确要求领导者要具有权变的思想和应变的能力。又如《孙子兵法·地形篇》中载:"故战道必胜,主曰无战,必战可也;战道不胜,主曰必战,无战可也。"就是说将帅要依据战事的实际情况和发展趋势,决定战与非战,而不要受到君主命令的干扰,并进一步提出,在危急时刻将帅可"君命有所不受"。这就是说领导者做事要有主见,根据具体情景的变化随机应变,这样才能成就大事。

(六) 人员选拔与培训

《孙膑兵法》中说"兵之胜在于篡卒",认为作战取胜的关键在于精选士卒。《尉缭子》中说"武士不选,则众不强",也是主张选拔优秀人员充实军队。

《吴子兵法》强调"用兵之法,教戒为先",认为一支部队如果缺乏训练,没有掌握作战技能、熟悉作战方法,结果不是战死,就是败退。所以部队里应人人学习战术、精通武艺,并且相互传授战术,提高整体力量,最后逐步形成这样的局面:"一人学战,教成十人。十人学战,教成百人。百人学战,教成千人。千人学战,教成万人。万人学战,教成三军"。《尉缭子·勒卒令第十八》中也有同样的观点。《吴子兵法》中提出了根据人员的个性特征任用的思想:"教战之令,短者持矛戟,长者持弓箭,强者持旌旗,勇者持金鼓,弱者给厮养,智者为谋主。"即对于高矮、强弱、智勇等不同特性的人应该给予不同的任用,使他们充分发挥各自的长处,在相应的岗位上发挥自己的作用。

兵家重视对人的心理素质的培训,通过从意志、情感和习惯等方面训练士卒服从命令,来提高军队的战斗力。首先,要训练士卒服从命令,这是治理好军队的前提。《吴子兵法》认为,如果士卒不养成服从命令的军事素养和行为习惯,就不可能成为攻无不克的战斗部队,"三军服威,士卒用命,则战无强敌,攻无坚陈(阵)。"其次,要训练士卒有不避刀刃、舍生忘死的顽强的意志品质和勇敢精神。《尉缭子》主张:"为将忘家,逾垠忘亲,指敌忘身,必死则生,急胜为下。"意思是作为将领应该能够出阵忘家,行动迅速以至于忘记亲人,遇到敌人能够奋不顾身。

(七) 激励心理

古代兵家重视心理管理,善于调动士兵的积极性,要求管理者注重下属的心向、态度,甚至控制下属的心理活动:"夫主将之法,务揽英雄之心"(《三略·上略》)。兵家对军队中将士的激励有很多精辟论述,主要体现在赏罚两个方面。通过奖赏,进一步肯定英勇奋战的积极行为;通过惩罚,否定和制止贪生怕死的消极行为。除了赏罚分明之外,兵家强调的激励还包括榜样激励、关怀激励和士气激励,比较有特色的是我国古代兵家中特有的一种激励模式——士气激励。士气就是军队将士的斗志,士气激励就是提高军队将士的斗志,使军队保持旺盛的精力投入战斗。孙膑认为在一次作战的全过程中激励士气的方法可以分为五种:激气、利气、励气、断气、延气,这一系列过程与人的心理活动规律相当吻合。

《孙子兵法》重视人的激励问题。《孙子兵法·作战篇》中多处做了专门论述,如"故车战,得车十乘已上,赏其先得者","取敌之利者,货也",并提出在特殊时期、紧急情况下的奖赏要打破惯例,加大力度,"施无法之赏,悬无政之令"。主张仁爱士卒,以此调动其积极性。如《孙子兵法·九地篇》:"视卒如婴儿,故可与之赴深溪;视卒如爱子,故可与之俱死。"姜尚提出了一些因人而异的激励原则:"危者,安之;惧者,欢之;叛者,还之;冤者,原之;诉者,察之;卑者,贵之;强者,抑之;敌者,残之;贪者,丰之;欲者,使之;畏者,隐之;谋者,近之;谗者,覆之;毁者,复之;反者,废之;横者,挫之;满者,损之;归者,招之;服者,活之;降者,脱之"(《三略·上略》)。

《孙子兵法》中不仅重视对人的物质激励和精神激励,而且在《孙子兵法·九地篇》中还对投险激励做了论述:"帅与之期,如登高而去其梯,帅与之深入诸侯之地,而发其机。焚舟破釜……聚三军之众,投之于险,此谓将军之事也。"意思是说,将帅赋予军队任务,就像登高而抽掉梯子一样,使他们有进无退。率领军队深入敌国,就要像击发弩机射出箭一样,使他们一往直前。烧掉船只,砸烂铁锅,断其退路,进则生,退则死,战必胜,不战则亡,刺激军队以死奋战,这就是所谓的"置之死地而后生,投之亡地而后存"。这种投险激励在现代管理学中被称为"救灾式管理",即利用灾难式的情况,来激发员工的危机感和责任感,最大限度地发挥其内在潜力,产生特殊的效果。

第二节 西方管理心理学的创立

西方管理心理学的形成和发展也经历了一个从无到有的漫长历程。关于管理心理学、组织行为学的历史源头,奥特等编写的《组织行为学经典文献》在"组织行为学研究年表"中,把公元前1722年的《汉谟拉比法典》作为起点。他们认为《汉谟拉比法典》的282条法规构成的书面规范,不厌其烦地规定了司法行政、保护私产、土地房屋、商业债务、婚姻家庭、伤害、职业、农牧、租赁和奴隶买卖及处罚等诸项事宜。这些内容涉及个体行为、人际关系和社会事务。这可能是最早的员工政策手册。我们探讨西方管理心理学的形成和发展,主要从20世纪开始。

一、管理心理学的孕育

寻找提高效率的办法,即解决效率这个经验问题的途径,成了最初的管理研究者们关心的焦点。科学管理的创始人泰罗主张在企业管理中充分运用金钱这个武器以提高工人的劳动积极性和学习文化技术的自觉性。泰罗把严格的理性主义精神带入19世纪脏乱的工厂中。在米德维尔钢铁公司(Midvale Steal Company)机械厂任工长期间,结合自己多年从事机械生产的实验经验,泰罗开始进行实验,系统地研究和分析工人的操作方法和作业所花费的时间,寻找正确的操作方法和适用的工具。他收集资料,进行客观的分析,这是他整个一生始终坚持的典型做法。为了弄清楚一个金属切削工人在完成自己的任务时确实做了哪些工作,泰罗研究了一个车工的劳动。他对这个工人的全部工作的每个部分进行鉴定,并对凡是可以测量的部分进行测量。其目的是要为技工提供一个能确定"公平的一天"的劳动量的客观指标。为了做到这一点,他确定了12种相关的变量,做了3万多次实验,前后持续了26年。通过实验泰勒取得了有关各种机床和材料的丰富资料,为高速切削和精密切削提供了科学依据。不论是后来的搬运铁块实验,还是铲掘实验,泰罗始终相信即使是纯体力劳动工作,也是可以进行科学分析的,而"每一项简单的动作都隐含一种科学的成分。"对于作为泰罗制基础的工时研究,泰罗是利用工时研究来分析问题,而不是对问题作简单的描述;也就是说,他的工作是用资料研究和预测未来,而不是描述过去。巴贝奇满足于了解实际完成一件工作所需要的总时间,而泰罗的方法则是把一件工作分解成各种组成部分,并进行测试,然后按照正确的方式重新安排工作。此外,还需要考虑对工具、机器、原料和方式的综合改进,以及将与任务有关的所有要素最终都实现标准化。泰罗"理性质疑的精神"正是通过科学技术的观念和方法进入到管理领域的。也许,他最大的贡献就是让人们了解到工业化成功的一个关键在于运用科学方法。

然而,泰罗的科学管理也无法阻止 20 世纪 20 年代整个美国工业时常发生的生产力和生产标准下降的问题,使人们开始重视人的因素、人的心理因素。

心理学家研究管理始于德裔美国心理学家闵斯特伯格。闵斯特伯格在工业心理学、犯罪心理学以及电影制作领域都作出了巨大贡献。他提出了"心理技术学"的概念。之后,侨居美国的德裔心理学家闵斯特伯格沿此方向进行了具体研究,并以其卓越的研究成果而成为工业心理学的创始人,被誉为工业心理学之父。

闵斯特伯格主要的研究成果是于 1912 年出版的《心理学与工业生产率》(又名《心理学与工业效率》)。该书主要包括三个方面的内容:(1)"最最合适的人"(the best possible man for the job,员工选择);(2)"最最合适的工作"(the best possible work,影响工作效益的诸因素);(3)"最最理想的效果"(the best possible effect,销售、市场和广告效果)。第一部分研究工作对人的要求以及如何选用最合适的人员来担当相应的工作。第二部分探求人在什么样的心理状态下产量最高。第三部分研究管理者如何利用人的心理采取必要的措施来提高管理的绩效。闵斯特伯格通过以上几方面的论述,对疲劳及劳动合理化,采用心理测验方法选拔工人、对工人进行必要的培训以提高其素质等问题都提出了自己的建议。

闵斯特伯格注意到了员工心理、生理状态和工作环境对生产效益的直接影响。在此之后,心理学家和社会学家梅奥和他的小组通过在霍桑厂的实验(Hawthorne Experiments,1924—1932)发现,重视人际关系和社会关系可以提高工效,其作用大于照明环境的改变,甚至大于报酬、福利、休息时间的增加。梅奥的实验,实际上是马斯洛自我实现(self-actualizing)理论的先声。

与闵斯特伯格同一时代又系同门师兄弟的德裔心理学家斯科特(Walter D. Scott,1869—1955)也认为,企业管理中对人的因素的长期忽略造成了管理不善、工人劳动效率低下,阻碍了生产和技术的进步。他还强调,生产过程中工人的态度很重要,需用适当暗示的方法去激励工人积极工作。斯科特是最早把心理学应用于工业生产中进行激励和效率的研究,并将研究拓展到工业产品的广告宣传中的心理学家。他的代表作主要是出版于 1923 年的《影响工业的人:论证、暗示的心理学》,书中论及说服的两种方法,即论证和暗示,认为暗示比之逻辑论证在很多情况下有更优的效果。1903 年斯科特就曾把心理学应用到广告中去,出版了《广告理论》一书。

Walter Dill Scott, 1869—1955

闵斯特伯格和斯科特的研究使工业心理学作为管理科学的重要组成部分明确地建立起来,并成为管理心理学的先导,为管理心理学的形成奠定了基础。

直接促进工业心理学发展的还有关于个别差异的研究。早在 1882 年,英国心理学家高尔顿(Francis Galton)就进行了关于个别差异的第一个科学研究,他应用测验来研究人的差异,创立了统计学的相关法。美国心理学家卡特尔(Jame Mckeen Cattell,1860—1944)1890年发表了《心理测验和测量》。这些都为工业心理学应用的测验和选拔工人的方法奠定了基础。

二、人事心理学和工程心理学的出现

在工业心理学兴起的同一时期,人们对改进传统的人事工作也日益关注,引起了一场对雇佣工作中的做法和雇佣工作中的关系进行研究的运动,逐步形成人事心理学。美国工业巨头亨利·福特(Henry Ford,1863—1947)面对战后紧张的劳动力市场和高达10%的工人转厂率,于1914年在其公司成立了一个名叫"社会学部"的人事部,其奉行的理念是:关心人的因素是一个企业能获得更大和更长远收益的前提。为了证明和宣扬这样一种理念,许多企业家、理论家纷纷著书立说。美国一家钢铁公司的人事部经理威廉斯就根据自己在多家企业当工人的体验写出了《工人们在想什么》一书。书中认为,工人们更看重工作的性质而不是金钱,忽略工人心理的管理是注定要失败的。

与人事心理学同时出现的还有工程心理学,又名人体工程学或工效学,主要从事设计适合人的生理与心理实际需要的机器、工具设备和进行工作环境、工作程序的研究,以减轻人的疲劳程度,防止意外事故的发生,使劳动合理化,以提高生产效率。

无论是工业心理学还是人事心理学、工程心理学,都对管理心理学的形成产生了很大的影响。但是,这些研究只限于个人心理,没有注意到社会环境、人际关系和组织机构对人的影响,因而有一定的局限性。

三、管理心理学的提出

最早使用"管理心理学"这一名称的是美国心理学家和管理学家莉莲·吉尔布雷斯。她是泰罗研究科学管理的同行吉尔布雷斯的夫人。莉莲采用电影摄影技术对工人手部动作进行了细致的分析,被称为"动作研究",为科学管理作出了贡献。她认为,不能单纯地从工作的专业化、方法的标准化、操作的程序化来提高效率,还应该注意研究工人的心理。她发现,管理者不关心工人而引起工人的不满情绪,也会影响工人的工作效率。于是,她将自己的博士学位论文命名为《管理心理学》(Psychology of Management),并于1914年出版。她在书中力图将早期心理学的知识应用到管理实践中去,但此书同美国(德籍)心理学家闵斯特伯格于1913年发表的著作《心理学与工业效率》一书一样,因具有超前性而未能引起人们的足够重视,管理心理学未能成为一门独立的学科。

管理心理学的产生,经过了长期的理论和实践准备期,其中包括:自泰罗开始的管理科学的发展、以闵斯特伯格为代表的工业心理学的兴起、由梅奥等人所进行的霍桑实验和人际关系学说的提出、以德国心理学家(后移居美国)勒温(Kurt Lewin,1890—1947年)为代表的群体动力学研究、美国心理学家(欧洲移民)莫雷诺(Jacod Levi Moreno,1889—1974年)的社会测量方法所起的作用等。特别是霍桑实验和人际关系学说,不仅为管理心理学和管理工作指出了新的方向,而且为管理心理学的产生与兴起作出了重要的理论上的和实践上的贡献,既是管理心理学产生历程上的新起点,又对管理心理学产生后的发展有重要影响。

虽然莉莲的《管理心理学》以及闵斯特伯格的《心理学与工业效率》未能引起人们的足够重视,但从那时起,人们逐渐认识到心理学对于研究职工的工作环境越来越重要,对管理的重要意义也越来越明显。而在工业心理学中,管理心理的内容实际上占据着核心地位。正是在这样的情况下,美国斯坦福大学心理学家莱维特(Harold J. Leavitt)教授用"管理"一词取代了"工业心理学"中的"工业"一词,他所著的《管理心理学》(Managerial Psychology)一书于1958年出版。学者们认为,自此,"管理心理学"这一名称被正式确立,管理心理学成为一门独立的学科;同时,管理心理学的体系也初显端倪。

第一次和第二次世界大战期间,各交战国大都把心理学运用于军队。以美国为例,1917年就成立了17个战争心理问题研究会。心理学家精心设计,通过进行心理测验选拔飞行员、气象观察员、海底电话员、潜艇监察员等需要特殊能力的兵种。另外还对情绪不稳定的人员进行心理治疗。这些研究大大扭转了把人当作一种机械力源泉的错误观念,把人的因素、人的心理特点,特别是人的能力作为设计武器装备、加强管理的核心看待。可见,管理心理学粗具雏形与两次世界大战中把心理学运用于战争并取得成果是分不开的。

四、管理心理学的创立

管理心理学孕育阶段的研究方向和路线,以及所采取的方法是与管理心理学的发展方向一致的,但由于其研究面较窄和时代认识所限,并没有引起更广泛的注意。直到后来的霍桑试验,才进一步把心理学、社会学、人类学等结合起来对企业中人们的心理与行为进行综合探讨,为工业心理学等增加了深度和广度,进而开创了管理心理学。

以下是这一阶段的几个代表人物及其理论与实践。

(一)霍桑试验与人际关系学

霍桑试验,是指1924—1932年间,在美国芝加哥郊外的西方电器公司霍桑工厂进行的,一项由国家研究委员会赞助、主要由心理学家参与工厂管理的研究试验。这项研究的结果是提出了管理心理学的核心理论——人际关系学理论。

霍桑试验的起因在于霍桑工厂带有普遍性的现状:工厂拥有较完善的娱乐设施、医疗制度和养老金制度等,但工人的生产成绩和劳动生产率却不高,且愤愤不平。为探究原因,开始了这项长达数年的闻名世界的试验研究。试验的中心课题在于探究生产效率与工作物质条件之间的相互关系。试验从1924年开始,1927年后主要由美国哈佛大学的梅奥教授主持,根据霍桑工厂是一家制造电话交换机的工厂的特点,前后共设计和开展了四个阶段的实验,即车间照明实验、继电器装配室实验、谈话实验和群体实验。

1. 车间照明实验

车间照明实验是在梅奥教授参加以前就开始的,主要研究物质条件(照明条件)对生产效率的影响。实验开始前选择了两组女工,一组为试验组,另一组为对照组,即将后一组的照明条件保持不变,而前一组的照明条件不断变化,通过对比两组的生产结果来得出结论。研究人员之前的设想是:增加照明度会使工人生产量上升,而随着照明度的下降,生产量会逐渐下降。然而实验结果却出乎意料:照明度的变化对生产量似乎没有明显的影响,与平常情况相比,在整个实验过程中,无论照明度是上升还是下降,两组的生产量都几乎等量上升。

2. 继电器装配室实验

为了解释车间照明实验的结果，研究人员试图找出其他影响生产效率的因素。于是又开始进行继电器装配室实验，研究如作业时间、休息时间、工资形态、福利条件等与工人生产率之间的关系。实验从1927年开始到1932年止。选出了自愿参加实验的5名女工在单独的房间里从事装配继电器的工作，观察她们在条件变化下的生产量。实验中，研究人员先是不断缩短工作日、增加休息时间并加茶点、改善环境温度等，结果发现这些措施似乎刺激了人们的生产积极性，生产量大幅上扬。然而，当研究人员把这些优惠条件逐一取消时，却并没有得到相反的结果，生产量仍然继续上升。

3. 谈话实验

为了揭开上述实验之谜，研究小组请来了梅奥教授，会同原有的研究人员，组成了新的研究试验小组，继续进行实验研究工作。梅奥等对实验结果进行了分析，提出了5个假设来探讨前述实验的失败。这5个假设是：(1) 在试验室中改进物质条件和工作方法可导致产量的增加；(2) 工间休息和较短的工作日可减轻疲劳；(3) 工间休息可减轻工作的单调性；(4) 个人计件工资制可促使产量的增加；(5) 管理方法的改变即人际关系的改善可改进工人的工作态度，从而促进生产。

通过逐一的考察，研究人员发现前两个假设不成立，它们被车间照明实验和继电器室实验的情况所否定，这两个实验表明物质条件、福利条件的降低以及工作日的延长、休息时间的取消并没有使产量下降，反而有所上升。第3个假设即工间休息可减少单调，也缺乏有力的论证，因为工人感觉单调与否是一种心理状态，不能作为估算产量的依据。唯一可以肯定的是，被挑选出来参加实验的工人的工作态度有所改变，变得更加积极主动，但研究人员还不敢将产量的上升完全归功于工人态度的改进。

为了考察第4和第5个假设，研究人员又设计和开展了一个实验。这个实验在继电器装配小组和另5名女工组成的云母片剥离小组之间进行。首先改变继电器小组的工资支付制度，将原来实行的集体奖励工资制度改成个人奖励工资制度，9个月后再将个人奖励工资制度还原成集体奖励工资制度，以此来观察继电器小组的产量变化情况。在实验的前一个阶段，生产量连续上升，最后稳定在原来产量的112.6%水平上；在实验的第二个阶段，产量不断下降，当该阶段实验进行到第7个月时产量下降到原来产量的96.2%。云母片剥离小组的工资支付制度则一直保持个人奖励工资制度不变，在连续实验的14个月里，产量持续增加。研究人员由此得出结论：刺激产量增加的并不是工资制度，而可能是这之外的其他因素，如士气、管理方式的改变以及人际关系的改善。

为了验证这个结论，梅奥领导研究人员们在工人中开始了大规模的态度调查，从1928年到1930年的两年多的时间内，进行了两万余人次的谈话。实验中，研究人员以平等的身份而不是居高临下的领导身份与工人们进行了自由的谈话，他们对工人持关怀的态度，耐心听取工人的意见，向其提供建议和意见，在管理者和工人，以及工人和工人之间建立起宽松而融洽的氛围。工人们在这种环境里畅所欲言、心情愉快，因备受关注而士气大振，谈话实验收到了意想不到的效果，工厂的产量大幅度提高。

谈话实验解开了前述实验之谜：工人们在特定条件下参加实验，让他们认为是管理当局对他们的格外重视，而生产积极性大增；并且，在实验的过程中管理人员与工人以及工人与工人之间又相处融洽，使得工人心情愉快，工作起来自觉自愿。从而导致无论是在好的物质环境还是在较恶劣的工作条件下,只要符合第5个假设的情况,工人的生产量都会上升。

4. 群体实验

实验中,梅奥等研究人员感到工人中似乎存在一种"非正式组织"在起作用,于是又安排了群体实验,该实验从1930年开始到1932年止,主要是对非正式团体行为展开研究。实验小组由14名男工组成,其中9人是绕线工、3人是焊接工、2人是检验工,把这14人放在单独的一间房间里工作,实行计件工资制度。研究人员原先预期,每个组员都会更加努力地工作,以争取更多的报酬。然而,实验结果却发现:每个工人的日产量都差不多,群体的产量一直保持在某个水平上。原来,小组成员间已自发形成了一种非正式的组织,他们有自己的行为规范和准则。为了避免管理当局提高劳动定额或裁减人员,他们用默契形成产量标准,来维护其群体的利益。每个小组成员都不会生产太多,也不会生产太少,更不会向管理当局告密。在这样的非正式组织中,成员宁可牺牲个人的物质利益也不会违反群体的约定,否则就会招致群体的打击报复。因此,非正式组织的约束力在某些时候比正式组织还强。梅奥就此提出了"非正式群体"概念,并指出要合理利用非正式群体的力量来加强企业员工的内部协作,提高管理效率。

全部实验的最后结论如下:(1)尽管生产条件的变化影响着劳动者的生产积极性,但生产条件与生产效率之间并不存在直接和必然的因果关系;(2)生产条件并不是增加产量的第一因素;(3)改善劳动者的士气或者说态度以及人与人的关系,让人们心情愉快地工作并对自己的工作感到满足,这才是增加产量、提高生产率的决定性因素。

梅奥对霍桑实验的材料和结果进行了分析和总结,并于1933年出版了《工业文明中人的问题》一书,提出了"人际关系学说"概念,后又在哈佛大学开设《人际关系学说》课程以宣扬他的观点。人际关系学说又名人群关系论,其主要论点是:生产率不仅受物理的和生理的因素影响,也受到社会的和心理的因素的影响。相对于传统的科学管理而言,人际关系学说提出了一系列新的观点:

(1)不能如传统的科学管理那样把人当作没有思想感情的"经济人",人是"社会人",因而物质利益不是唯一的刺激人工作积极性的因素,还应该注重社会和心理因素对人的影响。

(2)传统的科学管理认为生产效率仅仅取决于工作方法和工作条件,因而管理中就片面强调工作方法的科学化、劳动组织的专业化以及作业程序的标准化,是"对事不对人"的管理;梅奥的理论则认为,生产效率的高低取决于工人的工作情绪即"士气",而士气又取决于工人的家庭和社会生活,取决于企业中人与人的关系。

(3)传统的科学管理只注重企业中的"正式组织"如组织机构、职权划分、规章制度等的作用,而忽视了"非正式组织"的影响;梅奥认为,在很多情况下,非正式组织对群体人员的影响力比正式组织更大,因而更值得重视。

(4)传统的科学管理中企业管理者在管理工人时往往只注意人们合乎逻辑的行动;梅奥认为,新型的管理者还应同时注意人们的非逻辑行动,如情绪等,要善于倾听并与员工沟通,通过对员工心理需求的满足来达到提高生产效率的目的。

梅奥的人际关系学说第一次正式地将社会学和心理学引入到企业管理的领域中来,在对传统科学管理的抨击中树立起"重视人性"的旗帜,为企业管理的理论和实践指出了新的方向,为管理心理学奠定了实验的基础。在西方心理学界,梅奥被誉为工业社会心理学的创始人和管理心理学的先驱。

根据这一理论,在企业管理中要采取四种措施:(1)激励过程。激励是一个心理生理学的名词,意指由于某种内部或外部的刺激而使人们维持在一个相当长的兴奋状态中。在企业管理中就是要使人们由于需求、态度、情绪等内外刺激而始终处于一个持续的兴奋状态中。(2)情境分析。由于人的思想经常会受内外环境因素的影响而发生变动,因此要经常对人的情境进行动态分析,以便及时采取措施使激励过程持续化。(3)目标均衡。在个人和工作、各种人际关系中总会发生一些冲突和不协调,为调和矛盾,使得目标均衡也很重要。(4)个体需求的满足与组织目标之达成。

(二)群体动力与拓扑心理学理论

群体动力理论和拓扑心理学的创始人是德国的心理学家勒温,他移居美国后对人的行为进行了大量的研究,提出了著名的"场"理论。勒温曾借用物理学中对于磁场的概念,认为人的心理、人的行为取决于人的内在需要和周围环境的相互作用。当人的需要未得到满足时,会产生内部力场的张力,客观环境中的一些刺激则起着导火索的作用。也就是说,人的行为的动向取决于内部力场与情境力场的相互作用。

勒温认为人的心理活动是在心理场发生的。他认为心理场是由个人生活的过去、现在和未来的一切事件经验和思想愿望组成的,心理场的这三个方面无论在数量和种类上都伴随着个体的年龄增长和经验积累而扩展分化。成年人经验丰富、生活经历复杂,其心理场就分化成许多层次或区域。心理场也被看作一种认知结构。在勒温的心理学中,因个体需要、意志等具有重要的动力作用,故心理场也称为心理动力场,并且还常用"心理生活空间"这个基本概念加以陈述。勒温将人和环境描绘为生活空间,这个生活空间不包括人生的一切事实,而仅包括指定的人及其行为在某一时间内的有关事实。

勒温的心理生活空间是与物理生活空间相对而言的。物理生活空间是有形的,物质的;心理生活空间是无形的、概念的。心理生活空间因为是无形的,所以是一种动态的图案(picture);因为是概念,所以是一种计划,如身在教室,心在计划郊游活动之类。这里的心理生活空间支配个人活动的空间领域,其中包括一个人的概念、知觉、目标意志及想象等因素在内。

心理生活空间的每一组分都等同于一个区域,因此,心理生活空间的每一个对象,如个体所存在之处、所运动之处,或进行位移通过之处,以及同时可区别出若干位置或组分的事物,或者较大整体中的组分事物,都必须被描述为一个区域。甚至个体本身以及整个生活空间,也必须被描述为一个区域。个体所处的区域,对于他的行为有重要的影响。在这个区域里产生一种行为,在那个区域里则可能产生另一种行为。例如,成人要儿童吃下他不喜欢吃的东西,儿童在没有进入"真正进食"的区域之前,无论给他什么,他都会抗拒,但是一旦把食物放进他们嘴里,进入真正进食的区域之后,他就只好吞咽下去,因为吞下去便有自由;而如果吐出来,则又要同成人进行顶牛。心理区域具有一定的边界。边界是多种多样的。花园的栅栏是边界;母亲对于儿童不能单独走上大街的禁令,也是边界;加入某个俱乐部所举行的某种特殊仪式,也是边界。两个区域之间的过渡区域,称为边界地带。例如,一个儿童在玩耍之前必须先准备功课,那么准备功课就表现为边界地带的属性。

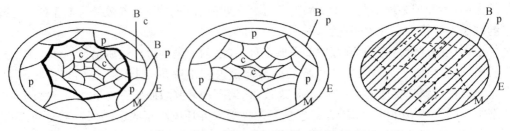

图 2-1　勒温拓扑心理学中的心理场示意图

勒温也把行为作为心理学的研究对象,他所说的行为是和心理事件并提的,他的行为公式是:

$$B = f(PE)$$

在这个公式中,B 代表行为,f 代表函数,P 代表人,E 代表环境。公式表明行为等于个人和环境的函数,亦即行为随着人与环境这两个因素而发生改变,也就是说,不同的人对同一的环境可以产生不同的行为,同一个人对不同的环境也可以产生不同的行为,甚至同一个人在不同的情境下对同样的环境也会产生不同的行为,这样的描述显然比较符合行为的真实的关系。

勒温所说的环境不是指客观环境,也不同于格式塔学派考夫卡所说的行为环境,而是指人头脑中的环境,即对人的心理事件实际发生影响的环境。不管人意识到或没有意识到,只要它成为心理的实在,都可影响我们的行为。

准环境被区分为三种,即准实在的环境、准社会的环境和准概念的环境。勒温举例说明了准实在的环境,其他两种环境的意义可以类推而知。他说:"比如一个儿童知道他的母亲在家或不在家,他在花园中的游戏的行为便可随之而不同,可是我们不能假定这个母亲是否在家的事实存在于儿童的意识之内。"加上一个"准"字(原文是"quasi")就是表明这些事实是对个体发生影响的事实。上例所说的"母亲在家或否"是物理的事实,对那个儿童来说,就是准物理的事实。如果母亲以警察吓唬儿童听话,儿童所了解的不是警察在法律上的实际权威,而是儿童所想象的警察的权威,所以这是准社会的事实。至于准概念的事实可以数学为例。数学领域的客观组织和学习数学的人当时具有的心理领域也不是常相符合的,"在要点上,尤感偏而不全",所以解决数学问题常存在一定的困难。这就是勒温论定准概念的事实不等于概念的事实的根据。

1933年以后,他又把心理场理论用于研究群体行为,提出了群体动力的概念。群体的行为不等于群体中成员个人行为简单的算术和,因而会产生一个新的行为形态。勒温的学生对影响群体行为的诸因素(如群体规范、沟通、领导等)进行了深入的研究,这些研究构成管理心理学中群体心理的基本内容。

(三) 社会测量学

社会测量学的创始人是美国的社会心理学家莫雷诺,他认为,群体的心理活动并不是偶然产生的,可以应用对态度和相互作用的演变和形式进行探索的数量方法来对群体进行研究。他提出了一种新的分析工具——社会成员测量法。这种测量法要求被研究的人员填写问卷,指出他们愿意和不愿意在一起的人,研究人员将问卷的结果画成图即社会成员心理测试图,企业管理者便可依据这张图来组成合适的工作团体,从而有助于工人协作和士气的提高。莫雷诺还创造了心理剧和社会剧,将团体置于某种特别设计的情景下而在精神上脱离开现实环境,人们在这种情况下扮演某种指定角色,他则对人们表现出来的对他人的态度和行为进行分析,找出其中的偏差并给予相应的治疗或改变。

莫雷诺的社会测量技术和方法作为研究团体行为的有效工具,被广泛应用于管理心理学。

(四)需要层次理论

需要层次理论是美国人本主义心理学家马斯洛早年提出来的,以马斯洛为代表的心理学,被称为第三势力。马斯洛1943年发表《人的动机理论》一文,提出"需要等级理论",即需求五层次论。马斯洛把人的需要分成五个层次,即生理需要、安全需要、社会交往需要、尊重需要和自我实现的需要。认为这五个层次的需要以生理需要为基础,由低级到高级依次满足,形成金字塔形的层次;各层次需要的满足度不一定是100%,而可能是相对的、部分的满足;自我实现的需要是最高层次的需要(马斯洛晚年在第五层次需要的基础上提出了更高层次的需要:超个人需要、灵性需要),是促使人的潜在能力得以实现的趋势。他还指出,管理者可以依据人们不同层次的需要,采取有效的措施来激励他们努力工作。

马斯洛的需要层次理论在理论上具有科学开创价值,它把心理学中对病态心理过于关注的状况,转变为对人的潜能的积极开发,态度更加乐观。该理论对政府机构、企业和教育部门等的管理也有一定的指导作用。因此,当代西方各国的管理和管理心理学几乎都把这个理论作为重要的基础理论。

管理学家麦格雷戈根据马斯洛早期的需要五层次理论,将管理理论区分为X理论和Y理论。X理论是专制主义的管理理论,这种理论假设人们工作是受生理和安全需要的驱使,工作只是满足低层次需要的手段,人在本性上是厌恶工作的,因此管理者对工人必须采取指导、控制、逼迫,甚至惩罚的方式。麦格雷戈反对这种理论,提出了他的Y理论。作为Y理论基础的正是马斯洛需要层次中的归属与爱的需要、尊重的需要和自我实现的需要。

(五)管理心理学成为一门独立的学科

以梅奥的人际关系学说为代表的上述理论在20世纪40年代末的西方工业国家中引起了轰动,企业家和理论家纷纷投资设立研究中心,召开学术会议,讨论人际关系学说,研究人的行为。1947年,美国建立了全国性的"工业关系研究会"。1949年在芝加哥大学召开了一次跨学科的科学会议,会议正式将关于人的行为的研究理论定名为"行为科学",上述理论尤其是人际关系学说构成了行为科学的基本内容,行为科学作为一个学派由此得以发展。

20世纪50年代末,美国的经济衰退促使人们在原有的行为科学理论基础上寻求新的突破,行为科学的研究由个体行为研究、人际关系研究,开始转向组织行为的研究,既重视人的因素,又重视组织的因素,如工作任务、组织结构、隶属关系等,组织行为学可以说是人际关系学说和组织理论的综合。

莱维特的《管理心理学》是管理心理学的里程碑著作,它的出版使管理心理学这一名称被正式确立,管理心理学从此成为一门独立的学科。自1958年出版以来,曾多次修改再版。莱维特《管理心理学》的体系构架是:个体心理—人际关系心理—群体心理—组织心理。后来出版的很多管理心理学、组织行为学著作都是在莱维特《管理心理学》的体系和内容的基础上进行改进与拓展的。

1959年,美国心理学家海尔也提出把工业心理学细分为三个方面:人事心理学、人类工程学、工业社会心理学即管理心理学。这类提法很快为许多西方学者所采纳,但也有不少学者持反对意见。因为在西方,"管理"的含义有控制和约束的意思,容易引起工人的反感,所以,很多学者仍将"管理心理学"称作"组织心理学""组织行为学"等。

不管管理心理学被称作何许名称,它在20世纪40年代末50年代初作为一门独立的学科创立起来确是不争的事实。它的创立改变了传统管理对人的忽视,使管理从以"事"为中心变成以"人"为中心,对企业管理的科学化和现代化产生了极有意义的影响。

第三节 管理心理学的发展

如前所述,20世纪60年代前后,管理心理学在美国才真正独立并被人们广泛应用,并于1958年出版了标志性著作。中国管理心理学是从翻译、引进西方管理学文章和著作,举办不同类型的培训班开始的,1985年中国开始正式出版管理心理学教材。我国引进了国外管理心理学理论和思想,同时也立足于本土,综合本国国情,对管理心理学进行本土化和创新化。在工作动机、领导行为、管理决策、价值观、员工培训、人员选拔和组织变革方面,进行了较为系统的研究,取得了一系列的进展。随着经济和社会的发展,管理心理学还需适应新变化,发展新知识,不断研究管理行为中的心理问题,为社会作贡献。

一、管理心理学的研究热点

随着经济的迅猛发展,以及知识经济时代的到来,有关管理心理学的研究越来越多、越来越深入。近年来,管理心理学的研究热点主要集中在以下三个方面,即领导行为、组织发展与变革以及激励研究。

(一) 领导行为研究

有关领导行为的研究是管理心理学的重要研究领域,并且是国内外学者们一直关注的研究热点。领导行为理论又称领导风格理论,该理论认为:领导者最重要的方面不在于领导者个人素质,而是在各种不同环境中做些什么,有效的领导者以他们的特殊作风区别于那些不成功的领导。

关于领导行为的理论有很多,如豪斯(R. J. House)的通路—目标模型理论、弗鲁姆(V. H. Vroom)的领导—参与模型理论、卡曼(Karman)的生命周期理论,以及费德勒(Fieldler)提出的认知资源利用理论。

目前,国际学术界主要从四方面对领导行为及相关问题进行了探讨:第一,领导行为的类型,比如,Bass(1985),Bass和Avolio(1990)的变革型领导(transformational leadership),Finkelstein和Hambrick(1996)的战略型领导(strategic leadership),Konczak,Stelly和Trusty(2000)的授权型领导等;第二,领导行为的前因后果变量,比如,Rubin,Munz和Bommer(2005)从领导者的个性特征和情感认同能力等方面探讨变革型领导的前因变量,Srivastava,Bartol和Locke(2006)研究了授权型领导对知识分享、团队效能感、团队绩效的影响;第三,领导行为与下属之间的关系互动,比如,Dansereau,Graen和Haga

(1975)以及 Graen(1976)等人提出的领导—部属交换关系(leader-member exchange, LMX);第四,领导行为作为中介或者调节变量的影响,比如,Shin 和 Zhou(2007)探讨了变革型领导对团队专业差异与创新之间的调节作用(转引自王辉等,2012)。

以往,我国的管理心理学研究大都是借鉴西方管理心理学的理论成果和实践经验,这些理论与实践在我国管理心理学引入的早期起着基础的重要的作用。但是随着我国管理心理学研究的不断深入,过于西方化的弊端逐渐显现出来。基于此,我国学者在西方管理心理学的研究背景下,进行了一系列的本土化研究。目前,我国学者对具有一定中国特色的领导行为的研究主要反映在以下四个方面。(1) 中国高层管理者的领导行为。如孙宇(2012)就不同人格特质会对高层管理者任务型、关系型和变革型三个维度的领导行为产生的影响进行实证研究,结果表明:高层管理者的人格特质会对其领导行为产生影响,但是不同维度的人格特质对不同领导行为的影响存在差异。杜旌(2012)在其研究中探索了高管或企业家层级和中层管理者层级的领导行为在变革的不同时期对员工的不同影响作用。(2) 领导授权赋能行为。如田在兰等人(2014)揭示了领导的授权赋能行为是影响员工建言行为的重要原因之一,企业管理者以身作则、参与决策、提供指导、信息分享和关心下属为增加员工建言行为提供了一个重要的改进方向,有利于我国企业选择促进员工最满意的领导方式。(3) 领导—部属交换理论。任真、杨安博以及王登峰(2010)指出:本土化的领导—部属交换关系(leader-member exchange, LMX)主要是指在组织中领导和部属之间基于工作而建立起来的上下关系。涂乙冬(2013)关于领导—部属交换与员工帮助行为的研究结果表明,领导—部属交换对员工帮助行为有显著正向的影响。(4) 关于领导权力的研究。30 多年的研究有一个突出的特点:学者们在围绕如何提高领导活动效率进行研究的时候,往往把核心问题聚焦在"领导权力控制"方面。一种倾向是:领导者控制领导权力。这种观点的核心是:在领导活动中领导者是权力的控制者,领导者通过领导权力的控制,调配领导活动过程中的资源,实现领导活动效率最大化。另一种倾向是:领导者与被领导者共同控制权力。这种观点的核心是:在领导活动中领导权力不是集中在领导者手里,而是由领导者与被领导者共同分享。通过分享,充分调动二者的积极性,使领导权力得到充分的运用,资源得到合理调配,实现领导活动效率最大化。第三种倾向是:被领导者控制领导权力。这种观点的核心是:在现代领导活动中,随着员工素质的提高,每一个员工都拥有大量的资源,而且还拥有独特的、无可替代的资源,要想充分使用这些资源,必须营造一个宽松的环境,所以,组织的领导者所要做的事情是在确定了组织发展目标以后,让被领导者在领导活动过程中充分行使自我领导权,通过自我调动、自我行为等,出色地完成所要承担的任务,实现领导活动效率最大化(转引自赵国祥,2011)。

(二) 组织发展与变革研究

进入 21 世纪,全球经济不断发展,社会竞争日趋激烈,企业所面临的环境空前复杂和多变,组织发展与变革日益成为我国企业发展与升级的重要途径,该课题也受到了越来越多的关注。组织的发展与变革,是指组织在新的形势下,为了适应工作(生产)任务不断扩大的要求,在组织范围内进行必要的有计划、系统的调整和改革,以达到组织的最佳化和高效化。

关于组织发展与变革的研究五花八门,涉及教育、医疗、政府以及企业等重要领域,主要探索组织发展与变革的动力因素和阻力因素,组织发展与变革的模式,以及组织发展与变革所带来的影响等方面。

(1) 组织发展与变革的动力因素和阻力因素。组织的发展与进步离不开不断的创新与变革,一个组织的变革必然存在导致其变革的动力,也必然存在阻力。美国教授图什曼(Michael L. Tushman)和奥赖利(O'Reilly, 1996)认为组织变革是环境引发的一种必然的组织演进活动,产品和组织生命周期不同阶段的主导环境因素和特征是组织变革的主要动力(转引自孟范祥,张文杰. 2008)。国内有学者(张婧、段艳玲,2013)基于跨案例研究发现:制度环境压力构成的情境动力(包括战略联盟、体系认证、标杆管理、管理咨询和竞争压力)一方面驱动企业家认知和行为层面的触发动力(包括领导者示范作用和危机变革意识),另一方面促动内部支持系统构成的使能动力(包括部门间的联系、正式化、基于市场的薪酬、基于市场的培训以及信息技术使用),进而推动了市场导向的组织变革过程。此外,格林伯格(Greenberg, 1999)认为,阻碍组织变革的因素主要有人的抗拒和组织的抗拒,人的抗拒因素主要包括经济的不安定、对未知的恐惧、对社会关系的威胁、习惯和对变革的认识不足;组织的抗拒因素主要包括结构的惯性、工作团体的惯性、威胁到已存在的权利平衡和先前失败的变革(转引自孟范祥,张文杰,2008)。国内有学者基于员工帮助计划应用中组织变革的阻力研究,提出了一个包括阻力产生时机、阻力产生来源和阻力性质三个维度的阻力分析框架,并作了分析和综合说明,这样我们就可以分别从这三个维度对一个具体的阻力表现进行识别。在认识阻力因素时,放在三个维度上,可以了解这一阻力在特定的问题关注面下表现的不同的性质。

(2) 组织发展与变革的模式。组织变革模型中最具影响的是勒温的组织变革过程模型。勒温提出一个包含解冻、变革、再冻结等三个步骤的有计划的组织变革模型,用以解释和指导如何发动、管理和稳定变革过程。此外还有卡斯特(Fremont E. Castel)的系统变革模型和科特(John P. Kotter)的变革模型。国内学者何心展、康廷虎(2004)针对组织变革的多样性管理,提出了一种系统性框架模式。他们认为,在组织变革过程中系统性框架的应用将有助于解决组织多纬度变革的差异及其多纬度变革间的相互作用问题。因此,系统性框架对于理解和管理组织的变革是非常有作用的。此外,黄燕、陈维政(2013)在组织变革理论的基础上,结合企业的组织变革管理实践,提出了组织变革的系统模型,包括组织变革动因、组织问题诊断、组织变革方案设计和实施与评价四个环节,强调组织变革是一个完整的过程,而不是一个单纯的项目事件。

(3) 组织发展与变革的影响。西方学者在研究组织变革过程中非常重视组织变革与组织绩效的关系研究,研究表明,组织变革影响和改善组织绩效,同时组织绩效是组织变革的驱动力(转引自孟范祥,张文杰,2008)。唐纳德(Lex Donaldson, 2000)认为,组织绩效的变化也能促使组织变革,使组织更适合于环境。当组织绩效比较低时,组织会陷入危机,使企业的价值降低,从而导致组织变革。我国学者在组织发展与变革的影响方面也进行了广泛的探讨,如陈笃升、王重鸣(2015)探讨了企业员工在变革背景下的角色压力及其影响后果,研究发现,在组织变革背景下,员工对自身角色超载的感知会降低他们对组织的情感承诺,进而提高其离职倾向,并同时降低其任务绩效、减少帮助行为。

(三) 激励研究

在管理心理学诞生之前,学者们就已经针对激励问题进行了广泛的研究,可以说,管理心理学是在激励问题的基础上产生的,激励是管理心理学中被研究最多的领域,是管理心理学研究的核心。所谓激励,是指持续激发人的动机的心理过程。

关于激励理论,过去曾产生了内容学派、过程学派和强化学派等理论流派。目前,由于亚当斯(John Stacey Adams,1965)的公平理论对于薪酬设计的实际意义,仍受到普遍重视。公平理论(equity theory)又称社会交换理论,是研究人的动机和知觉关系的一种激励理论,认为员工的激励程度来源于对自己和参照对象的报酬和投入的比例的主观比较感觉。亚当斯认为,职工的工作动机不仅受到他所得到的绝对报酬的影响,即工作的实际收入的绝对值的影响,而且还受到相对报酬的影响,也就是受到他人收入与自己收入相对比例关系的影响。

此外,自20世纪30年代开始,经济学家从"经济人"的角度出发,致力于利益最大化,提出了经济学的激励理论,如委托代理激励理论、隐性激励理论以及新的激励机制——进入权。由威尔森(Wilson,1969)、罗斯(Ross,1973)、米尔利斯(Mirrlees,1974)、霍姆斯特姆(Holmstros,1979)以及格罗斯曼和哈特(Grossman & Hat,1983)等人开创的委托—代理理论,应用模型分析,主要解决委托代理关系中存在的信息不对称问题。因委托人与代理人之间的信息不对称,代理人的行动无法直接为委托人观察到,从而产生代理人不以委托人利益最大化为目标的"道德风险"和"逆向选择"问题,对这些问题的解决形成了现代企业激励理论的核心。委托—代理理论有两个主要的结论:一是在任何满足代理人参与约束及激励相容约束,而使委托人预期效用最大化的激励合约中,代理人都必须承受部分风险;二是如果代理人是一个风险中性者,那么就可以通过使代理人承受完全风险(即让他成为唯一的剩余权益者)的办法来达到最优激励效果(张维迎,1995)。我国学者阿儒涵、李晓轩(2014)借用委托代理理论的框架,以委托代理双方的效用研究为出发点,结合对我国政府科研资助实践的分析,提出我国政府科研资助关系中的"嵌套的双层委托代理模型",并应用该模型分析我国政府稳定拨款和竞争性项目资助中存在的问题,对未来我国政府科技资源配置模式提出建议。

目前,与激励问题密切相关的研究是有关工作承诺的研究,主要从工作价值观、职业发展、工作责任心、组织认同和对社会的态度方面进行研究,并探讨了组织承诺对离职、工作满意感、工作安全感、人际关系的影响以及组织承诺的性质等。

我国学者王晓辉(2012)从组织承诺的内涵和理论模式入手,在分析核心员工组织承诺影响因素以及组织承诺对核心员工行为影响的基础上,从提高满意度、建立整体薪酬制度、制定情感关怀制度、拓展职业生涯四个方面提出核心员工的有效激励途径。胡三嫚(2014)发现在工作不安全感的五个分维度中,工作丧失不安全感、薪酬晋升不安全感、人际关系不安全感等均对组织承诺不具有显著影响,但工作执行不安全感对组织承诺具有负向影响,过度竞争不安全感对组织承诺则具有正向影响。吴进红、胡恩华等(2014)通过对国外组织承诺前沿研究的梳理,从异质性和非等价性研究视角,以组织承诺焦点为分类标准,系统分析了异质性和非等价性视角下的单组织承诺、双组织承诺和多组织承诺相关研究成果。

二、管理心理学发展趋势

随着研究的深入,研究方向与目标均在发生变化,但无论如何转变,管理心理学的研究都是一脉相承的。结合现有的研究分析,今后的研究可能从以下三个方面展开。

(一) 深入开展组织发展与变革的研究

随着全球化的不断发展,经济结构不断调整,对企业重组、战略管理、跨国公司或是国际合作企业管理的研究成为社会研究的重要内容,管理心理学的研究也从对个体理论研究的层面转化为对整个组织层面的研究。只有从整体角度考虑问题,才能使企业进行有效的机构调整,进行科学的管理决策,提高员工适应性,实现跨国公司组织文化的发展提升。在今天的经济形势下,企业的生存与发展面临空前的挑战,只有不断创新,不断发展和变革的企业才能在竞争中赢得生机。不只是企业,学校、政府机构、医疗单位等社会团体,都要在不断地变革中,不断进步,优化自身组织。

(二) 深入开展积极组织行为学的研究

积极行为不仅可预测个人绩效,还可预测团队和组织绩效。"积极组织行为学(positive organizational behavior,POB)的理论基础源于积极心理学的研究成果。以弗洛伊德等心理学家为代表的传统心理学,主要以研究病态的心理为主。为纠正心理学研究只关注人类机能和行为中负性、病态方面,而忽视人类自身优点和积极特性等能使生活有意义方面的极端取向,塞利格曼(Martin E. P Seligman)在1998年发起了积极心理学运动,旨在把心理学研究中的一部分侧重点从生活中最糟糕的事物转移到生活中一些最美好的事物上,他主张采用科学方法去发掘和促进那些让个人、群体、组织和社会繁荣兴旺的积极心理因素。以前的组织行为学研究重点主要放在对组织、团队、管理者和员工的机能不良等方面,如怎样引导和激励消极、懒惰的员工,如何更有效地管理冲突和应对压力和倦怠等。2001年起,路桑斯(Fred Luthans)与同事发表多篇论文,就积极心理学在组织行为中的运用展开了详细论述,并将这种以积极心理学运动为基础和出发点的积极取向的组织行为学模式称为积极组织行为学。路桑斯认为,积极组织行为学应从微观层面研究和应用那些可测量、可开发和有助于绩效提升的各种积极导向的人力资源优势和心理能力,积极组织行为学家的使命就是发现和确认符合上述标准的积极心理能力,并将其与重要的组织结果联系起来。许多研究证明,符合POB定义标准的最具代表性的心理要素包括自我效能感(自信)、希望、乐观、幸福感、坚韧性等,并证实它们能够直接影响领导和员工的工作行为、工作态度和工作绩效,进而影响到企业的整体绩效和持续性竞争优势。如自我效能感能有效缓解压力对个体造成的消极影响,对工作绩效有积极影响;而工作幸福感能提升工作绩效、生产力和利润率,降低缺勤率和离职率,使员工的行为更接近组织公民行为;满怀希望的人往往对既定目标更加坚定并受之激励,重视目标以及目标实现过程中所取得的进步,表现出更强的环境适应能力,在压力情境下较少体验到焦虑等,能更有效地管理冲突和应对压力和倦怠等。积极组织行为还有前因、绩效和跨文化等许多方面有待深入研究。

(三) 不断发展本土化研究

我国的管理心理学是从翻译引进西方著作和文章开始的,基本都是借鉴国外的研究成果而进行的,但是西方社会与我国国情存在很大的不同,因而并非所有理论模式和实践运用都能套用。我们可以挖掘、收集、整理古代先贤的管理心理思想,结合中国的社会现实开展本土化研究。

从本书前面对中国古代管理思想的简要介绍可以看出,祖先在几千年前,就开始了对人类心理和行为的研究,有许多优秀的文化遗产。在探索人类行为动机、需要的奥秘方面,中国古代先祖们起到了创始人和开路先锋的作用。韩非子曰:"天有大命,人有大命。"即天有天的规律,人有人的规律。孙子也提出:"人情之理,不可不察。"即关于人的心理活动应该进行研究,不研究是不行的。对于人的本性问题,荀子认为:"人之性恶,其善者伪也。"而孟子则认为:"人之性善也,犹水之就地下;人无有不善,水无有不下。"荀子提出:"养人之欲,给人之求,使欲必不穷乎物,物必不屈于欲,两者相持而长。"管仲也指出:"仓廪实而知礼节,衣食足而知荣辱。"在激励和奖惩方面,孙子提出:"合军聚众,务在激气",主张"文武兼施""恩威并重"。诸葛亮指出:"赏以兴功,罚以禁奸,赏不可不平,罚不可不均""赏赐不避仇怨,诛罚不避亲戚",应做到"无党无偏"。对于管理者品行修养的研究,中国古代也十分重视。孟子主张"自反""内省"来修养自己,他说:"爱人不亲,反其仁;治人不治,反其智;礼人不答,反其敬",并认为"知耻"是修养的先决条件。荀子提出"治气养心之本",即"血气刚强,则柔之以调和;勇毅猛戾,则辅之以道顺;狭隘偏小,则廓之以广大"等等。我们可以将有关积极正能量的思想发扬光大。

三、我国研究现状与不足

我国管理心理学的研究起步较晚,从1979年开始,我国管理心理学学者才系统引入国外管理心理学的理论成果和研究方法,在工作动机与激励理论、工作态度与价值取向、领导心理与行为、管理决策与组织变革、员工培训、人员选拔等方面进行了较为系统的研究。与国外工业与组织心理学家的跨文化比较合作研究,不仅使我国管理心理学研究缩短了与发达国家的差距,还丰富了国际管理心理学的知识体系。当前,我国管理心理学家在国际应用心理联合会等国际性学术机构担任领导职务,并主持或参与一些重要的管理心理学杂志的编辑工作,已在国际管理心理学界确立了自己的学术地位。在管理心理学的应用方面,根据国家科技进步和社会经济转型的需要,近年来在国有企业改革、领导干部选拔、管理决策、科技创新体系的人力资源管理、激励机制、地震灾后心理援助、航天员的选拔与模拟培训等前沿问题上,完成了一系列有较大影响的科研课题,产生了较大的社会效益和经济效益,但我国管理心理学在发展中仍存在一些不足。

(一)西方化

我国的管理心理学的研究大多是引进、借鉴西方管理心理学的理论成果和经验,以此促进我国管理心理学发展。但是,管理心理学的理论、概念和方法具有明显的地域和文化差异,我们有必要从国情出发建立具有中国特色的管理心理学理论和体系。过于依赖西方化研究模式,会导致在翻译西方理论时,对一些已经过时的理论,我们却作为"新理论""新思想"进行探讨,影响我国管理心理学的发展。我国古代虽然没有系统的心理学体系,但古典文献中蕴含着心理思想。研究者发现,先秦时期就已经有了管理思想。翻译西方的管理理论,要取其精华,去其糟粕,使之适应我国本土文化,这是我国管理心理学研究要注意的一个方面。

(二)学院化

学科发展离不开实践推动,理论与实践的紧密结合是管理心理学发展、完善的动力。例如,在对霍桑实验多年实践研究的基础上,梅奥才提出了人际关系理论,发展了人性观,极大地推动了学科发展。而我们从事理论研究的主要集中在高等院校和科研院所,与管理实践分离,与社会的实际结合不够。实际上,管理工作者往往凭借经验工作,一旦超出经验范围,就不知如何应付。

研究离不开应用,如何把管理心理学运用到具体领域也是研究的一个重要内容。近几年来,管理心理学的研究重点集中于组织变革、领导行为、激励机制以及组织文化几个大方面,同时在各个应用研究领域都取得了一系列的进展。总之,随着经济的发展和科技的进步,管理心理学在管理科学中的作用将会越来越重要。

(三) 研究力量分散

在针对国际最新趋势和国家社会经济转型要求方面,缺乏较为系统的规划。同时,在管理心理学深入研究过程中,忽视脑生理机制原理和脑科学成果的应用吸取,这不符合管理心理学的研究目的,有碍管理心理学的发展,是该学科的缺失。

(四) 研究经费投入不足

国家自然科学基金委员会以及科技部虽然对于心理科学,特别是管理心理学在国家社会经济发展上有迫切的要求,但是,经费投入较少,使得一些重要的、涉及管理心理学长远发展的重要领域得不到必要的支持。比如,国家自然科学基金委员会管理科学部主要资助有直接应用价值的人力资源管理对策项目,至今尚无有关管理心理学理论前沿研究的重大项目资助。

(五) 实验室设备亟待改善,神经生理机制研究有待加强

管理心理学是一门研究人—团体—机器系统的综合学科,高新技术的发展,对于管理心理学研究提出了新要求,亟待组建现代化的管理心理学国家开放实验室,以缩短与国外管理心理学的差距。目前,国外很多管理决策实验、情境模拟评价和训练、大样本调查和数据处理都离不开计算机网络的支持。应通过启动重大项目,组建适应时代要求的管理心理学开放实验室。

管理心理的生理机制,是以前管理心理学的薄弱环节。重视应用神经生理机制原理,关注神经科学前沿研究,及时吸取脑科学新成果,对管理心理学的创新发展有重要的理论和实践意义。掌握了神经系统的生理机制不仅能从本质上把握管理心理学的理论,而且可以为进一步深入研究发展管理心理理论奠定基础。研究管理心理学的目的,旨在有效地预测、引导、控制企事业团体中人的行为活动,以最大限度提高人的工作绩效。而人的所有行为活动无一不受到人的生理、心理、环境等因素的影响,其中神经生理机制起直接影响,甚至决定人的行为需要和活动方式。由于人的行为心理与人的神经生理机制紧密相关,每个人的行为活动特征与其神经生理特征紧密相连,掌握基本的神经生理机制原理,吸取脑科学研究成果,是从本质上科学把握人的行为心理活动规律的基本条件。

四、研究应用

中国的经济管理领域正在发生的许多事件,都是管理心理学鲜活的案例。2015年,商业地产巨头万达继与百度、腾讯组建"腾百万"、并购快钱等战略行动之后,又与国内住宅地产巨头万科"结成连理",万达和万科签署的战略合作框架协议让人感受到了抱团取暖的含义。万达王健林与万科王石,两个"50后",在网友们"在一起"的调侃声中,真的走到了一起。万达董事长王健林、万科总裁郁亮不仅称此次合作为"门当户对、一见钟情",还互相套近乎,称"两家公司都姓万,创始人还都姓王"。"二万"合作是基于战略和

集团层面的长期性合作,围绕项目和业务层面展开。具体来看,拟合作的方向包括共同拿地开发、轻资产运营与金融创新、社区消费O2O等方面,区域则可能涉及国内市场和海外市场。这个案例涉及领导、决策、组织发展等管理心理学内容。

管理心理学主要研究管理过程中的心理活动和规律,它的应用范围非常广泛,除了在企业管理中具有广泛应用价值外,在教育、事业单位等各行各业都能看到管理心理学的身影。在人力资源管理领域,人员的招聘与计划、组织结构的管理与改革、绩效的考评、人员的积极性调动、薪酬的管理,以及劳动关系的协调与管理等方面均需要管理心理学的参与。在教育领域的学生工作管理、案例教学以及档案管理等方面,管理心理学也发挥了巨大的作用。医学领域也涉及管理心理学,例如医院人才管理、卫生机构改革、护理工作应用等方面。管理心理学还运用到了公共事业领域,例如科研单位的管理、公务员的组织管理等。在军事国防方面,管理心理学也得到了广泛的应用。总之,管理心理学的应用非常广泛,几乎涉及各行各业。

思考题

1. 试述儒家、道家、法家、墨家和兵家的管理心理思想。
2. 儒家、道家、法家、墨家和兵家的管理心理思想,对中国人的管理行为有哪些影响?
3. 试述管理心理学产生的背景。
4. 试述霍桑试验的主要内容及其对于管理心理学的贡献。
5. 你如何理解勒温提出的心理生活空间?
6. 试述马斯洛的需要层次论。
7. 管理心理学的发展趋势是什么?
8. 你如何看待管理行为的神经生理机制研究?

第三章　心理资本与管理

随着社会的发展和人的意识的逐渐觉醒,20世纪60年代,经济学家舒尔茨、贝克尔等人进一步扩展了资本的概念,创立了人力资本理论。20世纪80年代后,社会学家布尔迪厄、科尔曼、福山等人在人力资本理论的基础上又提出了社会资本理论。20世纪90年代,环境经济学家皮尔斯在《世界无末日》一书中提出用自然资本的概念来估算可持续发展能力。在此基础上,1995年世界银行将资本划分为四个部分:人造资本、人力资本、自然资本和社会资本。我们学习管理心理学,非常重要的动机就是开发好心理资本。

 案例

心理资本对浙江台州民营企业新生代员工绩效的影响

浙江是中国民营企业最发达的地区之一,但是近年来,在员工管理尤其是对25岁左右的员工管理等方面遇到了一些难题。依靠以前简单的金钱激励等方式已经难以调动员工的积极性,甚至招工都比较艰难了。要持续改善企业绩效、提升和长久保持企业竞争优势,单靠加强传统意义上的人力资源投资和开发显然不够,必须注重对员工心理资源的开发。

2010年,上海慧圣咨询公司的颜世富和李娟主要利用参与观察、访谈法和问卷法进行研究。他们研究的样本,系该公司合作的三家客户企业。他们利用提供咨询服务的便利条件,进行"蹲点企业,观察实践"。他们在三家公司,通过参加会议、跟员工一起到食堂吃饭、在车间观察工人干活等活动,直接或间接地围绕心理资本和绩效的关系,对他们从董事长到一般员工都进行了观察与访谈。访谈采用半结构化形式,并用内容分析法对访谈结果进行整理。根据访谈对象的不同,访谈提纲分为普通员工版与管理人员版。访谈内容包括对心理资本四个维度(自信、希望、乐观、坚韧)的理解与看法,心理资本对绩效影响的看法。整个访谈历时20天左右,分别访谈了近40位普通员工,23位企业管理者。

他们还进行了问卷调查。参与调研的对象包括企业员工和管理者。员工问卷一共发放350份,实际收回问卷312份,最终得到有效问卷294份。领导问卷共发放150份,实际收回132份,剔除废卷和不认真填写的,最终得到有效问卷126份。员工的年龄在30岁以下,25岁左右。

心理资本量表使用的是PCQ(F. Luthans, B. J. Youssef, & B. J. Avolio 2007年编制而成)。对工作绩效的研究主要采取领导者评价的方式,即该问卷由领导者填写,由其对下属的绩效状况做一个评价。

统计分析发现,心理资本与绩效三个维度都呈现显著正相关关系,相关程度由人际促进、任务绩效、工作投入依次呈增强趋势,其中心理资本总表与绩效总量表相关性最好,达到0.733水平,相关性比较高。

通过观察、访谈以及问卷调研,可以发现员工心理资本与绩效之间具有密切的联系。(1)员工的心理资本对于员工的任务绩效、人际促进和工作投入以及整体上的绩效都呈显著的正相关关系。因此,对于员工自身积极心理资本的建设不应该忽视,这也与员工高效工作、人际和谐密不可分。管理人员,尤其是公司高级管理人员,要充分重视心理资本的作用。以前大家只是简单地认为,民营企业的员工工作主要为了挣钱,只要工资高一点,员工自然工作积极性高。然而现在的新生代员工,不只看重物质待遇,也重视精神需求的满足。(2)心理资本中各个维度对于绩效的影响。对于员工的任务绩效而言,自信、坚韧和乐观对其都有显著的影响作用,其中又以自信的影响作用最大。如同以往研究中所证实的一样,自信维度对于任务绩效的影响作用是最强最显著的。这也提示我们,在管理实践中,要重视员工自信或者是自我效能的构建,特别是现在新一代的农民工,他们已经不同于上一代人打工糊口的人生观,他们对于自我的存在与自我价值的实现感愿望强烈,我们应该重视其自信与自我效能感的构建,以利于企业管理的实施和良好企业绩效的达成。(3)树立全面绩效理念,多维度衡量工作产出。本研究中对绩效的考量涵盖了三个维度:工作绩效、人际促进、工作投入。作为研究目的之一,也希望通过研究的实施,使得更多的企业管理者意识到单维度地看重财务指标的绩效观已经不能满足现在企业发展的现实所需,在企业管理过程中必须采取全面的绩效观,既有任务维度,又有人际促进维度及工作投入度,关注员工素质、工作行为、工作结果等,综合考量以上维度,才是在企业经营管理中亟待贯彻与推进的现代绩效观。

第一节 心理资本的概念

一、心理资本概述

浙江地区是中国民营企业发展最好的地区之一,重要原因之一就是浙江地区的企业高层管理者已经意识到心理资本的重要性。探讨心理资本,首先需界定资本的概念。资本最早产生于货币借贷关系,原表示贷款的本金,与利息相对应。亚当·斯密在《国富论》中将资本界定为生产手段的集合体,此后,资本开始和土地、劳动力并列成为生产的三大要素,成为经济理论中的最基本概念。然而对于资本的内涵和外延,学者们却一直存在着不同的认识:庞巴维克认为资本是一种由劳动储存的自然力,它能够连接现在和未来,因此能实现利息;马克思则认为资本是能够带来剩余价值的货币,是剥削和奴役工人的手段和强行分配的工具。人类社会进入21世纪后,资本的概念范畴进一步扩大,进入社会学、政治学、教育投资学和生态环境学等专家、学者的视线,资本成了人们热议的话题。

探索心理资本的理论基础,主要有两个方面:人力资本理论、积极心理学理论。

1. 人力资本理论。人力资本是体现在劳动力(人力资源)上、主要以劳动者的素质表现出来的资本,包括劳动者的身体健康状况、知识、技能及个体具有的能力。显而易见,传统的人力资本理论并没有将心理健康纳入人力资本的范畴。但随着研究者对心理健康问题重视程度的不断提高,以及员工心理健康问题对企业人力资本投资收益影响的不断增大,理论界出现了两种观点,一种观点认为,应该将人力资本理论中的健康内容从原来的身体健康扩展到包括身与心的健康,相应地,人力资本投资也应当增加心理健康投资的内容;另一种观点认为,心理健康所涉及的积极心理要素与传统的人力资本在性质上类似,但在内容上却完全不同于以往了,因此可以单独分出去,称为心理资本。

2. 积极心理学与积极组织行为学理论。积极心理学的研究渊源最早可追溯到20世纪30年代特曼(Terman)关于天才和婚姻幸福感的研究,以及罗杰斯(Rogers)关于生活意义的研究。

20世纪50至60年代,随着人本主义心理学的兴起,马斯洛和罗杰斯等人开始研究和探讨人性积极的一面,他们的研究对现代心理学产生了深远影响。此后,直至今天,有关学者一直致力于研究与探讨积极心理对人、对工作、对生活的影响。他们认为,采用科学的方法研究人性中的积极方面,探索并挖掘人性中的积极力量,可使个体、群体、组织乃至社会不断向前发展并走向繁荣,这些研究具有很大的理论价值和现实意义。

基于以上背景,美国心理学会前任主席塞利格曼(Martin E. P. Seligman)一改心理学界过去过分重视心理疾患的治疗与排除方法等消极心理研究的取向,在20世纪90年代发起了积极心理学运动(positive psychology movement)。在塞利格曼教授的倡导下,美国Templeton基金会于1999年设立了Templeton积极心理学奖;美国盖洛普组织(Gallup organization)也自1999年起开始资助年度积极心理学峰会;2000年初,《美国心理学家》(American Psychologist)杂志推出了一期关于积极心理学的专辑,并于2001年3月推出了积极心理学专栏等。这些都体现出了美国心理学界对积极心理学的重视与关注。目前积极心理学研究主要集中在积极情绪和体验、积极个性特征、积极心理过程等方面的研究。塞利格曼教授又在2002年提出了心理资本的初步概念,认为可以将那些导致个体积极行为的心理因素纳入资本的范畴,这一提法极大地开阔了研究者的思路,并引发大量关于心理资本的探讨。

在这个过程中,心理资本成型并与积极组织行为学相结合。积极组织行为学主要关注那些能够被有效开发、测量、管理与应用,并与高绩效相关的心理资源或要素。而在人力资源管理研究与实践中,自信、希望、乐观、幸福、坚韧、情绪智力等积极心理要素研究最具有代表性。

路桑斯等人在2004年将心理资本的概念拓展至组织管理领域,认为心理资本是指能够导致员工积极组织行为的心理状态。他们认为,从个体层面来说,心理资本是促进个体成长发展与绩效提升的重要因素;从组织层面来说,心理资本所起的作用与人力资本、社会资本相类似,能够帮助企业获取竞争优势。

可以说,积极组织行为学研究是心理资本研究最主要也最直接的驱动因素。

二、心理资本的提出

心理资本这一定义的发展经历了一段时期,这一概念早期多出现在经济学、投资学和社会学等文献当中。比如,经济学家戈德史密斯(Raymond W. Goldsmith)等人认为,心理资本指能够影响个体的生产率的一些个性特征,这些特征反映了一个人的自我观点或自尊感,支配着一个人的动机和对工作的一般态度。

路桑斯则从积极心理学和积极组织行为学的角度,主张心理资本是指人的积极心理状态,主要包括自信或自我效能感(confidence or self-efficacy)、希望(hope)、乐观(optimism)和韧性(resilience)四个方面。

可以发现,路桑斯最初在提出心理资本概念时,并没有对心理资本进行明确的界定,只是将心理资本当作符合积极组织行为学标准的四种积极心理状态,与以往对心理资本的理解不同的是他强调了心理资本可以测量、可以开发和能够管理等特性,并指出了心理资本投资、开发和管理的具体方法。

2005年,路桑斯等首次明确将心理资本定义为:个体一般积极性的核心心理要素,具体表现为符合积极组织行为标准的心理状态,它超出了人力资本和社会资本之上,并能够通过有针对性的投入和开发而使个体获得竞争优势。2007年,路桑斯、优素福等人又对心理资本的定义进行了修订,认为心理资本是指个体的积极心理发展状态,其特点是:第一,拥有表现和付出必要努力、成功完成具有挑战性的任务的自信(或自我效能感);第二,对当前和将来的成功做积极归因(乐观);第三,有目标感,同时可以为了取得成功在必要时重新选择实现目标的路线(希望);第四,当遇到问题和困境时,能够坚持、很快恢复和采取迂回途径来取得最后成功(韧性)。

至此,心理资本的模型初步建立起来,但是关于心理资本概念的界定,学界还没有一个统一的观点,目前学者大致持三种概念取向,即特质论、状态论和综合论:

(1) 特质论

特质论认为心理资本是作为个体的内在特质而存在的。霍森(Hosen)等人(2003)认为,心理资本是个体通过学习等途径进行投资后获得的一种具有耐久性和相对稳定性的心理内在基础构架,包括个性品质和倾向、认知能力、自我监控和有效的情绪交流品质等;莱彻(Letcher)等(2004)将心理资本等同于大五人格,即心理资本就是人格特质;科尔(Cole)(2006)认为心理资本是一种影响个体行为与产出的人格特质。

(2) 状态论

状态论认为心理资本是一种积极的心理状态。路桑斯(2005)认为心理资本是个体一般积极性的核心心理要素,具体表现为符合积极组织行为标准的心理状态,它超出人力资本和社会资本之上,并能够通过有针对性的投入和开发而使个体获得竞争优势;路桑斯等人于2007年又对心理资本的定义进行了修订,认为心理资本是个体在成长和发展过程中表现出来的一种积极心理状态,包括自我效能、乐观、希望和韧性。

(3) 综合论

综合论认为心理资本是一种同时具有特质性和状态性的心理素质。阿沃利澳(Avolio)(2006)等人提出了类状态(state-like)的概念,认为心理资本既具有状态性,可以通过干预来开发和提升,又具有特质性,相对比较稳定不易开发。班杜拉(Bandura)(2003)对自我效能感的研究、斯奈德(Snyder)(2000)对希望的研究、卡弗(Carver)(2003)对现实性乐观的研究以及马斯滕(Masten)等人(2002)对复原力的研究等大多也证明了Avolio的观点。

综上,现在沿用比较多的观点一般认为心理资本是指个体所拥有的积极心理资源,其构成部分包括自信、希望、乐观和韧性,都是类状态的积极心理力量。

心理资本最重要的特点是类状态性。它既不像特质(trait)一样非常坚固、难以改变,也不像状态(state)一样极不稳定、难以维持。相反,它一方面拥有相当的稳定性,能够持续一段时间,另一方面它也拥有对改变的开放性。可以说,类状态一词概括了心理资本内涵的精髓。

第二节 心理资本的结构与测量

一、心理资本的结构

目前,学者们对心理资本结构维度的理解存在着较大分歧,他们从不同的角度研究了心理资本的结构要素,得出了不同的结论。

戈德史密斯等人(1997)认为,心理资本主要由自尊和控制点两个因素构成,其中自尊是一个多维度概念,包括价值观、善良、健康、外貌和社会能力;控制点则是指一个人对生活的一般看法,包括内控和外控两个方面。

路桑斯(2006)等在研究之初测量心理资本时,考虑了希望、乐观和韧性三种积极心理状态,强调心理资本是由希望、乐观和坚韧合并而成的更高层次的核心构念,并把希望、乐观和坚韧三个变量各自的标准分数相加,得到心理资本的测量值。

路桑斯、优素福(2007)表示,还应考虑自我效能感的因素,认为积极心理资本由自我效能感(或自信)、希望、乐观和韧性四个维度构成,这些都是个体的基本心理力量和状态,都符合积极、独特、可以测量、可以开发和与绩效相关等积极组织行为的标准。

关于心理资本结构的研究演化,见表3-1:

表3-1 心理资本结构研究概览表

研究者及其年份	心理资本的结构要素
Goldsmith 等(1997)	自尊、控制点
Judge 等(2001)	自尊、自我效能感、控制点、情绪稳定性
Jensen 等(2003)	希望、乐观、自我效能感、复原力(韧性)
Page 等(2004)	希望、乐观、自我效能感、复原力(韧性)、真诚
Larson 等(2004)	自我效能感、乐观、复原力(韧性)
Luthans 等(2006)	希望、乐观、复原力(韧性)
Avey 等(2006)	希望、乐观、复原力、自我效能感
Jensen 等(2006)	希望、乐观、复原力(韧性)
Luthans 等(2007)	希望、乐观、自我效能感、复原力(韧性)

资料来源:王雁飞,朱瑜:《心理资本理论与相关研究进展》。

二、心理资本与人力资本、社会资本

相对于人力资本和社会资本,心理资本更关注个人的心理状态。人力资本指员工身上所蕴含的知识和技能,如可以通过经验的积累、接受教育、培训技能等手段提升人力资本;社会资本指通过关系、联系网络和朋友而建立的关系资源,是包含在员工群体和员工

网络中的资本;心理资本则描述了员工对未来的信心、希望,它是一种状态,而非特质。与人力资本和社会资本相类似,心理资本可以通过训练获得并发展。就个体而言,人力资本具有一定的外显性,容易发现、测量和掌握,而心理资本具有更多的潜在性,相对难于观察、测量和开发。

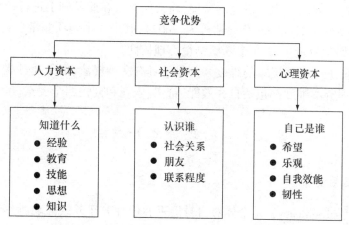

图 3-1 人力资本、社会资本与心理资本比较图

随着社会的发展,当人力资本、技术资本和社会资本等公开资本逐渐不再成为企业发展障碍的时候,企业开始不断探索基业常青、系统稳定、卓越超群的宝藏。企业拥有丰盛的心理资本,带来的将是决定性的竞争优势。心理资本的力量在于激活组织健康的心理能量,最独特的优势是能够凝聚企业的人力资本、技术资本和社会资本的力量,并焕发其倍增的力量,成为企业不断创造财富和赢得竞争的关键。心理资本能做到有效的资本管理,是所有资本管理的源头和核心。心理资本能做到让员工有持续的工作激情,着眼于系统的问题根源,提升团队业绩。

积极心理学出现之前,心理学界研究的重点在于探索心理疾病的产生、发展和治疗。心理学家发现,虽然有关心理疾病的研究成果累累,然而,非健康人群不但没有减少反而增加了。在这样的情形下,心理学家对以往研究方向提出质疑,转而关注健康人群,采用心理学中比较完善和有效的实证研究方法与测量手段,来研究人类的力量与美德等积极方面,目的是使得健康人群更加健康、幸福和自我实现。

三、心理资本的测量

关于心理资本的测量,也经过了一个逐步演化的过程。Goldsmith(1997)认为,心理资本就是自尊,他开发了"心理资本量表"进行测量。Judge(2001)认为,心理资本由自尊、自我效能感、控制点和情绪稳定性等要素构成,并开发了"核心自我评价构念量表"对心理资本进行测量。Jensen(2003)通过开发的"心理资本评价量表"来测量心理资本的希望、乐观、自我效能感和韧性状态四个维度。Letcher(2004)则认为,心理资本就是大五人格,他使用"大五人格(心理资本)评价量表"来测量心理资本。Page等(2004)认为,心理资本有五个维度,分别是希望、乐观、自我效能感、韧性、真诚,对心理资本的测量则使用"积极心理资本评价量表"。Larson等(2004)开发了"心理资本量表",这个量表把心理资本分为自我效能感、乐观和韧性三个维度。

目前普遍使用的心理资本量表(简称 PCQ)是路桑斯、优素福等人(2007)根据希望(斯奈德等,1996)、心理韧性(Wagnild & Young,1993)、乐观(Scheier & Carver,1985)、自我效能感(Parker,1998)量表整理,通过对量表的信效度检验删减到 24 个题项,形成的心理资本量表(PCQ-24),其中包含四个维度,每个维度 6 个题项,并在对工作场所员工的测量中具有良好的信效度。为了研究的方便,路桑斯等人在此基础上进行缩编,形成心理资本量表的缩编版 PCQ-12 量表(路桑斯等人,2007),其中 3 个题项测量自我效能,4 个题项测量希望,2 个题项测量乐观,3 个题项测量心理韧性。

虽然学者们关于心理资本的维度和测量工具有多种提法,但是通过观察可发现,大多数研究中的心理资本维度都包括自我效能、希望、乐观和韧性四个要素。

第三节 心理资本开发的方法

一、提高自我效能

自我效能(self-efficacy)是个体对自身能否胜任有关任务或活动所具有的信念,是对自身能力的一种态度,而非能力本身。

(一) 自我悦纳

自我悦纳就是以积极的心态来接受自己的一切,即不与物迁,不随外物的变化而变化。自我悦纳意味着个体正视现实,承受现实,而不是想着逃避与躲避。不接纳自我的人会陷入没完没了的改变倾向中而极易迷失自我。自我悦纳还意味着要以扬长避短的策略与善于发现自己优点的视野来面对发展。

(二) 培养兴趣爱好

培养自信可以从兴趣爱好着手,实际上人人都是世界上独一无二的,都有足够的自信资本,关键是自不自信。自信源于对自我的客观了解,从爱好中可以寻找胜任任务或活动的信念。

(三) 替代学习

诸如成功案例讨论。挖掘成功典型,塑造可信、可比、可学的榜样,看到别人或者与自己相似的人在某种职业活动上的成功,能提高个体对该职业活动的自我效能感。对成功案例可讨论三个问题:为什么能成功?决定因素是什么?自己与成功者的相似之处是什么?这种讨论能切实提高受训者的信心。

(四) 归因训练

了解自己的心态,进一步分析案例的成功因素。心理学家维纳把行为的结果归因于努力、能力、运气和任务难度四因素。实践中引导自我将成功归因于能力,会极大地提高自我效能感。

(五) 行为实践

安排与自身能力相适应的工作进行短期培训锻炼,让个体在实践中体验成就,在发挥自己能力特长的领域中体验成功,从而最终提高自信。

(六) 情感唤醒

情感唤醒也就是工作成就展示。自我效能感依赖于个体对自己的信息评价,将自我实践的成果展示,通过经验交流和来自相关人员的肯定、赞扬、尊重,会极大唤起自己积极的情绪体验,对未来前景充满信心。

二、培养乐观品质

乐观是对未来的一种积极的因果归因或是一种积极的预期。

(一) 建立理性认知

乐观品质来源于理性认知。要认清实际挫折与想象挫折,实际挫折是指挫折已经发生,它的影响有一定的界限;而想象挫折则是挫折实际并未发生,只不过是当事人的主观推断。同时应了解个体的真正需求,摆正心态,正确看待成功与失败。现在与过去的成功与失败都不应该对将来在心理上造成负面的联系,成功与失败都是暂时的,是可以改变的,不要因为挫折或失败就否定和抛弃自我。

(二) 构筑积极的心理防卫机制

积极心理防卫机制是挫折发生后在人内部心理活动中有意或无意地维持乐观、平衡心理的积极的自我保护方式。积极的心理防卫机制表现为升华、补偿、文饰、幽默等。另外,合理的宣泄也是有效机制。

(三) 积极的自我暗示与调整

成功心理学的创始人之一希尔曾经说过:一切成就,一切财富,都始于一个意念。这个意念就是积极的自我暗示。同样,一切失败,一切贫弱,也都始于一个意念。这个意念就是消极的自我暗示。心理学上有 P—N 频道理论,所谓 P 频道就是积极的意识频道(positive),所谓 N 频道(negative)则是一种消极的意识频道,而一旦习惯于某个频道,就会习惯成自然,所以自卑的人看许多事情都自卑,而自信的人看很多事情都自信。因此要多给自己一些积极的自我暗示,改变一些旧有的思维定式,要坚信自己能行。积极的自我调整是看到事物好的一面,选择快乐,留出时间做让自我快乐的事。

三、建立愿景

不同的人对于自己未来的发展持不同的态度。个人愿景就是个人在脑海中所持有的未来或意象。个人愿景根植于个人的价值取向,是发自个人内心的,真正关心的,一生最热切渴望达成的事情,它是一个特定的结果,一种期望的未来或意象。当你为一个自己认为至高无上的目标献上无限心力的时候,它就是一种自然的、发自内心的强大力量。愿景的内容有物质上的欲望,有个人的健康、自由、对自己诚实,还有对社会方面的贡献,对某领域知识的贡献等。

(一) 自我评估

指对自己作全面分析,"吾日三省吾身",包括自我意识、气质、性格、兴趣、能力、情绪特征、价值信念、动机等。具体方法有约哈里窗分析法,即分析四种我:公开我(自己知道,别人也知道)、盲点我(自己不知道,别人知道)、隐私我(自己知道,别人不知道)和潜在我(自己不知道,别人也不知道),以及反省法、测试法等,帮助员工进一步清晰其职业愿景。

(二) 机会评估

可以运用 SWOT 分析,从优势、劣势、机会和挑战方面进行愿景机会评估,主要分析内外环境因素对职业生涯发展的影响,尤其是要紧密结合组织整体愿景。

(三) 目标选择

在认识自我、分析环境的基础上,主要从价值观、理想信念、成就动机等方面树立目标,鼓励追求富有挑战性的目标,确定实现工作目标的途径和策略。

(四) 计划制定

将职业目标分解成长期目标、中期目标和短期目标,每一阶段目标依次划分,有机衔接;将总体愿景分解成多个具体可行的子目标,并制定相应年计划、月计划和周计划等。

(五) 整体塑造

注重群体本位。愿景是人们心中一股深受感召的力量,促使思考我们想要创造什么。可以将个体愿景在相应组织中沟通交流,逐渐融合出更好的愿景,创造众人一体的愿景整体感觉,并让组织的相关活动融会起来,形成愿景的整体图像。

四、塑造坚韧素质

韧性是指具有从逆境、不确定、失败以及某些无法抗拒的变革中复原的能力。优化坚韧素质就是优化在困难时刻寻找动力的能力。

(一) 面对现实,为所当为

客观地直面困境,接受现实,冷静思虑,分析可以解决问题的方案,做力所能及的最大努力。摆脱与周围事物的对立、依赖关系,其核心是无己,即在对立的矛盾心态中忘失自在。要做到这些,就必须做到心斋,即心灵洁净。

(二) 坚定愿景,激发动机

任重而道远,君子不可不弘毅。要坚定希望与目标,相信困难情境只是理想的暂时拐弯。组织行为学研究已经充分证明,有目的的行动远比没有目的的行动的效率和效果要好。一旦目标明确,就会产生一种想要达成目标的心理张力,竭力寻求完成未完成目标的途径。实践中应快乐地享受工作奋进的过程,自然会有理想的结果。

(三) 注重主干,循序渐进

有所为有所不为。克服干扰,抓住问题的主要矛盾,集中精力于大目标,舍弃繁枝末节的困扰,有意识克制自我,延迟满足。讲究方法,循序渐进,培养良好习惯,从细节做起,从现在做起,日积月累,超越自我。

五、提升情绪智力

对于情绪智力的重要性,有一句英语说:For most people, emotional intelligence (EQ) is more important than one's intelligence (IQ) in attaining success in their lives and careers(对于多数人来说,要在职业和生活等方面取得成功,情绪智力比智力重要得多)。学术界所指的情绪智力(emotional intelligence, EI),实际上就是一般人听说的情商(EQ)。情商的名声甚至超过了情绪智力,但情商这个术语,在心理学界并没有得到广泛的认可。

(一) 发展情绪认知能力

认知是情绪的基础和根源。人的大部分情绪困扰都来自不合理性的理念,情绪并不是由某一诱发事件本身直接所引起的,而是个体对这一事件的解释和评价,即信念引起的,必须拓展思维角度,质疑、修正不合理的信念,最终用合理的思维方式代替不合理的思维方式。还可以通过与他人讨论或实际验证的方法来辅助自己转变思维方式。随着不合理信念的消除,负面情绪就会减少或消除,并产生出更为合理、积极的行为方式。行为所带来的积极效果,又促进着合理信念与积极情绪的巩固。

（二）发展情绪表达、人际关系能力

认识情绪体验与语言表达之间的关系,理解情绪所传送的意义,认识情绪转换的可能性及原因等。一是觉察自我真正的感受,做自我情绪的主人;二是适当地表达情绪,清楚具体地让对方了解自我的情绪感受;三是促进和谐关系,及时沟通,平和交流,彼此之间有情绪的积极回馈。

（三）发展情绪理解、情绪管理能力

情绪理解包含对自己的情绪理解和对他人的情绪理解,对自己的情绪理解是指当自己的情绪产生时就能觉知,日常情绪感知往往滞后;对他人的情绪理解是指对别人情绪的了解、疏导与驾驭能力。实践中通过细微的社会信号,敏锐地感受到他人的情绪变化,既能分享别人的感情,感同身受,又能客观地理解分析他人的情感。而情绪管理能力就是自律克己,理智冷静能胜过情感,尤其是管理消极情绪。管理情绪不是压抑情感,而是将消极情绪与积极情绪保持在平衡理性的状态。适度的自我安慰、换种视角看待问题都是情绪管理能力的具体表现。

（四）发展情绪激励、营造积极情绪氛围能力

情绪激励是运用积极的暗示和刺激,积极影响并支配行动。培养员工面对困难要具有良好心态,面对压力要敢于说我能行,同事间相处要多为伙伴着想。营造积极情绪氛围的关键是整合积极的成就动机和工作环境。积极的成就动机应从培养员工积极人格着手,了解员工内在需求,契合个体需要与组织需要;积极的工作环境包括物质环境与精神环境。

总之,随着社会的进步,仅仅依靠传统的人力资本与社会资本已无法满足组织发展的需要,心理资本的作用会愈加突出,人们会从理念上更加重视,经济上更加投入,文化上更加注重,操作上引入员工帮助计划（EAP）。EAP 是组织运用科学的方法,积极主动地通过规划、宣传、调研、辅导、评估等精神福利服务,解决员工在社会、心理、管理与健康等方面的问题,最终达到开发员工心理资本目的的人力资源管理项目。EAP 的每一个环节都是基于人本管理理论、压力管理理论和社会和谐理念,能有效提升员工与领导的软实力与内在长效机制,未来必将受到普遍的关注与施行。

> 思考题

1. 试述人力资本、心理资本和社会资本的基本内容。
2. 试述心理资本的结构和测量。
3. 如何提高自我效能?
4. 如何提升情绪智力?
5. 在管理工作中,强调心理资本有何意义?

第四章　个别差异与管理

"人上一百,形形色色",这句话主要讲人与人之间在性格脾气、记忆力、能力等方面有很大的差异。人的个别差异表现在很多方面,如生理组织的差异、性别差异、认知方式的差异以及内部动机的差异等,本章的个别差异主要指心理学意义上的人格(或称个性)差异。

人格包括人格倾向性和人格心理特征,人格倾向性主要包括需要、动机、兴趣、爱好、态度、理想、信仰和价值观等,人格心理特征包括气质、性格和能力。因为人格倾向性在管理实践中的意义在其他章节已有相关阐述,所以本章首先简要论述人的人格差异及其测量,之后分别论述人格心理特征中的气质、性格及能力差异,并介绍这些人格特征在管理实践中的意义。

案例

斯隆的性格与贡献

学习过企业管理的人基本上都知道管理大公司的一种组织结构——事业部制,但是不知道这个组织结构理论具体是谁提出的。斯隆在总结前人经验的基础上,提出了"集中政策、分散经营、财务独立"的事业部制经营管理体制。在这一体制下,公司高层机关负责协调、管理公司的全部经营活动,公司高层和各专业委员会决定公司的大政方针,而具体经营责任则交给各分部负责。阿尔弗雷德·斯隆(Alfred Sloan,1875—1966),毕业于麻省理工学院,美国企业家,是一位传奇式领袖,被誉为第一位成功的职业经理人,通用汽车公司的第八任总裁。斯隆是在管理与商业模式上创新的代表人物。

1875年5月23日,斯隆出生于美国康涅狄格州纽黑文市(New Haven)一个比较富裕的家庭。斯隆的父亲是一名比较成功的商人,经营着班尼特—斯隆公司,从事茶叶、咖啡和雪茄的批发业务,是那种典型的靠自我奋斗成长起来的中产阶级。同大多数伙伴不同,小时候的斯隆并不是一个特别爱玩的孩子,他更愿意一个人静静地读书,渴望着自己快快长大,以便能够在自由社会中大展身手。长大后,他考入麻省理工学院这所全美著名的"科技学校",其课程难度和学生的作业训练特别有名。据说,在巨大的压力下,麻省理工学院的学生只能在学习、交友和睡眠三者之中选其二,大多数学生都聪明地放弃了睡眠,但是这也导致多数学生染上了"咖啡瘾"。麻省理工学院对学生的要求非常严格,毕业已属不易,拿高分更是难上加难。大约半个世纪后,斯隆回忆起这段学习时光,仍难掩自豪之情,说:"我是个极其用功的学生。为了提前一年毕业,我利用每一分钟可能的时间来学习。"在麻省的三年中,他不仅掌握了必需的技能,还遇到了他未来的妻子艾琳·杰克逊。

斯隆在通用汽车公司（GM）内部将自己的管理理念身体力行、言传身教。斯隆活了 90 岁，他一生之中不喝酒、不吸烟，也没有子女。他一生热衷于社会公益或慈善事业，其中对大学、研究所等部门的捐款超过了 3 亿美元。虽然他很亲切而且喜欢社交，但在 GM 集团里并没有朋友。年轻时他很喜欢户外活动，但这些伙伴都是 GM 以外的人。到了晚年，斯隆先生眼见亲友一个个地去世，他觉得非常孤独，但仍不去访问 GM 的人，也绝不招待他们到家里来。他认为，必须绝对宽容，不能计较工作的方式，更不应该对别人有主观上的好恶。唯一的基准，就是对方的业绩与为人。而如果公司的最高负责人和公司的某人有私人来往，就难免会有偏袒。至少外面的人会以怀疑的眼光来看，因此所带来的影响远比其他的因素深刻。

斯隆认为，职业经理人是可以通过学习加以培养和复制的，他用行动证明了他对这一理念的坚信不疑——捐资 500 万美元在他的母校麻省理工学院建立了工商管理学院。1965 年，麻省理工学院校委会将此工商管理学院更名为"麻省理工斯隆管理学院"，以此纪念这位创始人。不仅如此，美国的众多商学院还将他的思想体系作为一种经典理论加以应用，用于培育下一代的职业经理人。管理大师彼得·德鲁克（Peter Drucker）在多年后这样写道："他（斯隆）绝非一个自谦的人物，他对自己在美国经济和历史上的重要地位充满信心。"

第一节 人格概述

一、人格的含义

每个人都是各有其特征的独立存在。斯隆不仅在通用汽车公司的管理实务工作中取得了突出的成就，还对管理理论有重要贡献。这些成就的取得，与他的勤奋好学、勇于创新、意志坚强等性格特征密切相关。

心理学中的"人格"不是道德品质方面的术语，而是和我们说的个性意义相近。同样的内容，苏联教科书称之为"个性"，美国教科书称"人格"。中国目前的心理学，主要引进自美国的，所以现在提及人格这个术语比较多。人格（personality）一词源于拉丁文"persona"，其意指面具、脸谱。戏剧中演员所戴的特殊面具表现了剧中人物的角色和身份，把面具指义为人格，实际上说明人格既包括表现在外的给人的印象，也包括个体内在稳定而又异于他人的特质模式，这些特质模式使人的行为带有一定的倾向性。

对于人格的定义，哲学家、宗教家、法学家、社会学家、伦理学家等均有自己的理解。由于人格现象本身的复杂性，心理学家对人格的定义也并未统一。奥尔波特归纳总结了前人对人格概念的探讨，提出人格简单地说就是"一个人真正是什么"，更具体地说就是"一个人内部决定他对其环境独特的适应的心身系统的动力组织"，1961 年，奥尔波特更改人格的定义为"一个人内部决定他特有的行为和思想的心身系统的动力组织。"

《中国大百科全书》（教育卷）对人格的定义为："个人的心理面貌或心理格局，即个人的一些意识倾向与各种稳定而独特的心理特征的总和。"从这个定义出发，人格被认为是一种复杂的心理结构，包括人格品质倾向性和人格心理特征两个方面，前者包括需要、动机、兴趣、情感、态度、品德、价值观等,是个体行为稳定的动力系统;后者包括性格、气质和能力。

二、人格的特征

(一) 整体性

人格的多种心理成分和特质并不是孤立存在的,而是密切联系的一个有机整体。人格是一个人在其行为模式中表现出的心理特性的整体,构建着人的内在心理特征。它常体现在个人的某一个行为之中,这个行为便可带出这个人整体的心理特征。

(二) 稳定性

人格具有稳定性,包括跨时间的持续性和跨情境的一致性。个体在行为中偶然表现出来的心理倾向和心理特征并不能表征他的人格。俗话说,"江山易改,禀性难移",这里的"禀性"就是指人格。当然,强调人格的稳定性并不意味着它在人的一生中是一成不变的,随着生理的成熟和环境的变化,人格也有可能产生或多或少的变化,这是人格可塑性的一面,正因为人格具有可塑性,才能培养和发展人格。人格是稳定性与可塑性的统一。

(三) 独特性

人与人之间没有完全相同的人格特点。所谓"人心不同,各如其面",说的就是人格的独特性。但是,人格的独特性并不排除人们在心理与行为上的共同性。同一民族、同一阶层、同一群体的人们往往具有相似的人格特征。文化人类学家把同一种文化陶冶出的共同的人格特征称为群体人格或众数人格。例如,许多研究表明,由于受传统儒家文化的影响,世界各地的华人都有不少相同的人格特征。但是,人格心理学家更重视的是人的独特性,虽然他们也研究人的共同性。

(四) 社会性

人格的社会性是指社会把人这样的动物变成社会的成员。人格是社会的人所特有的,是在个体的遗传和生物基础上形成的,受个体生物特性的制约,从这个意义上也可以说,人格是个体的自然性和社会性的综合。但是人的本质并不是所有属性相加的混合物,或者是几种属性相加的混合物。构成人的本质的东西,是那种为人所特有的,失去了它人就不能称其为人的因素,而这种因素就是人的社会性。其实,即使是人的生物性需要和本能,也是受人的社会性制约的。例如,人满足食物需要的内容和方式是受具体的社会历史条件制约的。

综上,人格是个人各种稳定特征的综合体,显示出个人的思想、情绪和行为的独特模式。这种独特模式是个体社会化的产物,同时又影响着个体与环境的交互作用。

三、人格的结构系统

人格是一个复杂的结构系统,它包括知—情—意系统、心理状态系统、人格动力系统、心理特征系统和自我调控系统五种人格系统成分。这五种人格系统成分的独特结合,构成了每个人的独特人格;它们之间相互影响、相互制约,使人格构成一个整体。

(一) 知—情—意系统

心理过程包括知、情、意三大方面,认知过程、情绪情感过程和意志过程是人们都具有的共同心理现象,但每个人在这三大过程中的表现却千差万别,这种个体差异现象是人格的成分。如在认知过程中,表现出分析型和综合型的差异;在记忆过程中,有人识记速度快但保持性差,有人记忆的提取功能强,有人的遗忘率低;在思维过程中,有人表现出优秀的直观形象思维能力,有人则表现出杰出的语词逻辑思维能力。这一差异反映了人的认知风格的差别。在情绪情感过程中,有的人情感细腻、丰富、体验深刻,有的人情绪爆发力强但不持久,而受社会因素的影响,人们在道德感、美感上也存在着高低之别。在意志过程中,差异主要体现在意志品质方面,有人果断,有人武断,有人坚强,有人懦弱。在知、情、意这三大方面上所表现出来的心理差异,都属于人格结构里的成分。

(二) 心理状态系统

心理状态是指人在某一时刻的心理活动水平。例如一个人在一定时间里是积极向上还是悲观失望,是紧张、激动还是轻松冷静等。心理状态犹如心理活动的背景,心理状态的不同,可能使心理活动表现出很大的差异性,如在应对应激时,有的人表现出焦虑不安、不知所措,有的人则表现出泰然自若、灵活多变;在发生冲突时,有的人优柔寡断,有的人当机立断;在学习工作时,有的人注意力集中,有的人注意力分散。

苏联心理学家 H. Л. 列维托夫认为,人的心理活动可以分为心理过程、心理状态与个性心理特征三种形态。心理状态是联系心理过程和心理特征的过渡阶段,是个别心理过程的结合、统一,是某种综合的心理现象,所以它往往又成为某种个性特征的表现,反映出一个人的个性面貌。也就是说,一个人在特定时刻的心理状态,是当前事物引起的心理过程、过去形成的个性特征和以前的心理状态相结合的产物。

(三) 人格动力系统

人格动力系统是决定并制约人的心理活动的进行、方向、强度和稳定水平的结构,包括需要、动机、兴趣、价值观和世界观等。例如,不同的价值观决定了人们选择不同的生活目标、人生发展方向与看世界的方式。价值观一旦形成,就具有相当的稳定性,并对人格起控制作用。

(四) 心理特征系统

人格的心理特征系统包括气质、性格、能力三种成分。具体内容在本章后续三节展开,此处不述。

(五) 自我调控系统

自我调控系统是以自我意识为核心的人格调控系统,包括自我认识、自我体验、自我控制三个子系统。自我调控系统的主要作用是对人格的各个成分进行调控,保证人格的完整、统一与和谐,属于人格的内控系统或称自控系统。其中,自我认识是对自己的洞察和理解,包括自我观察和自我评价,其中自我评价是自我调节的重要条件。自我体验是自我意识在情感上的表现,是伴随自我认识而产生的内心体验,如当一个人对自己作正向的评价时,就会产生自尊感,作负向评价时,就会产生自卑感。自我控制是自我意识在行为上的表现,是实现自我意识调节的最终环节。当个体认识到某种社会要求后,会力求使自己的行为符合其社会准则,从而激发起自我控制的动机,并付诸行动。

四、人格的影响因素

目前人们普遍认为,一个成人的人格是受遗传和环境两方面因素影响而形成的。

(一) 遗传

众多研究证明,遗传在决定个体的人格特征方面起到十分重要的作用。以儿童为对象的研究表明,一些特质如害羞、畏惧、不安在很大程度上是由内在的基因特点决定的。还有研究者曾对100多对刚出生就分开,并在不同地域成长的同卵双胞胎进行了研究。研究发现他们在很多方面是共同的,比如,一对双胞胎分离了39年,在相距72.4千米的两地成长,但他们驾驶型号和颜色完全一样的汽车,抽同一商标的香烟,给自己的狗起同样的名字,而且常去距离各自2413.9千米以外的海滨度假。在此研究中,研究者发现另有针对个体工作满意度的研究发现:即使自己的主管或企业发生了变化,工作满意度在一个人的一生中也还是比较稳定的。这使我们有理由认为满意度是由个体的内在因素,而不是外界的环境因素决定的。

换言之,由遗传而得到的一些特征将影响一个人的职业选择和职业满意度。

(二) 环境

行为主义心理学重视环境作用,例如华生(John Broadus Watson)有一段名言:

> 给我一打健康而没有缺陷的婴儿,并在我自己设定的特殊环境中教育他们,那么我愿意担保,随便挑选其中一个婴儿,就能把他训练成为我所选定的任何一种专家:医生、律师、艺术家、商界首领乃至乞丐和盗贼,而不管他的才能、嗜好、趋向、能力、天资和他祖先的种族。

John Broadus Watson,
1898—1958

华生认为,环境可以决定人的发展方向与发展结果。华生的观点引起了众多的争议,然而复旦大学的郭任远比他走得还要远,郭任远主张"取消本能、取消遗传",认为人的个性完全由后天习得。郭任远如此偏激的结论主要来自于他主持的实验:他指导学生让一只猫和一只白鼠从小同居笼内,人工喂养直至长大,结果猫鼠一直平安相处。虽然华生、郭任远等人的观点太偏激,但他们认识到了后天条件对人的发展有重大影响却是正确的。

影响人格的主要环境因素包括文化、家庭、学校、早期童年经验和自然物理因素等。

孔子在《论语》中就提出了"性相近,习相远"的命题,即人的自然本性是相近似的,可是由于社会文化的习染不同,人的社会本性会有很大的差异。社会文化从何时开始习染呢?一般认为从人出生开始。其实,人的社会化从受精作用就开始了。研究发现,在不同国家、不同地区出生的小孩,在同一地区不同经济条件、不同文化水平的家庭里出生的小孩,一出生便在哭叫、肢体活动等方面存在一些差异。这些差异的出现在排除了遗传因素后,就只剩下孕妇的生活方式、文化修养、营养水平等影响着胎儿的生长发育。中国自《大戴礼记》开始便提倡胎教,古人认为"子在腹中,随母听闻",所以孕妇要注意多方面的修养。

文化是指不同人类群体或他们所处社会组织的独特方式。研究不同文化的人类学家们明确指出,文化对于人格发展有重要作用。文化所构建的规范、态度和价值观一代代流传下来,一直保持着稳定性。意识形态也是在一种文化中培养起来的,另一种文化最多只能起到调节作用。比如,在美国,人们崇尚独立和竞争;而在日本,合作和团队倾向备受推崇。

文化决定了某一群体中行为的相似性,但也不排除有一些极端不一致行为的存在。因此,虽然文化对雇员人格发展有冲击力,但每个个体对此影响的反应不一。实际上,管理者经常会犯的严重错误之一就是认定属下在社会价值观、人格或其他个体差异方面同自己是一样的。

家庭是个人在一个特殊文化中社会化的主要媒介。研究人格的家庭成因,重点在于探讨家庭的差异(包括家庭结构、经济条件、居住环境、家庭氛围等)和不同的教养方式对人格发展和人格特征具有不同的影响。研究发现,权威型教养方式的父母在子女的教育中表现得过于支配,孩子的一切都由父母来控制。在这种环境下成长的孩子容易形成消极、被动、依赖、服从、懦弱,做事缺乏主动性,甚至不诚实的人格特征。放纵型教养方式的父母对孩子过于溺爱,让孩子随心所欲,父母对孩子的教育有时会出现失控的状态。在这种家庭环境中成长的孩子多表现为任性、幼稚、自私、野蛮、无礼、独立性差、唯我独尊、蛮横胡闹等。民主型教养方式的父母与孩子在家庭中处于一种平等和谐的氛围当中,父母尊重孩子,给孩子一定的自主权和积极正确的指导。父母的这种教育方式能使孩子形成一些积极的人格品质,如活泼、快乐、直爽、自立、彬彬有礼、善于交往、乐于合作、思想活跃等。由此可见,家庭确实是"人类性格的工厂",它塑造人们不同的人格特质。

学校是有目的、有计划地向学生施加影响的教育场所,是个体成长过程中重要的环境因素。教师对学生的人格常具有指导定向作用,有研究表明,在不同的教师形成的气氛中,学生常有不同的行为表现。教师的公正性对学生有非常重要的影响,而教师的期望也会对学生的人格产生重要影响,其引起的效应称"皮格马利翁效应"或"罗森塔尔效应"。另外,学校是同龄群体聚集的场所,同伴群体常对人格的形成具有巨大的影响。

"早期的亲子关系定出了行为模式,塑造出一切日后的行为。"这是麦肯依(Mackinnon,1950)有关早期童年经验对人格影响力的一个总结。中国也有句俗话:"三岁看大,七岁看老。"人生早期所发生的事情对人格的影响,历来为人格心理学家所重视。需要强调的是,人格发展尽管受到童年经验的影响——幸福的童年有利于儿童发展健康的人格,不幸的童年会使儿童形成不良的人格,但二者不存在一一对应的关系,比如溺爱可能使孩子形成不良的人格特点,逆境也可能磨炼出孩子坚强的性格。

此外,生态环境、气候条件、空间拥挤程度等这些物理因素都会影响到人格的形成与发展。有很多研究说明了生态环境对人格的影响。在不同物理环境中,人可以表现出不同的行为特点,如气温会提高某些人格特征的出现频率;热天会使人烦躁不安,对他人采取负面反应,发生反社会行为等。自然环境对人格也有一定的影响,但并不起决定性的作用。

第二节 人格测验

对于个别差异,有很多经验性的和科学性的判断方法。作为科学的心理测验,从1905年就开始了。关于人的个别差异,人们对于个性的关注相对多一些,因此,我们选择人格测验进行介绍。

一、人格测验方法

（一）纸笔测验

纸笔测验简称笔试，即要求被试根据项目的内容，把答案写在纸上，以了解被试心理活动的一种方法。纸笔测验的形式主要有六种：多种选择题、是非题、匹配题、填空题、简答题、小论文。纸笔测验在员工招聘中有很大的作用，尤其是在大规模的员工招聘中，它能很快把员工的基本活动了解清楚，然后划分出一个基本符合需要的界限。

（二）量表法

量表（scale）是一种比纸笔测验更严格的测量工具，它们可以被看作一把尺子，用这把尺子对被试的属性进行测量。一般的心理测验都由一个或几个量表组成，它们的建构程序更严格，客观化的程度更高，往往有常模可以参照。

（三）投射测验

有些心理特征是很难直接观察和测量的，如人们的欲望、动机、需要等。此时就需要用投射的测量方法。所谓投射法，就是让被试通过一定的媒介，建立自己的想象世界，在无拘束的情景中，不自觉地表露出其个性特征的研究方法。

二、人格测验工具

近十几年来，心理学家已设计出大量的人格测验工具，我们选择部分比较著名的工具进行介绍。

（一）卡特尔16种人格因素量表

《卡特尔16种人格因素量表》（16PF）是由美国伊利诺州立大学教授雷蒙德·卡特尔经过几十年的系统观察、科学实验以及因素分析统计后逐渐形成的。这一量表能在约45分钟的时间内测量出16种主要的人格特质。初中以上文化程度的人均可接受本量表的测试。

16PF在国际上广泛流行，现已译成法、意、德、日、中等多种文字，并被许多国家修订。卡特尔从个性特性理论出发认为：人的个性是由许多特性所构成的，特性是构成个性的最小单位，许多特性在一个人身上的不同组合，就构成了一个人不同于其他人的独特个性。卡氏把人的个性结构，分为"表面特性"和"根源特性"两种，他认为人的"表面特性"是指一个人经常发生的、从外部可以观察到的行为，而"根源特性"则是制约着"表面特性"的潜在基础。卡氏从许多人行为的"表面特性"中，抽取十六项"根源特性"，称为个性因素。这十六种个性因素即：A. 乐群性；B. 聪慧性；C. 稳定性；E. 恃强性；F. 兴奋性；G. 有恒性；H. 敢为性；I. 敏感性；L. 怀疑性；M. 幻想性；N. 世故性；O. 忧虑性；Q. 实验性；Q2. 独立性；Q3. 自律性；Q4. 紧张性。

卡特尔还认为：十六种"根源特性"有的起源于体质因素，他称之为"体质特性"；有的起源于环境因素，他称之为"环境形成特性"，这两重特性又都同"动力特性""能力特性""气质特性"有关。卡特尔认为，人的个性形成和发展，与"体质特性"和"环境形成特性"的改变有密切联系，而人的这两种特性的改变又都是由其先天素质和后天经验决定的。

上述十六种人格因素，各有其特点，某一因素分数高低，能够反映出一个人的人格特点。但必须注意，每种因素分数高低的意义和作用，还有赖于其他各因素分数的高低和全体因素的组合方式。例如,因素 C 低者的情绪不稳定,在整个人格中所产生的作用,可能受因素 A—孤独或乐群、因素 E—谦虚或好强、因素 F—严肃或轻松、因素 Q3—矛盾或自律、因素 Q4—宁静或紧张的影响。因而,在评定一个人的人格时,固然可以凭各有关因素分数的高低而予以估计,但同时还必须参考被测者其他人格因素的状况进行全面考查。此外,一个人的人格特性,还会随着他的成长过程、学习机会、个人的动机、生活环境的变化而改变。因此,不应仅仅根据一次测验的结果就武断地决定被测者的人格命运。

(二) 爱德华个人兴趣量表

1954 年,爱德华(A. L. Edwards)根据默里的需要理论编制了《爱德华个人偏好量表(EPPS)》。EPPS 共有 225 道题,其中 15 道是重复的,用以考查受测者的认真程度,实际测题是 210 道。

EPPS 每道题中包含 A、B 两个陈述句,要求受测者从 A、B 中选出最符合自己情况的一个。题目如:

A. 我喜欢别人谈我自己。
B. 我喜欢为我自己所确定的目标而工作。

A. 当我失败时,我感到沮丧。
B. 当我在一群人面前演讲时,我感到紧张。

A. 我喜欢听或说以性为主的笑话。
B. 当有人侮辱我时,我想报复。

当 A、B 两项均能表现受测者特征时,受测者要选择最能表现自己特征的一个。当两个陈述都不能表现自己的特征,或当两种情况都不喜欢时,受测者应该选择相对来说讨厌较轻的一个。受测者在 A、B 两项之中选择一项,没有中间答案,也不允许空缺。这是一种"强迫型"问卷,强迫受测者在相互比较中表现自己真实的需要。

爱德华的这种测验,共测量 15 种动机。其中包括成就、顺从、秩序、表现、自制、亲情、内倾、援助、权威、羞愧、教养、改变、持久力、异性恋及攻击等动机。这种测验,一般与职业的成败相关很大。

EPPS 的编制逻辑是系统地将反映 15 种主要需要的陈述进行比较,通过比较看出受测者在 15 种需要上的相对强烈程度。

(三) 明尼苏达多项人格调查表

《明尼苏达多项人格调查表》(MMPI)是由美国明尼苏达大学临床心理学系系主任哈瑟韦(S. R. Hathaway)和心理治疗家麦金力(J. C. Mckinley)于 20 世纪 40 年代共同编制的。在编制过程中,他们进行了大量细致的研究工作。首先从大量病史、早期出版的人格量表以及心理医生的笔记中选编了大量的项目,然后对正常人和心理异常被试者进行测验,经过重复测验、交叉测验以验证每个分量表的信度和效度。经过临床实践的反复验证和修订,到 1966 年修订版的项目确定为 566 个,其中 16 个项目为重复项目(用于检测受测者反应的一致性)。566 个项目中,前 399 个项目被分别分配在每个分量表中,包括 10 个临床量表和 3 个效度量表;其余的项目则与一些研究量表有关。通常在临床诊断中只使用前 399 个项目。

MMPI 的项目内容范围非常广泛,包括身体各方面的状态(如神经系统、心血管系统、生殖系统等),精神状态以及对家庭、婚姻、宗教、政治、法律、社会等的态度。

几十年来,MMPI 一直被广泛应用,翻译成各种版本达 100 余种,应用范围也扩展到诸如心理学、医学、人类学、社会学、人力资源管理等领域的研究工作中。在中国,宋维真等从 1980 年开始主持试用修订 MMPI,于 1989 年完成了标准化工作,取得了中国版的信度和效度资料,并制定了中国常模。该量表可用于测验 16 岁以上具有初中文化程度的中国人。修订后的项目仍为 566 个,只是对项目中的个别词句作了适当的改动。10 个临床量表的名称及其字母代号如表 4-1 所示:

表 4-1 MMPI 临床量表的名称及其字母代号

序号	量表名称	英文缩写	序号	量表名称	英文缩写
01	疑抑	Hs	06	妄想狂	Pa
02	郁病	D	07	精神衰弱	Pt
03	癔病	Hy	08	精神分裂	Sc
04	精神病态	Pd	09	轻躁狂	Ma
05	男性化—女性化	Mf	10	社会内向	Si

三个效度量表的名称和意义如下:说谎量表(L):分数高表示回答不真实;诈病量表(F):分数高表示诈病或确系严重偏执;校正量表(K):分数高表示一种自卫反应。

此外,在效度量表中,可增加疑问量表(Q),即无法回答的项目数。无法回答的项目数超过一定的标准,则认为此答卷不可靠。题目的形式采用肯定式,例如:

我喜欢看机械方面的杂志。…………………………… 是 否
我的手、脚经常是温暖的。…………………………… 是 否
我的胃口很好。………………………………………… 是 否
我想我会喜欢图书管理员的工作。…………………… 是 否
我很容易被声音吵醒。………………………………… 是 否

受试者只对题目作"是"或"否"的回答,然后根据结果进行分析处理,确定其性格特征。

(四)加州人格问卷

加州人格问卷(CPI)由美国加州大学心理学教授高夫(Harrison G. Gough)设计。该问卷有一半的题目来自于 MMPI,另一半反映正常青少年和成年人的个性。CPI 与 MMPI 的不同之处在于它更强调正常。它在我国修订后被命名为"青年性格问卷"。该量表适合 12—70 岁有一定文化程度的人,尤其适用于高中生与大学生。

CPI 由 480 道"是否型"题目组成,分成支配性(Do)、进取心(Cs)、社交性(Sy)、自信心(Sp)、自我接纳性(Sa)、情绪稳定性(Wb)、责任心(Re)等 18 个分量表。在我国的修订版本有 230 道题目,例如:

我喜欢参加公众集会,目的是同别人在一起。
我觉得我父亲是个理想的人。
一个人需要不时地"显示"一下自己。

同别人在一块时,我通常去做对其他人有益的事,而不是光提意见建议。

我常常觉得在专业选择上自己犯了个错误。

我一贯遵守这样一条原则:先工作,后娱乐。

该量表除了测量被试者现在的人格特征之外,还可以预测被试者未来的犯罪倾向、学业成绩和职业成就,等等。

(五) DISC 人格测验

DISC 是 dominance(支配型)、influence(表现型)、steadiness(耐心型)、compliance(精确型)四个单词的缩写。

DISC 人格测验包括 24 组描述个性特质的形容词,应试者要根据自己的第一感觉,从每组四个形容词中选出最适合自己和最不适合自己的形容词。研究表明,这个测验所考察的维度与管理绩效相联系,为企业的人事甄选、录用、岗位安置提供了良好的测评手段。

DISC 个性测验者着重从以下四个与管理绩效有关的人格特质对人进行描绘,即支配型(D)、影响型(I)、稳定型(S)和服从型(C),从而了解应试者的管理、领导素质以及情绪稳定性等。

管理行为作为一种工作情境下的特殊行为,会受到人格特征的影响。具有不同人格特征的个体在同样的工作情境下会表现出不同的管理行为,个体往往在工作中形成自己的管理风格。DISC 个性测验就是把个体安排在这样一种管理情境中,描述个体的优势、在工作中应注意的事项以及一些个体倾向,例如,如何影响他人、对团队的贡献是什么、什么时候处于应激状态等,能使个体更加清楚地了解自己的个性特征,企业也可以有针对性地考察应聘个体是否具有对企业、对职位来说十分关键的人格特征,以此作为筛选人员的标准之一。

DISC 个性测验具有以下特点:适合一般、正常的个体;与管理绩效相关,能很好地描述应试者的个性特征(优势、劣势等),并能预测其领导特征和情绪稳定性等;测验时间短,简单易行;有比较完善的解释体系。

(六) 五态人格测验

五态人格测验(成人)(FPPI),原名五态性格测验,是由我国老一辈中西医结合神经精神病学、医学心理学专家、中国中医科学院资深研究员薛崇成教授和杨秋莉研究员根据中医阴阳学说的理论,利用心理测量学理论与方法,经标准化工作建立而成的,具有中医特色的中国本土人格测评问卷。该测验理论源于《内经·灵枢·通天篇》中对"五态人"人格与体质的内涵认识,结合现代人格心理学理论建立而成。该测验于 1988 年完成了标准化,进行了全国万余人的常模制订工作,又于 2008 年完成了测验和常模的修订。测验以"是""否"计分,共 103 题,分为 6 个分量表,分别为太阳、少阳、阴阳和平、少阴、太阴量表以及掩饰量表。该测验是我国通用的心理测验之一,具有一定信效度,并与知名人格测验进行了比较研究,被誉为"东方艾森克"(艾森克,Hans J. Eysenck,人格理论生物学流派创始人)。《心理学大辞典》(林崇德等主编)认为其"是对《内经》理论的有效应用和继承、发扬,填补了中国没有自己的人格测验的空白,推动了中医学与心理测量学的发展"。本测验已广泛应用于医学、科研、教育、司法、体育、人力资源管理等方面。目前已有该测验与军人、运动员等职业的相关人格研究。

表 4-2　五态人格测验在人力资源方面的应用

	人格优势	人格不足	适合职业
太阳	有魄力、刚毅勇敢、敢顶撞、不怕打击、有进取心、激昂、敢坚持自己的观点	傲慢、主观、冲动、暴躁、易怒、任性而不顾是非	管理性工作,如管理人员、行政人员、电影导演等;法治相关工作,如法官、律师等;技术性人员
少阳	开朗、健谈、敏捷乐观、机智随和、好社交、善交际、喜文娱活动	轻浮易变、做事不易坚持	交际性工作,如销售、导游、社会活动家等;自由职业者;飞行员;演员
少阴	沉静、谨慎、细心、稳健、自制负责、警惕性高、善辨是非、有持久力与耐受力、循规蹈矩	冷淡、柔弱、有嫉妒心	常规性工作,如会计、审计、秘书、行政助理、图书管理员等;IT类、工程技术师;警察、情报人员等
太阴	思维深刻、想象丰富	外貌谦谨而内怀疑虑、悲观失望、阴柔寡断、胆小、自私、不喜欢兴奋的事、不喜与人接触、不愿带头行事	艺术性工作,如画家、小说家等
阴阳和平	态度从容、无私无畏、尊严而谦谨、有品而不乱、喜怒不形于色、不患得患失、能适应事物发展规律	适中	(适合多种工作)文教工作,如教师、教育行政人员;科研人员;医务工作,如医生、护士;社会工作,如心理咨询师、公关等

三、心理测验的技术指标

人格测验是心理测验的内容之一,应该符合心理测验的技术指标。一项好的心理测验,应该是可信的、有效的,并且是可重复的。这就涉及心理测验中的一系列技术指标。

(一)标准化、客观化和常模化

在收集研究数据时要从测量的材料、情境、主试、被试和结果的处理方式等几个方面考虑,加以系统的控制,以保证收集到的信息是客观的。要尽量控制无关变量的干扰,集中收集与研究主题关联最大的信息。

1. 标准化

标准化是指收集信息的条件和程序要有统一的标准,其意义在于,我们应该保证是采用同一个参照框架,用同样的方法收集材料,这样得出的结果比较起来才有意义。

无论是做实验室研究,现场调查还是准实验研究,都要注意收集信息时的系统性和控制程度,要按照同样的程序开展工作,这样做可以在很大程度上克服个人主观性对研究过程的影响。具体要在以下几个方面加以控制:

(1)测验材料。测验材料实际上是测量的尺度,主试根据被试的反应,得出对被试某个方面特征的测量结果。所以无论是问卷、仪器、调查表格都要统一制式,使被试接受同样的刺激作出相应的反应。要注意测验材料对被试的适合程度,这个问题在管理心理学的研究中尤其应当注意。

(2)测验环境。这个条件和测验材料几乎同等重要,有时被试在不同的环境中接受同样的测验可能得出有差异的结果来,这主要是由环境的差异造成的。环境对被试的影响主要表现在无关变量的控制上,被试到一个新奇的环境中,难免产生一些与测验无关的情绪,进而会影响到测验的结果。其他的因素包括照明、通风、噪音、温度、湿度等条件。

要让被试尽可能在比较自然的条件下接受测验,环境不要与其熟悉的条件差别太大,否则会产生不利的影响。

(3) 测验程序控制。主试要控制好测验的程序,先做什么,再做什么,最后做什么,要按测验指导手册上规定的执行,不能任意处理。主试要和被试建立良好的合作关系,使被试了解测验的目的,如何正确地作出反应,减少被试的顾虑。在整个测验的过程中,主试要观察被试的反应,及时解答被试提出的问题,但不能给被试以暗示,协助他们作答。

(4) 测验时间。这个因素也影响测验结果,一般的测验都有时间的限制,例如,学生的考试时间都有一定的限制,超过时间限制再交卷就没有意义了。主试应该把时间的限制预先向被试讲清楚,在测验的过程中可以提醒被试注意时间。这样做的意义在于被试的结果可以在同一个基准进行比较。

测验时间还有另一重意义,同一个测验最好在同一个时间段内进行,例如同是上午,同是下午等等,对一个样本而言,要使被试在尽可能相同的时间段内接受测验。在人力资源管理中常常进行工作态度的调查,这个问题特别要引起研究人员的重视。

(5) 主试的培训。主持测评的人应具备一定的资格,掌握相应的知识和技能才能胜任工作。在主持一个新的测评时,主试要有充分的准备,了解该测评的每一个细节,可能的话,自己先体验一遍或是先做一个预试,预试后征求被试的意见,以便更好地做好工作。

2. 客观化

客观化是为了保证对测验结果解释的一致性,尽可能地减少评价人的主观性程度,因此要有一套程序加以保证,主要包括以下几个方面:

(1) 测评设计。测评的设计要符合客观实际,要征求各方面专家的意见,使测验结果能反映出欲测量构念的变异程度。在设计测验时要尽量减少那些可能产生"社会期许性"的项目,以免误导被试。

(2) 计分方法。在可能的情况下,尽量采用数量化的评价方法,少用或不用文字评价的方法。标准的测验要向主试提供计分方法和计算公式,使主试可以对同一结果得出比较一致的评价。主试要接受充分的培训,掌握评价标准,采取客观的态度评价被试的作业成绩。如果主试屡次给出主观的评价,可以考虑撤换他们,也可以考虑用增加评价人的方式减小评价的偏差。

(3) 测验程序控制。主试在测验的过程中要保持公正和客观的态度,对被试的作业不应表态,如对正确答案表示赞许或提示被试等。可以在被试结束测验之后与他们讨论,但是在测验过程中绝不允许暗示他们。

3. 常模化

常模化的工作是从另一个方面保证测验结果的质量。心理测量的数据类型不同于其他学科(如物理学、化学等)数据的类型,一个测度的意义只有在与其他测度比较的基础上才可以显示出来。因为心理测量尺度的单位并未达到统一和可以互相换算的地步,而且很难确定绝对零的位置。有鉴于此,心理学家以常模化的方式来表征测量结果的意义。

常模化是指每个测验都要提供一组测验分数,以之作为比较的基准,便于解释测量结果的意义。这样一组分数应包括如下几个方面:

(1) 常模样本。常模样本的构成应具有代表性,尽可能多地表现母体的多方面性征,例如,可以从总体上、从不同的性别、年龄组、受教育程度、收入、地域等自然的、社会的、经济的各方面进行分类,并给出各个分组的数据。建构这样一个常模样本是很不容易的,可以采用抽样技术选取样本并统计计算样本的代表性。

(2) 适用范围。常模样本越具有代表性,其适用范围越大;在引进国外的量表时要特别注意其常模的适用范围。有些常模还有一定的时限,所以要适时地增加新的资料,提供新的常模数据。

(3) 分数转换法。不同的常模有不同的分数转换法,即根据常模的分数分布形态,由原始分转换为标准分的方法不同。常用的转换法有百分位法等。

(二) 信度

信度是衡量心理测量质量的指标之一,是指测量的可靠性或一致性。可以从三个方面理解这个概念:首先,信度是指心理测量结果稳定性和一致性程度的指标。如果我们用相同的或可以互相换算的测量工具反复对同一组客观事物进行测量,在多大的程度上可以保证这些结果是相同的? 其次,信度是指测量的准确程度。即使我们可以在很大程度上保证反复测量的结果是稳定的和一致的,但是仍不能保证得出的结果是准确的,准确性的定义蕴涵着稳定性的定义。最后,从理论和应用的角度看,信度是指在多大的程度上可以保证测量工具本身是精确的。

例如:同一个人在不同的时间用同一套智商量表两次测试,如果得出的分数差别很大,一次的结果是良好,一次的结果是较差,这样的智商量表就是不具有信度的,因为没有一致性。

(三) 效度

效度是另一个衡量心理测量质量的指标。效度的一般定义是:一个测量工具能够恰当地测量出所欲测量构念的程度,即测量的有效性或正确性。信度是效度的必要条件,但并不充分,效度要进一步解释经验水平的指标与理论构念的联系。由之可以把效度大体上分为两大类:一类是经验效度,这是比较普遍的一类,它们主要表征一些可观测变量间的关联程度,因此,这类效度可以通过分析两个或两个以上变量间的关系,用一些观测变量预测另外一些观测变量;另一类效度是理论效度,它主要表征观测变量与理论构念间的关系,这些理论构念往往是潜在变量,不可直接观测。

例如:如果一个量表名称叫智商,但测的不是智商而是情商,即使多次施测的结果是一致的,这样的量表显然也是不具有效度的。

(四) 难度

难度指题目的难易程度。测验题目的难度水平影响到测验的客观性,在编制测验题目时要力求避免出现天花板效应(指测验题目过于容易致使大部分个体得分普遍较高的现象)和地板效应(指测验题目过于难致使大部分个体得分普遍较低的现象)。最后的结果一般以通过率来表示。例如:一道题的难度如为0.2,表示100人中,只有20人做对。难度值越小,表明题目越难。

(五) 区分度

题目的区分度是指测验项目对不同水平的被试反映出的区分程度和鉴别能力。例如:一道数学分析题,如果数学能力好的人能通过,数学能力不好的人不能通过,那么这道题目就是有区分度的。否则就是没有区分度的。

区分度的一般评价标准为:0.2以下应淘汰;0.2—0.3为合格题目,可能需加以改进;

0.3—0.4 良好；0.4—1 性能颇佳。

第三节 气质与管理

一、气质的含义

心理学中对气质的定义与日常生活中人们对气质的理解不同。发明微积分的数学家莱布尼茨(G. W. Leibniz)还是个哲学家，他对心理学问题也有精辟见解。他说过：人心是一块有纹路的大理石，因为它有这些纹路，所以只可以雕成这样一座神像，而不能雕成任何别的一座神像。我们说，气质就是"人心"上的一种纹路。

由于遗传因素的作用，人刚出生时行为就具有不同的特点。同是饥饿，有的婴儿大叫大闹，有的小声啼哭；对于外界声、光的刺激，有的反应积极迅速，有的反应消极迟缓。后来年龄增长了，这些特点也很少变化。在日常生活中，有人无论干什么事都显得急躁，情绪表露于外，有人则无论干什么事总是慢慢吞吞，不动声色；有的人活泼好动、反应敏捷，有的人安静稳重、反应迟缓。人的这种典型的稳定的心理特点被称作气质。气质和平常所说的"脾气""性情"相近。"江山易改，禀性难移"中的"禀性"指的就是气质，心理学对气质的定义为：气质是人与生俱来的心理活动的动力特征。我们可以从以下几个方面来理解气质。

(一) 气质是先天的个性心理特征

个体一出生，就具有生理组织因素决定的某种气质，气质的某些特点是与生俱来的，这些特征受遗传的影响极大。托马斯、切斯和伯奇(A. Thomas, S. Chese, H. Birch)曾经对141名儿童跟踪调查达十年之久，他们发现大部分儿童可以划分为三种气质类型：一是容易护理的儿童；二是困难的儿童；三是慢慢活跃起来的儿童。这些最初表现出来的气质特点与遗传有关，是人气质发展的基础。

(二) 气质是人的心理活动的动力特征

心理活动的动力特征是指心理过程的强度、速度、稳定性以及心理活动的指向性特点等。

心理过程的强度指情绪体验的强弱程度、意志努力的强弱程度等。心理过程的速度指知觉的速度、思维的灵活程度、情绪体验的快慢等。心理过程的稳定性指注意力集中时间的长短。心理活动指向性指心理活动是指向外部事物（从外部世界获得新印象）还是自己的内心世界（经常体验自己的情绪，分析自己的思想和印象）。日常所说的某人"内向"或"外向"，即指人的气质特点。

(三) 气质具有极大的稳定性

因为气质是由生理组织因素决定的，所以稳定性很强，非常难以改变。人的气质一般不随活动的内容、地点和情境的变化而转移，如一个活泼的员工，不论是与家人、同事还是领导进行交往，都会表现出活跃、善交际的特点。但这并不是说气质不能改变，气质也具有一定的可塑性，如在军队的训练和影响下，行动迟缓的人也可能会变得迅速。

二、气质的类型

早在公元前5世纪，古希腊著名医生希波克拉底(Hippocrates，约前460—377)就观察到人有不同的气质，并根据不同体液在人体中所占优势把人的气质划分为四种类型，即多血质、黏液质、胆汁质、抑郁质。巴甫洛夫在深入研究了高级神经活动后发现，高级神经活动包括兴奋和抑制两个相反过程，具有三个基本特性：强度、平衡性、灵活性。三种特性的不同组合就形成四种不同神经类型：兴奋型、活泼型、安静型、抑制型，与希波克拉底按体液划分的气质类型刚好对应（见表4-3）。

表4-3 高级神经活动类型与气质类型

气质类型	高级神经活动类型	神经过程的基本特性
胆汁质	兴奋型	强、不平衡
多血质	活泼型	强、平衡、灵活
黏液质	安静型	强、平衡、灵活
抑郁质	抑制型	弱

综合气质理论的研究，学者们一般认为四种典型气质类型各有如下特征：

1. 胆汁质：精力充沛、直率热情、意志坚强、办事果断、胆大勇敢、不怕困难、反应迅速、情绪强烈、脾气急躁、易于冲动、轻率鲁莽、感情用事、情绪外露、持续时间不长等。这种气质类型的人，对任何事情都发生兴趣，具有很高的兴奋性，但抑制能力差，行为表现不平衡，所以工作中表现忽冷忽热，带有明显的周期性。

2. 多血质：活泼好动、反应迅速、热情亲切、善于交际、适应环境变化、容易接受新事物、智慧敏捷、思维灵活、愉快豁达、情绪外露、兴奋容易转移、情感容易发生变化、急躁轻浮、体验不深等。这种气质类型的人，思维、言语、动作都具有很高的灵活性，容易适应变化多端的社会环境。

3. 黏液质：沉着稳重、交际适度、内刚外柔、顽强坚定、情感深厚、注意力稳定、善于忍耐、长于克制、感情平衡而不外露、行为迟缓、沉默寡言等。这种气质类型的人，在日常生活中突出的表现是安静、沉着、情绪稳定，行为比较迟缓。

4. 抑郁质：观察敏锐、感受性很高、感情细腻、做事谨慎、善于觉察别人不易发现的细微事物、行为孤僻、反应迟缓、严重内向、情绪体验强烈、胆小怕事、多愁善感、挫折容忍力差、常因一些小事而大动感情、行为忸怩、腼腆怯懦、言语缓慢、行动呆板等。这种气质类型的人，在日常生活中遇到困难时，常常表现为优柔寡断和束手无策，一旦面临危险情境，便感到十分恐惧。

巴甫洛夫指出，分别属于这四种典型气质的人在人群中并不占多数，多数人属于两种或三种类型结合的中间型。

苏联心理学家彼得罗夫斯基曾经介绍过分属四种典型气质类型的四个小孩。

胆汁质的小男孩萨沙最突出的特点是好冲动，对教师提出的问题常常不加思考地回答，却往往回答得牛头不对马嘴。懊恼和激动时容易发火，甚至打架。说话很快，声音很大。写字也很快，一挥而就，却很不工整。遇到困难时沉得住气，并能以极大的毅力去克服。

多血质的小男孩谢廖沙有很高的主动性，是班级的积极分子，走路连蹦带跳，做作业精力充沛，上课经常举手，但是又老摆弄东西、跟同学讲话。容易适应新环境。一次得了"2"分时恨不得大哭一场，可是没过半个小时，又在走廊上奔跑，"不及格"已忘得干干净净。

黏液质的小女孩阿依达坐在教室里总是很安静,课外也沉默寡言。一次一个同学回答问题很滑稽,全班哄堂大笑,但阿依达只是默不作声地看着他。知道自己要留级,还沉得住气。很难接近同学,但同时很留恋过去,转学后常去看望以前的同学。对于转学则很难过,想退学。

抑郁质的小男孩科良具有高度的敏感性,教师让他换个座位,他也会感到委屈。动作迟钝,说话慢吞吞,甚至有点哆嗦。对他稍加批评,他的嗓音顿时就变小。做作业遇到困难,常常垂头丧气、不知所措。一次他回答问题只得了"2"分,他表情看起来毫无变化,其实内心很久不能平静。

有两个问题需要说明。第一,气质类型无好坏之分。在评定一个职工的气质类型时,不能简单地说哪种好,哪种不好。每种气质类型都各有优缺点。例如抑郁质类型的人,情感深刻、做事细心、观察敏锐是其优点,行为孤僻、忍受挫折能力差是其缺点。第二,气质并不能决定一个人活动的社会价值和成就高低。在各个领域的杰出人物中,均可以找出不同气质类型的代表。研究发现,俄国四位著名文学家就分属四种不同的气质类型:普希金属于胆汁质,赫尔岑属于多血质,克雷洛夫属于黏液质,果戈理属于抑郁质,他们都在文学上取得巨大成就。

三、气质在管理中的意义

虽然气质不能决定一个人社会活动的方向和内容,但确实会影响一个人的活动方式,也会影响他的活动效率。例如,购销工作要求反应迅速、活泼外向,多血质、胆汁质的人去做就比较合适;会计工作要求细心谨慎、稳定内向,黏液质、抑郁质的人去做则比较合适。倘若安排黏液质的人去搞购销,多血质的人去搞会计,前者需要克服羞怯的毛病去与别人打交道,后者需要克服急躁的毛病去进行繁琐的计算,虽然他们都有搞好工作的愿望,但是却需要长时间的磨炼才能胜任工作。因此,在选才用人的时候,重视人的气质特点很有必要。

(一) 对管理者的气质要求

从事行政管理工作的领导者,关键是要具备献身现代化建设、全心全意为人民服务的思想品德和胜任工作的业务能力;如果注意到气质问题,可以进一步提高领导效率。

对企业领导者说来,厂长或经理具有胆汁质和多血质相结合的气质一般比较适宜。因为在当今科技飞速发展、市场信息瞬息万变、市场竞争十分剧烈的情况下,厂长和经理必须开拓进取、勇敢顽强、敢冒风险、机敏灵活、胆大心细,只有这样,才能推动企业不断发展。

企业党组织负责人具有黏液质和多血质相结合的气质一般比较适宜。因为党委书记不仅要搞好党的建设,保证企业的经营方向,而且要做好职工的思想政治工作,所以,没有热情亲切、善于交际、适应环境、反应迅速、态度稳定、沉着坚韧、意志顽强、埋头苦干的特点,就不容易有效地开展工作。

(二) 普通职业对气质的要求

普通职业种类繁多,对气质的要求难以概括。有一些职业要求职工倾向于多血质、胆汁质,如演员、营业员、运动员、电话员、采购员等;有一些职业则要求职工偏向于黏液质、抑郁质,如精细手工业工人、资料员、护理员、保养员等。

虽然一些职业要求人们具有相应的气质特征,但是这种要求并不严格。因为在工作中,一个人气质的各种特征之间可以起到互相补偿的作用。心理学工作者对先进纺织工人所作的研究显示,一些看管多台纺织机的纺织女工属于黏液质,她们注意力稳定,工作中很少分心,这对及时发现断头故障等问题有积极作用,但她们从一台纺织机到另一台纺织机的注意力转移迟缓,可注意力的稳定性补偿了这种缺陷。另外一些纺织女工属于多血质,她们的注意力比较容易从一台纺织机转移到另一台纺织机,这种容易转移的特点就补偿了注意力容易分散的缺陷。行政管理人员、工程师、教师等职业也具有类似的特点。因此,在普通职业中,不必苛求职业对气质的要求。

(三) 特殊职业对气质的要求

特殊职业包括飞行员、侦察员、消防队员、大型动力系统调度员、高空带电作业工人等。这些职业大都责任重大,工作的时候动作要求迅速准确,身心处于高度紧张状态,因此,他们必须具有冷静理智、胆大心细、反应敏捷、临危不惧、能承受长时间身心高度紧张的品质。现代化企业中央控制室的仪表、信号器、操纵器成百上千,工作人员的观察和操纵不能有差错和延迟,这些职业对人的气质就提出相当严格的要求。一般来说,具有胆汁质气质类型的人从事这些职业比较合适。因此,在招收这类职业的工作人员时,应该首先测定他们的气质类型。气质不合格者,不宜录用。抗洪救灾前线指挥部、扑灭山火前线指挥部的指挥员责任如山,因为情势紧迫,一条命令的发出,涉及救灾成败,涉及大批群众的生命安全。因此,这些工作对指挥员也有很高的要求。当然,长期的实践可以在某些方面一定程度上改造气质,例如,一个弱型的抑郁质老兵,经过长期战争的磨炼,在激烈的战场上,其勇敢精神也可以不亚于初上战场的胆汁质新兵。

在调整人员、布置新的任务,以及实施新的规程时,也要特别关照抑郁质、黏液质的职工,因为他们适应变化的能力较差。

(四) 气质与培训

在培训的时候,更应该结合人的气质特点,因人而异,因材施教,才能起到比较好的效果。不同气质的人对批评、奖惩、困难的接受能力、感悟能力都不尽相同,作为管理人员,应该针对不同气质的人,采用不同的方式,以期达到目的。一般来说,多血质的人对于挫折的承受能力较强,豁达大度,对他们可以采取直接批评的方式。相反,抑郁质的人极为敏感内向,且孤僻冷淡,对于他们直接公开批评就不合适,而应该因势利导,在工作上帮助,从感情上关怀,使其感受到温暖。

第四节 性格与管理

一、性格的含义

古希腊哲学家提奥夫拉斯塔(Theophrastus)最早讨论了性格问题。他一开始就把性格涂上了道德色彩,概括出人类存在的献媚、伪善、吝啬等20种性格。《黄帝内经》中说:"人之生也,有刚有柔,有强有弱,有短有长。"

性格是表现在人对现实的态度和行为方式中较为稳定独特的心理特征的总和。人生活在社会中,都会受到社会的影响。这些影响反复作用,就会使人通过认知、情感、意识过程逐渐形成一定的态度体系和固定的反应方式。例如,一个受到良好家庭与社会环境教育和磨炼的人,无论在什么情况下,总会表现出勤劳俭朴、克己奉公、兢兢业业、谦虚谨慎、与人为善的品质;也有人因为受到一些不良影响,无论在什么情况下,总显得唯利是图,或懒惰奢侈,或敷衍塞责,或自高自大,或尖酸刻薄。这些经常采取的态度和行为方式构成人们不同的性格特征。性格是一个人的价值观在待人接物方面的集中表现,人的个性倾向性,如兴趣和爱好、需要和动机,都深受它的影响。一个克己奉公的人与一个唯利是图的人相比,他们的兴趣和爱好、需要和动机往往大相径庭。这清楚表明,性格有好坏之分。

性格不是某种个别的心理特征,而是某些心理特征在一个人身上的有机结合,呈现出一个人的独特风貌。例如,一个在工作中勤勤恳恳、不怕困难的人,对投机取巧和敷衍塞责的人会鄙视反感,对努力工作开拓创新的人会赞许支持,表现出他对工作、对他人、对自己的一致性。

性格主要取决于后天社会实践的影响,在某些方面也受先天素质的影响。比如有人性格外向,有人性格内向;有人性格开朗,有人性格沉静,这显然与先天素质有关系。在这些方面,很难说它有好坏之分。巴甫洛夫认为性格是神经类型特征和生活环境影响的"合金","是指那些先天的倾向、意向与那些受社会生活影响而养成的东西之间的混合物"。

后天社会实践可以在一定程度上"掩盖"或"改造"先天素质。巴甫洛夫把神经系统分为强型和弱型,曾拿强型和弱型动物做过下述实验:把一个弱型的动物如兔子,放在顺利的环境中生活,它会变得不怕任何东西;而让一个强型的动物如狼,生活在经常挨打的不利环境中,也会变成"胆小者"。事实证明,对一个孤僻、羞涩、胆怯的人,如果引导他积极参加社交活动,委托他担负一些重大任务,他会逐步显示出主动性、独立性和不怕困难的品质。

二、性格的类型

古往今来,性格一直是心理学家所热衷的研究课题,对性格的分类也是百家争鸣,各有主张,本书在此介绍几种影响较大的性格类型划分法。

(一) 我国古代对性格类型的划分

最初,孔子把人的性格分为"狂""狷"和"中行"三种类型。"狂"者积极进取,"狷"者谨小慎微,而"中行"者介于"狂"和"狷"之间。《黄帝内经》将人分为太阳之人、少阳之人、阴阳平和之人、少阴之人、太阴之人。三国时代的刘劭,在《人物志》中把人的性格分为12种:强毅之人、柔顺之人、雄悍之人、惧慎之人、凌楷之人、辨博之人、弘普之人、狷介之人、休动之人、沉静之人、朴露之人和韬谲之人。

(二) 荣格的向性说

瑞士心理学家荣格在他的《心理类型学》一书中,以精神分析的观点,根据个体心理活动的倾向将人的性格划分为外向型和内向型两种。

外向型性格:性情和行为外露、对环境适应能力强、善于交际、开朗热情、活泼坦率、不拘小节,但处事轻率、不够谨慎。

内向型性格:性情和行为不易外露、善于内心活动、情感深沉、冷静沉着,但孤僻、多虑、反应迟缓、不善交际、适应环境缓慢。

另外,荣格还进一步将内外向性格与思维、情感、感觉和直觉这四种心理机能结合起来,提出性格的八种机能类型:外向思维型、外向情感型、外向感觉型、外向直觉型、内向思维型、内向情感型、内向感觉型、内向直觉型。

(三) 机能类型说

机能类型说是由英国心理学家培因(A. Bain,1818—1903)和法国心理学家李播(Theodule Arm and Ribot,1839—1916)提出的。他们按照理智、情绪和意志在性格结构中所占的优势,将人的性格划分为三种:

理智型:这类人经常以理智来衡量客观事物,并支配自己的行动。

情绪型:这类人的行为举止通常受情绪影响大,比较感情用事。

意志型:这类人通常有明确的行为目标,积极果断。

除了这三种标准类型以外,还可分出中间类型,如理智—意志型、情绪—理智型等。

(四) 典型性格类型说

这种学说根据性格的多种特性的不同结合,既考虑人际交往,又依据心理特点,将人的性格划分为五种:

A 型,亦称行为型。这类人情绪不稳定,遇事急躁,社会适应性差,具外向型特点。

B 型,亦称平均型。这类人情绪、社会适应性较稳定,但交际能力差,主观能动性不强,智力、体力、毅力平平。

C 型,亦称平稳型。这类人情绪稳定,社会适应性好,但不主动,具内向型特点。

D 型,亦称安定积极型。这类人情绪稳定,社会适应性一般,但积极主动,善于交际,有组织领导能力,具外向型特点。

E 型,亦称反常型或逃避现实型。这类人情绪不稳定,社会适应性较差,善于独立思考和钻研,不善交际,具内向型特点。

(五) 按照社会生活价值观的不同,可分为经济型、权力型、理论型、审美型、社会型和宗教型

经济型的人着重用经济观点看待事物,从实际效果来判断事物价值,以获得财产、追求利润为生活目的;权力型的人重视权力并努力去获得权力,总是指挥别人或命令别人;理论型的人冷静而又客观地观察事物,根据自己的知识体系来判断事物的价值,以追求真理为生活目的;审美型的人不大关心实际生活,而是从美的角度来判断事物的价值,以追求美感享受为主要目的;社会型的人重视爱,以爱他人为其最高价值,有志于增进友谊或有益于社会;宗教型的人有宗教信仰,有感于圣人的助救之恩,坚信绝对永恒的生命。

以上几种性格类型学说根据某一个或某几个侧面,对人的性格进行了划分和描述,有助于我们了解现实生活中形形色色的思维态度和行为方式。但是,性格是一种非常复杂的心理现象,我们很难简单机械地将某个个体的性格归入某一种类型,因为它往往是很多种类型特征的总和。需要指出的是,这里所描述的性格特征,其本质并无好与不好之分,只是在社会生活中,我们提倡那些积极的、主动的、令人奋发向上的思想和行为,希望这些积极的因素能够抵制相对消极的因素,在社会生活中起主动作用。

三、性格的特征

性格是一个十分复杂的心理特征,与其他心理现象密切相关,并通过不同的侧面表现出来。这些不同侧面的特征又有机地结合成为一个整体,从而构成每一个人的不同性格。

(一) 性格的认知特征

性格的认知特征是指人们在感知、注意、记忆、想象和思维等认知过程中所表现出来的性格特征。例如,有的人易受环境的影响、易受暗示,而有的人则不易受环境的干扰,坚持自己的主见;有的人注重细节,有的人注重事物的轮廓等。

(二) 性格的情绪特征

性格的情绪特征是指人们在情绪活动时在强度、稳定性、持久性及主导心境等方面表现出来的性格特征。例如,有的人情绪反应比较强烈,不易控制,有的人则能平静地对待各种现实,较容易控制情绪;有的人总是很快乐,而有的人则常郁闷。

(三) 性格的意志特征

性格的意志特征是指人们在活动中表现出的是否具有明确的目标、自觉控制行为水平的高低等特征。例如有的人做事主动,而有的人做事被动;有的人做事有恒心、不达目标不罢休,而有的人一旦遇到困难就半途而废。

(四) 性格的态度特征

性格的态度特征是指人们在对待各种社会关系时所表现出来的特点。社会关系主要包括:对社会、组织、他人的态度;对学习、工作、劳动的态度;对自己的态度等。例如,热情、冷淡;认真、马虎;自信、自卑等。

四、性格与气质、能力的关系

(一) 性格与气质的关系

第一,气质影响性格的形成。气质是先天具有的,性格是后天形成的,气质直接影响性格的形成。如有些婴儿喜欢哭、好动,有的婴儿比较安静,这些气质特征直接影响看护人对他们的态度和行为。

第二,气质会按照自己的动力方式,影响性格的表现形式,使同一性格内容表现出不同的色彩。如同样是助人为乐的性格特征,在不同气质类型的人身上就有不同的表现形式:多血质的人行动敏捷、灵活机动,可以迅速有效地帮助别人;而黏液质的人行动沉稳、不露声色地帮助他人;胆汁质的人热情、爽快,直接给予帮助;抑郁质的人从细微处发现他人的困难,给予细致入微的关心。

第三,气质影响性格形成和改造的速度。如胆汁质者容易形成果断的性格,而不易形成自制力;而黏液质者则容易形成自制力,不易形成果断的性格。

第四,性格在一定程度上可以掩盖或改造气质特征。如侦察员必须具备沉着冷静、机智勇敢等性格特征,而胆汁质者通过严格的训练,就可以用这些性格特征掩盖或改造其易冲动的气质特征。

(二) 性格与能力的关系

性格和能力相互影响、相互制约。

首先,性格影响能力的形成和发展。良好的性格特征可以促进能力的形成和发展,一个人具有勤奋、认真、坚定、谦逊等性格,在学习、实践过程中就能不断克服困难,从而使能力得到较好的形成和发展。研究表明,智力水平发展高的人都与其较高的坚韧性和自制力密切相关,这两种性格也能弥补自身某种能力的相对弱点,如"笨鸟先飞""勤能补拙"等成语所展示的。

其次,在能力的形成和发展过程中,性格特征也可以得到相应的发展。如在长期不断的研究过程中,科学家具有的高度发展的能力和坚强不屈的性格,使得其得到进一步的发展。

五、性格与管理

(一) 性格与人员选择

管理要做到正确用人,从心理学角度看,不仅要考虑该人的才能专长、气质特点,还要重视其性格品质。霍兰德根据劳动者的心理素质和择业倾向,将劳动者划分为六种基本类型,相应的职业也划分为六种类型:现实型、研究型、艺术型、社会型、企业型和常规型。霍兰德的职业选择理论,实质在于劳动者与职业的相互适应。霍兰德认为,同一类型的劳动者和职业互相结合,便是达到适应状态,劳动者只有找到适宜的职业岗位,其才能与积极性才会得以很好地发挥。六种职业类型的特征及其适合的典型职业分别为:

1. 社会型(S):

共同特点:喜欢与人交往、不断结交新的朋友、善言谈、愿意教导别人;关心社会问题、渴望发挥自己的社会作用;寻求广泛的人际关系,比较看重社会义务和社会道德。

典型职业:适合从事提供信息、启迪、帮助、培训、开发或治疗等事务,并具备相应能力,如教育工作者(教师、教育行政人员)、社会工作者(咨询人员、公关人员)。

2. 企业型(E):

共同特点:追求权力、权威和物质财富,具有领导才能;喜欢竞争、敢冒风险、有野心、抱负;为人务实,习惯以利益得失、权力、地位、金钱等来衡量做事的价值,做事有较强的目的性。

典型职业:适合要求具备经营、管理、劝服、监督和领导才能,以实现机构、政治、社会及经济目标的工作,并具备相应的能力,如项目经理、销售人员、营销管理人员、政府官员、企业领导、法官、律师。

3. 常规型(C):

共同特点:尊重权威和规章制度,喜欢按计划办事,细心、有条理,习惯接受他人的指挥和领导,自己不谋求领导职务;喜欢关注实际和细节情况,通常较为谨慎和保守,缺乏创造性,不喜欢冒险和竞争,富有自我牺牲精神。

典型职业:适合要求注意细节、精确度、有系统有条理,具有记录、归档、根据特定要求或程序组织数据和文字信息的职业,并具备相应能力,如秘书、办公室人员、记事员、会计、行政助理、图书馆管理员、出纳员、打字员、投资分析员。

4. 实际型(R):

共同特点:愿意使用工具从事操作性工作,动手能力强,做事手脚灵活,动作协调;偏好于具体任务,不善言辞,做事保守,较为谦虚;缺乏社交能力,通常喜欢独立做事。

典型职业:适合使用工具、机器,需要基本操作技能的工作,即要求具备机械方面的才能、体力或与物件、机器、工具、运动器材、植物、动物相关的职业,并具备相应能力,如技术性职业(计算机硬件人员、摄影师、制图员、机械装配工),技能性职业(木匠、厨师、技工、修理工、农民、一般劳动)。

5. 调研型(I):

共同特点:思想家而非实干家,抽象思维能力强,求知欲强,肯动脑,善思考,不愿动手;喜欢独立的和富有创造性的工作;知识渊博,有学识才能,不善于领导他人;考虑问题理性,做事喜欢精确,喜欢逻辑分析和推理,不断探讨未知的领域。

典型职业:适合智力的、抽象的、分析的、独立的定向任务,要求具备智力或分析才能,并将其用于观察、估测、衡量、形成理论、最终解决问题的工作,并具备相应的能力,如科学研究人员、教师、工程师、电脑编程人员、医生、系统分析员。

6. 艺术型(A):

共同特点:有创造力,乐于创造新颖、与众不同的成果,渴望表现自己的个性,实现自身的价值;做事理想化,追求完美,不重实际;具有一定的艺术才能和个性;善于表达、怀旧、心态较为复杂。

典型职业:适合从事具备艺术修养、创造力、表达能力和直觉,并将其用于语言、行为、声音、颜色和形式的审美、思索和感受的工作,具备相应的能力,如艺术方面(演员、导演、艺术设计师、雕刻家、建筑师、摄影家、广告制作人),音乐方面(歌唱家、作曲家、乐队指挥),文学方面(小说家、诗人、剧作家)。不善于事务性工作。

然而,大多数人都并非只有一种性向(比如,一个人的性向中很可能同时包含着社会性向、实际性向和调研性向这三种)。霍兰德认为,这些性向越相似,相容性越强,一个人在选择职业时所面临的内在冲突和犹豫就会越少。

员工的工作满意度与流动倾向性,取决于个体的人格特点与职业环境的匹配程度。当人格和职业相匹配时,会产生最高的满意度和最低的流动率。例如,社会型的个体应该从事社会型的工作,社会型的工作对现实型的人则可能不合适。这一模型的关键在于:(1)个体在人格方面存在本质差异;(2)个体具有不同的类型;(3)当工作环境与人格类型协调一致时,会产生更高的工作满意度和更低的离职可能性。

(二)性格与工作效率

人们的工作效率不仅与他的能力水平有关,而且与他们的性格品质有关。良好的性格品质,如责任心、自信心、勤奋、坚强、乐观、进取等,既可弥补能力不足,又可促进能力发展,从而在学习工作上取得优良的成绩。相反,如果单凭天资聪明,没有好的性格品质,学习不求甚解,工作情绪浮躁,那么学习和工作效率不但不会提高,甚至还会下降。

(三)性格与人际关系

人际关系是影响管理工作绩效的重要因素。实践证明:优良的性格特征,如谦虚、热情、真诚、慷慨、宽厚等,有利于人际关系的改善;不良的性格特征,如冷淡、虚伪、傲气、吝啬、嫉妒等,则容易导致人际关系的紧张。

(四)培养良好的职业性格

管理者应该制定一套统一的行为规范和管理制度,使员工在工作中接受严格的性格培训,逐步形成良好的职业作风和职业道德,并利用这种群体的效应,使个别具有不良职业性格的员工受到教育和熏陶。这种职业性格培训已经成为现代管理者建设企业文化,提高团队凝聚力的一项重要工作。

（五）注意自身的性格修养

在全面了解自身的性格特征之后，可以分析一下，哪些特征有利于管理，哪些特征不利于管理，然后有针对性地进行自我调节，发展那些有利于管理的性格特征。一个管理人员扎实的专业知识和管理技能固然必不可少，但高尚的人格魅力往往更能够感染和激励员工。有研究表明，具有领袖风范的人格特征一般是做事积极、勇敢、正直、独立、自信和幽默。

第五节 能力与管理

一、能力的含义

能力是使人顺利完成某种活动的必备心理特征。能力与活动联系在一起，从事任何活动都必须具备相应的能力，各种能力都针对着一定的活动，例如言语表达能力、色彩辨别能力等。有些心理特征也和完成活动有关，如兢兢业业、雷厉风行、不怕困难等，但是它们并不能直接导致活动取得成功，不能被称作能力。

一种能力不能保证某项活动顺利完成，要完成一项活动，往往要多种有关能力相结合。活动越复杂，需要的能力种类就越多。例如，一个管理者应该具有深刻的观察力、敏捷的思维力以及活动组织能力、情感体验能力、宣传鼓动能力和必要的工程技术能力等。人们把多种能力的有机结合称为才能，才能高度发展的称为天才，天才能使人在活动中得心应手、成果卓著。

二、能力的类型

（一）一般能力和特殊能力

能力通常被分为一般能力和特殊能力两大类。一般能力指那些在各种活动中都必须具备的能力，如注意力、观察力、记忆力、思维力、想象力等。特殊能力是指顺利完成某种专业活动所必需的具体的能力，如数学能力、音乐能力、绘画能力等。

（二）心理能力和体质能力

能力还被分为心理能力和体质能力两大类。心理能力即心理活动所需要的能力。在要求复杂信息加工的工作中，心理能力起着极为重要的作用。智商是确定一个人心理能力高低的指标之一。不同的工作要求职工具有不同的心理能力。一般来说，较高的智力水平是成功完成工作的重要条件，但并不是做好所有工作的必要条件。在很多工作中，职工的行为十分规范，高智商与工作绩效可能无关。然而有一份很严谨的综述报告指出，无论什么工作，在言语、算术、空间知觉能力方面的测验分数，都是工作熟练性的有效预测指标。

一般认为，心理能力包括七个维度：(1) 算术维度，即能否快速准确地进行运算；(2) 言语理解维度，即能否准确理解读到和听到的内容；(3) 知觉速度维度，即能否迅速准确辨认事物在视觉上的异同；(4) 归纳推理维度，即能否判断问题的后果，并且解决这一问题；(5) 演绎推理维度，即能否评估一项有争论的事物的价值，如管理者要在两项建议中作出选择;(6)空间知觉维度,即当物体的空间位置变化时,能否想象出物体形状;(7)记忆力维度,即能否回忆起过去的经历,如来访者姓名。

体质能力在对于技能要求较少而规范化程度较高的工作中,是十分重要的,如要求有耐力、手指灵活等能力的工作。研究人员调查了上百种不同的工作要求后,确定了九项在体力劳动方面的基本能力:(1)动态力量;(2)躯干力量;(3)静态力量;(4)爆发力;(5)广度灵活性;(6)动态灵活性;(7)躯体协调性;(8)平衡性;(9)耐力。如果能确定某一工作对某种体质能力的要求程度,选配具备这种能力的职工从事此工作,肯定会提高工作绩效。

(三)聚合思维和发散思维

在能力研究中最引人注意的就是有关创造性思维的研究。1959年,心理学家吉尔福特(J. P. Guilford)提出思维大致可以分为下述两种:(1)聚合思维:根据熟悉的规则去解决问题,或利用已有的信息得到某一个正确的结论。这类似于演绎推理,结果通常是已知的。(2)发散思维:沿不同方向去思考,重新组织眼前的信息和记忆系统中的资料,产生某些新颖思想。

一般来说,发散思维是创造性思维的主要成分。对于一个领导者来讲,培养自己的发散思维能力,是应对千变万化的社会所必须的。

值得注意的是,知识和技能并非能力。所谓知识,是人类社会历史经验的总结和科学的概括。所谓技能,是在实践活动中经过训练而形成的近乎自动化的动作方式。例如,工程师在机械设计工作中利用过去所学的定理、计算公式,是属于他所掌握的知识系统,而在设计过程中所表现出来的记忆准确性和思维灵活性,则属于能力的范围。工人操纵机器所表现出来的一套固定的动作方式属于技能,而在这种活动中表现出来的注意力的集中性、观察的准确性等则属于能力。一方面,能力的大小直接影响着掌握知识、技能的速度和深度,也影响着知识、技能的运用;另一方面,一个人掌握了一定的知识和技能,又可以促进能力的提高,例如物理学的定理和公式掌握得越丰富,越有助于提高该人的机械设计能力。

三、能力的差异

人与人的能力有所差异。有所差异绝不是说人有高低贵贱之分,而是指每个人在能力方面都有自己的强项和弱项,一个人可能更适宜从事某一种工作,而不适宜从事另一种工作。每个人在适宜的工作中都更容易取得成就。

(一)能力类型差异

1. 一般能力的类型差异。我们在现实生活中可以发现,人的能力各有千秋,有人善于观察,有人善于记忆,有人善于思维。在知觉能力方面,有人是综合型,即知觉事物时具有整体性和概括性特点,而深刻性较弱;有人是分析型,即知觉事物时对细节感知得非常清晰和深刻,而对整体的知觉较弱。在记忆能力方面,有人是直观形象记忆型,即对物体、图形、颜色、声音记忆较好;有人是词语抽象记忆型,即对词语材料、概念和数字记忆较好。在思维能力方面,有人是形象思维型,情绪色彩很鲜明;有人是抽象思维型,善于判断、概括和推理,逻辑联系占优势。

马克思和恩格斯都是伟大的天才,但他们的能力类型也有所不同。恩格斯才思敏捷,写文章特别快,文笔非常流畅;马克思对事物的理解比恩格斯慢一些,但是却十分精细、深刻,只要他深思熟虑过的论点,别人休想把他驳倒。

2. 特殊能力的类型差异。对于不同职业的人,我们很容易发现他们在特殊能力方面的差异。例如,杂技演员的空中飞人表演令人叹为观止,画家三笔两画的人物速写也令人拍案叫绝,科技人员则一般具有较强的数学能力,能迅速地对一堆数字材料进行分析,找出相互关系并予以概括,同时巧妙地简化推导过程,这种能力也可能令杂技演员和画家自叹弗如。

(二) 能力发展水平差异

这里只谈智力发展水平的差异。有的人智力发展水平较高,有的人则比较低。智力发展水平在人口中的分布状况大体呈正态分布,即特别聪明和特别笨的人都是少数,大多数人的智力处于中间水平(见表4-4)。

表4-4 智力商数(IQ)分布

智商	名称	占人口比例(%)
140及以上	天才	1
120—139	优异	11
110—119	中上	18
90—109	中等	46
80—89	中下	15
70—79	临界	6
70以下	呆痴	3

美国心理学家推孟(Lewis M. Terman)等人深入研究过智力测量问题。他们对1528名3—19岁的儿童和青少年的调查研究表明,天才人物约占1%,低能者约占2%—3%。天才人物幼年时一般家庭生活条件较好,父母从事专门职业;他们往往说话早、走路早,兴趣广泛;情绪稳定,社交能力强,学习成绩好;成年后较多从事专门职业,婚姻适应性也较强。追踪研究25年后,在继续保持联系的700人中,有150人被列入美国名人录或美国科学家名录。低能者中低度迟钝的,可进行基本生活常识和简单职业技能训练;中度迟钝的,可以勉强训练其生活自理,帮助他从事简单工作;严重迟钝的,生活难以自理,甚至不会躲避危险。低能一般属于病理范围,主要是先天或后天原因造成脑机能发育不全或损伤的结果,如近亲结婚、饮食缺碘、染色体异常、脑外伤、母亲妊娠期受到放射线照射或大量饮酒、吸烟等。

人类在特殊能力发展水平方面也会有所差异。同是具有数学才能的学生去参加数学竞赛,还是会分出优、良、中、差;同是具有运动特长的体坛健儿,在比赛中同样会分出不同名次。

(三) 能力表现早晚的差异

人的能力表现有早有晚。有人的才华在儿童期已经崭露,有人则成年之后才彰显出来。早熟的天才古今中外不乏其人,如我国唐初王勃6岁善文辞,9岁读《汉书》;控制论创始人维纳(N. Wiener)4岁读书,18岁获得博士学位。大器晚成者亦不乏其人,明朝学者李贽40岁之前无所作为,后来发奋写作,57岁写成《焚书》;达尔文50多岁才开始有研究成果,写出名著《物种起源》;齐白石40多岁才展示出绘画才能;等等。

一个人的各种能力的发展速度也不相同,有的发展早,但衰退也早;有的发展晚,衰退也晚。一般正常人能力的发展有两个高速的阶段,一个在三四岁,一个在十二三岁。这时候,智力与年龄增长同步进行,以后则趋于缓慢,在18—40岁内达到顶峰。智力中的不同成分(如知觉能力、记忆力、推理能力等)达到顶峰的时间前后也有所不同。各种能力发展情况如表4-5所示。

表 4-5 最出成绩的年龄

学科	化学	数学、物理植物学	医学心理学	生理学	诗歌	声乐小说	绘画	哲学、歌剧、雕刻
平均年龄	26—29	30—34	30—39	35—39	25—29	30—34	32—36	35—39

四、影响能力形成与发展的因素

(一) 身体素质

素质主要是指一个人天生的感觉器官、运动器官、脑的结构和生理机能方面的特点,它是一个人的能力发展的前提和基础。没有一定的素质,任何能力无从产生,例如,双目失明者难以发展绘画才能,大脑发育不全者难以成为领袖人物或科学家。

遗传因素对人的智力发展有一定的影响。这里介绍一个有趣的训练白鼠跑迷宫的实验。设计人员制作了一个简单的Y形迷宫,一个入口,两个出口,其中有一个出口是通的,通的出口处有食物。开始训练白鼠跑迷宫,训练了19次后,区分出优劣,分出跑得快、慢的两个组。然后让同组公、母鼠交配产幼鼠。幼鼠长大后,用同样的办法训练它们跑迷宫,再分出优、劣组,再让同组公母鼠交配生产。如此繁殖了18代,形成了"优生"与"劣生"两个家系。结果发现,优生家系中跑迷宫成绩最差者,也比劣生家系中最优者为高。这个动物实验对于研究人的遗传因素对智力的影响,有一定的启发意义。

遗传因素对人的智力高低有重要影响,它确定了人的智力的一个下限和上限,即确定了一个遗传阈限。也就是说,遗传不能确定一个人在智力测验中所得的具体IQ分值,而是确定了他可能获得的IQ最低分到最高分这样一个区间。除极少数天才与低能者外,一般人遗传阈限上、下限差值大约在20—30分之间。影响IQ分数最终落在遗传阈限内某一位置的决定性因素是环境和实践。

例如,一个遗传阈限在90—115之间的人(需要说明的是,遗传阈限是无法直接测量的,只能通过智力测验中的IQ分数去估计),他的智力测验中IQ得分可能为95,可能为100,也可能为110,到底有多高,取决于他所处的环境,取决于他后天的努力。同时,只要他生活在正常的人类社会中,即使他不努力,也不至于成为白痴;当然,即使他再努力,也不会成为爱因斯坦式的天才。

(二) 教育和实践

优良的素质并不意味着必然成才。如果没有良好的教育和充分的实践机会,具有优良素质的人也只会是庸才。宋朝王安石的《伤仲永》中写:方仲永三岁就能"指物作诗立就",有较高天赋,但是其父每天带他周旋于权贵之家,以谋生财之道,未给他应有的教育,结果他在十二三岁时就和其他孩子没有多大差异了。莫扎特能成为伟大的音乐家,正因为他得到了良好的教育与实践。他父亲是个穷乐师,但是对莫扎特从小就进行音乐教育,并且倾尽家产,让6岁的莫扎特到巴黎、维也纳等地学习和公演。恩格斯在分析欧洲文艺复兴时涌现出的大量天才人物时说:"那时,差不多没有一个著名人物不曾作过长途的旅行,不会说四五种语言,不在几种专业上放射出光芒。他们的特征是他们几乎全部都处在时代运动中,在实际斗争中生活着和活动着。"①

不同职业的职工在各自长期的实践活动中,也能形成叫人惊叹的特殊能力。例如,有经验的印染工人的颜色感受性很高,能辨别出40多种浓淡不同的黑色,而一般人只能区分三四种;茶叶品尝师、烟酒糖品尝师的嗅觉和味觉能力得到了高度发展,烟卷包装工人则肌肉关节感受能力很强,从烟卷堆中一把抓来,可以正好是20根。

(三) 爱好与勤奋

爱好指一个人从事某种活动的倾向性。爱好能促使进行该项活动的能力迅速发展,能力的发展又会促进爱好程度的加深。从事自己爱好的活动总是伴随着积极的情感,积极的情感会推动个体主动愉快地去从事活动,而不感到是负担。物理学家丁肇中说:任何科学研究,最重要的是看对于自己所从事的工作有没有兴趣。比如搞物理实验,因为我有兴趣,我可以两天两夜,甚至三天三夜呆在实验室里,守在仪器旁。

勤奋是提高能力、获得成功的必由之路。勤奋的人必然经常不断地从事活动,经常克服困难,这样就有力地推动了能力的发展。李卜克内西(Karl Liebknecht,1871—1919)在回忆马克思时写到:"曾经有人说'天才'就是勤奋,如果说这句话不完全正确,那至少在很大程度上是正确的。我们所知道的真正的伟人都是极其勤勉与尽心竭力工作的。这种说法完全适合于马克思。"

五、能力差异与管理

能力管理要求符合以下几个原则:

(一) 能力阈限原则

每一项工作所要求的最起码的能力水平,叫做能力阈限。在录用人员时,必须坚持被用人达到能力阈限,这就是能力阈限原则。员工达到能力阈限,就能保持人岗协调,完成甚至超额完成任务。如果职工未能达到能力阈限,则会发生不同程度的人岗失调,影响组织的发展。但是,如果人的能力超过能力阈限过大,不仅浪费人才,而且由于个体感到完成任务太轻松,不满足于已取得的成果,或感到自己不受重用,有损于自尊心,导致其干劲不足,完成任务的情况必然不佳。例如:善于交际的,可选择做供销、外事工作;善于组织的,可安排做行政管理、计划调度工作;有理论基础、富于表达能力的,可做宣传理论教育工作;有知识基础、语言文字能力强的,可做编辑工作;等等。要特别注意对各种人员合理的工作安排,使其千万不要错位。实际情况可能是,同样一种工作,甲执行,往往成绩显著,事半功倍,乙执行,则很难适应,事倍功半。因此,在录用人员时,既要坚持能力阈限原则,又要使能力水平与工作职位相当,以便更好地发挥人员的积极作用。

(二) 能力合理安排原则

在安排职工的工作时,不仅要坚持能力阈限原则,而且要根据个人的兴趣和特长,合

---

① 恩格斯:《自然辩证法》,人民出版社1971年版,第7—8页。

理地安排他们的工作,这就是能力合理安排原则。每个人都有自己的兴趣和特长,二者相互依存。每个人兴趣的发展,特长的发挥,是一种"自我实现"的需要。满足这种需要,成为一种"内驱力",强烈地激励着主体从事有关的活动。历史上许多科学家为了满足这种"自我实现"的需要,不顾及生活上的享受,而终生孜孜不倦地学习和钻研科学,甚至因努力过度而危害自己的身心健康。

在组织管理中,还要根据不同的管理层次的特点,对上、中、下三层管理者提出不同的能力要求。一般说来,管理者应该具有三种基本能力,即技术能力、管理能力和人际关系能力,但由于不同层次的管理者面临的对象、任务、管理范围不同,对以上三种基本能力的要求也有所不同(表4-6)。

表4-6 各管理阶层所需能力的比例(%)

管理阶层	管理能力	人际关系能力	技术能力
高层管理者	47	35	18
中层管理者	31	42	27
基层管理者	18	35	47

(三)能力互补原则

能力互补原则是指安排职工工作,要考虑他们的能力有可能相互补偿和相互促进。一般说来,一个单位,全能的人才是罕见的,但擅长某一方面的人才则会很多。一个工作团体,往往需要各种能力类型的人,如果对他们的工作安排得当,使各种人才相互搭配,就能起到互补的作用。因此,管理部门应熟悉本单位职工的能力性质、水平和特长,给他们提供适合其能力状况的机会与位置,求得人与事的最佳匹配,充分发挥职工的潜在能力。

(四)进行科学合理全面的能力培训

现代管理以人为本,因为任何一项工作都是通过人去完成的。如何使个体圆满高效地完成工作呢?除了要职能匹配,分配他所能胜任的工作,管理者还应该把培养发展个体的能力作为一项长期的管理工作。一方面要进行与工作直接相关的专业知识、专业技能和特殊能力的培训,另一方面要加强员工思维、语言、记忆等一般能力的培训。这样的能力培训不仅可以提高员工对工作的胜任程度,同时还会使员工感受到企业对他们的重视,加强他们对企业的归属感,从而增强企业凝聚力。

第六节 个性倾向性与管理

前面我们提到,个性包括那些比较稳定的心理活动和行为,即个体心理特征,如气质、性格、能力等,还包括个体对事物的不同态度以及行为方式,即个性倾向性,这是人们进行社会活动的基本动力,包括态度、志向、兴趣、需要、动机、信念、理想和价值观等心理成分。这里主要介绍兴趣、价值观、态度及其与管理之间的关系。

一、兴趣与管理

(一)兴趣概述

兴趣是个体积极探究力求认识某种客观事物的态度倾向或是爱好某种活动的倾向。

它是在需要的基础之上产生和发展的。个体只有对某种活动产生了需要,才有可能对它进一步产生兴趣。这种倾向一般和愉快的情感体验和坚强的意志联系在一起。当某人对某种活动产生兴趣时,便会对它特别关注,热切希望自己能从事这种活动,同时在从事这种活动的时候,感知敏锐,精神饱满,情绪愉快,思维活跃,记忆牢固,克服困难的意志力增强。因此,能力常常建立在兴趣的基础之上。如果能因兴趣而孜孜不倦、废寝忘食地从事某项活动,就很有可能在这方面发展出不同于一般的才能。

根据兴趣的深度、范围和稳定性,可以将其分为三个等级:

(1) 初级水平(有趣)。这种兴趣往往还只是一种好奇心,一般不稳定,会随着产生兴趣的条件的消失而下降。

(2) 比较高级的水平(乐趣)。这是对事物本质的兴趣,因此相对稳定,不仅仅停留在事物的表面。

(3) 高级水平(志趣)。这时个体不仅对事物的本质产生兴趣,还有揭开其客观规律和原理的强烈愿望,这种兴趣非常稳定,即使有外界干扰,个体也能坚持不懈。

兴趣的这三个等级只是一种理论的发展趋势,并不是社会实践中兴趣发展的必然阶段。一般来说,兴趣可以从低级水平向高级水平逐步转化。

(二) 兴趣在管理中的意义

著名心理学家皮亚杰认为,"一切有成效的工作必须以某种兴趣为先决条件"。兴趣是推动人们从事某项活动的内部力量。在浓厚的兴趣拉动下,人们会以极高的热情投入到工作当中去,并以坚强的意志和毅力克服工作中的困难,最终取得成功。古今中外很多功成名就的文学家、音乐家、思想家等,都是由兴趣定向,并在兴趣推动下取得成功的。因此,优秀的管理者必须发现、调动并培养员工对工作的兴趣,对工作所需要的知识和技能的兴趣,使他们在工作中能以愉快的情绪和饱满的精神,最大限度地发挥自己的才能。

(1) 管理者可以通过调查了解、组织各种职工活动、制作兴趣量表等了解员工的兴趣,在可能的情况下,安排员工做感兴趣的工作。当然我们不提倡管理者一味迁就员工,应该以严格的企业规章制度为保证,以合理的工作安排为前提,同时尽量考虑员工的兴趣,这样才能提高工作效率。

(2) 管理者要设法培养员工对工作的兴趣。很多情况下,人们所从事的工作并不一定是自己最喜欢的,作为管理者,应尽力把工作本身与员工的需要结合起来。在工作中创造有利于员工取得成功的条件,以此来激发员工对这项工作的兴趣。

需要强调的是,在管理实践中,情况是纷繁复杂的,有时甚至是残酷的,有些工作不但艰苦,而且风险很大,没有人有兴趣做。因此,管理者在激发、培养员工兴趣的同时,更应该注意培养员工对工作的责任感和敬业精神,这才是推动企业发展的根本源泉。

二、价值观与管理

(一) 价值观概述

个体对客观事物,如工作、金钱、感情等有自己的衡量标准,这些客观事物对个体来说,有轻重主次之分,有人嗜钱如命,追名逐利,而有人淡泊名利,好桃源生活,这就是价值观。价值观是个体对客观事物的综合态度,直接影响个体对事物的看法和行为。价值观不是与生俱来的,它是在后天生活工作环境中逐步形成的。它的形成与个体的欲望、需要、经验和周围事物的影响等因素有关,一旦形成,就具有相对稳定持久的特点。可以这样说,价值观如同一个总指挥,支配着个体的需要、动机乃至行为等心理倾向。

根据美国社会学家罗克奇(Milton Rokeach)的价值观调查,主要有两组价值观:

(1) 目的价值,指个体存在的最终目的。这种价值观可以是有关个人的,如个体的存在最终是为了舒适的生活、得到真正的友谊等;也可以是有关社会的,如为了创造一个和平的世界,普度众生等。

(2) 工具价值,指为达到目的价值采取的手段和行为模式,主要表现在道德和能力两个方面。例如,有人撒了谎,违反了自己的道德准则,他就会有犯罪感。或有人做了件自认为很愚蠢的事,这就违反了他的能力价值。

另外有学者制定了中国人的价值观量表,其中主要包括勤劳、容忍、随和、谦让、仁爱、不重竞争、耐心、保守、寡欲、安分守己、尊敬传统等 40 个种类。

个体的价值观是在特定的社会环境中逐步形成的,必然带有一定的社会历史烙印。东方人和西方人的价值观因社会、地理环境的不同也存在很大的区别。

在相同的社会历史条件下,在长期稳定的团队组织中,个体形成的价值观相对差异较小。在同一企业内,会形成共同的企业价值观。

(二) 价值观在管理中的意义

既然价值观是支配个体行为的总指挥,它在管理实践中就应该受到足够的重视。价值观对管理工作的意义主要表现以下几个方面。

(1) 管理者在确定企业的整体目标时,应该考虑在达到这个目标的过程中所涉及的各方面人员的价值观。只有在两者高度统一和协调的情况下,才能顺利达成目的。比如说,随着我国经济水平的提高,人民生活条件的改善,人们更加关注对健康的投资。某些经营管理者就可以开设一些健身活动场所,以满足人们的需求,同时也为企业增加效益提供了可能性。

(2) 管理者要敏锐地感知不断发展变化的社会生活,以及随之而变化的人们的价值观。现代社会已经进入科技信息时代,人们的生活方式、生产方式以及价值观念都在日新月异地发展着、变化着。优秀的管理人员应该具备敏锐的感知能力和接受能力,在企业发展中作适应性的变化,以跟上时代的步伐。

(3) 管理者要随时反省自身的价值观。管理者自身的价值观很大程度上决定了他是否具有足够的号召力,成为企业发展的领头羊。研究表明,管理人员一般都雄心万丈,较其他人更注重成就感,更有独立自主的精神。

三、态度与管理

(一) 态度概述

在日常生活中,我们可以发现有的人信仰宗教,有的人则是无神论者;有人做事认认真真、一丝不苟,有的人则马马虎虎、敷衍了事;有的人待人热情,有的人则对人冷漠。这在很大程度上是由态度决定的。态度影响着人们的工作行为和生活方式,因而引起人们极大的关注。

"态度"一词我们在日常使用时一般指人的体态或口气等,如"这个服务员的态度很差""那个先生的态度令人难以接受"。然而组织行为学中所说的态度是一种假设构成概念。我们不能直接观察到态度,但我们可以通过观察人的言语、行为来推测它的存在。心理学研究的大多是中间变量,态度便是其中的一种。我们通过对态度的假想能更好地理解人们的社会行为。

F. H. 奥尔波特 1924 年在《社会心理学》中指出,态度是"在神经肌肉系统中布置好的对于反应的预备"。1935 年 G. W. 奥尔波特在《社会心理学手册》中对态度的定义是:态度是"一种心理的神经的准备状态,它由经验予以体制化,并对个人心理的所有反应过程起指示性的或动力性的影响作用。"

我们认为,所谓态度,就是个人对某一对象所持有的评价和行为倾向。这里所指的对象范围很广,可以指人、事物、制度、观念等,包罗万象。对这一切作出评价,然后作出相应的心理准备状态,这就是态度。态度的特征可以归结为以下五个方面:

(1) 态度的社会性

态度并非生而具有,不是个体对于某一对象天生的生物学的准备状态,而是个体在长期的社会化过程中,通过直接或间接地接触社会对象,受社会环境的不断影响,在已有经验的基础上逐渐形成的。态度一旦形成后,又会反过来对外界事物、对他人发生反应。在这种反应过程中,个体不断地修正自己的态度。如此循环往复,个体的态度体系便日臻完善。

(2) 态度的针对性

态度是一个人针对某一个体、某一群体或某一状态而产生的,态度的认知因素决定了不具有针对性的态度是毫无意义的,孤立的、抽象的态度是不存在的,因而态度是主体与客体的对应关系的一种反映。例如,人们对现有政策的态度、工人对奖金的态度等就有明显的主体和客体的对应关系,如其中工人是主体,而奖金就是客体。

(3) 态度的持续性

态度不同于一时的情绪兴奋,而是在需要的基础上,经过长期的感知和情感体验逐渐形成的。态度形成后将持续一段时间而不轻易改变,成为个性的一个组成部分,并在行为反应模式上表现出一定的规律性,这有利于个体的社会适应。不过态度虽然具有持续性和稳定性,但也不是固定不变的。要改变人的态度最好在态度还不稳定的阶段进行,等态度形成后再进行教育,困难就要大得多。

(4) 态度的协调性

态度是由认知因素、情感因素和意向因素组成的。在一般情况下,对某人或某事所持态度,三种因素常常是协调一致的。例如,大家觉得某本书好,就会喜欢这本书,并表现出愿意购买的倾向;觉得某物不好,就会讨厌它,并表现出想舍弃它的倾向。这说明三者之间的因素十分和谐,并不矛盾。

(5) 态度的内隐性

态度是一种内在的心理体验,是行为的准备状态,是由心理过程转换为行为过程的必经环节,没有这种心理过程,行为也无从做起。态度虽然具有意向因素,但意向并不等于行为本身。所以态度本身不能直接被观察到,而只能对人们的言论、表情及行为进行间接的分析和推理才能了解。

(二) 影响态度形成的因素

态度不是与生俱来的,而是后天习得的结果。在这个过程中,对态度的形成具有影响的主要有下列因素:

(1) 学习

个人的经验虽与态度形成有密切的联系,但并非所有的态度都是由个人经验形成的。像获得知识、思维方式、思想意识一样,人的大部分态度都是通过学习获得的,其中强化起着首要的作用。由奖励、赞赏、社会许可促进的心理倾向能使人产生满意的态度,相反,惩罚、批评等负强化会使人产生否定的态度。此外,模仿也起一些作用。有人喜欢以歌星、球星、影星或科学家为偶像,自觉或不自觉地仿照他人的态度和行为,从而形成自己的态度和行为。

(2) 同伴

态度首先是在家庭中形成的,父母在塑造孩子的态度方面起首要的作用。然而,随着孩子年龄的增长,父母的影响力逐步减弱,同伴成为首要的参考群体。对同伴影响的经典性研究可追溯到1935—1939年丁. M. 纽卡姆对贝林顿学院学生的研究。他发现,这些学生的父母有60%的人赞同阿尔夫·兰登为1939年大选中的共和党总统候选人,其中,新生中62%的学生赞同父母的选择,二年级降至43%,而三年级、四年级只有15%的学生赞成。高年级学生中有54%的学生支持民主党人罗斯福,而新生中仅29%的人支持他。由此可见,青春期后同伴对一个人的态度具有重要影响。

(3) 大众媒介

大众媒介包括电影、电视、收音机、报纸、杂志和书籍等,它们每天都传递着大量的信息。人们通过对这些信息的选择和接受形成自己的态度。如人们最初不知改革是什么,通过电视、报纸的报道,看到祖国日新月异的变化,便对改革产生了肯定的态度,并积极投身到改革的洪流中去。大众媒介通常有目的地对大众进行正面教育和灌输,这有利于人们正面态度的形成。

(4) 个性特征

人们所受的教育、所处的环境也许相同,但人们并不会因此就形成相同的态度,这是人们个性特征的差异导致的。一般地说,具有独立性格的人往往对待事物有自己独立的见解,不人云亦云,从而形成较稳固的态度;而具有顺从性格的人对事物的态度则易追随权威,容易受他人的暗示和支配。多血质、胆汁质的人比较外向,喜欢交际,对外界事物常抱热情的态度;而黏液质、抑郁质的人则行为相对孤僻,反应迟钝,对外界事物常持冷漠的态度。

(三) 态度改变理论

态度是个体在社会化过程中逐渐形成的,且具有稳定性,它一旦形成以后便成为人们个性的一个组成部分,影响人的行为。所以要改变他人的态度并不像一般的学习那么简单,国外许多心理学专家通过各种实验研究提出了一些有关态度改变的理论。

(1) 平衡理论

心理学家海德(Fritz Heider,1896—1988)认为,在人们的认知系统中存在着使某些情感或评价之间趋于一致的压力。海德把认知要素概括为认知主体(P),认知客体(O)和认知对象(X),其中P和O为两个人,X是P和O所认知的对象,它可以是一个人、一种现象、一个观点等。

在主体、客体和认知对象之间存在着感情关系,包括肯定(正)关系和否定(负)关系,如喜欢—不喜欢,爱—不爱等等。由此组成的三角关系构成了POX模型。海德试图用科学术语来解释日常的心理状态。

海德认为,根据P、O、X三者的关系可以推论出以下八种模式,其中四种是平衡的,四种是不平衡的,如图4-1所示。

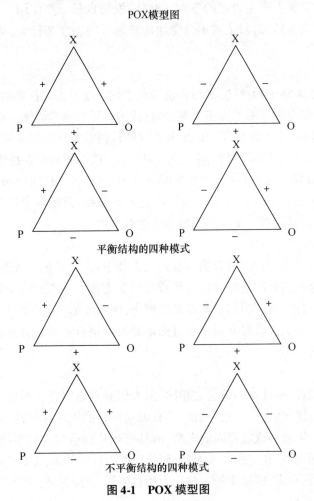

图 4-1　POX 模型图

由该图可以总结出两条规律:三角形三边符号相乘为正即平衡结构;三角形三边符号相乘为负即不平衡结构。

当主体P与认知客体O和认知对象X的感情关系相调和时,其认知体系便呈现出平衡状态。例如,P和O两人是好朋友,他们都爱学习,则三者关系协调,P心理上是和谐的。反之,当主体P与认知客体O和认知对象X的感情关系矛盾时,其认知体系便呈现不平衡的状态。例如,P和O是好朋友,P爱学习而O很贪玩,则P的心理就会出现不平衡,这种不平衡状态将引起个体心理紧张而使其产生不满的情绪。海德认为,为了减少心理紧张、不安和由此而产生的心理压力,主体会重新组织认知关系,或是改变 P 对 O 的感情关系,或是改变 P 与 X 的关系从而改变状态。如上例中 P 或与 O 断交,或和他一起玩,如此他就不会再感到苦闷。

平衡理论的特点是在揭示态度改变的规律时比较注重人与人之间在态度上的相互影响,在影响中改变态度。它在概念上容易掌握,但有自己的局限性:第一,它的理论模式没有包括人际反馈;第二,难以操作;第三,没有重视认知对象对于认识主体的重要性。

(2) 参照群体改变理论

纽卡姆(Theodore M. Newcomb,1903—1984)认为,每个人对自己在群体中所处地位和角色的认知是个人态度形成的重要基础。纽卡姆在实验中发现,由三个人构成的人际关系,三个人态度变化的方向是三个人相互作用的合力方向,而不是以其中某一个人的意志为转移。也就是说,态度变化的方向是群体成员共同遵循的规范方向。可见态度受到参照群体的影响很大。

何谓参照群体? 它是指某个群体的标准、目标和规范等会成为人们行动的指南,成为人们努力想达到的目标,人们会把自己的行为与这些要求进行对照,如果不相符合就修正自己的行为,以减少内心压力,保持心理平衡。美国心理学家米德说,这种群体的标准、目标和规范会成为个人的"内在中心"。

纽卡姆提出了 ABX 模式。A 代表认知主体,B 代表认知对方,X 代表认知对象。在 A 和 B 的互动关系中两者可相互转换,即 A 可以转换为认知对方,B 也可以转换为认知者。如果 A、B 两人之间保持友好或敌对的关系,他们就会对 X 产生相应的态度,A、B、X 三者构成为一个体系。如果这个体系内部发生了不平衡,则为了求得平衡必须在体系内部调节,使之从不平衡走向平衡。如 A 和 B 是好朋友,A 喜欢看电影,而 B 不喜欢,这样体系内部就发生了不平衡,要使其平衡,方法主要有:A 降低对电影的喜欢程度;A 降低与 B 的友好关系;A 觉得与电影相比,B 对自己更重要;B 也逐渐喜欢看电影。

纽卡姆的 ABX 模式和海德的 POX 模式两者在本质上没有差异,但在对这一现象解释上两人稍有区别:海德的模式是关于认知主体自身的认知平衡,而纽卡姆把认知平衡扩大到人际互动过程和群体关系;在 POX 模型中,需要确认认知的主体,如果发生不平衡需由 P 来调整;在 ABX 模型中,则不必确认主体,一旦发生不平衡,A 和 B 均可调节,从而达到平衡。

(3) 认知失调理论

费斯汀格(Leon Festinger,1919—1989)从另一个角度研究态度问题,他在 1957 年提出了"认知失调理论"。它的理论基础来源于格式塔心理学和勒温的场论,这一理论的重要成分是"认知",它是个体对环境、他人及自身行为的看法、信念、知识和态度。

费斯汀格认为人有许多认知因素,这些认知因素之间有的相互独立,也有的是相互联系的。例如,"我每天七点钟去上班"和"我晚上想吃面条"这两种认知因素间是互不相关的,而"我吸烟很厉害"和"吸烟可能导致肺癌"的认知之间就存在着一定的关系。费斯汀格进一步指出,有相互联系关系的认知因素间会出现两种状况:一是二者处于协调状态,一是呈现出不协调状态,即失调。认知失调主要有两种来源:(1) 来自决策行为,即当需要在多个有相似价值的方案中作出选择时;(2) 来自与自己的态度相矛盾的行为。费斯汀格认为,不协调的程度由两个因素决定:第一,认知对于个人的重要性,比如丢了一元钱和丢掉一本心爱的书所造成的协调程度是不同的;第二,一个人所具有的不协调认知的数目与协调认知数目的相对比例。

认知因素间一旦出现失调就会使人心理上产生不愉快,甚至是痛苦的感觉,这种感觉会形成一种压力,迫使人们想方设法去减轻或解除不协调状态,使认知结构平衡协调,并尽全力保持协调状态。为了保持这种协调关系,甚至会避免接触与已有认知因素相矛盾的信息,费斯汀格认为,认知因素之间失调的强度越大,人们想要解除不协调的动机就愈强烈,态度改变就越迅速。费斯汀格在《认知不协调》一书中提出了三种缓解认知不协调的方法:

(1) 改变某一认知因素,其中包括改变行为本身,否认或歪曲自己的行为,使其与其他因素间的不协调关系趋于协调。例如,认知因素A"我喜欢吸烟"与认知因素B"吸烟可能导致肺癌"是不协调的,一个人可以改变认知因素A"我要戒烟",也可以改变认知因素B"吸烟导致肺癌的说法是没有根据的",这样便可达到认知协调。

(2) 增加新的认知因素,加强协调关系的认知系统。如上述因素A"我喜欢吸烟"无法改变,可增加新的认知因素C"世界上因吸烟而长寿的人很多",或认知因素D"肺癌只要及早治疗是不会有生命危险的"等,使不协调的强度自然降低。

(3) 强调某一认知因素的重要性。上例中可以强调认知因素A"吸烟虽不利于生理健康但有利于心理健康,可以消除精神紧张",也可以强调认知因素B"肺癌是可怕的,为了家庭幸福和自己的健康,我虽然喜欢吸烟但应尽量克制",这样也可以使认知处于协调状态。

费斯汀格的认知失调理论具有创新性和广泛的适用性,他的理论和海德平衡理论的基本假设是一致的,但费斯汀格强调个体通过自我调节达到认知平衡从而改变态度,而海德更着重人际关系对认知平衡的影响。另外,由于费斯汀格的认知失调理论有一系列的实验为依据,而且解释了传统看法无法解释的现象,因而引起心理学家的广泛兴趣。但他的理论也不是完美无缺的,他对"协调""不协调"本身的规定模糊,使人不易把握,更难以测定。此外,他的认知模式过于简单化。

(4) 沟通改变理论

在现代社会中,沟通工具如报纸、电视、电影、杂志、电脑网络等都直接或间接地影响着人们态度的改变,这是人所共知的事实。美国心理学家墨菲(Gardner Murphy,1895—1979)用实验室实验证明了沟通对人们态度改变的影响。在实验前,墨菲随机地把被试分成实验组和控制组,并用量表对每个成员进行测量,证实两组对种族歧视的态度是基本相同的,然后让实验组看宣传黑人成就的电影、画报、电视,如黑人在奥运会上夺金牌,在科学技术上取得成就等,而不让控制组看。结果实验组的被试对黑人的态度有了显著的变化,而控制组则没有变化。

许多心理学家认为,沟通对态度改变的影响取决于三个因素:第一,沟通者。沟通者是信息的来源,古希腊哲学家亚里士多德认为,有效的沟通者必须具备优良的情感意志和品质,具有沟通者的能力、社交风度、可信性和个人的人格魅力。第二,沟通过程。在沟通过程中,沟通者及沟通的信息要引人注意,可找一个名人或是有威望的人作为沟通者,其价值不在于沟通者本身,而是劝导对象注意信息。在沟通过程中,信息的内容要以对象善于接受的方式来表达。另外,沟通者还要了解对象的需要和动机,尤其是他们的不合理信念,使传递出的信息被对象所接受。第三,沟通对象。沟通对象的个性特点(如自尊心、智力水平、刻板性等)会影响到他们态度的变化。

(四) 改变态度的方法

我们所说的态度改变主要指两个方面,即方向与程度。有人认为当今社会是一个竞争的社会,但在实践中渐渐领悟到合作比竞争更重要,于是一改以前的态度,这是态度在方向上的变化。有人本来不喜欢旅游,在朋友的邀请下外出旅游了几次,觉得旅游是花钱买累受,便更不喜欢旅游了,这是态度在程度上的变化。方向与程度是有一定关系的,一个人的态度从一个极端走向另一个极端,这既是方向上的变化也是程度上的变化。

人是复杂的社会人,改变人所已有的态度是一件复杂的工作,这里既有科学性又有艺术性,许多研究者已找到了不少改变态度的方法,有的还颇为有效。

1. 积极参加活动

实践证明,参加活动能改变人的态度。心理学家费斯汀格为研究美国白人对黑人的态度改变设置了三种情境:第一种是让白人和黑人一起做纸牌游戏;第二种是让白人与黑人一起看人玩纸牌;第三种则让双方同处一室但并不组织共同活动。结果发现,白人对黑人显出友好态度的人分别是 66.7%、42.9% 和 11.1%,这说明参加活动越深入越容易改变态度。

个人参加活动可以分为两类,即主动型和被动型。大量实验表明,主动参加活动的人比被动参加活动的人态度改变要大。有人以大学生为被试,首先测定了他们在三个具体问题上都持否定的态度,然后把他们分为几个三人小组,并要求三人中有一人根据实验者所提供的信息对另外两人做说服工作,说服中要流露出对此深信不疑、发自内心的神情,使另外两人对上述三个具体问题转化为肯定态度。结果发现每个成员都改变了态度,其中说服角色的扮演者改变最大,如果他扮演越久则其态度改变越大。

2. 唤起恐惧心理

美国社会心理学家施肯认为,宣传必须使人们的内心感到有压力和威胁,这样人们才能改变态度以消除心理上的负担。

贾尼斯(Irving Lester Janis,1918—1990)和费西拜契 1953 年作了一项研究,用预防蛀牙作信息,强调饭后刷牙的重要性。他们用三种不同的宣传方式说明蛀牙和身体健康的关系。让第一组被试看牙齿腐烂、痛苦和感染的画面以引起他们高度恐惧,让第二组被试看一些不太可怕的画面以引起中度恐惧;让第三组被试看蛀牙画面只引起轻度恐惧。结果最遵守口腔卫生的是第三组(38%),第一组最少(8%),这与早期推论的越恐惧越容易改变态度的结论恰好相反,原因何在?

有些研究者认为,恐惧的程度和态度变化的量呈倒 U 型的关系,如图 4-2 所示。恐惧由低度加强到中度时,态度变化也相应增大,但恐惧一旦过强,被试就失去了改变的勇气,他们或是回避信息内容或是持拒斥的态度,态度变化反而减少了。

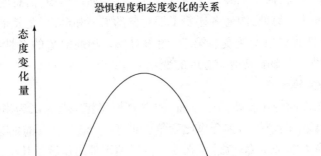

图 4-2　恐惧的程度和态度变化的量呈倒 U 型的关系

然而利文萨尔(Howard Leventhal)等人的实验却又与贾尼斯和费西拜契所得的结论完全相反。究竟在什么样的情况下容易改变人的态度呢？一般认为，如果需要人们立刻采取行动改变态度，则需要引起强烈的恐惧心理，这种心理会转化为一种动机力量，激励人们迅速地改变态度；如果允许人们延长一段时间改变态度，则不必引起强烈的恐惧心理，而需要多用理性宣传。因为人的恐惧心理会随着时间的增加而逐渐消失，而人的理智则会慢慢清晰，通过理性的思考人们会逐渐改变态度。

3. 选择正确的宣传方式

宣传按其方式可分为单面宣传和双面宣传。霍夫兰德(Carl Hovland,1912—1961)等人认为，只有倡导意见方向的是单面宣传，而多少掺杂反面意见的是双面宣传。心理学的研究表明，这两种宣传方式只要使用得当，对促进态度的改变都会产生好的效果，具体采用何种方式需视当时客观条件、宣传对象的态度和所受的教育程度及宣传的任务而定。

一般来说，如果被宣传者对宣传的观点和材料抱有肯定的态度，如果被宣传者中不存在反对的观点，如果被宣传者所受的教育程度较低，如果宣传的任务要起到立竿见影的效果，那么进行单面的宣传效果较好；如果被宣传者对宣传的观点抱有否定和怀疑的态度，如果被宣传者中对宣传的观点本来就有分歧和争论，如果被宣传者所接受的教育程度较高或知识经验丰富，如果宣传的任务是要形成人们长期稳定的态度和信念，则进行双面宣传效果好。

进行双面宣传时材料的安排十分重要。由首因效应和近应效应得知，材料的头尾部分比中间部分对听众有更强烈的影响，这从心理学的记忆规律中可以得到证实。因此在宣传活动中，首先应提出正面材料，把反面材料放在中间，最后再用新的事实论证正面的观点和材料，这样会对人们态度的改变产生最强烈的影响。

4. 逐步提出要求

心理学的研究表明，要改变一个人的态度首先要了解他的原有态度，然后估计一下新态度和原有态度之间的距离，再采用小步子原则，逐步提出要求，不断缩小两者之间的差距，这样原有态度就会被新态度取代。

日本心理学家元岗就此做过一个实验。他以家庭主妇为被试，请求她们给他清凉饮料。他向第一组被试逐步提出要求，而向第二组被试一次就提出较高要求。结果第一组被试同意供给饮料的占 78.5%,第二组被试则只有 45.5% 的主妇同意供给饮料。由此可见,逐步提出要求容易使别人接受而改变态度。然而,如果个人迫切要求改变现状,不改变将使其个人利益受到损害时,态度差距即使再大也会迅速改变的。

5. 团体规定

团体的规章制度、公约、法规可以有效地改变人们的态度。20 世纪 40 年代心理学家勒温就此做了一系列的试验。实验一的被试是美国家庭主妇,目的是改变对动物内脏的态度。美国家庭主妇一般不喜欢用动物内脏做菜,但第二次世界大战期间,由于食品短缺,美国当局希望能说服家庭主妇用动物内脏做菜。勒温对一组进行个别劝说,对另一组进行团体规定,一周后进行检查,结果个别劝说组只有 3% 的人改变了态度,而团体规定组有 32% 的人改变了态度。

实验二的被试是产妇,一组离开医院时进行了个别劝说,要他们为婴儿的健康,每天给孩子吃鱼肝油和橘子汁;另一组则进行团体规定。一个月后进行检查,发现前一组只有少数人照办,后一组几乎人人照办。

实验证明,团体规定比个别劝说作用大,有助于人们态度的改变,但这并不等于说个别劝说无效,要视具体情况而定,双管齐下也许效果更佳。

态度向两个方向的变化,可能变得积极也可能消极。作为宣传者要引导被宣传对象的态度朝着积极的方向改变。

> **思考题**

1. 如何理解"人上一百,形形色色"?
2. 如何理解人格的定义和特征?
3. 试述人格的影响因素。
4. 学习气质、性格、能力等方面的知识,对于管理工作有哪些意义?
5. 试述个性倾向性对于管理工作的意义。
6. 评述态度改变理论。
7. 改变态度有哪些方法?

第五章　群体心理与行为

理解群体心理是搞好关系管理的重要基础之一。

我们习惯于推己及人,以为他人想什么、在群体中的他人想什么,我们可以简单地推论出来。法国著名社会心理学家古斯塔夫·勒庞(Gustave Le Bon)在著名的《群众心理》(又译为《乌合之众》)中指出:单单是他变成一个有机群体的成员这个事实,就能使他在文明的阶梯上倒退好几步。孤立的他可能是个有教养的个人,但在群体中他却变成了野蛮人——即一个行为受本能支配的动物,他表现得身不由己,残暴而狂热,也表现出原始人的热情和英雄主义,和原始人更为相似的是,他甘心让自己被各种言辞和形象所打动,而组成群体的人在孤立存在时,这些言辞和形象根本不会产生任何影响。他会情不自禁地作出同他最显而易见的利益和最熟悉的习惯截然相反的举动。

**Gustave Le Bon,
1841—1931**

一个群体中的个人,不过是众多沙粒中的一颗,可以被风吹到无论什么地方。个人融入群体精神之中,个体之间的差异被消解,智力认知水平开始下降,所有的单个人都在模拟或追随群体,"从他们成为群体的一分子那刻起,博学者和不学无术者都一样没有了观察能力"。关于群体心理,勒庞的观点很偏激,但是他关于群体心理与个人心理有着明显的区别的观点还是被广泛接纳。群体虽然是由个体构成的,但它并不等于个体的简单相加。领导者如果对一个群体组织管理得当,群体成员就能够协调一致,密切合作,使企业的生产与活动开展得卓有成效;反之,则群情涣散,矛盾与冲突时有发生,从而影响群体力量的发挥,企业的生产与活动便难以达到预期的目的。通过上一章的探讨,我们知道,人在不同的位置,他的行为举止都是不同的。我们在本章主要讨论群体心理与行为。

案例　阅兵式上的女兵

2015年9月3日上午,纪念中国人民抗日战争暨世界反法西斯战争胜利70周年阅兵在北京天安门广场隆重举行。中国女兵走过天安门广场。

阅兵式上,中国女兵英武靓丽,展现别样"中国美"。51名三军仪仗队女兵按陆海空三军各一列、每列17人的队形,排在仪仗队方队第10至12列。队员着陆海空三军裙装礼宾服,手握步枪护卫着军旗。淡雅的妆容,合体的短裙,英武的军靴,加上手中的钢枪和肩背的药箱……将女性的柔美和军人的刚毅融为一体。

承担受阅任务的中国仪仗队女兵,与男兵一样挂枪受训,也要执行站立2小时不动、正步行进200米、齐步行进1 000米动作不变形的徒步方队标准。乘新型急救车和中型运输车受阅的"白求恩医疗方队"同样刚柔并济。方队260多名队员臂带红十字,肩背医药箱,上衣贴身合体,裙子设计又加入年轻女孩喜欢的时尚元素,这些队员眼中"最漂亮的军服",洋溢着年轻女兵的青春气息。

第一节 群体的结构、类型和功能

女性和男性比较,相对来说纪律性要差一些,喜欢嬉戏说笑,可是,她们一旦进入军人群体,就好像变了一个人。群体是一个介于个人与组织之间的人群结合体。具体而言,它是具有以下特征的一群人:(1) 各成员相互依赖,在心理上彼此意识到对方的存在,意识到其他成员的存在;(2) 各成员在行为上有互动关系,即彼此之间相互作用、相互影响;(3) 各成员具有群体意识和归属感,意识到自己是集体中的一员,有"我们同属于一群"的信念,也就是具有共同的心理需要和共同的目的。由以上特征可知,在火车站等候列车的旅客、在商场里购物的顾客、在马路上围观看热闹的一群人、几个偶尔一起乘电梯的人,都不能算是群体。因为,他们虽然意识到对方的存在,但彼此之间却没有相互作用。

另外,群体的规模是有一定限制的,大小应由群体共同活动的需要决定。群体规模小,每个成员都能和其他人直接交往,而不用间接地通过别人交往;群体大但不能大到每个成员都无法相互认识,比如,一个几万人的大型企业就不能说是一个群体,因为在这个企业中的许多人相互非常陌生,有的可能从未照过面,也有的可能从没有交谈过,对他们而言,彼此间很难发生直接的相互作用,自然也很难有"我们同属于一群"的感受。一般地,群体的规模在二至数十人之间。群体是那些通过一定的生产关系结合起来进行共同劳动而产生相互作用的人群联合体,它们是企业生产劳动的具体单位,也是组织的重要组成成分。

一、群体的结构

群体的结构一般是指群体成员组成成分的有机结合。从群体成员不同的组成成分着眼,群体的成员结构可以分为如下方面:
(1) 年龄结构:指群体成员的年龄特点。
(2) 知识结构:指群体成员的知识掌握情况,包括各自所学的专业、习得的水平、接受教育的状况等。
(3) 能力结构:指群体成员的能力状况。
(4) 性格结构:指群体成员的性格特点。
除此以外,还有籍贯结构、性别结构、党派结构、宗教信仰结构等。
不同的群体结构,对群体功能的发挥产生着深刻的影响。当成分不同的人们聚集在一个群体中时,会选择不同的角色、承担不同的分工、发展不同的行为模式,因此,群体成员如果搭配合适,就会关系密切,精诚合作,出色地完成劳动生产任务;而群体成员结构如果搭配不合适,整个群体便会像一盘散沙,经常产生矛盾、冲突,成员间互相妨碍,互相干扰,群体功能难以体现,劳动生产率自然就大大降低。

在群体结构中,有一个重要的问题,就是结构的同质性和异质性问题。所谓同质是指群体成员在年龄、知识、能力、性格等方面都比较接近;所谓异质则指上述各方面迥然有别。有研究表明,异质群体在解决问题的有效性、创造能力、成员对解决问题结果的满意度上,均优于同质群体。还有研究表明,同质或异质群体完成任务的效率高低与任务的复杂程度有关。同质结构的群体在完成简单的任务时效率较高,而异质结构的群体在完成复杂的任务时有较高的效率。具体到企业生产中,基层生产班组以同质结构比较好,但对领导班子而言,则以异质结构为好。因为,基层生产班组的任务相对要简单一些,领导班子承担的任务较为复杂,特别需要不同年龄、能力、性格、知识结构的成员在工作中取长补短,相互协作。当然,群体要能够顺利完成任务,不论任务难易,不论群体结构属同质还是异质,都要求群体成员在对重大问题的看法和信念上保持一致。需要指出的是,这种对群体结构的同质和异质分析,是一种静态的分析,它对于企业管理有着十分重要的意义。不过,这种分析是相对的,而不是绝对的,因为群体成员的能力、性格虽具有一定程度的稳定性,但并不是固定不变的,而且成员间的相互作用又是一个互动的动态变化过程,所以,对于群体结构的分析,应充分考虑群体活动的发展与变化。

二、群体的类型

在现实中,群体的存在形式多种多样。不同的群体,它的活动过程和体现功能也不尽相同。因此,在企业管理中,区分不同的群体类型是十分必要的。依不同的标准,群体可划分为如下几种类型:

1. 内群体和外群体

这是根据群体成员对自己人和他人群体的感情来划分的群体类型。群体成员将自己的群体称为"内群体",对它怀有特殊的忠诚感;同时,他们以怀疑的眼光看待其他群体,将其视为"外群体",并认为它没有自己的群体那样有价值。在企事业单位里,人们一般会将自己所在的班组、科室、车间、部门视为内群体,而把别的班组、科室、车间、部门看成外群体。

2. 隶属群体和参照群体

隶属群体,又称成员群体或实属群体,是指个体所实际参加或隶属的群体。比如家庭、个体所参加的团队、职工工作的单位等。参照群体,又称榜样群体或标准群体,是指个体自觉接受其规范标准并以此来比较和指导自己行为的群体,它对个人的态度和行为取向有着重要的影响。参照群体不一定是个体所在的隶属群体,因为隶属群体的规范标准并不一定和个体心目中的理想标准相符,参照群体甚至可能是想象中的群体。选择有利的参照群体,如学校的先进班级、工厂的先进班组等,会对个体的行为产生促进作用和积极影响;反之,若把落后的群体甚至犯罪团伙当作参照群体,个体的行为就会出现极大的偏差。因此,在企业管理中,领导有必要进行有针对性的工作,使先进群体成为个体心目中的参照群体。

3. 假设群体和实际群体

按群体是否实际存在,群体可分为假设群体和实际群体。假设群体,又称统计群体,是一种实际上并不存在,但为了研究和分析的需要而人为地划分出来的群体。它可以根据性别、年龄、职业、民族等不同特征来划分,是研究时可选择采用的一种有效手段。如为研究需要而划分的60年代人口群、先进工作者所组成的群体等。实际群体是客观存在的群体,如在一个车间里的工人,他们为了完成共同的任务而工作、劳动在一起,个体间的行为彼此相关。

4. 正式群体和非正式群体

此种划分法最早是由美国心理学家梅奥在霍桑实验中提出的,它的划分依据是群体构成的原则和方式。那些为了达成有组织任务、有明确关联的特定目的,以及执行组织的特定工作而产生的正式的组织机构,称为正式群体。通常,它由正式文件明文规定,成员的地位和角色、权利和义务都很明确,并有固定的编制。例如,学校的班级、教研室;工厂车间的班组、科室等。

非正式群体则是人们在交往中,出于共同的兴趣、观点、目标、感情、利益等而自愿结合在一起,自发地组织起来的群体。如由于上下班同路或工种相近而结成的群体、由于喜爱锻炼而结合在一起的群体等。它没有定员编制,其成员的权利和义务也没有条文规定。非正式群体既可在正式群体之内,也可在正式群体之外,或是跨几个群体。有时一个正式群体之内有好几个非正式群体。非正式群体总是处于一种不断调整、不断重组的状态下,因此被看作是一种不安定的力量。它具有明显的两重性,当它与正式群体目标相一致时,就会成为辅助力量,促成群体目标的实现;反之,则会成为异己力量,阻碍群体目标的达到。作为一个管理者,应重视非正式群体的存在和发展,合理利用,引导它们到为组织目标服务的轨道上来。

此外,还有初级群体和次级群体、松散群体和联合群体等不同标准的分类。

三、群体的功能

任何一个群体,它的功能都可以通过与组织、个人的关系来体现。因为群体是介于组织与个人间的人群结合体,它起的作用必然是组织与个人间的中介与桥梁。具体表现为:

1. 完成组织交付的任务

一个较大的组织为了有效地达到目标,必须把任务分解,通过分工合作的方式交由较小的单位、部门去进行。群体的作用就是承担、执行和完成这些任务。民谚"三个臭皮匠,抵过一个诸葛亮"说的便是在完成某一目标任务的过程中,群体活动比个人活动具有更大程度的优越性。全球最大的因特网设备制造商思科公司(Cisco System)的首席执行官钱伯斯说过:"很早以前我就知道一群人总是能够打败一个人的。如果你有一群超级明星,那么你就有机会建立一个王朝。"是的,谁都难以否认,个人的活动能力、所掌握的技能毕竟有限,尤其在现代高技术密集型的生产中,更需要个人与个人间的精巧配合、密切协作。这种配合、协作中所产生的互动作用,能使个体力量有机地组合成新的力量,使群体力量发挥出更大的效能,从而较好地完成组织交给的任务。

2. 满足群体成员的心理需要

人天生有一种合群的倾向,很大程度上是因为群体这种组合方式可以满足人的多种需要:

(1)获得安全感和归属感。群体让内部成员有一种安全感。在群体中,成员间互相帮助、互相依赖,消除了孤独、恐惧,减少了不安、焦虑,获得心理上的安全感,这种安全感也带来了对群体的喜爱、认同和依恋的心理感觉,满足了归属的需要。如职业的保障性给人带来的安全感,工作群体让人产生的归属感等。

(2) 自我确认的需要。由于不确定性的存在,人有一种评价自己、估计自身的驱动力。在群体中,成员可以通过与他人的社会对比来估价自己,体会自己是群体的一分子,并确认自己在群体中的地位。比如在与他人相比后,知道自己是一个好技术员;或在一次竞赛中成绩优秀,知道自己干得不错。

(3) 满足社交的需要。群体为人与人之间的交往提供了广阔的空间,在交往中,人们互相关怀、支持,获得关爱与友谊。作为企业的管理者,应注意建立健全企业的分配制度、教育制度、团队活动制度、娱乐制度,使成员间形成良好的人际关系。

(4) 获得成就感,满足自我实现的需要。在群体中占有一定的地位,可以赢得别人的尊重,满足自己的自尊心。当在其他成员的帮助下,完成了对自身极有挑战性的工作后,会有一种成就感和自我实现的满足感,感到自己身价倍增。

上述这些需要在孤立状态是很难满足的,只有群体才可以促成它们的实现。

群体的这两个功能是相互制约、相互影响的。当上级组织交付的任务完成得越圆满,企业的生产效益越高时,群体成员的心理需要就越是能得到满足;而群体成员的心理需要越是得到了满足,其生产积极性就越高涨,组织任务也就完成得越成功。

可见,在企业管理中,群体的有效性可以从两个方面来衡量:一是对组织交付任务的完成程度,即企业的生产性,它所创造的劳动成果;二是对其成员心理需要的满足程度。

需要指出的是,群体对个人生活的影响有两种可能:社会促进和社会致弱。社会促进是指当有其他人员在场时,会增进个人的工作成绩;社会致弱正好相反,其他人员的在场反而会使个人的工作效率降低。所以,群体的功能也体现了正、负两方面的影响,既有促进性的进步面,又有破坏性的退步面。对于企业的管理人员而言,要注意采取有效措施,抑制群体的消极功能,发挥群体的积极作用。

第二节 群体行为

在社会影响的作用下,群体内的个人行为将有异于处于孤立状态下的个体行为,于是,由群体内的个人行为而表现出来的整体的群体行为有着自己鲜明的特点,并且与组织管理活动密切关联。下面介绍几种典型的群体行为。

一、从众

(一) 阿希实验与从众行为

这是社会心理学家阿希(Solomon Asch,1907—1996)1951年做的一个关于从众问题的经典实验。他让大学生来参加一项知觉方面的研究,在一个实验组里有6名假被试(实验助手)和一名真被试(他不知道只有自己是不知情的),他们围桌而坐,被要求判断线的长度。实验者拿出两张卡片,一张上面画有三条不同长度的直线 A、B、C,另一张上面画了一条直线,称为"标准线段 X",如图5-1所示。实验者要被试在第一张卡片上找出与第二张卡片上长度相同的线段。任务其实很简单,在第一张卡片上确实有一条线段长度与标准线段一样,而另外两条线却与标准线段相差很大。

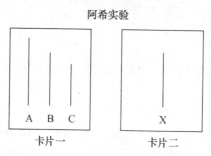

图 5-1　阿希实验

当卡片出示以后,被试依座位顺序依次大声回答自己的判断。因为判断十分容易,所以被试意见一致。在所有的被试都作出回答后,又显示第二组线段让他们判断,然后,呈现第三组线段。实验看似毫无意义。但在第三次测验时,第一位被试在认真地观察之后作出了错误的选择,接下来的几位被试也给出了同样错误的答案,当轮到最后一位真正的被试时,他会作出怎样的回答呢?

结果发现,有35%的被试,遵从群体的压力,随之作出了同样错误的答案。这个经典实验引出了心理学家对从众行为的研究。他们把这种个人受群体压力的影响,在知觉、判断、信仰及行为上表现出来的与群体大多数成员相一致的现象,称为从众(conformity)倾向或从众行为,又称遵从行为。

(二) 从众行为的心理分析

产生从众行为的心理因素有很多,它们施以不同的压力,影响着个体与群体相似的程度。

(1) 对群体的信任度。个体对群体越信任,越觉得群体是一个可靠的信息来源,就越会遵从群体的意见。

(2) 对偏离的恐惧。几乎在任何群体中都有强大的要求一致性的压力,不遵从的人就会有相当大的危险性。个体害怕若与群体意见不一致,群体会讨厌他、虐待他或驱逐他,他要群体喜欢他、接受他、优待他,就会选择遵从。

(3) 群体的规模。遵从性的强弱随多数人一致性规模的变化而变化,因为多几个人比一个人更值得信赖,不相信一个群体比不相信一个人更困难。

(4) 群体的专长。一个群体越有专长,个人对群体就越信任,也就越容易把群体的意见当作有价值的信息,从而越易遵从。

(5) 个体的自信心。个人的自信心越缺乏,遵从他人判断的可能性就越大,如此一个视力较好的人在视觉辨别方面,要比近视眼有信心,因此不易遵从。当然,这中间牵涉问题难度这一要素,问题越困难,个人对自己的自信心就越会减弱,对群体遵从的可能性就越大。

(6) 责任感。责任感会降低遵从。一个人如果对某个问题产生了责任感,他就会不愿意屈服于群体的压力,遵从性也随之减小。

(7) 性别差异。由于传统文化影响,男女的性别差异导致对问题的遵从性不同。在女性项目(如家务、服装等)中男性遵从较多,在男性项目(如政治活动、体育运动等)中女性遵从较多,而在其他中性项目里,两性的遵从量几乎相等。

二、顺从

(一) 顺从行为的概念

顺从(compliance)又称依从,是个体为了符合群体或他人的期望和赞许而表现出的符合外部要求的行为。它与从众行为十分相似,即二者都是由于外在的群体压力而产生的,但是也有区别,区别就在于行为者的内心是否出于自愿。在群体压力的作用下,放弃自己原先的想法去附和大家的意见,这是从众;而在群体压力的作用下,依然保留自己的看法,但是为了符合群体的期望而改变了自己的行为,这是顺从。例如,当看到很多人穿着牛仔裤觉着很漂亮时,自己也去买一条穿在身上,这是从众;自己并不怎么喜欢牛仔裤,可别人都认为自己穿起来很不错,为了获得别人的称赞,就经常穿着它,这是顺从。

可见,顺从行为与从众行为相比是非内在的,而是外在的,因为虽然个体的外部行为发生了改变,可内心的态度和看法并没有改变。

(二) 顺从行为产生的原因

(1) 满足别人的期许。个人总是希望自己能够被别人肯定、接受,若站在群体的对立面,难免招致嘲讽、排斥甚至驱逐。只有满足群体的期许,逐渐被群体同化,才能得到群体的认同,这就是群体认同感。在群体认同感的作用下,即使内心有所保留,也会赞成群体的意见,采取与群体一致的相符行为。

(2) 实现群体的目标。群体目标的实现有赖于群体成员齐心协力的努力,如果群体成员意见不统一,"窝里斗",就会理所当然地出现"一个和尚挑水吃,两个和尚抬水吃,三个和尚没水吃"的情况,群体目标将遥不可及。特别是在当今的新经济时代,个人的奋斗仅是很小的一份力量,新经济时代的生产劳动更讲究群体力量的协作与配合。在自己的意见与群体意见相左的时候,发扬谦让的风格,选择与群体统一的行为,会更有助于群体目标的实现。

(3) 保持良好的人际关系。由于连续相互作用的期许,人们往往不愿意破坏原有的人际关系,想避免使他人感到难堪或者希望维护原来的人际关系,即便有不同的想法,也还是尽量表现出符合他人期望的行为。

三、群体行为的实现方式

群体行为是通过社会影响的方式来实现的,主要有暗示、模仿、感染等。

(一) 暗示

暗示是指在无对抗条件下,人们对接受到的某种信息迅速无批判地加以接受,并依此而作出行为反应的过程。它的特点是:

(1) 暗示是一种刺激,那些能够引起暗示者反应的刺激才是暗示,不能引起暗示者反应的刺激便不能称之为暗示。经过路边的广告牌时如果熟视无睹,那么广告就没有产生暗示作用,广告牌便不是暗示。可如果自觉不自觉地接受了广告的建议,特别注意或者购买了它所宣传的产品,广告就很好地起到了暗示的作用。

(2) 暗示不是说服,无需讲道理,而是一种直接或间接的提示。

暗示主要有直接暗示、间接暗示、自动暗示和反暗示。直接暗示是由暗示者把某一事物的意义直接提供给受暗示者,如领导者想推行一种新的企业制度,就大力宣传此种制度的优越性;间接暗示是暗示者凭借其他事物或行为为其中介,受暗示者并未意识到自己的观念是由暗示形成的,所以间接暗示一般不会使受暗示者产生心理抗拒或逆反心理;自动暗示分为来自于群体和他人的"自他暗示"和起于自我的"自我暗示",如"草木皆兵""杯弓蛇影"就属于"自我暗示";当外界刺激的结果引起了相反的反应,这时的暗示就是"反暗示",如"此地无银三百两"就是一个绝好的例子,原本怕人偷而做的暗示却起了指路的作用。

(二) 模仿

模仿是有意无意地对某种刺激作出类似反应的行为方式,如模仿人的行为举止、思维方式、情感取向、个人性格等,它分自发的模仿和自觉的模仿两种类型。自发的模仿,就是无意识地模仿他人,有儿童模仿大人言行的先天本能的模仿,也有后天习得的模仿。自觉的模仿,则是有意识地模仿他人,如"邯郸学步""东施效颦"等,其中又可分为适应新的生活而模仿他人行为的适应性模仿和经过思考而有选择地模仿的选择性模仿。与由被控制的社会刺激引起的暗示不同,引起模仿的对象是一种非控制性刺激,模仿对象本身有一种榜样的作用。管理者可充分利用影视、小说和实际生活中的典型人物,把他们树立为榜样,对职工们进行教育,让其选择模仿先进行为,不模仿落后行为。

(三) 感染

感染是通过某种方式引起他人相同的情绪和行动,或者说是个体对某种心理状态无意识、不自主的屈服。这是分别从感染的主体和被感染者的角度出发对感染作的定义。感染实质上是情绪的传递交流,相似性是其基本条件。

感染通常可分为三种类型:(1) 个体间的感染,即发生在两个人或能直接接触的小群体成员之间的感染。(2) 文艺作品的感染,这是一种间接感染。(3) 大型开放人群中的感染,这种感染常在运动会会场和集会游行中见到。它的显著特点是"循环反应",一个人的情绪会引起他人相对应的情绪发生,而他人的情绪又反过来加剧此人原有的情绪,反复振荡,激起强烈的情绪爆发。

感染在社会互动中起着很大的作用。首先,感染可以改变人的情绪。面对危险,与勇敢者为伍,会凭空生出许多的勇气和力量,若是换了个胆小者在身边,自己则心虚胆战。其次,感染可以使人自觉地生发出与环境一致的情绪,采取与环境一致的反应。如受喜庆氛围的感染,会暂时地忘掉心中的烦忧,而悲伤的环境则难免让人心生伤悲。最后,感染可以整合一群人,使之成为一个临时群体,获得紧急规范,采取一致的行动。

四、群体行为的作用

群体塑造了群体成员并使其社会化,群体行为的作用是显而易见的。当然,就如许多事物具有两重性一样,群体行为的作用也体现在积极和消极两个方面。

(一) 群体行为的积极作用

群体行为既然是通过社会影响的方式来改变个人的观念和行为而表现出来的结果,那么,一个先进的群体就会对其成员起到积极的促进作用。从众和顺从常常让人感到较为适宜,是由于与他人保持一致的需要和在特殊的环境中,他人的行动可以为你提供有关行为方式的最好信息。所以,对个别表现不好的员工,可以有意识地把他安排到一个先进群体中去,在暗示、模仿、感染等的社会影响下,极有可能使其逐渐改变原先不好的行为。

在管理时，尽可能地避免利用强迫的压制性手段应是一种明智的选择，因为在压力下工作的人们是不可能有什么积极性的，而且过大的压力会使人们产生对抗心理，反而去做与要求相反的事。若想使人更有可能按照对他的要求去做，就要充分利用社会影响在改变个体行为作用中的潜移默化、不知不觉的特点。比如，运用登门槛技术，即先提出小的要求，然后提出较大的要求，可以增加依从性；或者在有些条件下，用相反的技术，即在一个很大的要求后面紧跟着一个小的要求，也同样能够增强依从性。这样，在群体行为的积极作用下，管理者成功地实现了对群体成员的控制，让成员们在心理相容的条件下工作，劳动生产率自然会大大提高。

（二）群体行为的消极作用

从众和顺从亦称相符行为，可能使人耗费许多时间，譬如不管自己的喜好，把发型弄成时新的样子，穿着时髦的衣服等。相符行为还倾向于"舆论一致"，在"舆论一致"的压力作用下，容易使人人云亦云，难以发挥个人的独创性。还有，人们在群体的相符行为中，会失去个体感，淹没于群体之中。这在某种程度上会使个人丧失责任心，群体成员共同分担责任，就不像单独时那样有强烈的责任感，会产生责任的扩散或去个性化。可见，若相符得太多，也会变成消极的力量。管理者如果被相符行为的表面一致的现象所迷惑，不去深究一致现象背后不一致的真实，难免会得出不正确的结论或者作出错误的决定。管理者应清醒地认识到这一点。

第三节 群体动力

"群体动力"这一概念最早由德国心理学家勒温提出，他认为人们所结成的群体像河流一样，表面上平静，实际却在不断流动，处于一种连续相互作用、相互适应的互动过程，叫"准停滞平衡"现象。此后，对群体动力的研究致力于解释群体行为形成的原因，认为群体行为的动力来自于群体一致性，这种一致性表现在群体成员有着共同的理想、目标、兴趣爱好和思想感情等。群体动力主要包括群体规范、群体压力、群体凝聚力和群体士气等。

一、群体规范

（一）群体规范的概念

群体规范是指群体所确定的行为标准。这些标准为群体每个成员所公认，而且是每个成员所必须遵守的。群体规范有的是正式规定的，如法律、法规、一些规章制度等，但大部分是在群体中自发形成的，如文化、风俗、时尚、舆论，它们能潜移默化地影响个人的行为及人格的发展。

群体规范的形成受从众、顺从等心理因素的影响，群体成员彼此通过暗示、模仿、感染等的相互作用，会发生一种彼此接近、趋同的类化过程，正是在此基础上形成了群体规范。

（二）群体规范的作用

形成后的群体规范对群体的作用是非常广泛的，从每位成员的一言一行到许多人的一致行动。而且这种作用深入、持久，它促使群体成员在生活、生产中遵守共同的行为模式，以沟通思想、交流感情。一个群体的规范越标准，成员的活动就越协调，关系就越密切,群体也就越整合、越集中。反之,群体规范标准化若很低,那么群体就会很松散。可见,如果没有群体规范,共同活动就不可能进行。它的作用主要表现在:

1. 维系群体的作用。群体是以整体性的形式存在着的,而整体性就体现在群体成员的行为、感情和认知的一致性上。群体规范是这种一致性的标准,它统一着群体成员的意见和看法,调节着他们的行为。没有群体规范,群体就失去了其整体性,群体也便不复存在。从另一角度看,群体是由许多个体结合而成的,要维护其整体性,使其存在下去,必须要有一定的准则来约束其成员,而群体成员也正是依据这种对准则的认同,彼此一致起来,形成一个整体的。

2. 认知的标准化作用。这是指群体规范统一成意见看法的功能。日常生活中每个人的看法是不同的,可当他们结合成为群体,就会在判断和评价上产生一致的意见,在交往过程中制约着对事物的知觉、判断、态度和行为。群体规范像一把尺子,约束着每个成员,使他们对人和事的认识、评价有一个统一的标准,从而形成共同的看法和意见。

3. 行为的矫正作用。这是指群体规范为成员划定了活动的范围,规定了日常的行为方式,也就是告诉人们应该做什么,不应该做什么,怎样去做等等。由于人具有社会性,因此人的行为要受社会的制约,而群体是个人与社会之间的中介,社会准则正是通过群体来影响个人的,群体规范自然要约束人们的行为,使人们表现出一定的群体行为特点。

4. 惰性作用。这是群体规范消极的一面。规范作为一种多数人的意见,要求成员行为趋于中等水平,它把人们的水平限制在一个中等的水平上,既不能太先进,也不能落后。规范由此限制了人们的积极性和创造性。在这种限制性下,一些创造性行为会被看成越轨的行为、不符合群体要求的行为,这就极易使人们习惯于在规定的范围内思考、活动,从而影响人们积极性和创造性的发挥。

二、群体压力

（一）群体压力的概念

由群体规范的作用可以看出,每个群体都对其成员有一定的约束力量。也就是说,群体都要求其成员共同遵守一定的行为准则。而对于群体行为准则的共同遵守,往往也是群体内大多数成员的意向或愿望。有经验的管理者早就知道,当90%的人已经说出"是"之后,让另外的人说"不"绝非一件容易做到的事。群体大多数成员的意见会产生一种无形的力量,使群体内每一个成员自觉不自觉地保持着与大多数人的一致性,这种力量就是群体压力。

群体压力与权威命令不同,它既不是由上而下明文规定的,也不是强制个体改变自己的行为,而是通过多数人的意见,形成压力去影响个人的行为。群体压力尽管不具有强制的性质,但它对个体来说,却是一种难以违抗的力量。有时,当这种群体压力非常大的时候,甚至会迫使成员违背自己的想法而产生完全相反的行为。因为当一个人的意见与群体内大多数人的意见和行为不一致时,就会感到紧张,这种紧张来自于对偏离群体的恐惧。每个人都有归属一定的群体的需要,偏离大多数人的意见,则意味着对这种归属感的威胁。所以,如果一个人不愿意处于孤立的境地,就会在群体压力面前,顺应大多数人的意见。

一般地,群体压力过程有四个阶段,分别是:理性的讨论阶段、情感的引导阶段、直接的攻击阶段和心理上的隔离阶段。

（二）群体压力的作用

群体规范对其成员的影响，其实就是通过群体规范所形成的群体压力来实现的。群体压力使其成员采取共同的行动，这种一致性的做法至少体现了以下两方面的意义：

1. 群体一致的行为，有助于组织目标的达成和群体的存在与发展。世界上有许多事情只有靠群体的协同一致才能完成，对群体成员施加压力并不能说群体在推行专制强权，倒应该说是在尽力确保群体内部的凝聚力，从而完成群体任务。因为成员间没有分歧意见的行为可促使相互间的交互作用更为顺利，彼此间更能够相互理解、努力协作，保证群体活动的良好秩序和工作效率。倘若群体内部意见不一，便无法得出结论，达成一致协议，到时一哄而散，不利于维护群体的存在与发展。

2. 群体一致的行为，可以增加个人的安全感。个人安全感是通过验证自身对情境的判断正确无误来获得的，可是，许多时候没有可供核对的事实来验证，这时，只能参照别人的意见和行为确定自己的意见和行为，当看到别人赞成自己的意见和想法，才会有安全感。而且，大多数人只有在属于某个团体，有明确的地位与安全感的情况下，才能自由地表现自己的个性。

对于管理者而言，要充分利用群体压力对个体所产生的影响致力于发展群体的亲善性，当群体采取某种特定的行动时，个别成员就会受群体所迫，努力满足群体的需要。这样，便可去除不一致的声音，贯彻决策，达成群体目标。

三、群体凝聚力

（一）群体凝聚力的概念

群体凝聚力又称群体凝聚性或内聚力，它是使群体成员保留在群体内的合力，是一种使其成员对某些人比对另一些人感到亲近的情感，它可以被认为是群体的确定性特征。群体成员间的相互吸引力越强，群体成员对其群体就越忠诚，坚守群体规范的可能性就越大，因此，成员们会为群体目标作出更大的努力，个体目标与群体目标更易趋于一致，群体凝聚性自然就越大。

可见，群体的凝聚力是群体之中人与人之间、个体与群体之间的一种相互关系的反映。它既包括群体对其成员的吸引力，又包括成员对群体的向心力，同时还包括成员与成员之间的相互交感。因此，它对群体任务的完成起着重要的作用。一个有许多内在斗争、不愉快、工作缺乏合作的群体是不可能很好地完成任务的；大家意见较一致、关系融洽并且能够相互合作的群体，任务就会完成得很好；如果群体成员都能互相团结并热爱群体，工作一定会更出色。

（二）群体凝聚力与生产效率的关系

一般而言，群体凝聚力的高低会影响群体成员的士气、满意度和群体的一致性，对生产效率的提高产生重要影响。但必须指出的是，凝聚力的高低不是影响生产效率的唯一条件，在实际生产中，二者的关系极为复杂。大量的研究发现，群体凝聚力与生产效率的关系，既取决于管理者的诱导方向，又取决于群体的态度及其与组织目标的一致性程度。从群体与组织目标的一致程度而言，凝聚力与生产效率的关系存在着四种不同的情况：

1. 低凝聚力、低一致性，即群体的态度与组织目标不一致，同时群体的凝聚力也低，凝聚力与生产效率没有什么关系。

2. 低凝聚力、高一致性，即群体的态度支持组织目标，此时就算是凝聚力很低，生产效率依然能提高。

3. 高凝聚力、低一致性，即群体的态度不支持组织目标，生产效率的高低与凝聚力成反比，凝聚力越高，生产效率越低。

4. 高凝聚力、高一致性，即群体的态度与组织目标保持高度一致性，生产效率与凝聚力成正比，凝聚力越高，生产效率也越高。

可见，一个高凝聚力的群体，个体服从群体的倾向较强，内部成员较遵循群体的规范和标准，群体行为因此而总是表现出高度的一致性。在这样的群体内，管理者如果善于因势利导，将组织目标与群体目标很好地结合，让成员能够看到或感到自己努力的结果可以给个人及群体带来利益，群体将倾向于努力工作，生产效率就能大大提高。反过来，倘若管理者没有把组织目标与群体目标结合起来，二者处于一种相背离的状态，那么，这时的凝聚力是与生产效率成反比的，凝聚力越强，反而越易滋生群体的本位主义和小团体思想，会限制生产，导致生产效率的降低。处理好其中关系的最好办法，便是使成员看到个人利益、群体利益与企业利益之间存在一致性。

（三）增强群体凝聚力的方法

群体凝聚力的大小受许多因素的制约，有效地控制和利用这些因素，就是增强群体凝聚力的有效方法，具体如下：

1. 群体的规模。一般而言，群体规模的大小与凝聚力成反比，即群体规模越大，凝聚力越小；群体规模越小，凝聚力越大。因为如果群体人数多，相互接触的机会少，产生意见分歧的几率会增大，凝聚力自然降低。如果群体规模太小，又会影响任务的完成。所以，要既保证群体的工作机能，又要增强群体的凝聚力，群体规模在7人左右为佳。

2. 群体内部的一致性。即群体成员的共同性和相似性，主要指成员间要有共同的利益和目标。承包的企业群体内部，成员间的一致性较之未承包的群体要高，而且彼此间利害关系更为明显，因此凝聚力也更高。

3. 外部的压力。外部的压力会使群体间成员更加紧密地黏附在一起以抵抗外来的威胁，可见，外在的压力增加了群体成员相互合作的需要。在企业活动中，引进竞争机制，让竞争对手给群体制造外部压力，可使群体内部成员更加团结，提高凝聚力。

4. 群体的领导方式。民主型的领导方式比专制、放任型的领导方式能使成员更友爱，思想更活跃，情感更积极，群体凝聚力更强。

5. 群体内部的奖励。在那些人们期望彼此喜欢或为了较高的报酬而工作的条件下，他们相互间的影响更大，将个人和群体相结合的奖励方式会有利于增强群体的凝聚力。

除此以外，促进信息的沟通、提高群体的地位、努力达到目标等，也都能够增强群体的凝聚力。

四、群体士气

（一）群体士气的概念

士气原指军队作战时的集体精神，现在也应用于企业中，表示群体的工作精神或服务精神。

心理学家史密斯(G. R. Smith)把士气定义为对某一群体或组织感到满足,乐意成为此群体的一员,并协助达成群体目标的态度。所以,士气不仅表示个人需要的满足状态,还包含确认此满足得之于群体,因而愿意为实现群体目标而努力的含义。

克瑞奇等认为,一个士气高涨的群体具有七个特征:

(1) 群体的团结,不是起源于外部的压力,而是来自内部的凝聚力。
(2) 群体内的成员,没有分裂为互相敌对的小群体的倾向。
(3) 群体本身具有适应外部变化及处理内部冲突的能力。
(4) 群体成员之间具有强烈的认同感与归属感。
(5) 群体内的每个成员都明确地掌握群体目标。
(6) 群体成员对群体的目标及领导者,持肯定积极的态度。
(7) 群体成员承认群体的存在价值,并具有维护此群体继续存在的意向。

(二) 士气与生产效率的关系

企业一般都期望,群体不仅有高昂的士气,而且保持较高的工作效率或生产效率。但事实上这种情况很难达到。因为高士气只是提高生产效率的必要条件,而非充分条件。要提高生产效率,还需要具备其他许多条件,比如机械设备、原材料的供给等物质条件,职工素质、工作能力等人力条件。心理学家戴维斯认为士气与生产效率之间的关系有三种情况,如图5-2所示:

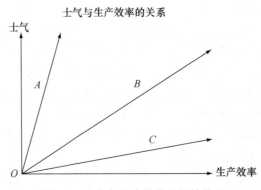

图 5-2 士气与生产效率之间的关系

A 线表示高士气低生产效率;B 线表示高士气高生产效率;C 线表示低士气高生产效率。

管理心理学研究已证明,用动作分析、时间分析等科学方法指导作业程序,并以严格控制的方式管理职工时,就是强调工作的物理条件而忽视职工的心理需要,可能会出现低士气但高效率的 C 情况。不过这种状况不会维持太久,如果无视职工的心理需要,势必会增加职工的反感,最终仍将导致劳动生产率降低。

同时,如果只顾及职工的心理需要,却忽略其与组织目标间的关联,则易产生高士气但低生产效率的状况。此时,由于高士气群体抵触组织的生产目标,生产将受到限制。

倘若想达到高士气高生产效率的理想状态,必须使职工的需要与组织目标趋于一致,让高士气群体赞同、接受组织的生产目标。这就需要有得力的管理者来做好正式组织与非正式组织之间的利益协调工作。

由此充分可见,高昂的士气并不能保证群体的高生产效率,但它却是高生产效率必不可少的条件。所以,管理者应该了解群体的士气状况并潜心研究如何去提高群体的士气,从而获得较高的劳动生产率。

(三) 影响士气的因素

群体士气受多方面因素的影响,一般而言,主要有以下几点:

1. 对群体目标的赞同。士气是群体中成员的群体意识,它代表一种个人成就与群体成就休戚相关的心理。它只有在个人赞同群体的目标,即个人目标与群体目标相协调一致时,才能够产生。因为在这个时候,个人对群体有着强烈的归属感、认同感,心甘情愿地为达成群体的目标而努力。

2. 合理的经济报酬。合理的薪金制度可以提高群体的士气,因为金钱虽不是人们追求的终极目的,但它可以满足人们包括生理等许多方面的需要,在某种程度上它还代表了个人自身的价值,以及在群体中的成就与贡献。薪金给付的标准,要满足两方面的条件:一是应达到足以维持个人起码的物质生活的水平;二是同工同酬,以工计酬,公平合理。这样才能够提高群体成员的士气,否则,只能引起人们的不满而降低士气。

3. 对工作的满足感。一份工作如果恰好与个人的兴趣、能力相合,那么,这份工作就会给个人带来满足感,然后在满足感的驱使下,极尽所能地施展才华与抱负,士气也由此提高。所以,安排工作时,要尽可能地考虑职工的兴趣爱好、能力、受教育程度等,让职工在工作中获得满足感,从而人尽其才,提高士气。

4. 群体成员间的和谐。群体成员关系和睦,少有冲突、争斗,凝聚力强,这个群体必然士气较高。

5. 优秀的管理者。群体领导者的管理作风影响着群体的士气。领导者如果作风民主,乐于倾听、接受不同的意见,通情达理,善于体谅职工辛劳,积极为职工争取利益,必然会赢得群体成员的认同,而使群体士气高涨。

6. 通畅的信息沟通渠道。管理心理学的研究表明,领导者与属下、属下与领导者以及群体成员之间,如果沟通受阻,会使人心生不满而导致士气低落。倘若这中间只是单向沟通,也易让人不安,或产生抗拒心理,降低士气。因此,管理者一定要注意保持信息渠道的畅通,且沟通是双向的,如多让成员参与决策和群体讨论,以改善上下之间的沟通。

7. 良好的身心工作环境。健康的身心条件,能使人精神振奋、工作愉悦。不良的工作环境,则易让人产生疲劳,甚至引起慢性疾病而减缓工作效率。所以,一方面,管理者要注意创设良好的工作物理环境,使照明、通风、温度、湿度、休息等都处于较佳条件;另一方面,要致力于建立良好的工作心理环境,使人们减少焦虑与不安,在友爱、自尊与自信的关系中工作,保持高昂的士气。

思考题

1. 群体有哪些类型?
2. 分析从众行为。
3. 试述群体行为的实现方式。
4. 试述群体凝聚力与工作效率的关系。
5. 影响士气的因素有哪些? 如何激励士气获得高绩效?

第六章 沟通与人际关系

　　组织中的沟通与人际关系是一门非常重要的学问，无论是对个体的工作、生活，还是对组织的决策、管理来说都具有十分重大的价值，有助于实现很多重要目标。中国传统文化信奉"君子之交淡若水"，故历代商人作为生存技巧之一的"关系学"，经常受人轻视。然而，随着现代社会的发展，在全球经济一体化进程中，一些现代管理者发现，他们每天除了完成个人必要的工作职责之外，另外还有一项费时、费力的重要工作，即是协调人际关系，做好沟通工作，以促进团队有效合作，使得企业和个人达到平衡且稳定的发展。此外，随着网络时代的到来，现代社会中出现的新型人际关系和社会结构，使人们逐步认识到人际关系的重要性，并重新学习与人沟通、交往、合作的方法与技巧。

案例

河北鑫华新公司利用传统文化打造家庭式和谐企业

　　河北鑫华新锅炉制造有限公司坐落在京、津、保的三角交汇处，京珠高速、京广铁路临门而过，是国家锅炉制造行业的重点厂家之一。

　　鑫华新从2005年起把中国传统文化儒学基础《弟子规》逐渐融入企业文化中，着力打造一个"家庭、学校"式的企业。通过对圣贤文化的深入理解和不断践行，已形成了以"仁爱""诚信""和谐"为本的鑫华新企业文化；通过鑫华新对中国优秀传统文化的传播，希望用户及公众在获得物质享受的同时，也获得精神财富，真正体现了鑫华新"企业来源于社会，最终回馈于社会"的企业理念。

　　公司管理人员带头学习中国传统优秀文化。大家学习都非常认真，因为大家都感到自己身上有一种责任。只有自己学明白了，才能给全体家人做好榜样、当好领头人，才能帮助身边的家人获得幸福美满的生活。为了进一步提升公司全体员工的文化素质，使全体员工思想得到高度统一，让每一位员工在家庭生活、日常工作中有明确的行为标准和努力方向，同时，为确保大家能够同心同德，共同营造良好的家庭式、学校式的企业氛围，公司经常举办全员传统文化培训大会。

　　鑫华新公司把传统文化学习制度化、规范化。无论是员工招聘、上班，还是吃饭、住宿等，都把中国传统文化的宣传、践行渗透其中。

　　通过广泛深入的宣传和践行中国传统文化，鑫华新公司构建了一个"家庭式""学校式"的和谐企业，每一位家人在鑫华新大家庭中幸福、快乐地生活着。公司不同的部门、机构就是鑫华新大家庭的一个"小家"，小家里的每一位家人都时时刻刻践行着"兄道友、弟道恭"的古训，大家在工作上、生活上、学习上相互帮助，人与人之间团结友爱、和谐相处。

第一节　人际关系及其发展

　　人与人之间,如何交往、怎样沟通才能建立和保持良好的人际关系?这不是个简单的问题。河南有个老板叫于东来,他给员工发高工资的故事曾经在中国商界引起不小的震动。后来公司不景气了,于东来自己也生病了,却基本上没有员工理睬他。河北鑫华新公司则以中国传统文化为核心,建立了人与人之间和谐友好的人际关系。很多时候,和谐的人际关系需要大家共同努力营造。

　　随着社会经济的发展和人类文明的进步,人们对人际交往的要求也日益增加。科学文化和互联网的持续发展,又使得人们可以从多学科角度,多元化地对人际关系和沟通进行研究,一些如心理学、社会学、经济学、管理学、伦理学等学科,均对人际关系和沟通,产生了新的研究兴趣。

　　现代社会中,无论是政府机构、企业、学校,或是军队,任何一个工作场所,都有许多人为了某一个目的,集合在一起,进行一定的活动。在这类团体中,人们相互沟通、相互知觉、相互影响,自觉或不自觉地受到他人的影响,在相互交往过程中形成相应的、阶段性的情感关系,或者说是人际关系。由此产生的人际沟通、人际知觉、人际关系、人际影响等问题,一直是管理心理学视野下的研究课题。

一、人际关系的概念及其分类

(一) 人际关系的一般概念

　　现实社会是人类有机组成的人的集合体,人和社会的关系,归根结蒂是人与人的关系。人们在实施管理的过程中,为了生存,首先必须进行生产和交换,解决生存所必需的衣、食、住、行等问题,此时,人们不得不相互交往,从而形成各种形式的人际关系。

　　在现代社会发展过程中,群体中的人际关系,一般是指在社会实践过程中形成的一种微观社会关系,它表现为一个人对其他人吸引或排斥的心理倾向及其相应的行为。人际关系是群体成员间的一种独特联系,是社会关系、生产关系、经济关系的具体体现。也有人认为:所谓人际关系就是人与人之间在生产活动过程中所建立的一种心理上的相互关系。这种心理上的相互关系,不仅是人们进行社会交往的基础,而且一切复杂的社会关系都是以这种人际关系为媒介而实现的。因此,人际关系是人们社会生产活动的中心课题,也是人与人之间相互作用的重要形式。

　　可见,在社会发展过程中,人际关系一般是指人与人之间的联系,尤其是指人与人之间心理上的联系。这种联系客观上表现在人们的协同活动和社会交往之中,具体表现在人与人之间相互作用和相互影响的性质和方法上,它包含认知、情感和行为三个方面的心理因素,其中情感起着主导性的作用,且制约着人际关系的亲疏、深浅和稳定的程度,在管理心理学研究中也不例外。

(二) 人际关系的大致分类

　　关于人际关系的分类,刘英陶等人在研究了大量的社会人际关系之后,把人际关系的行为模式归纳为八种,即:(1) 由管理、指挥、指导、劝告、教育等行为,导致尊敬和服从的反应;(2) 由帮助、支持、同情等行为,导致信任和接受的行为反应;(3) 由赞同、合作、友好等行为,导致协助、亲善的行为反应;(4)由尊敬、赞扬、求助等行为,导致劝导和帮助等行为反应;(5)由害羞、敏感、礼貌等行为,导致骄傲或控制等行为反应;(6)由反抗、怀疑、厌倦等行为,导致惩罚或拒绝等行为反应;(7)由攻击、处罚、责骂等行为,导致敌对和反抗等行为反应;(8)由夸张、拒绝、炫耀等行为,导致不信任或自卑等行为反应。

孙时进等人在研究了管理领域中人的心理活动和行为方式之后,按照管理者与被管理者之间的情感关系、双方地位、合作期限,将两者之间关系分为三类:(1)按管理者与被管理者的情感关系来分,两者关系可分为吸引关系和排斥关系;(2)按管理者与被管理者的双方地位来分,两者关系可分为支配关系和平等关系;(3)按管理者与被管理者的关系存续时间来分,两者关系可分为长期关系和短期关系。

有鉴于此,我们在研究管理心理学中的人际关系与沟通的过程中,无论以怎样的态度来理解人际关系的内涵,或是认同以哪一种标准划分出来的人际关系种类,都有必要明确管理领域中人际关系的一般概念及其大致分类情况,并且根据不同的情况,采用不同的沟通技巧与交往方式,形成一个良好的人际关系网络,尽量使管理者与被管理者之间能理解彼此的个性,了解彼此的需要,明确彼此的期望,善待彼此的挫折,激励彼此的行为,最大限度地调动人的积极性和创造性,使得管理者与被管理者双方均感受到工作的美好与艰辛。

二、管理领域中人际沟通的分类及其一般应用

在管理心理学中,所谓沟通(communicating)涉及各式各样的活动:交谈、劝说、教授以及谈判等。要在这些活动中游刃有余,理解何为沟通,并培养出高效沟通所需的技巧十分重要。[1] 而人际沟通(interpersonal communication)则是指人与人之间运用语言或非语言符号系统交换意见、传递思想、表达感情和需要的交流过程,是人们交往的一种重要形式和前提条件。[2]

在管理领域的信息交流过程中,一般在采用传统管理模式的工作场所,管理者和被管理者比较习惯选用"面对面"的直接信息交流方式;而在现代工作场所中,特别是在有互联网覆盖的地区,管理者和被管理者或许更喜欢利用各种电脑或是手提电话等通讯工具,通过网络,进行"面对面"的信息沟通,这种高效、便捷的做法,能够保证每位工作者随时保持与其他人群的关系。但无论在管理中采用传统或现代的做法,管理者和被管理者相互之间每一种或每一段关系的健康发展,其关键仍然在于人际沟通,特别是有效的信息沟通。据统计,一个有效的管理者其工作时间的70%将用于信息的接收和传递。[3]

人际沟通概括起来说,一般可以分为两类:一类是语言沟通;另一类是非语言沟通。在整个沟通过程中,选择适合环境的语种、语体、语词、语调、语速、音量,同时配合适当的面部表情、眼神传递和动态姿势,对于双方或多方的有效沟通,都是十分有必要的。

(一)语言沟通

语言沟通是人类沟通的主要形式,在管理领域中妥善运用言语来交流信息,表情达意

---

[1] 参见〔英〕凯特·姬南(Kate Keenan):《沟通》,刘一夫译,香港三联书店1997年版,第3页。
[2] 参见樊富珉编著:《团体咨询的理论与实践》,清华大学出版社1996年版,第74页。
[3] 参见刘英陶、陈晓平、赵中利主编:《管理心理学》,警官教育出版社1994年版,第200页。

是十分重要的。言语沟通一般还可细分为书面沟通和口语沟通。

1. 语种

在言语沟通中,选择适当的语种是最重要的。当今世界,不同国家或地区均有自己独特的语言,"听不懂"或者"看不懂"作为一种语言障碍和沟通障碍,很容易引起表达者与接受者之间的心理障碍,甚至产生误会、疑惑、失望、沮丧、自卑、回避等不良的情绪反应。因此,管理者和被管理者熟练掌握一门通用语种,如英语、汉语,或是有意识地学习一些德语、法语、日语、韩语等,甚至学习一些中国海外华人常用的粤语、沪语、闽南话、客家话等方言,是有必要的。若能通过不断的学习,掌握适量的词汇和语法知识,并反复练习,直至能清楚、顺畅地用书面或口头形式表达信息,最终达到让对方接受和理解自己的心意,并愿意共同合作的目的,是完全有可能的。

2. 语体

语言沟通还涉及语体,特别是采用口语沟通时,说者要注意采用听者能够理解的、通俗化的口语。中国现代著名作家老舍(1899—1966)在《民间文艺的语言》一文中曾说:"耳朵不像眼睛那么有耐性,听到一个不爱听的字或一句不易懂的话,马上就不耐烦。"① 此外,在现实生活中,通俗的语言还能使听者产生一种熟悉和亲切的感觉,他们的思维、想象甚至情感会不自觉地认同说者的观点与想法,因此,在进行跨行业、跨领域的言语沟通中,特别需要注意尽量采用通俗易懂的语体,不仅能活跃气氛,而且能达到预期的目的。

3. 语词

语言沟通涉及语词在逻辑和修辞等方面所表现的情感功能,用词的准确与否,称谓的恰当与否,直接影响到说者与听者言语交流时的心理感受。以某金融机构一位实习生遭遇的尴尬为例:当他热情地称呼一位女性前辈为"阿姨"时,非但没有得到相应的呼应,反而得到一个白眼和一声抢白。究其原因,主要是这位实习生社会经验不足,忽略了工作场所的职业规范,也未留意到在家庭和工作场所中对于称呼的不成文规定,单纯想用家常的称呼来表达自己尊重前辈、希望亲近的情感,但因用词不当,反而引起别人的不快。

4. 语调

在语言沟通中,说者采用的语调,也会在不同程度上影响沟通的效果。一些社会心理学家曾利用录音带来研究语言的音调对发言者知觉的影响,结果发现:高音调的人,被认为是小个子、软弱、不诚实,比较神经质;低音调的人,被认为冷漠、被动、不太可靠;而正常音调的人,则被认为安静、痛快、有说服力。某些研究还表明,当某人说谎时,平均音调会比说真话时要高一些。

5. 语速

在言语沟通中,说者采用的语速是否恰当,也是很重要的。故此需要留意两种不同情形:(1) 当人们的听觉速度较说者的速度快时。如果听者在较长时间内没有听到特别的内容,注意力就比较容易分散。(2) 当人们的感知速度较说者的速度慢时。说者的信息传播速度会显得过快,听者就较易感觉紧张,也容易产生疲倦感,同样会形成注意力涣散。因此,管理者应学习掌握适当的语速,将有利于增强管理中人际沟通的效果,例如想表达急切、震怒、兴奋、激昂等情绪时,可以说得快一些;想表达沉郁、沮丧、悲哀、思索、亲切等

---

① 老舍:《民间文艺的语言》,原载1952年《中国语文》七月号。

情感时,语速可以慢一点;叙述事情时可快些,阐明观点时可慢些。

6. 音量

在管理领域中,日本保险业著名的"推销之神"原一平(1904—1984)曾提出:应该掌握自己的"音量调节器",根据不同的需要,把自己的音量"活用"到最大限度。一些心理学家也认为,明朗浑厚的中低音和每分钟具有100—150个音节的语言在人际沟通中最易为人们所接受,也最能达到预期的效果。具体操作时,说者还可以根据不同的表达内容分别进行处理,配合语音的抑扬顿挫,更有利于说者与听者的相互理解和交流。

(二) 非语言沟通

非语言沟通属于一种无声的信息交流,它借助人的视觉、听觉,甚至触觉、嗅觉,以及身体的动作、姿势等来表达感情和愿望。此外,人的面部表情、眼神也是沟通的主要途径,且人的情绪信息传递主要依靠这些非言语途径。

研究表明,声音、语调和外表占全部印象的90%以上,其中视觉占55%,声音占38%,语言占7%。为了使自己的信息传达给对方并使之完全被理解,传递信息时必须伴随有恰当的身体语言、语音语调,并贴切地加强语气。① 可见,在管理领域中,如果能够适当地运用非言语手段进行沟通,对于建立良好的人际关系将起到意想不到的作用。

1. 面部表情

面部表情在人际沟通中更能准确地传达有效的信息。例如,某企业销售人员与客户交谈时,如果对方面无表情,眼睛东张西望,双腿习惯性地抖动,嘴里却说:"你讲得太好了,请继续讲下去。"这时,销售人员若能根据客户的表情和动作姿态,及时判断,适时调整自己的沟通方式,就能较快地与客户重新建立关系,最终达到自己销售产品的目的。反之,如果这位销售人员不善于观察别人的面部表情和动作姿态,仍旧滔滔不绝,最终只会引起客户的反感,弄不好还会失去客户。

2. 眼神

社会心理学家认为,目光接触是非言语沟通的主要信息来源。在管理领域,人们对于初次合作的人,常会自觉或不自觉地进行观察,然后将沟通获得的信息进行综合分析,特别注意新来的合作者是否"面善",是否表情柔和或面带微笑,如果是的话,就会臆测合作会比较顺利等。

人们常说"微笑是最好的入场券",微笑标志着自信、友好,也许是最具说服力的"心理武器"。然而,微笑应该是心理上真诚而发的,而不是生理上故意而生的,发自内心的微笑是和人的眼神相通的,充满笑意的眼神能使人的面部表情熠熠生辉。

虽然眼神的合理运用可以弥补人们在交往中由于空间距离所形成的沟通障碍,但是也应避免一些不妥当的运用。心理学家认为,目光接触有着相互矛盾的含义——示好或是威胁,一般来说,超过5秒钟的注视就是凝视。凝视不相识者会引起对方的紧张感,对方会不自觉地逃避你的目光,即使是相识者,无缘无故的凝视,也会使对方不安。因此,管理者在工作中应尽量避免凝视的副作用,除非必要,一般建议尽量使用自然的目光与人交流。

---

① 参见〔英〕凯特·姬南(Kate Keenan):《沟通》,刘一夫译,香港三联书店1997年版,第49—50页。

3. 身体姿势

身体姿势也称动态语言。人们在交往中经常会使用身体的运动姿势去传递信息或强调所说的话。社会心理学把这种姿势的功能分为两种：一种是有明确意义的，可以代替语言沟通的姿势，例如：点头表示赞成，摇头表示反对或不知道等。另一种是没有确实的含义，只是伴随个人语言习惯产生的，例如指手画脚、拍别人肩膀等。亚里士多德曾说："一切过多的无意义的举动，皆足以表示一个人的浅薄、轻浮、胆怯或者狂妄。"因此，管理者在选用动态语言时，需要遵循"动静相济"的原则，避免因此产生沟通障碍。

三、管理领域中人际关系的改善与发展

现实社会中，人际关系是一种千丝万缕、纷繁复杂的关系。群体中的人际关系状况，是群体生存与发展的重要条件。因此，认识人际关系的形成、发展和变化的规律，有助于更好地改善人际关系，创造良好的工作、学习和生活环境。① 在社会心理学中，人和人从相识到相知，一般要经历从感性认识到理性认识的发展过程，而在管理领域中，人际关系的发展则跨越了零接触的状态，从双方交往的初始，就明确了彼此是同事关系和工作关系，直接进入表面接触阶段，并随着双方沟通的深入和扩展产生情感上的融合与信赖。

心理学家一般把人们在工作中的这种情感融合时期，称为亲密互惠阶段，并将此阶段划分为合作、亲密和知交三种水平。

（一）亲密互惠阶段

（1）合作水平。在此水平上的人们心理世界只有一小部分重合，人们共同协作，互相帮助，但相互之间的感情依赖性不是很强。例如某公司为完成某项特殊任务，从各部门挑选一名员工组成一个团队，经过短期培训，这个团队中的成员既能单兵作战，又具合作精神，这个团队在顺利完成既定的任务之后，团队中的成员都将返回自己的部门工作。随着团队的解散，他们相互之间的关系也可能会淡漠下去。

（2）亲密水平。在此水平上的人们在心理世界有较大的重合，人们的情感融合度也较高，由于合作双方相处得非常愉快，双方情感上的依赖程度也有所增强，甚至在分离后，仍会相互牵挂。以上述（1）中的团队为例，如果上述团队成员在合作时，曾长期形影不离，且相互之间协调配合得非常默契，分手后也仍经常保持联系，他们的关系就可能向更高的水平发展。

（3）知交水平。在此水平的人们心理世界高度融合，情感融合的范围覆盖双方大部分的生活内容，双方在观念、志趣和人生态度上均趋于一致，人际交往伴有强烈的情感依赖，甚至发展到《诗经·卫风·木瓜》中所吟唱的"投我以木瓜，报之以琼瑶。匪报也，永之为好也"②的美好境界。

（二）人际关系发展应遵循的原则

现实世界中，由于人性的复杂性和差异性，人际关系的发展通常会停留在合作和亲密水平的层面，人们会因为各种客观因素的限制，制约自己与他人的人际交往，能够发展到知交水平的只能是极少数人。此外，为了配合现代职场的规则，人们在工作场所会自觉或

---

① 参见刘英陶、陈晓平、赵中利主编：《管理心理学》，警官教育出版社1994年版，第230页。
② 冠英译：《诗经译注》，香港万里书店1979年版，第34页。

不自觉地将自己的人际关系水平控制在某一状态,有时还会出现人际关系水平的倒退。

因此,在管理领域中,管理者和被管理者若想使自己的人际关系健康发展,形成较为成熟的人际关系,有必要遵循以下六项原则:

(1)消除过度的群体压力和群体规则。群体中成员的独立性和个性应得到尊重,要明确友伴关系不是相互占有,而是相互之间有行事的自由,有各自的爱好和活动,有可供独处的私人时间。

(2)群体中成员相互间应给予简单而有力的支持。在工作中的相互支持应是无保留和理所当然的,但应注意不要刻意地去"证明"自己对别人的友谊,否则容易引起被支持者的不良反应,如不安、内疚甚至不满。

(3)成员间的关系要更友善、和谐。成员相处时首先要相互尊重,同事之间要学会欣赏各自的相似点和不同点,信任来自他人的关怀和支持,不要有所顾虑,暗存戒心,影响彼此之间的和睦相处。

(4)尽量坦诚、开放和直接地进行交流沟通。同事之间可以相互交流各自的期望、好恶、价值观等问题,在沟通时相互信任,交流时自在坦率,即使彼此在意见上存在分歧和差距,仍然能够轻松自如地交往。

(5)群体成员之间的相互帮助,应当顺其自然。当有人求助时,一种关怀之心应能自然而生;当自己需要帮助时,也能不为请求帮助而感到为难;帮助别人时,应当尽力而为,请求帮助时,应不让对方感到勉为其难。

(6)群体成员之间应相信时空不能阻隔彼此的友谊。相信建立在信任、尊敬和关怀之上的友谊,能够忍受时空分隔造成的缺憾,利用网络重新开启跨越时空的沟通渠道。

第二节 人际吸引

在管理领域中,人们彼此是否愿意和对方在一起工作,并因此产生依恋、喜爱等感情互动等,需要所谓的"人际吸引",即在人际沟通过程中所形成的对他人的一种特殊形式的社会态度。在沟通中,人与人之间是吸引还是排斥,是喜欢还是厌恶,除了受社会、经济等因素影响外,从心理学角度看,还受其他一些更为直接的、具体的因素的影响。这些因素构成了人们之间吸引或排斥的基本规律。[①]

一、人际吸引的层次

人际吸引一般可分为三个层次:合群、喜欢和爱情。

"合群"主要是指愿意与他人在一起合作做事,具有接近他人的倾向,但并不涉及太多的感情和对他人品质的评价。

"喜欢"属于中度的吸引形式,在共同劳动中,人们会因相互欣赏或具有共同兴趣而聚在一起做事,包含一定的情感因素。

"爱情"是较为强烈的吸引形式,虽然与喜欢有一定的关联,但性质不同,且会受到社会伦理的制约,不能轻易地混为一谈。

---

① 参见樊富珉编著:《团体咨询的理论与实践》,清华大学出版社1996年版,第82页。

管理者和被管理者在运用"人际吸引"进行相互沟通时,应当按照实际情况,妥善处理好上述三个层次的人际关系,避免因为层次错乱引致沟通障碍,最终影响管理成效。

(一) 合群中的我群感和他群感

现代互联网社会的发展使得人们相互之间的联系更加密切,企业管理和人际关系也变得更加多元化,原先企业中管理者与被管理者的紧密关系正趋向个性化。如何在管理领域中重新构建新型良好的人际关系?在相互尊重的前提下,研究他群感除了合群意识之外,是否需要有意识地强调个人和群体的自律?研究我群感经过提炼和升华,会否使个人产生对企业、对国家、对民族的责任感?而在这种责任感的良性驱动下,人们会否以主人的态度积极地发挥自己的能动性和创造性,为社会创造财富?这些都是有必要重新研究的。

人们在工作中会和许多团体、组织、单位和个人发生联系,且会根据自己的需求和感受确认这种人际关系的密切程度。例如对于家庭,人们大都是满怀我群感,家里空调机坏了,马上就会请人来修。而在管理领域,如果是工作场所,空调机出了问题,人们就会想,这类事应由负责此事的人员来处理,与自己无关。企业的管理者或被管理者若在生产实践中感觉这个团体与自己血肉相连、休戚相关,就会对该企业产生感情,这种感情就叫作我群感。但当他们为生活中的许多实际困难而苦恼时,如果发现企业对自己的关心、支援不足,对企业的态度就会逐渐变得冷淡疏离,甚至漠不关心,这种感情就叫作他群感。

影响人们产生我群感和他群感的因素主要有三个方面:

第一,从客观实际来看,一个企业或团体和某人有无密切的关系,首先要看这个人是否是这个企业或团体中的成员,相互之间有没有必需的工作联系,否则很难产生我群感。

第二,如果某个企业或团体与成员之间存在着实际的密切关系,如上下级关系、同事关系等,那么就要看这种关系能否正确地表现出来。如管理者是否关心被管理者的疾苦,是否尊重被管理者的选择等,都会影响这种关系的密切程度,当被管理者感觉不到关心和尊重时,就很容易对企业产生他群感。

第三,如果某个企业或团体与成员之间关系密切,且这种关系又能被正确地表现出来,大多数成员就能体验到企业的兴衰荣辱与自己密切相关,且能体谅企业或团体存在的暂时困难,积极地配合管理者把工作做好。

(二) 喜欢

在管理领域里,喜欢通常会以友谊的形式来表现,而友谊的模式主要是不同年龄和性别、不同社会生活背景和不同受教育程度的人聚在一起,由于工作或相关原因而组成的交友群体。这种模式的变化反映了人们对社会化及对社会关系和人际关系的认识的基本过程,喜欢与欣赏是友谊产生的前提。

人们的友谊观和社会认知能力是相互适应的,很多时候与儿童的某些做法相类似。例如,某人初到一个团体时,通常会经历以下三个阶段:

第一阶段:团体中谁跟他接近或在一起做事,谁就是朋友,在这类友谊中,尚未形成了解或照顾他人的思想、情感。

第二阶段:个体会根据自己的需求来交朋友,在这类友谊中,一般不很重视朋友的意见,基本上是个体按自己的心愿或想法行事,谁能满足需求,谁就是朋友。这类友谊形成很快,也很容易结束。

第三阶段:个体会以特定的善意行为证明自己是可信赖的,能够客观地评价自己和对方,并能互相关照、合作或者妥协。当在互助互利的基础上形成较为稳定的人际关系之后,众多同伴中会产生几个亲密的朋友,由于这种友谊建立在思考和珍惜关系的基础上,经得起时间和距离的考验,是较为成熟的人际关系。

与儿童有显著区别的是:

管理领域中的人们对于友谊的认识更加深刻,且非常世故,人们往往会自觉或不自觉地区分并且建立各种不同的友谊,如熟人、同事、社交性朋友和亲密朋友等,参与不同范围的交友圈,跨越年龄、性别、生活背景和受教育程度的界限,主动地选择和结交朋友。

在工作场合中,人们一般会希望友谊是:一方面可以满足自己事业发展和生活方式的需求,另一方面还可以因为与合作伙伴的志趣相投而提高工作效率,减少因情志差异而产生的矛盾和工作障碍。因此,管理者和被管理者如果恰好能志趣相投,是一种幸运,因为被别人喜欢或欣赏也是一种福气,尤其是当人们感到忧伤、孤独或焦虑的时候,这种友谊的模式会恰到好处地伸出"援助之手"。

(三) 异性交往

中国当代作家刘玉堂(1948—)在小说《最后一个生产队》中引用过一则乡村诗人编写的顺口溜:"集体劳动好,把爱情来产生。个体劳动则不行,不管你多么有水平。"[①]这诙谐幽默的词句,令人忍俊不禁,亦引人思考。事实上,爱情在职业生涯中作为友谊升华的形式之一,存在于各种团体之中,爱情作为一种较为强烈的人际吸引形式,虽然与喜欢颇有些关联,但却与喜欢有着本质的区别。因此,管理者与被管理者在工作中若能有意识地处理好与异性的交往,把握分寸,是有利于发展健康的爱情关系的。

当然,爱情关系只是人际吸引中的特殊形式,对于职场中的两性而言,交往中存在着许多规则需要遵守,不可随意逾越,否则就会显得反常、悖谬。在日常工作中,异性交往的机会很多,把握好这种人际关系的尺度是很重要的,一般说,找准自己的角色定位,是妥善处理交往中两者关系的关键。

(1) 上下级之间的角色定位。对待年长的异性下属要特别尊重,取长补短;对于年少的异性下属则需循循善诱,扬长避短;对待异性主管人员,无论其年长年少,均应明确自己的被管理地位,尊重上级,善解人意,切不可恃才傲物,影响彼此的正常交往。

(2) 同事、合作伙伴之间的角色定位。在与同事的交往中,首先应当注重互助互爱,敬业乐群,与异性相处不卑不亢,友善相待,并自觉掌握好与异性交往的分寸感,不说过头的话,不做过分的事,尽量避免产生不必要的误会和麻烦,更不能传播流言蜚语,把工作中产生的异性友情庸俗化,降低自己的人格品位。

(3) 恋人之间的角色定位。彼此相爱的人们理应受到别人的祝福,但如果在工作中不分时间、地点地"表演爱情",则会令人侧目甚至惹人反感。因此,沉浸在爱情之中的恋人们在职场中应把握好自己表露感情的尺度。

[①] 刘玉堂:《最后一个生产队》,作家出版社1998年版,第142页。

二、人际吸引中的学习理论与平衡理论

资料显示,在人际吸引的理论中,较有影响的有平衡理论和学习理论。

平衡理论主要由其代表人物社会心理学家海德和纽科姆分别在20世纪50年代和60年代提出并完善。这种理论认为,人们力求双方对某一事物的看法或态度一致,当交往双方看法一致时,无论是肯定或否定,都能建立或维持友好感情的平衡关系,否则就会处于不平衡的状态。

学习理论主要是由社会心理学家克劳尔(G. L. Klauer)和伯恩(D. A. Berne)在20世纪70年代,从诺贝尔奖获得者、俄罗斯生理学家、心理学家巴甫洛夫(1849—1936)的古典条件反射原理发展而来的。这种理论认为,任何一个人或物,在人们心情好的时候出现,就会因条件反射而受到喜爱。中国民间常说的"情人眼里出西施",大致就是这个意思。

根据以上两种理论,来看一看以下A君和B君的例子:

A君和B君是两位生活环境类似的普通员工,月薪均为六千元。

A君经常抱怨:"呸!薪水就只有这么一点点,每天还要被绑在这里,好事轮不到,烦事少不了……"

B君却认为:"以我目前的情况,每月可以拿六千大洋,真该谢天谢地了,好好干吧!会越来越好的……"

由以上例子可知,纵使是同样的生活环境,具有A君想法的人们必然会终日闷闷不乐,甚至会忧郁;而具有B君那种想法的人们却会生活愉快,知足常乐。

其实,虽然生活中并非任何事情都会因处世态度乐观而改变,但由于各人对事物的感受与见解不同,所得结果也会大相径庭。如果想健康快乐地工作,就应该学习B君的工作态度和处事方式,尽可能保持开朗的心情,用感谢与知足来平衡自己的心态,而不是用抱怨来浪费自己宝贵的时间,破坏自己美好的未来。

此外,由于B君们所持的积极、乐观、包容、勇于自嘲的人生态度,他们在人际交往中也较容易获得宽松、良好的人际关系,并能够为自己和他人营造一种较为轻松、和谐的人文环境,使整个团体在这种氛围下,能更充分地发挥出创造力和团队精神。B君们无论作为管理者或被管理者都会是一位独具吸引力的人。

第三节 管理中沟通能力的自我训练

在管理领域,人们在工作中除了可以积累专业经验之外,还可以编织一张对个人事业发展有帮助的"关系网",即在行业内建立良好的人际关系,把人际关系当作宝贵的资源,在适当的时候加以开发和利用,给自己的职业生涯增加一些动力。因此,无论是管理者还是被管理者,掌握一些人际沟通的技巧,了解一些为人处世和待人接物的方法,都是有益的。管理者在实施管理手段与管理方法时,会更加得心应手,而被管理者在执行命令时,也能够更好地理解上级的意图,更充分地发挥自己的主观能动性。

一些管理心理学家通过大量的研究认为,在处理管理领域的人际关系时,可以运用以下技巧与方法,对自己的沟通能力进行自我训练。

一、运用相似性原则进行训练

人际沟通中的相似性原则,主要是指在人际交往中,沟通双方在信念、价值观、个人特点、社会地位或生理年龄上具有相似之处。

在人际交往中,如果能够了解到自己与别人存在的相似之处,沟通起来就会相对容易一些,甚至可以从中发现更多志同道合的朋友。那么,怎样来发现这些相似之处呢?常言说"目有所见,心有所念,行有所动",细心观察不失为一个好的方法。拥有敏锐的观察力是各行各业的从业人员都需要具备的能力,管理者或被管理者若想培养自己的观察力,不妨从以下四个方面着手:

(1) 要有明确的观察目的

观察事物时,有目的地观察和漫不经心地观察,其结果是大不相同的,因此,用心观察工作对象(包括人和物),处处做有心人,才能观察得细致入微。

(2) 要学习并具备一定的知识、经验和技能

知识、经验不仅能使人进行深刻的思考,而且能使人更精细地去感知事物,因此,掌握一些心理学、社会学、伦理学、教育学、管理学等相关知识,能够使人观察得更全面。

(3) 要有顺序、按步骤地观察

在观察的过程中,对于被观察的对象要有顺序、按步骤地观察,即按照事物的固有规律去看,才能看到事物各个部分之间的相互联系,不能东看一点,西看一点,以至于遗漏某些重要的特征,造成判断失误。

(4) 要善于把观察和其他认识活动相互结合并综合研究

观察往往局限于了解事物的表面现象,若想由表及里地了解别人,还需进行长期的观察和交往,并将所获得的信息资料加以综合分析研究,才能作出较为准确的判断。

通过以上四个方面的自我训练,无论是管理者还是被管理者,在与陌生人交往时,对方的一个眼神、一个动作,身体或衣服上的一个特征,或者一开口说话,都能帮助你发现对方是否与你有相似之处,是否值得你与之交往或合作,是否有机会进一步成为朋友等。

二、运用互补性原则进行训练

一般来说,管理者与被管理者由于个体存在的差异,需要用互补的方式,才能满足双方的需求,最终达到取长补短,共同进步的目标。但有趣的是,"当沟通双方的需求和满足正好成为互补关系时,会产生强烈的吸引力"[①]。因此,在管理领域中,人们完全可以通过互补接纳各具特色的朋友。

在现代化企业中,依据价值观的差异,一般可以把管理者和被管理者划分为理论型(追求真理)、经济型(讲求实效)、艺术型(重视感受)、社会型(注重关系)、政治型(获取权力)和宗教型(完整和谐)六种类型;由于每一种类型人的特性、偏好与行为模式等均存在较大差异,有的人可能把工作视为享乐,而有的人则把工作视为责任。因此,在人际交往中,企业领袖应提倡管理者和被管理者采取尊重、包容的态度,理智地承认彼此间的差异,在交往中学会"取长补短""拾遗补缺",尽力完善工作方式和行为能力,以接纳、欣赏

---

① 樊富珉编著:《团体咨询的理论与实践》,清华大学出版社1996年版,第82页。

的心态或是方法,去处理复杂的人际关系,在企业的上下级、同事和客户之间发展出相互适应的良好关系,并在多方协调的工作中,获得一些各具特色的朋友。

例如:某公司一位女业务员,为开展对中东的出口业务,潜心研究了阿拉伯国家的习俗礼仪,在前往该地推销产品时,她尊重阿拉伯国家的习惯,穿上素服,戴上头巾,不露秀发,这种入乡随俗的做法,赢得了客户的信任。当阿拉伯客户应邀到北京谈判时,她又处处注意礼节,坚持平等互利,每逢伊斯兰教节日,便暂停谈判,并安排客户参加宗教活动。如此尊重客户习俗的行为,不仅赢得对方大额的出口合同,还与客户建立了友谊,为未来扩大业务往来的范围打下了坚实的基础。

在世界经济全球化情况下,一个国家或地区的贸易往来、学术研讨、文化交流和政治外交等活动,在很大程度上依赖于人的行为的和谐性和心理的相容性。实际上,现代人几乎做任何一件事时,都有意或无意地考虑着周围的人,留意他们的反应,甚至本身的情绪观感都与所属群体息息相关。[①] 因此,如果我们能像上述那位女业务员那样,及时掌握一些国际通用礼仪的程序、方法,补充自己知识结构中的缺陷,并将所学理论积极地运用到业务开展中去,不仅能拓宽业务,增进友谊,还能提升企业与国家的形象。

三、运用外貌和气质吸引原则进行训练

中国古代谚语说:"桃李不言,下自成蹊",就是说,桃李虽不能言语,但因为有芬芳的花朵、甜蜜的果实,仍能吸引喜欢它的人接踵而来,以至于在桃树李树下自然踏出了道路。这说明桃树、李树的风姿和内涵,好像美丽而有德行的人一样,有着不容忽略的吸引力。

现代生活中,人们往往容易受到相貌俊美的人的吸引,如果恰好这个人的举止得体,且言谈流畅,则更容易引人注目。人们在公共场合的仪表体态,言谈举止,也常能反映一个人的内在素质和修养。特别是当个人作为国家、政府、团体、企业的代表进行对外活动的时候,良好的个人形象往往会成为相互间进一步了解和交往的重要因素。

一般来说,外貌的吸引只是人际交往中的一个瞬间,气质的吸引才是人们交往中追求的目标。所谓气质,指的是个人心理活动稳定的动力特征。心理活动的动力特征主要是指心理过程的强度(如情绪体验的强度、意志努力的程度),心理过程的速度和稳定性(如知觉的速度、思维的灵活程度、注意力集中时间的长短),以及心理活动的指向性(如有人倾向于外部事物,有人倾向于内心世界)等方面的特点。[②]

心理学家认为:"气质对人的实践活动确具有一定的作用,在考察人的实践活动时要关注气质这一因素。但是,人的行为是由社会生活条件和教育影响下所形成的理想、信念和态度所决定的。"[③]因此,一个人在生理、心理等方面的综合素质,可以通过人的外在形象、言谈举止表现出来。知识是气质美的主要来源,所谓"腹有诗书气自华",就是说人可以通过学习来改善自己的气质和外貌。

一般来说,较易令人接受的、完美的气质因素可以表现为:沉静、稳重、耐心、细致、善

[①] 参见香港管理专业协会编著:《管理心理学》,香港勤+缘出版社1995年版,第83页。
[②] 参见叶奕乾、何存道、梁宁建主编:《普通心理学》,华东师范大学出版社1997年版,第490页。
[③] 同上书,第516页。

良、宽容、热情、自信、谦和、待人诚实、乐于成人之美和闻人之誉、说话和气、语言和举止文雅得体……

而人们普遍认为不甚完美的气质因素一般表现为：急躁、不耐心、粗枝大叶、易发怒、自私、古板、孤僻、冷漠、自卑、自负……

人们既然可以通过充足的睡眠、适当的运动和营养、良好的生活方式来改变自己的体质，当然也有可能通过接受艺术熏陶、提高知识水平来使自己变得脱俗而高雅。但是，"气质与理想、信念和态度相比，对人的行为的作用，毕竟只有从属的意义。"①所以，那种认为受过高等教育，掌握了一门专业知识，具有一点儿艺术常识，就可以放松自我品德修养的思想，是有失偏颇的。因为，一个人气质的塑造并无捷径可行，一个内心龌龊卑下、自私、虚荣、嫉妒心强的人，在气质上也会有较大缺陷，中国俗语所说的"相由心生"，就是提醒世人：只有善良、真诚、充满爱意的心灵，才是一切气质美的发源地。

四、运用互动原则消除心理对抗

国外的管理心理学家认为，有效的沟通通常包含四大步骤：注意、理解、接受、行动。②这四个步骤几乎都涉及人际交往中的情感互动，一般说，人们往往会不由自主地喜欢那些喜欢自己或欣赏自己的人。

人与人在交往过程中不仅会有行动上的接近，还会发展到思想上、心理上的接近，这在心理学上叫作心理交融。管理者与被管理者若能在心理上融洽无间，就能建立一种良好的互动关系。与之相反的，被称为心理对抗。心理对抗就是人和人之间在心理上处于矛盾对立以至于互相冲突的状态，是进行工作的最大障碍，也是管理者和被管理者最需要通过学习、训练，去消减、调和的矛盾之一。消除心理对抗，在具体方法上，也需要因人而异。

（一）管理者消除心理对抗的方法

怎样才能消除交往中的心理对抗，最终达到心理交融呢？对管理者来说，可以通过各种途径主动接近被管理者，了解产生心理对抗的原因，具体可采用以下办法：

（1）面谈

通过直接面对面或是电子邮件的交流，不仅能了解下属的一些真实想法，还能考察下属的理解能力、语言能力和思维能力。

（2）游戏

管理者可以通过参与日常集体游戏活动，如打球、下棋、打牌等方式来了解下属，如此既能与下属进行轻松的交流，又能通过观察，比较真实地了解下属的胜负心和名利欲。

（3）聚餐

管理者可以通过工余时间聚餐的形式，将下属聚在一起，在餐馆较为舒适、轻松的氛围里，面对美酒佳肴，人们一般比较容易打开心扉。

（4）异地公干

管理者有时需面对一个长期在一个企业共事，却不能有所了解的人，若有机会一起去

---

① 参见叶奕乾、何存道、梁宁建主编：《普通心理学》，华东师范大学出版社1997年版，第516页。
② 参见樊富珉编著：《团体咨询的理论与实践》，清华大学出版社1996年版，第83页。

异地公干,就较容易增进相互之间的理解,因为在出差过程中,人们的一些生活习惯会显露,处事方式中的许多细节也会显露出个人的品性特质和应变能力。

（二）被管理者消除心理对抗的方法

当被管理者的人际关系由心理交融变为心理对抗时,单纯地选择逃避是行不通的,积极地面对挑战才是最佳的方法,具体的做法可以有以下三种：

（1）努力调整好自己的身心状态

被管理者可以通过睡眠、饮食和运动将自己的体质改善到最佳状态,并经常保持充沛的体力,给予自己充分的良性暗示,帮助自己重建自信和自尊。

（2）提醒自己保持稳定的情绪

被管理者最好不要因为人际关系的压力破坏自己对工作的态度,要一如既往地热爱工作,积极地为个人的成长和发展而努力,可以自嘲,但不要浪费时间去抱怨。

（3）争取主动与对手交流看法

被管理者可以直接约会难以应付的对手进行面对面的交流,注意选择自己熟悉的餐厅或酒吧为约会地点,并尽量比对手提前到达,这种心理上先入为主的做法,有利于助长自己的优越感。

随着社会的发展,人们对于工作及工作场所选择的相关观念,也愈来愈趋于多元化。在企业中,无论是管理者还是被管理者,彼此的合作其实都是阶段性的,因此,在某些具体问题上,如果已经尽力沟通,但仍无法克服心理对抗,进而影响了个人的社交生活,甚至身心健康时,主动选择离开该企业,甚至该行业,也是一种妥当的做法。然而,即使是离职,最好也像中国古语所说的"君子相分,不出恶声",保持自己的职业操守。

五、运用熟悉性原则克服社交障碍

在现代社会中,人们一般喜欢选择与相互熟悉的人或事打交道,认为这样的做法可以减少出差错的机会,增加成功的可能。

地域文化和个人习性的不同,使不少人可能曾有过这样的经历,即在众目睽睽之下面对许多人讲话时,往往会产生不适的感觉,面对陌生人进行相互介绍时,也会产生一些迟疑或羞怯。这些情形的出现,其实都是正常现象,因为,"人生下来就表现出某些气质特征。有些婴儿安静、平稳、害怕陌生人；有些婴儿好动、喜吵闹、不害怕陌生人"[1]。并且"在许多儿童中这些气质的原始特征往往在随后的20多年发展阶段中保持着"[2]。所以,很多人在离开熟悉的环境或事物时,都会感觉有一些异样,这是正常的,但是,如果这种受损害或受压抑的感觉持续出现的话,就应该引起当事人的重视了。

随着互联网的发展,现实社会中出现了迷恋网络游戏,沉溺于虚拟世界的人群,人们也逐步认识到社交障碍的问题。心理学中所说的社交障碍通常起源于青少年期,男女都可能出现。通常表现为当事人不敢见人,偶然遇到陌生人就会面红耳赤,还经常处于一种非常紧张的精神状态,严重的会把自己孤立起来,回避、拒绝与现实世界中的任何人发生社会交往,发展至成年,需要独立学习、生活、工作之时,将会对其日常活动造成极大的

---

[1] 叶奕乾、何存道、梁宁建主编：《普通心理学》,华东师范大学出版社1997年版,第491页。
[2] 同上。

妨碍。

社交障碍是一种因心理紧张造成的心因性疾病,只要积极配合治疗,是有机会治愈的。管理者和被管理者作为成人,可以通过自我训练,调整个人状态,缓解社交障碍的症状。具体可以采取以下步骤进行训练。

(1) 逐渐消除自卑,建立自信

管理者和被管理者要尽量摆脱那种过多考虑别人评价的思维方式,认识到过于自尊和盲目自卑均无必要,经常鼓励自己,增强自信心。

(2) 逐步改善性格,适应变化

管理者和被管理者要尽量多参加一些团队活动,在活动中尝试主动与同伴或陌生人交往,逐渐摆脱羞怯感和恐惧感,改善自己的个性和处事方法,乐观主动地适应环境、事物的变化。

(3) 学习掌握知识,消除障碍

管理者和被管理者可以有意识地学习一些相关社交知识、技巧和艺术,掌握一些社会学、心理学的常识,必要时还可去医院求治,在心理医生的指导下接受相关的治疗。

六、运用邻近性原则学习善用个人空间

美国心理学家罗伯特·索默(Rober Sommer)在1969年定义了个人空间(personal-space)的概念,他的研究结果表明:"人人都具有一个把自己圈住的心理上的个体空间,它像生物的'安全圈'一样,是属于个人的空间。一般情况下,每个人都不想侵犯他人的空间,也不愿让他人侵犯自己的空间。双方关系越亲密,人际距离就越短。"[1]

在现代管理领域中,团队合作日益增多,空间上的接近,使得人们彼此容易产生一种自然的亲切感,为了完成既定目标,处在同一团队的人通常更能互相支持、互相鼓励。但与此同时,人们也会出现"既渴望在合作中能够相互交融,又希望获得个人的交往空间"的心理需求。

人际交往的空间作为一种特殊的无声语言,主要是指人与人之间交往时,无形中感受到彼此间应有的一种距离。如果这个空间被人侵犯,就会感到不舒服或不安全,甚至恼怒起来。人际交往只有在这个空间允许的限度内才会显得自然。

美国人类学家爱德华·霍尔(Edward Hall,1914—2009)曾将人际距离按照双方关系的亲疏划分为以下四个区域。

(1) 亲密距离

这是人际交往的最短距离,一般在15—44 cm之间,属于私下情境,适合贴心朋友、夫妻和情人之间,在社交场合一般不采用这种距离。

(2) 个人距离

近段在46—76 cm之间,远段在76—122 cm之间,允许较少的身体接触,有较大的开放性,任何朋友和熟人都可以自由地进入这个空间。

(3) 社交距离

近段在1.2—2.1 m之间,远段在2.1—3.7 m之间,一般出现在工作环境和社交聚会

---

[1] 彭奏干、谢伟光主编:《公共关系实务》,清华大学出版社2004年版,第100页。

或正式交往中,主要考虑交往的正式性和庄重性,如谈判、产品发布会等。

(4) 公众距离

近段在3.7—7.6 m间,远段在7.6 m以外,处在这个空间内的人们可以相互"视而不见",不予交往,人际间的直接沟通大大减少。

爱德华·霍尔关于上述四种空间距离的划分并非是一成不变的。在实践中,交往空间仍有较大的伸缩性和可变性,主要受到以下五个方面的影响:

文化背景和民族特点差异;

社会地位和年龄差异;

性格差异;

性别差异;

情绪状态和交往场景差异。

现代人讲究情调,中国现代女作家张爱玲(1920—1995)在散文《我看苏青》里谈及"情调"时曾说:"高级情调的第一个条件是距离——并不一定指身体上的。保持距离,是保护自己的感情,免得受痛苦。应用到别的上面,这可能说是近代人的基本思想,结果生活得轻描淡写的,与生命之间也有了距离了。"[①]

中国人所谓"距离产生美"是一个著名的美学命题。网络时代的人际沟通方式,虽然呈现出多样化、多元化的情态,但从人性的本质来看,现实社会个人与个人之间仍然存在着多样化的差异,这些差异对人们的交往空间存在着不同程度的影响。张爱玲这种符合"近代人的基本思想"的说法,迄今仍获得部分现代都市读者,特别是所谓"都市白领"们的认同。因此,无论是管理者还是被管理者,如果想在人际沟通中取得事半功倍的效果,就不能忽略文化背景、民族特点、社会地位、年龄、性格、性别、情绪、场景等因素对人际关系的影响力,在交往中学习、寻找既适合自己和对方,又符合场景要求,还有利于保持人际空间的四维标准,根据不同情况采用不同的沟通方式,如此才能够游刃有余地完成工作目标。

思考题

1. 什么叫人际关系?在网络时代的人际交往中,应怎样有效地进行信息沟通?
2. 什么叫人际吸引?应怎样理解人际吸引的三个层次?
3. 管理领域中的人际关系主要受哪些基本因素的影响?
4. 除本章所述的沟通技巧与方法外,请介绍一些你所熟知或喜欢的技巧与方法。
5. 结合篇首案例,你认为中国传统文化中,有哪些理论和方法对于建立和谐友好的人际关系有帮助?

[①] 张爱玲:《张爱玲文集》(第4卷),金宏达、于青编定,安徽文艺出版社1992年版,第233页。

第七章　组织与组织文化

　　一些人将管理心理学与组织行为学相提并论,甚至看成同一门学科。严格地说,管理心理学与组织行为学是两门不同的学科,它们之间在研究方法、研究内容、理论体系等方面都有一些差别。为什么一些学者容易将这两门学科视为同一门学科呢？非常重要的一个原因是他们都将组织问题作为主要的研究内容之一。例如,由10个智商都在120以上的博士组成的一个群体,其群体的智商有可能低于100；同样的一家企业,完全可能通过部门调整、内部重组、流程再造(BPR)而大大提高劳动效率,使企业的经济效益和社会效益发生明显的好转……这些问题都是管理心理学者进行组织研究时感兴趣的内容。本章主要探讨组织概念、组织理论、组织结构和组织设计等问题。

案例　通用电器公司(GE)的组织结构变革过程

　　GE现行的组织结构是建立在韦尔奇接手后进行组织结构改革的基础上,之后经过了不断的调整完善。由于战略的转变必将影响组织的内部特征,因此在过去的20多年间,GE的组织结构也在不断进行调整,以适应战略需要,适应环境,优化自身。自1981年起GE的组织结构改革大体经历了三个阶段,各阶段互有交叉,但重点不同。

　　1. 以组织的扁平化为重心,从1981年韦尔奇接任GE开始,到1990年左右大体结束,GE也称之为"零层管理"。当时的GE处于严重的官僚化阶段,组织结构庞大臃肿、大量终身员工闲置、官僚机制低效、管理层级繁多,有着层层签字的审批程序和根深蒂固的等级制度。其主要层次自上而下主要包括：公司董事长和最高执行部—公司总部—执行部—企业集团—事业部—战略集团—业务部门—职能部门—基层主管—员工。由董事长和两名副董事长组成最高执行部,公司总部中4个参谋部门由董事长直属,另外4个由两名副董事长分别负责。下设6个执行部,分别由6位副董事长分别负责,用以统辖和协调各集团和事业部。执行部下共设9个集团,50个事业部和49个战略经营单位。如此庞大的组织结构曾给GE带来丰厚的利润,但如今这只能拖延GE前进的步伐。

　　在扁平化的过程中,大量中间管理层次被取消。GE将执行部整个去掉,使得GE减少了近一半的管理层,同时对部门进行削减整合、裁减雇员、减少职位,使得原来的24—26个管理层减少到5—6个,而一些基层企业则直接变为零管理层。同时扩大管理跨度,增加经理的直接报告人数,由原来的6—7个上升为10—15个,充分利用人力资源,提高效率。

2. 以业务重组为重心,不断放弃不利业务,加强有利业务并引入新业务,以公司使命为方向,以战略计划为指导调整组织结构。GE 提出了一个中期战略目标"第一第二",即只要不是全球第一、第二,就改革、出售或关闭,以此来对公司业务范围、规模、机构设置、管理体制等各方面进行改革。韦尔奇运用了"三环图",将公司分为服务、技术和核心业务三部分,很快表现了那些有问题和需要重组或者清除的业务。仅在头两年 GE 就卖掉了 71 条产品线,完成了 118 项交易,又相继卖掉空调和小型家电、消费类电子产品、航空航天业务等,共出售了价值 110 亿美元的企业,同时又大胆买进了 260 亿美元的新业务。

伊梅尔特接任 GE 后,延续了对这一战略的运用,继续对业务进行重组管理。自 2001 年起,GE 出售了保险业务、消防车、工业用金刚石、印度市场的外包业务、通用电气物流公司、新材料业务等,同时对有增长能力的业务给予大力支持,这些业务有:能源、医疗保健、基础设施、运输业、国家广播公司、商业金融和消费者金融业务。通过业务重组的组织结构调整仍会进行下去,这是由 GE 的使命和战略所决定的。

3. 无边界化组织阶段。在组织学中,无边界化组织主要包括以下几种经典组织形式:扁平化组织、多功能团队、学习型组织、虚拟企业、战略联盟等。GE 提出的无边界理念侧重于学习型组织的建立。这是由于前期扁平化组织的建立,使组织中管理跨度增加,再加上严重官僚化的影响,使组织在横向信息交流上产生障碍。要想在更多的成员之间实现信息交流和知识共享,就只能通过无边界化这种高效的沟通来实现。无边界化能克服公司规模和效率的矛盾,具有大型企业的力量,同时又具有小型公司的效率、灵活度和自信,打击官僚主义,激发管理者和员工的热情。

第一节 组织概念

通用电气公司的企业管理在很多方面都是各大小企业学习的典型,他们一直与时俱进,不断优化组织结构,以适应企业发展的需要。我们对于"组织"这个词语并不陌生,而且都各自生活在不同的组织之中,并且与许多组织有联系,但是,对于什么叫作组织,组织有哪些功能,组织由哪些要素构成,以及如何对组织进行分类等问题并不一定很清楚。

一、组织的定义

"哈佛大学是一个组织"中的"组织"一词代表一个机构,属于名词;"我们应该组织群众积极投身改革事业"中的"组织"一词则是一个活动、一项工作,属于动词。一些管理学家、组织学家将组织区分为有形组织和无形组织,有形组织即组织机构、实体组织,无形组织即组织活动、组织工作。

不同的学者都给"组织"一词下过定义。艾伦(Louis A. Allen)将正式的组织定义为:为了使人们能够最有效地工作去实现目标而进行明确责任、授予权力和建立关系的过程。巴纳德(Chester Barnard)将一个正式的组织定义为:有意识地协调两个或多个人活动或力量的系统。根据巴纳德的定义,组织的三个要素是:共同的目的、服务的意愿和沟通。

穆尼(James D. Mooney)认为组织是每一种人群联合为了达到某种共同目标的形式。孔茨(Harold Koontz)认为组织是正式的有意形成的职务结构或职位结构。达夫特(Richard. Daft)为组织下的定义是："所谓组织,是指这样一个社会实体,它具有明确的目标导向和精心设计的结构与有意识协调的活动系统,同时又同外部环境保持密切的联系。"在这里,达夫特强调了外部环境与组织的相互作用。系统理论学派的重要代表人物卡斯特(Fremont E. Kast)和罗森茨韦克(James E. Rosenzweig)为组织下的定义是："组织是:① 有目标的,即怀有某种目的的人群;② 心理系统,即群体中相互作用的人群;③ 技术系统,即运用知识和技能的人群;④ 有结构的活动整体,即在特定关系模式中一起工作的人群。"该定义表明,组织是由为实现某种目的而在工作中结成一定关系的有知识和技能的人群组成的。

工业革命时代,占统治地位的观点将组织定义为:组织是按一定的目的、任务编制起来的,通过各个部门、各个层次的分工协作,责任与权力的合理分配,规范和协调一群人活动的社会集团。这个定义表明,组织必须具有特定的目标、有分工与协作、有不同层次的权力与责任制度。这些观点及其指导下的组织形式,曾经发挥了一些积极作用,但也存在一些缺陷。主要是没把组织当作一个有机的系统进行考察,只把组织中的人当作机器一样看待,忽视了组织与社会环境的联系,于是,对组织深层次的结构要素、权责体系等洞察不深,对人的心理、人的复杂性考虑不够,把组织看成与世隔绝的封闭系统。

现代组织理论将组织定义为:组织是一个在共同目标引领下,具有生命力的、开放的社会技术整合系统。

这个定义包含五层意思:

(1) 组织具有共同的目标

作为个体的人,本来是分散的、独立的,大家为了一定的目标才走到一起,形成两个人以上的组织。明确、有吸引力的目标,可以增加对人们的吸引力,在组织遇到困难的时候,也可以吸引某些人员继续留在组织内。组织有目标,才能有效配置不同的资源,发挥协同优势。

(2) 组织具有生命周期

我们熟悉的通用电气公司、强生公司、可口可乐公司、西门子公司等著名的跨国公司,他们都有100多年的历史了。更多的企业组织存活的时间则是短暂的。爱迪斯著有《企业生命周期》,专门研究企业的生命问题。爱迪斯将企业生命周期划分为孕育期、婴儿期、学步期、青春期、盛年期、稳定期、贵族期、官僚化早期、官僚期和死亡等十个阶段。大至一个国家,小到一家几个人组成的企业,都有一个"生长壮老已"的生命历程。

(3) 组织是一个开放系统

组织是一个与环境相互影响、相互作用的开放系统。组织不断地从环境输入能量,又通过自身的活动对能量进行转化、处理,对环境产生影响,即组织可以适应环境和改造环境。

(4) 组织是一个社会技术系统

组织作为实物形态存在,它有物有结构有技术,同时,组织包含社会心理、管理方法、组织文化等内容。组织内部存在着人与人、人与物、物与物等多方面的关系。

(5) 组织是一个整合系统

格式塔心理学强调整体大于部分之和。作为一个组织,应该对内部的各要素、外部的各种影响因素进行协调整合,发挥出良好的功能。

二、组织的分类

在管理工作中,我们经常遇见许多不同名称的"组织",有的名称之间从形式逻辑来看是不规范的、有逻辑错误的,但已约定俗成,人们也就不认真界定了。根据不同的标准、不同的习惯,对组织有不同的分类。

(一) 根据组织形成方式分类

根据组织形成方式的不同,可以将组织分为正式组织和非正式组织两大类。正式组织指为了有效地实现组织目标而明确规定组织成员之间职责范围和相互关系的一种结构,其组织制度和规范对成员有正式的约束力。正式组织并不是铁板一块,也必须具有一定的灵活性,以利于承认个人的价值,调动成员的积极性、鼓励创新。非正式组织指人们由于共同的兴趣爱好、共同的利益而自发地形成的个人和社会关系的网络。

(二) 根据组织的性质分类

根据组织的性质不同,可以将组织分为经济组织、政治组织、文化组织、群众组织、宗教组织等类型。这种分类方法,我们一听名称就可以知道它包括哪些内容,例如,企业属于经济组织,国家、政党属于政治组织,宗教团体属于宗教组织等。

(三) 根据利益受惠分类

以组织成员受惠程度为标准,可以将组织分为互利组织、服务组织、实惠组织、公益组织等。例如,想学汉语的美国人与想学英语的中国人组成的一个语言学习组织便属于互利组织,医院、福利院属于服务组织,企业属于实惠组织,行政机关属于公益组织等。

三、组织要素

一些管理学家对管理模式的论述实际上也是对组织要素的说明。

斯坦福大学的巴斯卡(Pascak)和哈佛大学的雅索士(Achos),在研究了日本企业的管理艺术后提出了"7S"理论。"7S"即战略(strategy)、结构(structure)、制度(systems)、人员(staff)、技能(skill)、作风(style)、最高目标(super-ordinate goals),指组织由以上因素或者说共同价值观(shared values)等构成。

战略,指组织获取和分配它的稀缺资源的行动计划;结构,任何组织都有一定的结构,例如部门划分、职责划分等方面都各有其特征;制度,指规则程序等;人员,组织至少有两个以上的人员;技能,指主要领导人和组织本身的特长和工作能力;作风,指领导者性格不同、行事风格不同;共同价值观,指组织所形成并灌输给成员的重要的根本性指导思想。这七个要素之中,有硬件,也有软件,即组织由硬件要素和软件要素构成,既有人,又有物,还有心理的、精神的要素。如图7-1所示。

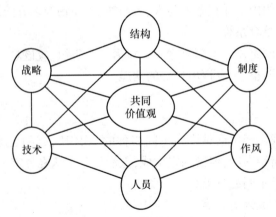

图 7-1　组织的构成要素图

四、组织健康的标准

组织主要由人构成。对于构成组织的成员身体是否健康,可以借助于一系列仪器设备来进行检查,通过生理生化等指标判断人体是否有病;对于组织成员的心理是否健康,可以根据他的情绪、记忆力、注意力、意志、感知觉等方面的情况进行诊断。那么,对于企业组织,如何判断它是否正常、是否健康呢?麻省理工学院斯隆管理学院的贝克哈德(Richard Bechhard)教授提出了判断企业组织是否健康的标准:

(1)健康企业将自己视同一个系统,组织工作便是考虑需要和原材料情况,将它们转变成商品和服务。组织的成员包括业主及职员、供应商、中间客户、产品或服务的最终消费者、新闻媒体以及企业所在社区。

(2)它具备高度敏感的系统来吸取系统内所有部门及相互作用的最新信息。

(3)它具有强烈的目的意识,立足于未来进行管理。

(4)它遵循"形式服从功能"模式运行,以需要完成的工作决定其运作执行结构及机制。因此,它运用多种结构:正规的金字塔结构、水平结构、团队、项目结构及临时结构。

(5)它以团队管理为主要模式,最上层是高级管理团体。

(6)它以尊重顾客服务为原则——包括企业外客户及组织内部其他客户。

(7)管理依信息而行,大量信息能及时获得和处理,获取的信息由不同地域、功能部门和组织所共享。

(8)它鼓励并允许能取得所有必要信息的贴近顾客的基层进行决策。

(9)保持系统上下开放式沟通交流。

(10)奖励机制紧密结合工作成绩,并支持个人发展。经理和工作团队根据其工作实绩和目标完成情况进行考评。

(11)组织以学习型模式运作,认识学习的作用是所有决策制定过程的必备部分。

(12)能明辨革新和创造活动的作用,对不同的思考风格和事物的矛盾性给予高度的宽容。

(13)组织的政策能反映出对工作和家庭需要之间冲突的承认与尊重,只要适宜,鼓励在家工作,支持分担家务。照顾老人和小孩被视为企业的责任。

(14)具有明晰的社会职能。对社区公民权、环境保护、艺术活动的支持应该成为公司政策的一部分。

(15)运作中对有效工作、质量和安全意识给予充分关注,辨析和处理变迁以实现美好的未来。

中国传统医学提倡"不治已病治未病",认为预防重于治疗。如果我们能及时发现组织存在的问题,或者预测到组织可能发生的问题,积极主动地进行处理和预防,便可以延长组织的寿命。贝克哈德提出的组织健康标准可能较高,我们可以根据本地区、本行业、本时期的具体情况进行"修订",制订出操作性较强的标准,然后利用这些标准来指导管理工作。

第二节 组织理论

组织是人类生活中经常接触到的机构或活动,除了管理学、心理学学者外,其他不同专业的人也对研究组织问题感兴趣,因此,关于组织的见解非常丰富。以时间为序,可以将组织理论大致分为古典组织理论、新古典组织理论、现代组织理论和当代组织理论。

一、古典组织理论

古典组织理论是20世纪初开始形成的,代表性的流派有:泰勒的科学管理的组织理论、法约尔的组织理论和韦伯的行政组织理论。

(一)泰勒的组织理论

泰勒(Frederick Winslow Taylor,1856—1915)1911年出版《科学管理原理》,创立了科学管理理论和组织理论。他着重在企业的操作层次探求提高工人的劳动生产率和管理组织工作,提出了工时定额、标准化操作方法、超额奖励工资制,把计划工作同执行工作分开,实行计划室与职能工长制等组织制度。

(二)法约尔的组织理论

法约尔(Henri Fayol,1841—1925)1916年出版《工业管理与一般管理》。他在书中首先将管理职能概括为计划、组织、指挥、协调和控制等五个方面,并且提出了14条组织管理原则:劳动分工、权力与责任、纪律、统一指挥、统一领导、个别利益服从整体利益、报酬、集权化、等级制、秩序、公平、人员的稳定、主动性和集体精神。法约尔提出的这些组织原则对后来的组织结构和模式的发展产生了深刻的影响。他认为,随着企业组织规模的扩大和人员的增多,必然会出现层次和等级。管理人员对下属的控制,应当有一个合理的幅度,这就是管理幅度。法约尔主张组织内维持一种比较狭窄的管理幅度,除最低一级的管理人员可以领导的人数多一些外,其他每一层次一般不超过六人;可以设置参谋机构来协助高级管理人员,参谋机构的任务是通信、接洽、会谈、收集情报、帮助拟订规划、协助联系和协调计划的执行;初步提出了直线和参谋制的组织原则:参谋机构听命于总经理,但不能对下级直接发号施令。

(三) 韦伯的组织理论

韦伯(Max Weber,1864—1920)1910年创立行政组织理论。韦伯的组织理论影响较大,有的管理学者将韦伯称为"组织理论之父"。韦伯反对中世纪的个人崇拜,针对"由超凡魅力来统治组织"的观点,主张组织应该是科层结构(金字塔形的结构)。韦伯认为科层结构具有以下特点:

(1) 分工和专业化。把每个人的工作都分成简单的、例行常规的作业或明确规定的任务。

(2) 明确规定职权、等级制度即明确划分各种职务和权力等级。所谓"科层",包括各种职位和等级,每一个下级都受上级的监督。职务和权力是明文规定的,但承担职务的人员可以替换。

(3) 明确的规章制度。用明文规定来保证各个层次及各个成员的协调活动。

(4) 不受个人感情的影响。按制度办事,不考虑个人感情因素的影响。

(5) 人员的选用,应完全根据职务上的要求,公开考选,合格方可使用,务必使每一职位的人员均能称职。

(6) 明文规定升迁和俸给制度,必须以人员的服务年资或工作成绩为标准,由上级主管决定。

韦伯提出的科层制为资本主义企业建立稳定、严格、精确、有效的生产秩序提供了保证,一些思想至今仍有积极的应用价值。随着时代的发展,科层制也显露出许多缺点,例如,过分注重形式,下级没有主动性、创造性,易使人员思想僵化,导致组织僵化、缺少弹性;组织中的沟通容易造成曲解,产生冲突;忽视组织成员的心理、情感,将人视为机器零件;组织成员长期受制度约束,可能本末倒置,忽视组织目标而将制度法规视为目标。

二、新古典组织理论

新古典组织理论是以科层结构为基础的,同时又吸收了行为科学、心理学和社会学的观点。新古典组织理论的代表人物有斯科特(Scott)、莫尔(Moore)等人。新古典组织理论的贡献主要表现在对古典组织理论的修正、补充和对非正式组织的系统性研究上。

(一) 对古典组织理论的修正和补充

在专业化和劳动分工方面,早期工业心理学对专业化引起的疲劳和单调感进行过研究,以后,新古典组织理论受到霍桑实验的启示,发展出有关激励、协调和新型领导的一系列理论和观点。

在组织结构方面,新古典组织理论对组织结构中不同职能之间、直线与参谋之间产生的矛盾进行了研究,并提出了一系列消除冲突的措施,如参与管理、初级董事会、联合委员会、良好的人际交往等,通过这些努力,试图在古典组织理论的组织结构中形成一种和谐协调的关系。

在管理幅度和组织类型方面,新古典组织理论反对"精确地减少幅度"和"唯一地可能应用的比例"的主张,认为管理幅度的确定要受到管理能力、监督职能、人的品格和交往的有效程度等许多因素的制约,选用什么类型的组织结构也要视情况而定。

（二）对非正式组织的研究

新古典组织理论对非正式组织进行了系统的研究。认为非正式组织具有以下特点：(1) 一般存在着某种共同的准则和价值观，影响和制约着成员的行为；(2) 有自身的沟通渠道；(3) 自发抵制变革；(4) 有自发产生的领导者；(5) 有特殊的交往关系。

三、现代组织理论

现代组织理论的代表人物有巴纳德、西蒙、迪拉克、伯恩斯、史托克、霍曼斯等。

（一）巴纳德的组织理论

（1）"诱因与贡献平衡"论

巴纳德认为，个人作为组织的成员必须对组织有所贡献，而组织应该向他提供报酬即诱因。个人目标同组织目标可能不一致，但个人目标是否得到满足，直接影响着组织的绩效，因此巴纳德将诱因视为组织的平衡力量。而个人的要求是不断变化的，组织的管理部门要在诱因方面作出相应的变化，以取得新的平衡。

（2）"权威接受"论

命令只有得到个人同意才具有"权威性"。管理者需要做到使个人能明了命令的内容，认为它同组织目标和个人利益是一致的，并且在精神上和智力上能遵守这个命令。

（3）注重信息交流

构成组织的基本要求是合作的意愿、共同的目标和信息的交流。信息交流是实现合作意愿和共同目标的基础。巴纳德还重视非正式群体在信息沟通中的作用。

（4）经理的职能

经理作为信息联系系统的中心和组织成员协作努力的协调人，应当具有三项主要职能：一是维持组织的信息联系系统；二是管理、培训、激励组织成员；三是规定组织目标。

（二）西蒙的组织理论

西蒙的组织理论是以决策论为基础的，他认为组织结构的建立必须同决策过程联系起来，组织的部门划分必须以决策类型为依据。西蒙的组织理论的主要观点如下：

（1）组织的层次和等级结构

西蒙把组织划分为三个层次：最下层从事基本的操作过程；中间层从事程序化决策制定过程，是控制日常生产操作和分配的系统；最上层则从事非程序化决策制定过程。复杂组织不仅分层次，而且分等级。分层等级结构消除了规模和复杂性之间的联系，这样大的组织才能顺利运行。

（2）集权与分权

有关整个组织的决策，必须是集权的。但由于人的认识是有限的，即使是高层领导者也不可能洞察一切，必须实行适当的分权，让各方面的经理参与决策。

（3）直线与参谋的关系

直线管理人员有时与参谋人员意见不一致，参谋人员可能意见正确，但在传统组织理论里，参谋人员是无权决策的。西蒙建议：下级人员可以从几个上级处接受命令，但如果这些命令发生冲突，下级人员就只能服从其中一个上级的命令；每个单位，高层领导在某一特定的领域内具有全权。

(三) 德鲁克的组织理论

德鲁克提出了五项组织设计原则：法约尔的职能制、斯隆的联合分权制、工作队组织、模拟分权制、系统结构。

德鲁克有新意的思想体现在工作队组织、模拟分权制和系统结构上。

工作队组织一向用在临时突击任务中，但也适用于经常性的管理工作。模拟分权制，指把一种职能或生产程序的某一阶段或某一部分相对独立出来，当作一个企业来进行运作，并真正实行自负盈亏。系统结构是把工作队组织和模拟分权制结合在一起的一种结构。跨国公司的组织类型即多为系统结构。

(四) 伯恩斯和史托克的组织理论

伯恩斯和史托克把适应于不同环境的组织结构划分为机械的组织结构和有机的组织结构两部分。

他们认为，机械的组织结构的特点是：以高度专业化、集权和垂直沟通为特征；采取正式的科层制来协调；每个职务的角色权力、义务和技术方法都有明确规定；控制、职权与沟通分等级、层次实施；高层经理独占知识信息，强化层级结构；注重垂直之间的沟通；主管部门依靠发表指示和决定来实现管理；强调作为组织成员的条件是服从上级和对公司忠诚。

有机的组织结构的特点是：以工作没有明确界定、自我控制、横向沟通为特征；个人的任务由整个公司的总任务和目标来规定；个人的任务通过同其他人的共同协商和活动来不断地调整和重新确定；由一个控制、职权与沟通形成的网状结构来协调；将专门的知识经验都用来为实现公司的共同目标服务；组织内注意横向沟通，地位不同的成员之间的沟通采取协商而不是命令方式进行；沟通的内容主要是信息和劝告，而不是指示和决策；重视对公司任务的完成和技术经济的发展，承担任务超过忠诚与服从。

(五) 霍曼斯的组织理论

霍曼斯(George C. Homans)认为任何社会组织都处于物理的、文化的、技术的环境之中。三种环境影响决定着组织中人们的活动和相互作用。而人们在进行活动和发生相互作用时，又会产生人与人之间以及人对环境的一定感情。这些由环境所决定的活动、相互作用和感情称为外部系统，即社会系统。

社会系统模式有五个关键因素：(1)活动，指系统中人们的工作活动；(2)相互作用，指人们相互之间的沟通和交往；(3)情感，指系统中人们的价值观、态度和信念，包括相互之间积极与消极的感情；(4)所要求的行为，指正式组织所明文规定的活动、相互作用和感情；(5)新的行为，指在所要求的行为之外的一些行为。

活动、相互作用和感情这三方面是相互依赖的，其中一个因素发生变化，其他两个因素也会随之发生变化。同时，霍曼斯认为，外部系统与内部系统，即正式组织与非正式组织之间也是相互依赖的，一个系统的变化会引起另一个系统的变化。霍曼斯的组织理论如图7-2所示。

综上，虽然组织理论学派林立、众说纷纭，但是，新理论一般都是在继承前人理论的基础上提出的，新理论并没有对原来的理论进行简单的否定。组织理论的发展方向是在朝着重视系统、重视人的价值、重视权变、重视联系等方面进行的。从古典组织理论向现代组织理论的演化过程如图7-3所示。

第七章 组织与组织文化

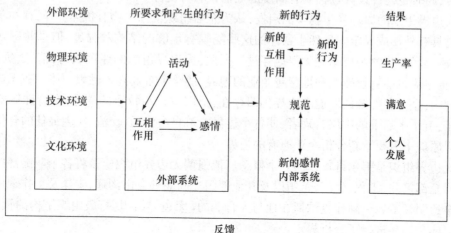

图 7-2 霍曼斯的组织理论图

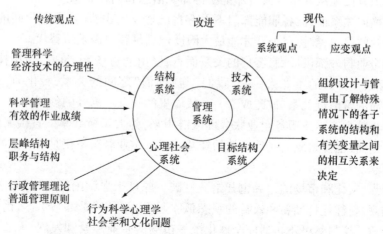

图 7-3 从古典组织理论向现代组织理论演化的过程图

(六) 无边界组织

传统的企业组织结构里面一般包括四种边界：垂直边界、水平边界、外部边界、地理边界。垂直边界是指企业内部的层次和职业等级；水平边界是分割职能部门及规则的围墙；外部边界是企业与顾客、供应商、管制机构之间的隔离；地理边界是区分文化、国家市场的界限。

在传统的企业管理模式下，企业按照需要把员工和业务流程进行划分，使得各个要素各负其责，各尽其职。传统的企业组织机构是一种自上而下的金字塔式的管理模式，管理机构严格恪守各自的边界，企业有着严格的组织和等级界限。而这往往造成组织规模庞大、等级过多、职权过于集中、组织效率低下、应变迟缓乏力、内部沟通阻隔，阻碍创新和抑制员工的主动性。为适应经济全球化、信息网络技术和知识经济的挑战与冲击，企业的管理模式不能再恪守依据职权划分和层级管理来机械设置管理层次和职能部门的传统模式了,而应充分体现组织对环境的适应性和应变力,使之能够在第一时间对环境变革作出快速反应,同时也允许设计过程具有高度的灵活性和可变性。

无边界组织的原理受生物学的启发,认为企业组织就像生物有机体一样,存在各种隔膜使之具有外形或界定。虽然生物体的这些隔膜有足够的结构和强度,但是并不妨碍食物、血液、氧气、化学物质畅通无阻地穿过。据此,无边界组织的原理认为,信息、资源、构想、能量也应该能够快捷顺利地穿越企业的边界,使整个企业真正融为一体。在无边界组织原理中,企业各部分的职能和边界仍旧存在,仍旧有位高权重的领导,有特殊职能技术的员工,有承上启下的中层管理者,使各个边界能够自由沟通、交流,实现最佳的合作。在无边界原理下需要重新分析企业原有的边界。

无边界组织是韦尔奇首创的一个概念。他强调无边界组织应该将各个职能部门之间的障碍全部消除,工程、生产、营销以及其他部门之间能够自由沟通,工作及工作程序和进程完全透明。罗恩·阿什克纳斯在他与人合著的《无边界组织:打破组织结构的锁链》一书中对四种边界进行了分析界定:

(1)就纵向关系而言,各个层次及各种头衔人员之间的界限已经打破,垂直上下之间的界限不再僵硬难破,而变得具有弹性和可渗透性,从而有助于更快、更好地决策和行动,也有利于组织方便地从各层次人员那里获得知识信息和创新灵感。

(2)就横向关系而言,各职能部门不再有自己独立的山头,随着部门间的相互渗透,有关领地管辖的争执,被探讨怎样才能最大限度地满足客户需求所替代。

(3)就企业与外部供应商、客户的关系而言,已由通过谈判、争吵、高压技巧、封锁信息,甚至相互拼斗方式的生意人——"我们"与"他们"之间的关系,转化为一种共创、共享、互利、双赢的价值链关系,彼此成为一个战壕里的战友。高效的创新方式一经发现,很快就能被引入整个产品或服务企业联合价值链中来,为大家所共享。直接无偿投资支持供应商和经销商,也开始成为一种高效的经营方式。企业联盟不仅是一种战略,而且成为一种价值观念。

(4)地点、文化和市场的边界也开始被打破。源自于强调国民自尊心、文化差异、市场特殊性的观念,往往将创新和效益的观念孤立起来,并导致总部与工厂、销售市场之间的分离和矛盾。这显然已不再适应全球化统一市场的企业经营和发展,人才、资金、材料供给已全面向本地化方向发展推进,将跨国企业定义为某国某地的企业已不再有任何意义,在何处经营,在何处纳税,也就是何处的"公民"。

罗伯特·史雷特(Robert Slater)在他的《通用商战实录》一书中就无边界组织的界定作了更细致的描绘,从速度、弹性、整合程度和创新四个方面,对四种关系进行了分析。他认为无边界组织具有以下16个特征:(1)纵向关系的速度特征为:大多数决定由那些最接近客户的人现场作出,不过这些决定一般只奏效数小时而不是数星期、数月。(2)纵向关系的弹性特征为:各级管理者不但肩负日常的一线管理责任,而且承担更为广泛的战略责任。(3)纵向关系的整合程度特征为:关键问题由多层次的团队共同解决,其成员的努力不再受组织中的级别限制。(4)纵向关系的创新特征为:针对要解决的问题,经常通过跨层次的头脑风暴法来发掘新主意、新思路,并现场决策,不再来回地申报审批。(5)横向关系的速度特征为:新产品或服务以越来越快的速度推向市场,一发掘出客户价值,就以最快的速度呈献给客户。(6)横向关系的弹性特征为:各种资源的占有已打破单位、部门之间的块块分割,能够根据需要快速、经常、无阻碍地在专家和操作部门之间流转。(7) 横向关系的整合程度特征为:日常工作可通过流水作业的团队予以解决,非常规性工作由从相应单位、部门抽调力量构成项目组来处理。(8) 横向关系的创新特征为:经常举办由感兴趣的人自主参加的跨单位、跨部门,甚至是跨企业的专题研讨会、报告会,或问题攻关小组活动,以横向团队的形式自发地去探索新主意、新思路、新技术和新方法。(9) 企业伙伴关系的速度特征为:对于客户和合作伙伴的要求和投诉,能预先采取措施,并适时答复。与客户的关系也是一种合作伙伴关系。(10) 企业伙伴关系的弹性特征为:战略资源和重要的管理者可以在企业伙伴之间流动,甚至无偿地"借给"客户和供应商使用。(11) 企业伙伴关系的整合程度特征为:供应商和客户经理在设计企业运行和战略选择的团队中居于核心地位,并发挥主导作用。(12) 企业伙伴关系的创新特征为:能从供应商和客户那里经常获得大量的新产品和新工艺的建议和思路。(13) 空间区域关系的速度特征为:最好的经验得以在与自己企业结成企业联盟关系的范围内传播,甚至直接跨地区、跨国界地传播。(14) 空间区域关系的弹性特征为:企业领导者,包括企业下属区域公司领导人,定期参与在不同地区、不同国家的区域业务营运会议及决策。(15) 空间区域关系的整合程度特征为:在企业联盟内部的各国业务之间存在标准的产品平台、统一的行动和分享经验。(16) 空间区域关系的创新特征为:新产品的建议能放到其母国以外的环境里评价其适应性。

然而,由于能力和精力的局限性,任何管理者都根本无法直接安排组织内部所有的活动。如果一个企业组织没有一个相对的边界,那就是一盘散沙。无边界是在基本的边界基础上从运作方面突破边界的障碍,使整个组织成为一个灵活的系统。

(七) 虚拟组织

虚拟组织是一种区别于传统组织的以信息技术为支撑的人机一体化组织。其特征是以现代通讯技术、信息存储技术、机器智能产品为依托,实现传统组织结构、职能及目标。在形式上,没有固定的地理空间,也没有时间限制。组织成员通过高度自律和高度的价值取向共同实现团队共同目标。1993 年,约翰·伯恩(John A. Byrne)将虚拟企业描述成企业伙伴间的联盟关系,是一些相互独立的企业(如供应商、客户、甚至竞争者)通过信息技术连接的暂时联盟,这些企业在诸如设计、制造、分销等领域分别为该联盟贡献出自己的核心能力,以实现技能共享和成本分担,其目的在于培养起某种特定产品或服务的世界一流竞争能力,把握快速变化的市场机遇。它既没有办公中心也没有组织结构图,可能还是无层级、无垂直一体化的组织。

在虚拟组织平台上,企业间的创新协作可以实现优势互补、风险共担。在网络环境下,企业用虚拟组织的形式组织生产与研发工作,这样可以适应全球化竞争的态势,更好地满足消费者的多变需求,使企业快速发展。

虚拟企业是工业经济时代的全球化协作生产的延续,是信息时代企业组织的创新形式。目前人们对它的认识仍处于不断探索的阶段,在相关文献中有虚拟企业、虚拟公司、虚拟团队、虚拟组织等称谓。不过总的说来,虚拟企业具有以下主要特点:

(1) 合作型竞争

虚拟企业是建立在共同目标上的合作型竞争。在数字化信息时代,合作比竞争更加重要。虚拟企业一般由一个核心企业和几个成员企业组成,在推出新产品时能以信息网络为依托,选用不同企业的资源,把具有不同优势的企业组合成单一的靠信息技术联系起来的动态联盟,共同应对市场的挑战,联合参与国际竞争。虚拟企业以网络技术为依托,跨越空间的界限,在全球范围内的许多备选组织中精选出合作伙伴,可以保证合作各方实现资源共享、优势互补和有效合作。虚拟企业是建立在共同目标上的联盟,它随着市场和产品的变化而进行调整,一般情况下在项目完成后联盟便可以解散。

(2) 动态性

虚拟企业能动态地集合和利用资源,从而保持技术领先。它快速有效地利用信息技术和网络技术,各成员企业以及各个环节的员工都能参与技术创新的研究和实施工作,从而维持技术领先地位。虚拟企业不仅向顾客提供产品和服务,更重视向顾客提供产品和服务背后的实际问题的"解决方案"。传统的组织常常为大量顾客提供同一产品,而忽视同一产品对不同顾客在价值上的差异,虚拟企业则能从顾客的这种差异入手,综合所有参与者给顾客提供一个完整的解决方案。因此虚拟企业能够按照产品的新观念和灵敏性要求,有针对性地选择和利用经济上可承受、已有或已开发的技术与方法,同时十分重视高技术的研究与开发,保证了技术的领先性。

(3) 组织扁平化

扁平化的网络组织能对市场环境变化作出快速反应。信息技术的高度发展极大地改变了企业内部信息的沟通方式和中间管理层的作用,虚拟企业通过社会化协作和契约关系,使得企业的管理组织扁平化、信息化,削减了中间层次,使决策层贴近执行层。企业的组织结构是"橄榄型"或"哑铃型",组织的构成单位从职能部门转化成以任务为导向、充分发挥个人能动性和多方面才能的过程小组,使企业的所有目标都直接或间接地通过团队来完成。组织的边界不断被扩大,在建立起组织要素与外部环境要素互动关系的基础上,向顾客提供优质的产品或服务。企业能随时把握企业战略调整和产品方向转移、组织内部和外部团队的重新构成,以战略为中心建立网络组织,通盘考虑顾客满意和自身竞争力的需要,不断进行动态演化,以对环境变化作出快速响应。

(4) 学习型组织

虚拟企业竞争的核心是建立学习型组织。学习型组织提倡"无为而治"的有机管理,突破了传统的层次组织。虚拟企业在其经营过程中,往往处在十分复杂的动态变化中,企业经营者必须不断地根据环境的变化而做适应性的调整。所以,虚拟企业的经营过程其实就是企业管理者和员工的互动式教育过程,因此,人力资源不仅要从学校里产生,而且要从企业中产生。企业要建立一种适应动态变化的学习能力。虚拟企业的学习过程不仅仅局限于避免组织犯错误或是避免组织脱离既定的目标和规范,而是鼓励打破常规的探索性试验,是一种允许出现错误的复杂的组织学习过程。它在很大程度上依赖反馈机制,是一个循环的学习过程。

知识经济背景下,新型组织结构层出不穷,但无论如何,组织结构都应顺应组织的发展和变革,以更好地服务组织。新型组织结构应满足以下条件:

(1) 有利于员工的相互影响、沟通和知识共享

这种沟通不仅仅会发生在企业内部员工之间、部门之间,而且还应该发生在企业与外部客户、供应商、同行之间。这样不仅可以使员工了解其他员工在做什么,自己能否提供帮助,是否对自己的研究工作有启发,而且还能使企业了解同行在做什么,同行是否走在

了自己的前面,客户需要什么,本企业能否满足客户的要求等。

(2) 有利于企业的知识更新和深化

组织结构的设置应该使企业各部门之间能够交流各自所拥有的知识,能够使外界的最新知识迅速地传入企业,并迅速被企业员工所知晓,使企业和员工所拥有的知识在内外交流和合作开发中得到更新和深化。

(3) 有利于企业集中资源完成知识的商品化

企业拥有知识的最终目的在于使知识商品化,使企业获得更大的市场效益。因此,企业的组织结构应该有利于企业调动资源,集中力量完成知识的商品化,有助于协调知识商品化过程中的研究、设计、制造、营销等各种活动。

(4) 有利于企业掌握对环境的适应能力

能够通过对外界环境的适应—纠正—再适应过程使企业充满活力,以提高组织的工作效率,对外部市场的不确定性、多变性作出迅速、灵敏的反应。

(5) 有利于增强企业员工的团队合作精神

知识型企业的生产经营活动涉及各种人员和多种商业活动,必须依靠员工之间的团队合作才能够使知识的商品化活动顺利完成。应该注意的是,这个团队不仅包含企业内部人员,还应当包括企业的供应商和忠实的客户,这样才能够使知识产品按照市场需要设计,按照资源最优化配置来生产。组建一个充满合作精神的团队,既需要员工、客户和供应商拥有共同的语言、价值观和企业文化,还需要员工具有团队合作精神,认同集体主义,而这些都需要一个具有合作精神的组织结构为其创造基本条件。

第三节 组 织 结 构

组织结构是组织体系的决定性架构,是一个组织有效运转的平台,组织结构的设计和变革是管理工作中的一项重要内容。有了适合的组织结构,组织的人流、物流、信息流才能正常流通,组织的目标才有可能实现。组织结构可视为组织部件的排列组合,既有一定的构建规律和方法,又有个性化的内容融合在其中。

一、组织结构的概念

组织结构可以被认为是对于工作任务进行的分工、分组和协调合作。从系统论的角度看,组织结构就是安排各部门的排列顺序、空间位置、聚焦状态、联系方式以及各要素相互关系的一种模式,它是执行组织管理和经营任务的体制。我们认为,组织结构是组织的全体成员为实现组织目标,在管理工作中进行分工协作,在职务范围、责任、权利方面所形成的动态结构,其本质是为实现组织战略目标而采取的一种分工协作体系。组织结构包含以下要素:

(一) 工作专业化

工作专业化(work specialization)用来描述组织中把工作任务划分成若干步骤来完成的细化程度,其实质是:将一项工作分解成若干步骤,每一步骤由一个或一组人独立去做。通过实行工作专门化,员工完成重复性工作的技能有所提高,使得组织的整体工作效率得到提升。同样重要的是,从组织角度来看,实行工作专门化,有利于提高组织的培训效率。

挑选并训练从事具体的、重复性工作的员工比较容易,成本也较低。对于高度精细和复杂的操作工作尤其如此。

(二) 部门化

一旦通过工作专门化完成任务细分,就需要按照类别对它们进行分组以便使共同的工作可以进行协调。工作分类的基础是部门化(departmentalization)。

根据活动职能划分是最常见的部门化方法,职能的变化可以反映组织的目标和活动。这种职能划分方法的主要优点在于,可以把同类专家集中在一起,比如把专业技术、研究方向接近的人分配到同一个部门中,来实现规模经济,提高整体效率。

部门也可以根据组织生产的产品类型进行划分。这种分组方法的主要优点在于:提高产品绩效的稳定性,因为公司中与某一特定产品有关的所有活动都由同一主管指挥。

还有一种部门化方法,即根据地域来进行部门划分。如果一个公司的顾客分布地域较宽,这种部门化方法就有其独特的价值。

过程部门化方法适用于产品的生产,也适用于顾客的服务。

最后一种部门化方法是根据顾客的类型来进行部门化,其理论假设是,每个部门的顾客存在共同的问题和要求,因此通过为他们分别配置有关专家,能够满足不同类型顾客的需要。

组织在进行部门化划分时,需要结合上述各种方法综合考虑,以取得最佳效果。

(三) 命令链

命令链(chain of command)是一种不间断的权力路线,从组织最高层扩展到最基层。在讨论命令链之前,应先讨论两个辅助性概念:权威和命令统一性。权威(authority)是指管理职位所固有的发布命令并期望命令被执行的权力。为了促进协作,每个管理职位在命令链中都有自己的位置,每位管理者为完成自己的职责任务,都要被授予一定的权威。命令统一性(unity of command)原则有助于保持权威链条的连续性。它意味着,一个人应该对一个主管且只对一个主管直接负责。如果命令链的统一性遭到破坏,一个下属可能就不得不穷于应付来自多个主管不同命令之间的冲突或优先次序的选择。

然而,随着电脑和互联网技术的发展,组织中任何位置的员工都能同任何人进行交流,而不需通过正式渠道。权威的概念和命令链的维持也越来越无关紧要,因为只能由管理层作出的决策,已授权给了操作员工自己。除此之外,随着自我管理团队、多功能团队和包含多个上司的新型组织设计思想的盛行,命令统一性的概念越来越无关紧要。当然,有许多组织仍然认为通过强化命令链可以使组织的生产率最高,但这种组织越来越少。

(四) 控制跨度

一个主管可以有效地指导多少个下属?这种有关控制跨度(span of control)的问题非常重要,因为在很大程度上,它决定着组织要设置多少层次,配备多少管理人员。在其他条件相同时,控制跨度越宽,组织效率越高。但是,在某些方面宽跨度可能会降低组织的有效性,因此如果控制跨度过宽,主管人员将没有足够的时间为下属提供必要的领导和支持,员工的绩效必然会受到不良影响。

控制跨度窄也有好处,把控制跨度保持在5—6人,管理者就可以对员工实行严密的控制。控制跨度窄主要有三个缺点:第一,管理层次会因此而增多,管理成本会大大增加。第二,使组织的垂直沟通更加复杂。管理层次增多也会减慢决策速度,并使高层管理人员趋于孤立。第三,易造成对下属监督过严,妨碍下属的自主性。

近几年的趋势是加宽控制跨度,这与各个公司努力降低成本、削减企业一般管理费用、加速决策过程、增加灵活性、缩短与顾客的距离、授权给下属等的趋势是一致的。但是,为了避免因控制跨度加宽而使员工绩效降低,各公司都大大加强了员工培训的力度和投入。管理人员已认识到,自己的下属充分了解了工作之后,或者能够直接从同事那里得到帮助时,他们就可以驾驭宽跨度的控制问题。

(五) 集权与分权

集权化(centralization)是指组织中的决策权集中于一点的程度。这个概念只包括正式权威,也就是说,某个位置固有的权力。一般来讲,如果组织的高层管理者不考虑或很少考虑基层人员的意见就决定组织的主要事宜,则这个组织的集权化程度较高。相反,基层人员参与程度越高,或他们能够自主地作出决策,组织的分权化(decentralization)程度就越高。

集权式与分权式组织在本质上是不同的。在分权式组织中,采取行动、解决问题的速度较快,更多的人为决策提供建议,所以,员工与那些能够影响他们工作生活的决策者隔膜较少,或几乎没有。

企业所必须制定的主要战略决策与其结构的集权或分权程度有关。这通常取决于企业所处的特殊行业、环境和采用的技术。

集权式组织的优点主要有以下几个方面:一是易于协调各职能间的决策;二是对报告线的形式进行了规范,比如利用管理账户;三是能与企业的目标达成一致;四是危急情况下能进行快速决策;五是有助于实现规模经济;六是比较适用于由外部机构(比如专业的非营利性企业)实施密切监控的企业,因为所有的决策都能得以协调。

与此同时,集权式组织的缺点也比较突出:一是高级管理层可能不会重视个别部门的不同要求;二是由于决策时需要通过集权职能的所有层级向上汇报,因此决策时间过长;三是对级别较低的管理者而言,其职业发展有限。

分权式决策的趋势比较突出,这与使组织更加灵活和主动地作出反应的管理思想是一致的。在大公司中,基层管理人员更贴近生产实际,对有关问题的了解比高层管理者更翔实。

(六) 正规度

正规度(formalization)是指组织中的工作实行标准化的程度。如果一种工作的正规化程度较高,就意味着做这项工作的人对工作内容、工作时间、工作手段没有多大的自主权。在高度正规化的组织中,有明确的工作说明书,有繁杂的组织规章制度,对于工作过程有详尽的规定。而正规化程度较低的工作,相对来说,工作执行者和日程安排就不那么僵硬,员工对自己工作的处理许可权比较宽。由于个人许可权与组织对员工行为的规定成反比,因此工作标准化程度越高,员工决定自己工作方式的权力就越小。工作标准化不仅减少了员工选择工作行为的可能性,而且使员工无需考虑其他行为选择。

组织之间或组织内部不同工作之间正规化程度差别很大,这与组织和工作的性质有关。

二、组织结构的类型

孔茨、辛格在论及管理幅度、组织设计时,都提到了《圣经旧约》关于摩西组织以色列人逃出埃及的故事。摩西的岳父乔叟看到摩西从早到晚整天坐在那里,以色列人在他面前排起了长队,耐心等着见他,表达自己的愿望和倾诉心中的不满。乔叟对摩西说,"你这样做不太好,你和那些等着见你的人都受不了,你们会累坏的。你不应该一个人做这件事。"乔叟建议摩西在每1000人里选一个千夫长,每100人里选一个百夫长,每50人中选一个五十夫长,每10人中选一个十夫长。重大事情由摩西决定,琐碎的事情就由各级负责人作出裁决。摩西接受了他岳父的建议。从那以后,他带领以色列人向迦南进发的任务就轻松了许多。也就在那个时候,最佳控制幅度的原则得以建立,并且产生了第一次有文献记载的管理层级制度。其实,西周周武王分封诸侯、秦时秦始皇创立皇帝制度,都是在进行组织设计。西周分封诸侯体制,奠定了中央与地方之间的血缘宗法关系。秦王嬴政创立皇帝制度,在全国范围内建立起高度集权的统治。以当时的历史条件来看,周武王、秦始皇的组织设计工作都是具有积极意义的。从远古到当今,人们一直没有停止组织设计、组织更新的工作。

企业常见的组织结构类型有直线制、职能制、直线职能制、直线参谋制、直线职能参谋制、事业部制、模拟式分权结构、矩阵结构、超事业部制、多维组织结构以及系统组织结构等多种形式,以下择主要的几种予以介绍。

(一) 直线制

直线制是一种最早也最简单的组织形式。它的特点是企业各级行政单位从上到下实行垂直领导,下属部门只接受一个上级的指令,各级主管负责人对所属部门的一切问题负责。厂部不另设职能机构(可设职能人员协助主管人工作),一切管理职能基本上都由行政主管自己执行。直线制组织结构的优点是:结构比较简单,责任分明,命令统一。缺点是:它要求行政负责人通晓多种知识和技能,亲自处理各种业务。在业务比较复杂、企业规模比较大的情况下,把所有管理职能都集中到最高主管一人身上,显然是其难以胜任的。因此,直线制只适用于规模较小,生产技术比较简单的企业,对生产技术和经营管理比较复杂的企业并不适宜。

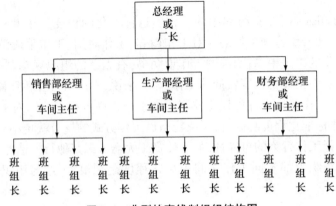

图7-4 典型的直线制组织结构图

(二) 职能制

职能制组织结构,是各级行政单位除主管负责人外,还相应地设立一些职能机构。如在厂长下面设立职能机构和人员,协助厂长从事职能管理工作。这种结构要求行政主管把相应的管理职责和权力交给相关的职能机构,各职能机构有权在自己的业务范围内向下级行政单位发号施令。因此,下级行政负责人除了接受上级行政主管人指挥外,还必须接受上级各职能机构的领导。

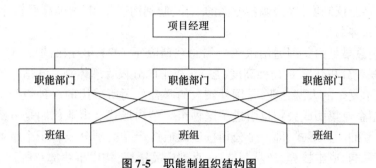

图 7-5 职能制组织结构图

职能制的优点是能适应现代化工业企业生产技术比较复杂,管理工作比较精细的特点;能充分发挥职能机构的专业管理作用,减轻直线领导人员的工作负担。但缺点也很明显:它妨碍了必要的集中领导和统一指挥,形成了多头领导;不利于建立和健全各级行政负责人和职能科室的责任制,在中间管理层往往会出现有功大家抢,有过大家推的现象;另外,在上级行政领导和职能机构的指导和命令发生矛盾时,下级就无所适从,影响工作的正常进行,这容易造成纪律松弛,生产管理秩序混乱。由于这种组织结构形式的明显缺陷,现代企业一般都不采用职能制。

(三) 直线职能制

直线职能制是在直线制和职能制的基础上,取长补短,吸取这两种形式的优点而建立起来的,目前绝大多数企业都采用这种组织结构形式。这种组织结构形式是把企业管理机构和人员分为两类,一类是直线领导机构和人员,按命令统一原则对各级组织行使指挥权;另一类是职能机构和人员,按专业化原则,从事组织的各项职能管理工作。直线领导机构和人员在自己的职责范围内有一定的决定权和对所属下级的指挥权,并对自己部门

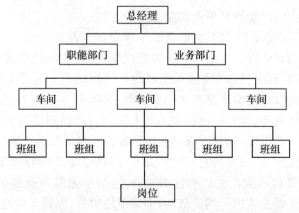

图 7-6 直线职能制组织结构图

的工作负全部责任。职能机构和人员则是直线指挥人员的参谋,不能对直接部门发号施令,只能进行业务指导。

直线职能制的优点是:既保证了企业管理体系的集中统一,又可以在各级行政负责人的领导下,充分发挥各专业管理机构的作用。其缺点是:职能部门之间的协作和配合性较差,职能部门的许多工作要直接向上层领导报告请示才能处理,这一方面加重了上层领导的工作负担,另一方面也造成办事效率低。为了克服这些缺点,可以设立各种综合委员会,或建立各种会议制度,以协调各方面的工作,起到沟通作用,帮助高层领导出谋划策。

(四) 事业部制

事业部制最早是由美国通用汽车公司总裁斯隆于1924年提出的,故有"斯隆模型"之称,也称"联邦分权化",是一种高度(层)集权下的分权管理体制。它适用于规模庞大,品种繁多,技术复杂的大型企业,是国外较大的联合公司所采用的一种组织形式,近几年中国一些大型企业集团或公司也引进了这种组织结构形式。事业部制是分级管理、分级核算、自负盈亏的一种形式,即一个公司按地区或按产品类别分成若干个事业部,从产品的设计、原料采购、成本核算、产品制造,一直到产品销售,均由事业部及所属工厂负责,实行单独核算,独立经营,公司总部只保留人事决策、预算控制和监督大权,并通过利润等指标对事业部进行控制。也有的事业部只负责指挥和组织生产,不负责采购和销售,实行生产和供销分立,但这种事业部正在被产品事业部所取代。还有的事业部按区域来划分。

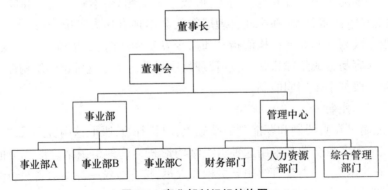

图7-7 事业部制组织结构图

(五) 模拟分权制

这是一种介于直线职能制和事业部制之间的结构形式。

许多大型企业,如连续生产的钢铁、化工企业由于产品品种或生产工艺过程所限,难以分解成几个独立的事业部。又由于企业的规模庞大,以致高层管理者感到采用其他组织形态都不容易管理,这时就出现了模拟分权组织结构形式。所谓模拟,就是要模拟事业部制的独立经营,单独核算,而不是真正的事业部,实际上是一个个"生产单位"。这些生产单位有自己的职能机构,享有尽可能大的自主权,负有"模拟性"的盈亏责任,目的是要调动他们的生产经营积极性,达到改善企业生产经营管理的目的。需要指出的是,各生产单位由于生产上的连续性,很难将它们截然分开,以连续生产的石油化工为例,甲单位生产出来的"产品"直接就成为乙生产单位的原料,这当中无需停顿和中转。因此,它们之间的经济核算只能依据企业内部的价格,而不是市场价格,也就是说这些生产单位没有自己独立的外部市场,这也是与事业部的差别所在。

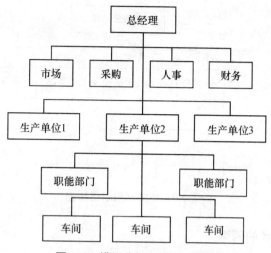

图7-8 模拟分权制组织结构图

模拟分权制的优点除了调动各生产单位的积极性外,就是解决企业规模过大不易管理的问题。高层管理人员将部分权力分给生产单位,减少了自己的行政事务,从而把精力集中到战略问题上来。其缺点是不易为模拟的生产单位明确任务,造成考核上的困难;各生产单位领导人不易了解企业的全貌,在信息沟通和决策权力方面也存在着明显的缺陷。

(六)矩阵制

在组织结构上,把既有按职能划分的垂直领导系统,又有按产品(项目)划分的横向领导关系的结构,称为矩阵组织结构。

矩阵制组织是为了改进直线职能制横向联系差,缺乏弹性的缺点而形成的一种组织形式。它的特点表现在围绕某项专门任务成立跨职能部门的专门机构上,例如组成一个专门的产品(项目)小组去从事新产品开发工作,在研究、设计、试验、制造各个不同阶段,由有关部门派人参加,力图做到条块结合,以协调有关部门的活动,保证任务的完成。

矩阵结构的优点是:机动、灵活,可随项目的开发与结束进行组织或解散;由于这种结构是根据项目组织的,任务清楚,目的明确,各方面有专长的人都是有备而来,因此在新的工作小组里,通过沟通、融合,能把自己的工作同整体工作联系在一起,为攻克难关,解决问题而献计献策,同时从各方面抽调来的人员有信任感、荣誉感,这使他们增加了责任感,激发了工作热情,促进了项目的实现;它还加强了不同部门之间的配合和信息交流,克服了直线职能结构中各部门互相脱节的现象。

矩阵结构的缺点是:项目负责人的责任大于权力,因为参加项目的人员来自不同的部门,隶属关系仍在原单位,只是为"会战"而来,所以项目负责人对他们管理困难,没有足够的激励手段与惩治手段,这种人员上的双重管理是矩阵结构的先天缺陷;项目组成人员在任务完成以后,仍要回原单位,容易产生临时观念,对工作有一定的影响。

矩阵结构适用于一些重大攻关项目。企业可用这种组织结构来完成涉及面广的、临时性的、复杂的重大工程项目或管理改革任务。特别适用于以开发与实验为主的单位,例如科学研究,尤其是应用性研究单位等。

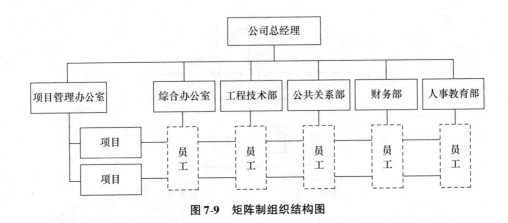

图 7-9　矩阵制组织结构图

三、影响组织设计的因素

为什么不同企业不照搬一种现成的组织结构模式呢？原因是：组织结构的设计要受到组织的规模、战略、环境、技术和权力控制等因素的影响。

（一）规模因素

伍德沃德等人在 20 世纪 60 年代曾对英国南部的 100 多个公司进行了深入的调查研究。他们发现，一个组织的组织结构设计与其本身规模的关系大体为：(1) 组织规模越大，工作就越专业化；(2) 组织规模越大，标准操作化程度和制度就越健全；(3) 组织规模越大，分权的程度就越高。

（二）战略因素

一个组织的战略就是它的总目标，它涉及一定时期内组织的大政方针、制定决策、实施决策和评估决策等重要问题。杰出的领导人都是重视战略因素的。毛泽东说，"战略问题是研究战争全局的规律的东西"，"研究带全局性的战争指导规律，是战略学的任务"。美国新泽西贝尔电话公司前总裁巴纳德 1938 年在《经理人员的职能》一书中专列一节"战略因素理论"。不同的战略选择会导致不同的组织结构。迈尔斯和斯诺在 1978 年出版的《组织的战略、结构和程序》一书中关于战略影响组织结构的观点如表 7-1 所示。

表 7-1　战略影响组织结构的观点

战略	目标	环境	组织结构特征
防守型战略	追求稳定和效益	相对稳定的	严格控制,专业化分工程度高,规范化程度高,规章制度多,集权程度高
进攻型战略	追求快速、灵活反应	动荡而复杂的	松散型结构,劳动分工程度低,规范程度低,规章制度少,分权化
分析型战略	追求稳定效益和灵活相结合	变化的	适度集权控制,对现有的活动实行严格控制,但对一部分部门采用让其分权或相对自主独立的分式,组织结构采用一部分有机式,一部分机械式

闵兹伯格在1979年出版的《组织的结构》一书中对关于战略因素对组织结构设计的影响进行了更加深入的研究。闵兹伯格认为,一个单位的战略决定着它的任务、技术和环境,而这些方面的因素又决定着其本身的组织结构设计。他还认为,一个组织的战略还决定着它的权力分配形式和生产增长率,而权力的分配形式和生产率的增长反过来也会影响组织结构。

(三) 环境因素

伯恩斯和斯托克两人首先提出组织结构与外部环境的密切关系。他们认为,在不同环境中的两个单位的组织结构也很不相同,不同的环境形成了两种不同的组织结构,即机械式组织结构与动态式组织结构。

一般来说,处于相对稳定状态中的组织单位都采用机械式的组织结构,它与行政性的组织结构很相似。实行机械式组织结构的单位往往采用规章制度、工作的高度专业化和权威式的领导来安排组织的一切活动。

动态式的组织结构形式适用于处在不稳定或不可预测环境下的组织。西方各国的电子电器公司等技术发展快的公司基本上都采用这种组织结构形式。因为只有组织结构相对灵活才能适应市场等外部环境的不断变化。

劳伦斯和洛希在组织结构的应变设计中提出了分化和整合的概念。分化(differentiation)又可称为差异化,整合(integration)又可称为一体化。

分化指一个组织分成不同的部门,各部门的设计又与所对应的环境部分相匹配。每一个部门都与环境的特殊部分相关联,例如销售部门与顾客相关联,研究与发展部门和科研单位相关联等。每个部门的组织结构都应该设计成同各自有关的单位相适应的形式。如果面对的环境是相对稳定、很少变化的,那么相应的部门就应该设计成高度规范化、程序化;如果环境是动荡的,相应的部门就应该设计成高度灵活的,很少规范化。分化概念应用于整个组织,有纵向分化和横向分化之分,纵向分化形成管理层级,横向分化形成各类部门。

经过多年的实践,人们提出了一些分化的依据:(1) 以知识和技能为基础。例如将具有装配技能的所有职工组成装配部门。(2) 以产品或服务为基础。例如通用汽车公司的各种不同车型的部门:别克部、雪弗莱部等。(3) 以顾客为基础。例如保险公司处理个人客户和团体客户的不同部门。(4) 以地区为基础。例如跨国公司按不同的区域设立公司。(5) 以工作过程为基础。例如钢铁公司划分为炼铁部门、炼钢部门、轧钢部门等。(6) 以序列为基础。

整合指在完成组织的任务中,使各子系统的努力达到统一的程度。由于各部门的具体目标、任务不同、权力基础不同,以及人们的价值观和工作方法不同,不可避免地会产生冲突、矛盾。分工越细,专业化程度越高,协调也会越困难。整合、协调机制的选择要考虑组织中需要整合的强烈程度、实现整合的困难程度和采用协调机制的费用等因素。

汤姆逊认为,协调机制可分为三类:(1) 通过标准化实行整合;(2) 通过计划统一来协调各单位的活动;(3) 通过相互调整来协调,即通过人与人之间的直接信息交换来调整人们的活动。范德芬、迪贝克、柯林研究了1979个单位,提出了定时会议、纵向通道、规划、计划、横向通道、临时会议等六种实施协调的方法。

(四) 技术因素

技术不仅是组织设计的一项制约因素,而且对整个组织结构模式的选择也有很大的影响。某种类型的组织结构如果不能很好地运用并促进技术的发展,那就迟早要被别种类型的组织结构所取代。

伍德沃德(Joan Woodward)重点分析了技术与企业组织结构之间的关系,按照企业的工艺技术连续性的程度,她把企业分为三种类型:单一和小批量的生产技术、大批量和大量生产技术、管道连续性的流水作业生产技术。她对这三种技术类型的企业及其组织结构分别进行了比较和考察,对管理的层次、管理人员的管理幅度,以及生产工人与管理人员的比例进行了比较分析。她认为,中级以上管理人员的管理幅度为七最理想、最有效,高层管理人员的管理幅度大于或小于七都不理想。

潘罗认为,技术可分为一端为常规的技术,另一端为非常规技术的系列,中间还有手工的技术、机械的技术等多种形态。常规技术指变化不大,并能分解成简单部分的技术,例如生产线上的技术;非常规技术指变化很多,并且不能分解成各个部分的技术,例如新产品的设计技术等。研究表明,常规技术和非常规技术对组织结构的影响如表7-2所示。一些高新技术公司在设计组织结构时,模仿以传统产业为主的公司的结构,主要问题便是没有认识到技术与组织结构之间有着密切的关系。

表7-2 常规技术与非常规技术对组织设计的影响

组织因素 技术分类	组织结构类型	控制幅度	沟通	集中化程度	规范化程度
常规技术要求	机械的	大	侧重垂直沟通	高	较多
非常规技术要求	有机的	小	侧重横向沟通	低	较少

(五) 权力因素

罗宾斯等人认为,组织的规模、战略、技术和环境等因素对组织结构设计起着限制性作用,但是在备选方案中决定选用哪一个方案,最终由权力控制者决定。罗宾斯认为,组织的"规模、战略、环境和技术等因素组合起来,对组织结构会产生较大的影响,但即使组合起来,也只能对组织结构产生50%的影响作用,而对组织结构产生决定性影响作用的是权力控制"。

罗宾斯在其1987年出版的《组织理论》一书中指出:(1)组织的权力控制者在选择组织的规模、组织的战略、组织的技术和如何对环境作出反应方面有最终的决策权,因而对组织结构的模型选择也有最后的决策权。(2)任何组织都由各种利益的代表团体所组成,权力控制集团中的成员都在不同程度地代表着某一利益的集团。一个组织的组织结构必然反映出最强利益集团的利益,或是多个较强利益集团之间利益的妥协。(3)权力控制者总是不愿意轻易放弃自己的权力,他们总是追求权力控制,即使是分权,也以不失去控制为最低限度。(4)权力控制者会采用合理的方式,即在组织利益的范围内,寻找组织利益与个人或自己代表的利益集团的利益结合点,既公私兼顾,又合理合法。

在民主气氛淡薄、专制气氛浓厚的环境下,权力控制者的影响力则更大。

(六) 文化因素

人在文化中完成社会化。人的思维习惯、办事风格都会受到一定文化的影响。在不同文化背景中生活的人,在设计组织结构时自然会带上文化的烙印。现在的信息技术越来越发达,全球经济一体化的进程在不断推进,但各地区、各民族之间仍然存在着许多文化上的差异。

本书主编颜世富老师在2000年出版的《东方管理学》一书中,罗列了中西文化的109处差异。他认为,文化差异对管理学的研究和实际的管理行为都有重要的影响。

英克生等人的一项研究表明,日本人具有集体活动的文化传统和对工作态度的高期望,他们对工作满意方面的要求比美、英等国家的同行要低一些;德国人在组织中比较适应或偏好命令和职权;法国人对规范化组织模式有良好反应。因此,我们在设计组织结构时还必须考虑不同文化因素的影响,因为不同的文化取向使得人们对组织结构具有特殊的态度和行为。

四、组织设计的基本原则

综合国内外管理学者的观点,我们在进行组织设计时应该坚持以下基本原则。

（一）目标原则

新建一个组织或对现有组织进行改革再造,都应该有明确的目标。没有特定目标,会令人做事情无从下手。个人没有远大的理想和明确的奋斗目标便会碌碌无为过一辈子,作为一个组织来说,没有特定的目标便没有存在的价值,即使暂时设立了,也会很快消亡。在确定目标时,要注意兼顾远期目标和近期目标的关系。

（二）分工协作原则

一个组织总是要根据特定的目标、任务而划分为多个部门。划分成不同的部门时,要注意分工合理、职责明确,又要照顾相互之间的协作关系,要做到一个组织"分工不分家"。

（三）科学决策原则

没有制约的权力会被滥用,权力滥用便会导致腐败、专制独裁、瞎指挥。在设计组织的结构时,要注意设计科学合理的决策机制,让权力之间有一定的相互制衡作用,让制度、让组织来保证决策的民主性和正确性。

（四）集权与分权相结合的原则

在一个组织内,应该让最高领导者有一定的权威,拥有决断的权力,在一定范围内拥有发号施令的权力,即下属在一定范围内必须服从指挥、控制。同时又应该适当分权,发挥参谋人员、下属的作用。

（五）管理幅度原则

人的精力是有限的,管理的人数、范围也是有限的,应该根据不同的目标、不同的条件确定合理的管理跨度。一般来说,高层领导直接指挥的人员不宜太多,一般为五人左右较合适。操作层次的管理人员直接指挥的人数可以多一些。管理幅度如果把握不好,将降低管理效率。

（六）稳定性与灵活性相结合原则

组织要有规章制度进行规范化的运作,部门之间、人与人之间的关系要相对稳定。同时又要根据情况的变化进行调整、改革。只有扁平化、网络化、弹性化的组织才能适应不断变化的世界。

（七）以绩效定取舍原则

绩效评估，即以成败论英雄。邓小平说，"发展才是硬道理"。我们应该对一个组织进行全面的分析、评估，根据它的经济效益和社会效益来决定组织的变更、改造。有的组织结构看起来合乎规范，许多人也习惯了它的模式，但结果就是负债累累，经济效益差。对于这样的组织应该进行重新设计，甚至让它死亡。

五、组织设计的程序

组织设计主要针对两类任务：创建新组织、改造旧组织。新建或改造，程序差不多，一般步骤如下：

（一）广泛收集信息

新建一个组织或改造一个旧组织，总有类似的组织存在，可以把其他同类组织的框架作为参考。例如我们要建立一家医药公司，就可以去参观、调查已有的医药公司由哪些部门组成，主要有哪些专业人员等；想建立一家管理咨询公司，可以调查麦肯锡公司、波士顿公司等跨国管理咨询公司的组织机构是如何设计的。学习、借鉴类似公司的组织设计模式，可以使我们少走弯路、节省精力。已有的组织能够生存下来，就表明它有许多优点值得学习。

（二）分析目标

对组织目标进行认真的分析，将实现目标的过程、方式，需要的人、财、物详细地描述出来，从而使组织设计有明确的方向，有针对性。

（三）划分部门

一个组织总是由若干个部门组成的。可以根据特定的目标和任务，也可以根据工作内容、职能、时间、地域等来划分部门。例如上海汽车工业销售总公司，希望在全国每一个中等城市都有自己的销售网点，于是先在全国几个大的区域设立分销中心，如华东分销中心、西南分销中心、东北分销中心等，然后再由这些分销中心去管理省级、地市级汽车销售网点。这主要是根据地域划分部门。

（四）工作与岗位分析

因人设位还是因位设人？大家一般对因人设位的现象大为反感。因人设位的现象一般发生在行政组织里，因为在行政组织里，即使组织运转效率低，对一般机关的政绩影响也不明显。对于企业组织来说，因人设位也多发生在国有企业里，因为国有企业经营好坏与企业主要领导者的直接利害关系并不大。

因位设人，说起来简单，事实上要真正寻找到一个人与岗位所要求的素质匹配是不容易的。但作为一个负责任的领导者，应该对组织需要的人的工作、岗位进行全面认真的分析，然后再寻找能够胜任相应的工作、履行好岗位职责的人作为组织成员。

（五）设置高效的业务流程

组织目标的完成必须分阶段分步骤地进行。凡是可完成的事件，我们都可以设计合理的操作流程来运作。在设计组织的结构时，我们就应该考虑到选用怎样的流程才能高效、高质地完成组织目标。企业流程再造（BPR）受到国外企业的广泛关注，我们可以借鉴BPR的一些技术来进行组织设计。

(六) 规定激励与约束机制

考评、奖惩在组织管理中的作用是相当大的。如何调动组织成员的工作积极性、如何使组织目标不落空、如何防止权力的滥用、如何堵塞财务漏洞？这些问题都可以通过设计合理、科学的激励机制与约束机制来落到实处。激励机制设计得好，就可以给组织装备好动力机制，促进组织的健康发展。中国的国有企业管理效率低、经济效益差，最主要的问题之一便是经营者激励机制方面存在一些缺陷。期股激励、员工持股等激励机制都可以被借鉴。

另外，在设计组织的结构时，一定要重视设计组织的信息支持系统。从某种程度说，信息是组织的灵魂，是组织的命脉，因为信息能够在结构、技术、创新等方面辅助决策制定；信息是连接供应链和顾客的生命线。组织中部门与部门之间、部门内部的成员之间、组织与组织之间相互沟通和协调都需要有信息的参与。信息技术最主要的功用是可以帮助管理者提高工作效率。在信息时代，如果设计组织结构时不考虑信息系统，也不考虑网络问题，这样闭关自守的结果只能使组织缩短生命周期。管理信息系统(MIS)、交易处理系统(TPS)、决策支持系统(DSS)、企业资源计划(ERP)等信息技术对组织的结构和功能都有重要的影响。

六、集团公司的组织结构设计

对于现代集团性公司而言，主要采用直线职能制、事业部制和控股经营制等组织形式。

(一) 直线职能制(unitary structure, 简称 U 型结构)

直线职能制亦称直线参谋制，它将领导直接指挥和职能人员业务指导相结合，并具有直线制和职能制的优点，是现代管理中最常见的形式之一。美国的大型工业企业中，70%以上采用了 U 型结构。

直线职能制的本质特征在于：公司总部庞大，内部划分为若干个职能部门，公司总部对这些部门进行策划和运筹，直接指挥各部门的运行，以利于各部门的集中统一；直接协调各部门的工作，即各部门和下属单位均由公司最高层领导直接进行管理。这使得生产和销售活动的纵向一体化大为加强，并由此形成了现代大型公司的原型。这种模式的不足是，各职能部门缺乏自主性与积极性，难以适应开拓新市场，满足不了市场多元化的要求。

(二) 事业部制(multidivisional structure, 简称 M 型结构)

事业部制是一种分权式体制，它把市场机制引入公司内部，按产品、市场、营业区域和用户划分为若干事业部，实行集中指导下的分散经营的一种管理组织模式。

事业部制的本质特征在于：事业部一般无法人资格，是集团公司的分支机构。每个事业部都是实现公司总体目标的基本经营单位，对每个事业部委让权限的同时，使其担负经营责任，实行独立核算、自负盈亏和统一管理。事业部的规模一般介于总公司与生产工厂之间，可以自设职能部门。在产销分立的大公司里，事业部只负责组织和指挥生产，不负责经营销售。在大企业，也有采用事业本部和事业部两层结构的。在日本，大约有60%的大公司采用了事业部制。

事业部制在集团公司中，为直接的隶属关系，既是某一大类产品的投资和生产中心，又是该类产品的利润中心。因为分支管理与资源配置、规模与效益结合得较好,容易造就经理阶层的职业化。但事业部制也容易产生本位主义、各部门间难协调的问题,更要防止过于集权。

(三) 控股制结构(holding structure,简称 H 型结构)

控股型组织结构是在公司总部下设若干个子公司,公司总部作为母公司对子公司进行控股,承担有限责任。母公司对子公司既可通过控制股权进行直接管理,又可通过子公司董事会,以及出售公司股份资产的方式进行控制。

H 型结构是实行集团公司内部分权的一种组织形式。它既能发挥母公司的战略优势,又能充分发挥子公司的积极性、灵活性。同时,必要时,母公司容易放弃没有前途的子公司。这样,在结构上设计了一种进入或退出机制,便于兼并、重组,有利于分散集团公司的财产和经营风险。相对地,集团公司对子公司的资源调配能力有限,监控较为间接。H 型组织结构比较适用于大型的跨国公司。

从欧美大企业看,H 型结构正逐渐转变成 U 型或 M 型结构。一般而言,U 型结构更适合业务比较单一的企业,M 型结构则适合业务多元化的企业。

综观现代企业集团组织结构的演化可以看出,无论是欧美发达国家的大型跨国公司,还是发展中国家的中小型企业集团,其组织结构都具有明显的动态适应性特征和多样性特征。任何国家的任何企业集团的组织结构都没有始终不变的,而是在企业集团的不同发展阶段采取不同的组织结构,也就是说,企业要根据市场环境的变化和战略规划的调整,适时地变革内部的组织结构与管理模式,以保证企业健康持续地发展。适当的组织结构能够促进企业战略的实现和实施,反之,则会阻碍企业战略的实现。所以从这个角度看,组织结构模式本身并没有好坏之分,只有有效与无效之别。凡是能够与企业经营战略保持动态适应关系的组织结构,就是有效的组织结构,反之则为无效的组织结构。

1. 正确认识企业集团总部的职能

与传统单体企业相比,现代企业集团的一个突出标志是具有一个完善而高效的公司总部。从某种意义上可以说,公司总部的专业化程度和健全程度是一个企业组织发展程度的指示器。从现代企业集团的组织形式和特点看,无论是 U 型结构还是 M 型结构,集团公司总部首先是一个投资中心,一个战略决策中心,对整个公司的经济活动统一协调,并为长期的发展统一配置增量资源。总部的职能主要体现在以下几个方面:(1) 制定并监督实施集团发展战略。发展战略选择得当与否关系到整个集团的兴衰,通过制定和监督实施发展战略,选择恰当的投资方向,可以大幅度提高企业业绩。(2) 开拓市场和营销。企业不仅要具备强大的生产能力,还要具有参与国内和国际市场的营销能力。(3) 资本运营功能。不仅要选择恰当的购并方式和策略,而且要在购并后有能力进行系统整合,组成一个相互衔接的有机整体。(4) 技术创新功能。从整个集团的长期发展战略出发,强化研究与开发力度,推动产品结构和技术结构调整,培育新的经济增长点,提高整个集团的市场竞争力。

2. 正确处理总部与分支机构的关系

处理集团公司总部与分支机构的关系,从总体上说,就是要解决集权与分权的关系问题。从理论上讲,集团内的权力结构是权力与责任相对应,责任越大,权力也越大。

世界各国的经验证明,企业集团内部的管理权限配置并没有统一标准,有的强调集权,有的则强调分权,但是大都遵循"有控制的分权"这一基本原则;分权越大,要求的管理素质越高,控制能力越强。一般来讲,集团内部权力结构的演变遵循着由集权走向有控制的分权的过程,发达国家大企业的组织结构由 U 型结构向 M 型结构的转变说明了这一点。

在 U 型结构这种高度集权的体制下,公司总部缩小成员企业的自主权,把成员企业之间的交易内部化,实行统一经营,由总部按职能划分的部门集中管理,这就要求处于决策地位的高层经理需要有足够的信息,否则无法直接控制成员企业的经营活动。随着产品多元化以及分支机构的增多,来自经营单位的信息急剧增加,这些信息能否迅速而准确地传递到总部成为现实的问题,即使信息的传递不成问题,总部决策者也没有能力处理如此大量而复杂的信息。解决这种冲突的办法就是总部适当分权,设立若干职能部门,如总裁办公室、财务部门、人事部门等,用以管理整个公司。同时设立一些分支机构,把日常经营权力下放到分支机构。此时组织结构就由 U 型结构转变成为 M 型结构。正因为 M 型结构较好地解决了组织内部的集权与分权问题,在保证总部对企业发展方向和整体经营状况有控制力的前提下,通过分权使事业部有积极性将他们的具体知识运用于日常经营活动,从而缩短管理链条,降低管理成本,提高管理效率。

3. 正确运用总部对分支机构的控制方式

在企业内要处理好总部与分支机构的关系,把握好集权与分权之间的度,就一定要建立总部对分支机构业绩有效监督与评价的体系,使总部能够有效地控制分支机构,实施"有控制的分权"。具体而言,企业集团对子公司的评价、监督和控制主要采用股权、财务、人事和制度等手段。

(1) 股权控制

一般来讲,企业集团的组织力量主要来源于集团母公司的股权行使能力或股权控制功能。母公司通过绝对控股或相对控股达到控制子公司的目标。母公司行使公司法中规定的股东的权利,对控股企业只做战略方向的规定,不过问具体经营情况。

(2) 财务控制

财务控制是公司控制最重要的形式之一,是核心企业控制成员企业的重要环节。财务控制包括对子公司的投资规模、产品及经营成本、公司的利润率三方面的控制和管理。为实现整个企业集团的发展战略和整体利益,集团公司对子公司的投资决策权高度集中。

(3) 人事控制

即母公司以股东身份向子公司委派经理人员从而达到控制的目的。具体来说,各所属公司董事会成员和总经理由母公司派遣和任免,或由母公司领导兼任;各子公司的总经理、副总经理的任免权集中在总部,人事关系转总部,薪酬由总部确定。除对子公司经理层掌握直接的控制权外,还要重视对各子公司财务部门负责人的控制,子公司财务部经理或由总部任命,或必须报经总部同意方可任命和调换。

(4) 制度控制

企业集团总部必须加强管理,建立一整套系统而有效的、适应市场需求的管理制度,并借助于中介机构的力量强化管理与监督能力。其中的重点:一是建立定期报告制度,母公司以此来估算和评价子公司的经营变化情况;二是通过设计统一、高效的信息系统进行控制;三是建立定期的监督审查制度。

第四节 企业文化管理

文化对各种各样的组织都有重要影响,我们主要介绍企业文化,分析文化对企业的影响、企业文化的结构,探讨如何构建优秀的企业文化。

一、企业文化的作用

(一) 凝聚力和向心力

企业文化可以增强企业的凝聚力、向心力。这是因为企业文化有同化作用、规范作用和融合作用。这三种作用的综合效果,就是企业文化的凝聚功能。

从形式上看,同一个企业内的员工,企业与本企业的员工,总是聚集在一起的。但传统的管理理论却是把企业和员工相互利用的关系作为管理工作的出发点与归宿。例如,行为科学理论研究员工的各种需要,要企业千方百计去满足这些需要,条件是员工必须为企业卖力干活,至于员工的目标和企业的目标是否一致,各个员工之间的目标是否一致,则不大过问,或者不认为它是一个主要问题。

企业文化理论则把个人目标同化于企业目标,把建立共享的价值观当成管理上的首要任务,从而坚持对员工的理想追求进行引导。企业文化的这种同化作用,使企业不再是一个因相互利用而聚集起来的群体,而是一个由具有共同的价值观念、精神状态、理想追求的人凝聚起来的组织。

企业文化中的共有价值观念,一旦发育成长到习俗化的程度,就会像其他文化形式一样产生强制性的规范作用。进入一个共有价值观已经习俗化的企业的人,就非得认同那种价值观不可。企业文化的强制性规范作用,大大加强了一个企业的内部凝聚力。

优秀的企业文化是一种同向同心的内在力量,当一个企业中的个体与个体之间的关系融洽、心情舒畅、沟通顺畅、目标一致时,整体便显现出强烈的凝聚力和向心力。

(二) 教人育人感人

企业文化具有教化、培育、以情感人等功能。

精神文化在哺育人方面,具有全面覆盖性、浓缩集中性、外在内化性的优点。"教"为教育,"化"为感化。企业文化的教化功能具体体现在:统领员工奉行卓越独特的企业精神,引导员工树立协调一致的群体意识,感化员工养成助人助己的社会责任感,培养员工构筑知礼仪、重修养、守公德的操行。

企业文化具有培育人的功能,它的种子要素的成长发育过程,实际上也是员工的精神境界、文明道德素养得以提高的过程。非常重视企业文化的松下幸之助经常对员工说:"如果人家问你,'你们公司生产什么'?你应该回答说,'松下电器公司是造就人才的,也是生产电器产品的,但首先是造就人才的。"松下电器公司依靠企业文化,也确实造就了不少人才,确证了企业文化的育人功能。

至于企业文化的以情感人功能,欧洲著名咨询公司——营销和传播有限公司董事长凯文·汤姆森(Kevin Thomson)指出:"激情、干劲、朝气、创新、信念、价值观、远见、精神力量等许许多多积极的情感,同知识、智力、最佳做法和信息一样,在成功的单位占有一席之地。"劳伦斯·米勒认为:"亲密感的需求是一种非常基本的人性需求,所谓亲密感,就是一个人能以彻底和信任的方式把自己投入,同时能使对方对于本身的利益予以真诚的尊重和关切。'亲密感'也可以定义为:给予和接受爱的能力。当个人与组织之间的关系健全时,亲密感大都能存在。有了亲密感,才能提高信任、牺牲和忠诚的程度。"人心也是资本,管理者要用"心"去管理"心"。日本经营之圣稻圣和夫说:"人心比什么都重要。人的心确实变化得快,有时也靠不住,但反过来说,世界上再也没有比人心的结合更加牢固的东西。"

(三) 激励

具有激励特性的、优良的企业文化能调动员工的积极性、主动性和创造性。企业员工的需求与激励有各自的文化基础。对企业家、管理人员及普通员工都应给予适当的激励。通过激励,即外部刺激,使人产生一种情绪高昂、奋发进取的力量。最有力的激励手段是让员工觉得自己确实干得不错,发挥出了自己的特长和潜能。

企业文化对员工的激励体现在内在激励和外在激励等方面。内在激励主要表现为精神激励,指通过将企业的崇高目标和个人发展目标相结合的内在激励,鼓励员工在为企业作贡献的同时实现自己的价值,使工作本身就成为一种激励。外在激励主要指奖励和报酬,对员工的贡献给予回报,使其产生成就感、荣誉感、自豪感,通过树立典范、授予荣誉称号等形式,鼓励先进。

无形的文化待遇是面向未来的资本,可以使员工增值。价值激励体系应包括来自因对企业的贡献得到的相应报酬福利,自我实现的成就感,社会给予的尊重、荣誉,企业所烘托的个人身份等。在一种"人人受重视,个个被尊重"的氛围中,每个人的贡献都会及时受到肯定、赞赏和奖励,而不会被埋没。员工时时受到鼓舞,处处感到满意,产生极大的荣誉感,就会增强工作的责任心,焕发出更大的干劲,从而追求更大的成功。

二、企业文化的结构

尽管企业文化热已经在全球范围内蔓延,但究竟什么是企业文化?企业文化有什么内涵和特点?对此,许多人并不十分了解,即便是企业界和学术界也没有形成完全一致的看法。综合国内外的研究,对企业文化大致有两种看法:

第一种是狭义的,认为企业文化是意识范畴的,仅仅包括企业的思想、意识、习惯、感情等领域。例如,Corporate Culture(中译本名"企业文化"或"公司文化")的两位作者美国学者迪尔(Terrence E. Deal)和肯尼迪(Allan Kennedy)认为,企业的文化应该有别于企业的制度,企业文化有自己的一套要素、结构和运行方式。他们认为,企业文化包括四个要素,即价值观、英雄人物、典礼及仪式、文化网络。这四个要素的地位及作用分别是:价值观是企业文化的核心;英雄人物是企业文化的具体体现者;典礼及仪式是传输和强化企业文化的重要形式;文化网络是传播企业文化的通道。

第二种是广义的,认为企业文化是指企业在创业和发展过程中所形成的物质文明和精神文明的总和,包括企业管理中的硬件与软件、外显文化与内隐文化(或表层文化与深层文化)两部分。这种观点的理由是企业文化是同企业的物质生产过程和物质成果联系在一起的,即企业文化既包括非物质文化,又包括物质文化。该观点认为,企业人员的构成状况、企业生产资料状况、企业的物质生产过程和物质成果特色、工厂的厂容厂貌等都是企业文化的重要内容。

本书既不同意狭义的看法,也不同意广义的看法。本书认为可以用简单的语言来表述企业文化这个概念,即是指企业全体员工在长期的创业和发展过程中培育形成,并共同遵守的最高目标、价值标准、基本信念及行为规范。它是企业理念形态文化、物质形态文化和制度形态文化的复合体。

关于企业文化的结构划分有多种观点。一种是将其分为两个层次,有多种表达,如有形文化和无形文化、外显文化与内隐文化、物质形式和观念形式、"硬"S与"软"S等;另一种是分为四个层次,即物质文化、行为文化、制度文化和精神文化。这些不同的结构划分都有其各自的合理性,使用不同的结构划分对认识企业文化并无大碍。为科学准确,我们把企业文化划分为三个层次,即精神层、制度层和物质层。

(一) 精神层

精神层是企业文化的核心和灵魂,是形成物质层和制度层的基础和原因。企业文化中有无精神层是衡量一个企业是否形成了自己的企业文化的标识和标准。它主要是指企业的领导和员工共同信守的基本信念、价值标准及精神风貌等理念体系。本书认为企业的理念体系包括企业愿景、使命、精神、核心价值观等核心理念,还包括基本的经营理念和管理理念。

1. 企业愿景表明企业应该往哪里去,给所有员工一份希望和盼头;
2. 企业使命表明企业存在的价值和意义是什么,企业为什么要存在和持续成长;
3. 企业精神表明企业在面临重大事件或困难时,应该具备什么样的心理能量来面对;
4. 核心价值观表明企业应该具有什么样的做人做事的最高准则;
5. 经营理念表明企业在未来三五年中的经营战略、经营思路、业务模式、业务组合等;
6. 管理理念则是企业在管理过程中所秉持的关于人才、领导、制度、沟通、学习、创新、质量、服务等方面的基本理念或原则。

愿景、使命、精神和核心价值观等核心理念是相对稳定的。不论企业未来如何发展,采取怎样的发展战略和经营思路,都是基本保持不变的;经营理念和管理理念相对于核心理念而言,则是相对变化的,根据企业的战略需求,可以进行适当的调整甚至变革。

(二) 制度层

这是企业文化的中间层次,主要是指对企业组织和企业员工的行为产生规范性、约束性影响的部分。它集中体现了企业文化的物质层和精神层对员工和企业组织行为的要求。

制度层规定了企业成员在共同的生产经营活动中应当遵守的行为准则,主要包括以下三个方面。

(1) 一般制度。这是指企业中存在的一些带普遍意义的工作制度和管理制度,以及各种责任制度。这些成文的制度与约定及不成文的企业规范和习惯,对企业员工的行为起着约束的作用,保证整个企业能够分工协作、井然有序、高效地运转。例如,计划制度、劳动人事制度、生产管理制度、服务管理制度、技术工作及技术管理制度、设备管理制度、劳动管理制度、物资供应管理制度、产品销售管理制度、财务管理制度、生活福利工作管理制度、奖励惩罚制度、岗位责任制度等。

(2) 特殊制度。主要是指企业的非程序化制度，如员工评议干部制度、总结表彰会制度、干部员工平等对话制度、干部"五必访"制度（员工生日、结婚、生病、退休、死亡时，干部要访问员工家庭）、企业成立周年庆典制度等。与工作制度、管理制度及责任制度等一般制度相比，特殊制度更能够反映一个企业的管理特点和文化特色。有良好企业文化的企业，必然有多种多样的特殊制度；企业文化贫乏的企业，则往往忽视特殊制度的建设。

(3) 企业风俗。这是指企业长期相沿、约定俗成的典礼、仪式、行为习惯、节日、活动等，如歌咏比赛、体育比赛、集体婚礼等。企业风俗与一般制度、特殊制度不同，它不表现为准确的文字条目形式，也不需要强制执行，完全依靠习惯、偏好的势力维持。企业风俗由精神层所主导，又反作用于精神层。企业风俗可以自然形成，又可以人为开发，一种活动、一种习俗一旦被全体员工所共同接受并沿袭下来，就成为企业风俗的其中一种。

(三) 物质层

这是企业文化的表层部分，它是企业创造的物质文化，是形成企业文化精神层和制度层的条件。物质层往往能折射出企业的经营思想、管理哲学、工作作风和审美意识。它主要包括下述几个方面：

(1) 企业名称、标识、标准字、标准色。这是企业物质文化最集中的外在体现。

(2) 企业外貌、自然环境、建筑风格、办公室和车间的设计和布置方式、绿化美化情况、污染的治理等是人们对企业的第一印象，无一不是企业的文化反映。

(3) 产品的特色、式样、外观和包装、技术工艺设备特性。产品的这些要素是企业文化的具体反映。

(4) 厂徽、厂旗、厂歌、厂服、厂花，是企业文化的一个较为形象化的反映。

(5) 企业造型和纪念性建筑、企业的文化体育生活设施。包括厂区雕塑、纪念碑、纪念墙、纪念林、英模塑像等。

(6) 企业纪念品。

(7) 企业的文化传播网络。包括企业自办的报纸、刊物、有线广播、闭路电视、计算机网络、宣传栏（宣传册）、广告牌招贴画等，如联想集团的《超越》、衡水电机厂的《猛牛周报》。

综上所述，企业文化的三个层次是紧密联系的。物质层是企业文化的外在表现和载体，是制度层和精神层的物质基础；制度层则约束和规范着物质层及精神层的建设，没有严格的规章制度，企业文化建设无从谈起；精神层是形成物质层和制度层的思想基础，也是企业文化的核心和灵魂。

三、企业文化建设

(一) 企业文化战略

首先应明确企业文化的建设目标。企业文化的建设目标从来都不是孤立的，它源自于企业的总体经营战略，并对总体经营战略起支持作用。

目标明确后应选择得当的战略。长期以来企业文化战略在一大堆"创新""人本"等字眼中迷失了自己。企业文化战略分为"集团企业文化战略"和"业务单位企业文化战略"。对于一个多元化的拥有不同性质业务单位的集团企业而言，迫切需要建立一种共性的企业文化，以在不同业务之间建立一种纽带关系，充分发挥"大兵团作战"的协同效应,这就是集团企业文化战略的任务。配合集团企业文化战略,每一个业务单位都有自己独特的业务模式,与其他业务单位的差异程度决定了本单位基本的企业文化战略。

(二) 企业文化结构规划

确定企业文化的定位相当重要,它揭示了企业文化的核心价值观;建立在核心价值观上的企业文化结构才能完整展示企业文化的全貌。

1. 研拟企业文化定位(核心价值观)

企业文化定位是企业文化的核心,它决定了企业文化的本质特征。

2. 设计企业文化结构

确定了企业文化定位后,就可以在其基础上对每一个企业文化要素进行设计。以下是企业文化结构设计的模板:

表7-3 企业文化结构设计模版

企业文化结构设计	1. 企业的基本战略 1.1 企业的愿景 1.2 企业的经营领域 1.3 企业的成长方向 1.4 企业的竞争优势 1.5 企业的战略成功保证 2. 企业的价值观体系 2.1 总体价值观 2.2 对股东的价值观 2.3 对顾客的价值观 2.4 对员工的价值观 2.5 对合作伙伴的价值观 2.6 对社区的价值观 2.7 对公众的价值观 3. 企业的行为方针 3.1 创新方针 3.2 质量方针 3.3 服务方针 3.4 团队方针 3.5 人才方针 3.6 资源方针 3.7 管理方针 3.8 绩效方针 4. 企业的形象 4.1 人的形象 4.2 物的形象 4.3 事的形象 5. 企业的文化联想物 5.1 企业的文化口号 5.2 企业的歌曲 5.3 企业的标识 5.4 企业故事

3. 企业文化手册

企业文化纲领是原则的高度概括,对实践的把握就需要用到企业文化手册。企业文化手册是企业文化的实施细则,它明确规定了"是什么,不是什么,做什么,不做什么"。

(三) 企业文化创建

经过前面的几个步骤,接下来就是根据企业文化战略性规划将具有本企业特色的精神财富"生产"或"设计"出来。在这个过程中,有几个关键性的操作步骤:

1. 筛选

通过研究,企业必须滤除精神糟粕,选取精神财富。合格的精神财富有四个标准:(1) 能促进企业形成核心竞争力;(2) 能促进员工的人格健康和生命活力;(3) 能增强企业的内在凝聚力;(4) 能加强社会影响力。

这四项标准,是企业文化的本质和精神内容所要求的;要竞争取胜,就必须坚持迅速发展经济,增强竞争力;要文明取胜,并使取胜的过程成为理解和尊重人的过程,就必须坚持促进人格健康,增强企业凝聚力;要使企业竞争取胜的过程同时也是为社会服务、为社会发展作贡献的过程,就必须坚持加强社会影响力。

2. 梳理

通过筛选而得到的精神财富,是以一般形态存在的,并不具有本企业的特色。梳理,是对本企业的历史和现状,特别是对企业实践中直接萌发的观念和意识,进行系统深入的回顾、调查、分析、研究,为一般精神财富与本企业实际相结合打下基础。梳理可以用相互对照的方式进行,主要厘清三类事实并找出造成这些事实的全部根源:(1) 第一类是不符合被当作财富筛选出来的精神的事实;(2) 第二类是符合这类精神的事实;(3) 第三类是超出这类精神的范围,从而孕育着更高精神境界和理想追求的事实。

3. 发掘

对梳理得出的第二类和第三类事实,应当作一种宝贵资源来加以开发,任务是找出这两类事实的形成机理和进一步发展的生长点。

4. 设计

完整的企业文化建设计划,只有在做好筛选、梳理、发掘的基础上才能形成。因为它必须推出三套系统:(1) 第一套,是经过科学论证而又具有本企业特色的价值观念、企业精神、企业信念、企业宗旨、企业理想、行为规范、思维方式等,它们是以理论和口号形式出现的;(2) 第二套,是能够体现这些价值观念、企业精神等的个例说明,最好是本企业的个例,也可以是外单位的个例,还可以是设想的个例和生动的寓言故事等,目的是要把这一套东西形象生动地表示出来,使广大员工易于了解;(3) 第三套,是灌输或实现这些价值观念、企业精神等的步骤、设想和具体可操作性的程序,即制度化、规范化的东西。

(四) 员工认同与企业文化推进

大道无形,企业文化看不见、摸不着,不少人都感觉"虚",不知道文化建设从哪儿入手,重点在哪,所以也导致很多企业把企业文化建设与 CIS 混为一谈,口号标语满天飞,但企业的文化建设却总是不入门,根本无法提高员工的凝聚力和归属感,无法提升管理水平。

通过大量的研究和咨询实践,本书认为,企业文化建设的关键在于要让文化经历从理念到行动、从抽象到具体、从口头到书面的过程,要得到员工的理解和认同,进而转化为员工的日常工作行为。

海尔总裁张瑞敏在谈到自己的角色时说:"第一是设计师,在企业发展中使组织结构适应企业发展;第二是牧师,不断地布道,使员工接受企业文化,把员工自身价值的体现和企业目标的实现结合起来。"可见,对于企业高层管理者来说,如何让员工认同公司的文化,并转化为自己的工作行为,是关系企业文化成败的关键。

很多人把企业文化认为是老板文化、高层文化,这是片面的。企业文化并非只是高层的一己之见,而是整个企业的价值观和行为方式,只有得到大家认同的企业文化,才是有价值的企业文化。要得到大家的认同,首先要征求大家的意见。企业高层管理者应该创造各种机会让全体员工参与进来,共同探讨公司的文化。不妨先由高层制造危机感,让大家产生文化变革的需求和动机,然后在各个层面征求意见,取得对原有文化糟粕和优势的认知,最后采取扬弃的办法,保留原有企业文化的精华部分,并广泛进行宣传,让全体员工都知道公司的企业文化是怎么产生的。

企业确定了新的企业文化理念后,就要进行导入,其实也就是把理念转化为行动的过程。在进行导入时,不要采取强压方式,要让大家先结合每个员工自己的具体工作进行讨论,首先必须明确公司为什么要树立这样的理念,接下来是我们每个人应如何改变观念,使自己的工作与文化相结合。

作为企业文化的建筑师,高层管理人员承担着企业文化建设最重要也最直接的工作。一些企业高层管理者总感觉企业文化是为了激励和约束员工,其实更应该激励和约束的,恰恰是那些企业文化的塑造者,他们的一言一行都对企业文化的形成起着至关重要的作用。企业的高层领导往往既是文化、制度的塑造者,同时又是理念、制度的破坏者。

思考题

1. 如何理解组织的概念?组织可以分为哪些种类?
2. 组织的要素有哪些?怎样判断一个组织是否健康?
3. 简述法约尔、韦伯、巴纳德、西蒙、霍曼斯的组织理论。
4. 试述虚拟组织的特征。
5. 试述无边界组织的特征。
6. 简述影响组织设计的因素。
7. 组织设计应坚持哪些原则?
8. 简述组织设计的程序。
9. 试述组织文化的作用。
10. 如何理解执行力?怎样才能把组织打造为高执行力文化的组织?

第八章 压力管理与组织健康

压力已经成为一种社会现象,世界卫生组织(WHO)近年来在进行多项以压力和疾病为主题的调查之后,得出结论说,压力在每个国家都发展到了严重的程度,WHO专家称其为"全球大流行"。对压力的不良反应使个体在心理、生理、情绪、精神上受到影响,进而影响到群体和组织。如何有效进行压力管理已成为组织管理领域的一项重要内容。

案例 中国石油宁夏石化公司构建健康管理体系

宁夏石化公司坐落在巍巍贺兰山下,在这片苍茫的天地间,宁夏石化的石油人尽情挥洒着对石油事业的豪情。他们在自己的岗位上团结一致,兢兢业业地奋战,可是在工作之余也能够看到他们成群结队的身影,这些身影或跳跃或律动,时而急促时而舒缓,员工们在运动的天地里展现着自己的风采,在夕阳的映照下形成一幅别致的剪影。这就是在宁夏石化公司推行健康管理项目之后,出现的一派新气象。

说到健康,大家都会不禁想到那句俗话"身体是革命的本钱"。宁夏石化的领导们也深刻地意识到了员工的身体健康对于企业的重要意义。健康不仅是员工的第一财富,更是企业可持续发展的重要保障。不仅员工要对自己的健康负责,企业也应该为员工的健康负责。健康的问题要在员工健康的时候抓起来才更有意义,企业通过文化引领,帮助员工建立健康意识;通过健康管理制度的建立,让员工持续锻炼,不断改善健康状况。他们提出的口号也非常地响亮:"每天锻炼一小时,健康工作四十年,幸福生活一辈子"。这句话在宁夏石化已经不是一句空话,因为员工们已经开始锻炼起来了。

2012年4月,宁夏石化公司全面启动了员工健康体系建设工作,在整个公司由上到下倡导"关爱生命、健康至上、热爱生活、积极工作"的工作生活理念,这一理念不仅符合公司和员工的根本利益,也符合国家提出的可持续发展的战略要求。健康不仅包括生理、心理,也包括道德健康和社会、环境、工作适应能力等方方面面。健康管理是指对健康人群、亚健康人群、疾病人群的健康危险因素进行全面检测、分析、评估、预测、预防和维护的全过程。宁夏石化公司把长期的健康作为工作生活的根本目标,希望能够通过调动员工的积极性,利用有限的资源让员工获得最大的健康效益,最终形成人人崇尚健康、呵护健康的良好的文化氛围。

宁夏石化坚持"预防为主,防治结合"的方针,就是希望能够通过制度的完善,机制的健全,管理的强化,提高员工的健康意识,自觉地改善自己的健康状况,以良好的身体作为基础更快更好地投身到工作中来。同时通过健康活动的开展,增进员工之间的了解,培养团队的凝聚力和对企业的归属感,这样对于企业持续健康地发展也是非常有益的。

沿袭着石油人说干就干、要干就要干好的务实作风,在这一理念提出之后,宁夏石化就开始行动。

经公司 HSE 委员会研究,成立了公司健康管理分委员会。这一委员会,一方面要贯彻执行国家和上级有关部门关于员工健康管理方面的方针、政策、法规和制度等内容;另一方面,制定公司员工健康管理制度和标准体系,负责管理责任制的贯彻和落实。在有关部门之间进行工作的协调也是该委员会的工作内容之一,健康管理不仅仅是单一的督促体育锻炼那么简单,在具体的实施过程中要将思想道德建设、文体活动、健康体检、员工健康培训等方面进行有机结合,使得员工的身体素质、心理素质、道德水平、人际交往和社会适应能力都得到一定程度的提高。

宁夏石化将实现全员健康管理的大目标分解成不同阶段的小目标,在权责明确的情况下,建立起主要领导总负责、主管领导亲自抓、质量安全环保处总协调的健康工作网络,让整个公司全员参与健康管理工作,全员享受健康管理成果。面对复杂的工作内容,健康管理委员会根据不同的责任将责任单位进行划分:

宁化医院:负责员工健康监测以及个体、群体健康信息的收集;对健康危险因素、个体健康风险程度、健康风险评估结果等作出分析以及评估;为员工建立健康档案,同时针对员工不同的需求,制订健康教育计划并且组织实施;为员工提供健康培训、咨询并且开展群体健康研究、健康咨询,同时负责组织培训计划的制订与实施。

质量安全环保处:负责制定员工年度健康管理实施方案;组织在岗员工体检;进行职业健康、劳动保护等管理工作。

公司工会:负责员工个人健身计划的制订,健身培训、体质测定和健身场地及设施的规划和建设;制订计划,组织开展群众性文体健身活动;定期组织有毒有害岗位员工进行疗养修养。

企业文化处:负责健康文化建设,将健康文化意识以各种形式在企业内部进行宣传。

企业法规处:负责健康体系文件的管理工作。

人力资源处:负责新上岗员工及离岗员工的体检,职业禁忌人员及职业病人员的调岗,健康体系人力资源、考核等管理。

财务处:负责健康体系相关费用的管理。

矿区事业部:负责社区健康、医疗服务、离退休人员的健康管理。

物业公司、宁化宾馆:负责职工食堂的服务和管理,为员工提供健康的食品。

文体中心:配合工会开展系列群众性文体健身活动。

以上这些部门在公司领导的统一部署下,凝结成一股团结的力量,不仅各负其责,而且协调一致,每一个部门在健康管理工作中都有着不可或缺的重要地位。在制定健康管理相关规定的过程中,除了公司领导和各部门相关工作人员苦思冥想之外,也广泛收集了广大基层员工的意见和建议,争取实现合理性的最大化,制定出最符合员工特点的健康规划。整个宁夏石化公司都投入到这场轰轰烈烈的全员健身活动中来,在推进健康管理的道路上不断向前迈进。

健康管理工作在全公司推广了一段时间之后,由体系办公室牵头,组织健康管理工作各成员部门对各单位健康管理工作开展情况进行检查,以期总结上一阶段工作的经验和不足,帮助改进公司今后的健康管理工作。

检查工作主要由工会和职工医院负责进行,首先以调查问卷的方式向员工了解他们在健康管理工作推行之后自身在运动健身和生活饮食习惯上的情况。再将数据进行统计分析,经过和之前的情况进行对比,可以对工作成果进行验证。公司根据对各单位健康管理工作开展情况的检查进行考核评比,对表现优异的先进单位进行表彰奖励。更重要的是要在公司内部推广各单位好的做法和经验,让全公司共同学习,同时大家一起分析存在的问题,探讨解决方法,共同制订公司健康管理工作的长远发展计划,使健康事业在宁夏石化落地生根开花结果。

阶段性的总结更好地明确了工作的重点,用一串数字来概括就是"43331"。4是指四大主题,包括员工身心健康、员工生活行为健康、员工运动健康、员工膳食健康;建立3个平台:信息管理平台、技术应用平台、制度管理平台;落实3项服务:健康体检、健康评估、健康干预;推进3项工作:健康理念培育、健康保健管理、文体运动开展;实现1大目标:把长期健康作为员工工作生活的根本目的,使员工健康状况持续改善,努力实现"健康工作四十年"的目标。

第一节 压力概述

一、压力的含义

像中国石油宁夏分公司这样把健康管理纳入正式的工作内容的企业越来越多了。"压力(stress)"一词源于物理学的术语,指施加于物体的力量,医学上翻译为应激。压力一词有着多种含义和界定。从东西方文化角度看,东方文化认为压力是内心平和的缺失,西方文化则把压力看成一种失控的表现。关于压力的定义主要分为两大类:一类着重于生物体的适应力与其所承受的压力之间的关系;另一类则着重于压力刺激的反应或其本身的建立以及疏解。班森(Herber Benson)博士在《放松反应》这本书中,曾经将"压力"定义为"会使行为作连续性适应的一种状态";而更多地着眼于人类对于压力的反应与经验的马卡尼斯(Richard Mackarness)博士在他的《别全放在心上》一书中认为:压力,以科学性的语言来说,乃是有机体(生物)在具有伤害能力的媒介(动因)中,维持本身正常的状态的应急反应,其中接二连三的挣扎。新进的神经官能免疫学数据显示,在不同的压力之间还存在着某些生理学差异(如不同神经递质的释放)。"整体医学"领域的专家因此认为压力是一个人无力应对时知觉到的(即真实存在或者想象的)自己心理、生理、情绪及精神受到威胁时所产生的一系列生理性反应及适应现象。简言之,压力就是指个体对某一没有足够能力应对的重要情景的情绪与生理紧张反应。

二、压力的分类

压力根据程度不同和所产生的作用,可大致分为三类:正性压力、中性压力和负性压力。

正性压力不会对人产生负面影响,而能够使个体得到激发和鼓舞。中性压力不会引发人的后续反应,无明显的积极或消极效果。负性压力就是人们通常所说的压力,能够给人以威胁感,并作出反应。

负性压力又可根据剧烈程度和持续程度大致分为两类:急性压力和慢性压力。急性压力为剧烈却不长久持续的压力;慢性压力虽较温和出现,但却长时间持续,对人的影响可能更大。

压力是一种变化的事物,随着程度高低的变化,压力也在正性和负性间转化。耶基斯—多德森曲线可以很直观地说明这种变化。

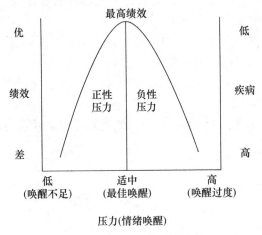

图 8-1 耶基斯—多德森曲线

如图 8-1 所示,当压力增加,正性压力就会逐渐地转化为负性压力,健康状况也就随之下降,生病的危险加大。最佳的压力水平是中点,即正性压力变为负性压力的临界点。研究表明,在最佳点处的与压力有关的荷尔蒙可以帮助提高身体的效能,达到健康的最高值;离开最佳水平后,从生理角度来说就是健康处于危险之中。

三、负性压力的症状

正如耶基斯—多德森曲线所展示的一样,压力并不一定会产生负面影响,适度的压力会产生积极的作用。达到最佳压力时,个体的绩效和健康水平则会达到高状态。适度压力能够刺激人的身体和头脑,产生一系列影响,进而最大程度地提高成绩和创造力,增强自信心,促进健康。一定的压力会使人感到精力充沛,并能保持较长一段时间。如果压力很好地保持在一定的可控制的水平,它将激励个体在较长的时间里作出高质量的工作。

经历压力并很好地驾驭压力能促使自己发现自己的能力,从而提高自我肯定程度。当经历了类似的挑战,就会对自己的能力更自信。经历了在压力下生活的一段时间以后,可以回想一下自己是如何处理好压力的,给自己一些表扬。记住感受到的成就感,以后若有压力来临时,回忆一下此刻的成就感,有助于保持高度的自信。

适度的压力会产生积极的作用,但如果压力逐渐增加并超过一定的度,就会影响人的健康。压力影响健康,可能出现多种症状:

1. 生理方面

心悸和胸部疼痛、头痛、掌心冰冷或出汗、消化系统问题(如胃部不适、腹泻等)、恶心或呕吐、免疫力降低等;

2. 情绪方面

易怒、急躁、忧虑、紧张、冷漠、焦虑不安、崩溃等;

3. 行为方面

失眠、过度吸烟喝酒、拖延事情、迟到缺勤、停止娱乐、嗜吃或厌食、吃镇静药等;

4. 精神方面

注意力难集中,表达能力、记忆力、判断力下降,持续性地对自己及周围环境持消极态度,优柔寡断等。

过度的压力严重危害人的身心健康。以中国高级经理人为例,根据《财富(中文版)》对中国5000名高级经理人所进行的压力与健康专题问题调查结果来看,70%的高级经理人身心健康被压力困扰。当感受到压力存在时,通常会伴随出现诸如感觉"异常疲劳或体力透支""呼吸急促或头晕""饮食量或吸烟量比平时增加"等身体方面的不适症状。而在心理健康方面,容易出现心力衰竭的现象,即一种持续的身心疲惫不堪、厌倦沮丧、悲观失望、失去创造力和生命活力的感觉。当压力过大时,会导致忧郁症、社交冷漠症,甚至"过劳死"。

四、压力源及"社会再适应评定量表"

被认为是威胁的情境、环境或刺激都被称为压力源,也就是制造或引发压力的源头。研究人员将其分为四个基本的类型:

1. 生存压力

生存压力指基本的生理需要得不到满足而产生紧张不安、烦躁易怒等反应。例如北上广地区、香港地区,住房紧张,工作岗位竞争激烈,一些人担心基本的生活条件得不到满足。大街小角快餐店林立,人们行色匆匆,大家处于紧张状态。

2. 自身产生的压力

我们自身产生这种焦虑。这可能是由于生活方式以及内部因素引起的,通常是指对于我们不能控制的事情的感觉。

3. 环境压力

这种由环境促使的焦虑,包括个人空间被侵入、喧闹烦人的噪声、工作压力,还有很多情况。另外也包括其他的一些因素,例如缺少营养、食物或者毒品刺激,以及抽烟等。

4. 疲劳或者工作过度

长期的一些琐碎的烦心事会引起这种焦虑。上面三种压力因素的任何一种通常都会触发这种类型的焦虑出现。

美国两位科学家Tomas Holmes和Richard Rahe对压力和疾病之间的关系进行了大量研究。通过对几千人的调查,他们得到了一个生活事件清单,代表着需要人们去适应或者调整的最为典型的生活压力源及事件。这个清单一共包含43个事件,除了一些明显的灾难事件,如亲人去世外,还有一些表面上看来很积极的事件,如度假、升职等。他们根据时间的压力程度设计了评分系统,即所有事件都基于它们给生活带来的破坏大小以及人们实际需要付出的调整和努力的多少而被赋予数量值。

最后他们根据调查结果制成了"社会再适应评定量表",并根据问卷调查结果和健康状况进行比对后发现,生活事件得分的确与个体健康之间有着显著相关。分值150可以作为一个临界点,高出这个点说明可能会受到生活压力源的危害,出现健康问题。有研究发现,如果在一年中分值超过200,则发生疾病的概率增高;如果超过300,第二年生病的可能性达70%。

以下这张量表是经过国内心理学家修订后的版本,共有51个分值项。调查结果显示,150分或以下的分数说明今后一年中患重病的概率不超过37%;得分为150—300分时概率增加为大约50%;得分超过300分的人患重病的概率为80%。调查结果还显示,得分高的运动员受伤的概率是得分低的运动员的5倍。

表8-1　社会再适应评定量表

圈出那些你在过去一年中经历过的事件。根据题目左侧的权重,算出你得分的总和。

平均值	生活事件
87	1. 丧偶
79	2. 亲密家庭成员的死亡
78	3. 比较大的身体创伤或疾病
76	4. 被监狱或其他机构扣留
72	5. 身边的家庭成员受到比较大的身体疾病或伤害
71	6. 借款/抵押贷款被提前终止
71	7. 离婚
70	8. 成为犯罪的受害人
69	9. 成为警察野蛮行为的受害人
69	10. 夫妻之间不忠诚
69	11. 经历家庭暴力/性虐待
69	12. 和配偶/伴侣分居或调解
64	13. 被解雇/遣散/失业
62	14. 遇到财务问题/困难
61	15. 亲密朋友去世
59	16. 从灾难中逃生
59	17. 成为单亲
56	18. 为生病的或老年的爱人担负责任
56	19. 健康保险/福利的丧失或重大削减
56	20. 自己/亲密的家庭成员因为违法而被抓
53	21. 在儿童抚养/监护权/探视权上产生巨大的争议
53	22. 经历/卷入一场车祸

(续表)

平均植	生活事件
53	23. 在工作中被惩戒/降级
51	24. 对付不想要的怀孕事件
50	25. 成年的孩子搬进父母家/父母搬进成年孩子的家
48	26. 儿童成长问题或学习问题
48	27. 遭遇雇佣歧视/性骚扰
47	28. 尝试矫正自己的成瘾行为
46	29. 发现/尝试矫正一个亲密家庭成员的成瘾行为
45	30. 雇主重组/裁员
44	31. 处理不育/流产
43	32. 结婚/再婚
43	33. 改换雇主/职业
42	34. 未能获得贷款/未能证明具有获得贷款的资格
41	35. 自己/配偶怀孕
39	36. 在工作场所外遭遇歧视/骚扰
39	37. 从监狱中释放
38	38. 配偶开始/停止在家庭之外的工作
37	39. 和老板/同事产生大的分歧
35	40. 改变居住地
34	41. 寻找适合的托儿所
33	42. 获得一大笔意外之财
33	43. 改变职位(调动/晋升)
33	44. 添加一个新的家庭成员
32	45. 改变工作职责
30	46. 子女离开家庭
30	47. 获得住房贷款
30	48. 获得除住房贷款外的其他大的贷款
28	49. 退休
26	50. 开始/停止正规教育
22	51. 收到法院的传票

总分:____
平均值:257.76 分
前25%:347 分或以上
25%—50%:222—346 分
50%—75%:123—221 分
后25%:122 分或以下

第二节 工作压力管理

压力管理,指为了预防和减少压力对个体和组织的消极影响,而采取的一系列压力控制举措,进而通过措施效果的实现将压力控制在适度状态。压力管理是一项非常必要的工作,这源于过度压力造成的危害,其对个体、组织甚至宏观环境都会造成不良影响。来自工作的压力是压力的最常见形式,也是当今我国民众所面临的主要压力之一。同时,工作压力也是组织管理领域关于压力管理方面研究的重点。做好工作压力管理对我国民众个体、组织运营发展乃至社会和谐进步具有很强的现实意义。

一、工作压力

(一) 工作压力理论模型

"工作压力"这一词自20世纪初由Selye首次提出以来,一直是不同学科的交叉讨论热点。众多的学者从不同的角度对工作压力的定义、影响因素、后果及应对策略进行了探讨。

1. 以刺激为基础的模式

这种模式集中注意于压力刺激的实质,关心压力的来源是什么。一般来说,工作组织之中的压力源(stressor)包括工作本身因素、组织中的角色、职业发展、组织结构及气氛、组织中的人际关系。

刺激说认为工作压力就是作用于个人的力量或刺激,从而导致人的紧张的反应。它把压力看成由人对外界的刺激所引起的生理的紧张、恐惧等,强调的是人的一种生理反应,这是早期对工作压力分析的观点。这种观点的主要代表人物有Weiss等。

Weiss(1967)在他的模型中提出了社会支持、组织因素、个人性格特征是一个人的压力反应的直接经历和组织压力源与压力反应关系的元素的缓解器。他把压力区分为短期反应和长期反应,其中短期反应主要表现为紧张,长期反应则表现为疾病。

这一派的观点强调了工作压力的外部因素,而没有考虑到个人对压力程度的感知和评价,也没有关注应对压力反应的处理策略。

2. 以反应为基础的模式

反应说认为工作压力是由于环境刺激物的影响,使人们呈现出的一种心理的反应。这一理论把压力看成是人的主观感受,它着眼于人们对待压力的体验和认知,并且认为工作压力是以反应为基础的模式,它强调人的心理和精神方面。

美国生理学家堪农(Walter Cannon,1935)曾经提出打或者撤(fight or flight)反应的问题,他指出远古时代我们的祖先受到动物攻击的时候,身体就会本能地处于调动全身能量应付的生理和心理反应状态,即人在或者准备进攻,或者准备逃走时,心脏跳动加重加快,呼吸加快加深,腺体分泌,同时更加警觉。然而,在很少面临动物攻击的今天,这种反应依然存在。而我们的文化通常不允许对他人、物体乃至事件进行攻击,所以只能以恐惧、焦虑等紧张的方式加以反应。面对压力时每个个体反应的基本模式是相同的,只是表现程度及对个人的影响因人而异,有很大的差别。

加拿大心理学家西利(Hans Selye)认为,所有生物有机体都有一个先天的驱动力,以保持体内的平衡状态,这一过程就是稳态,一旦有了稳态,维持体内平衡就成为个体毕生的任务。压力源会破坏内部的平衡,无论压力源是愉快的还是不愉快的,人体都会用非特异性生理唤醒来对压力源作出反应,这种反应是防御性的和自我保护性的。他提出了一般适应症候群(general adaption syndrome, GAS)的压力反应模式,即人面临压力时的反应包括三个阶段:

(1) 报警阶段

当压力因素第一次发生反应时,身体调动它的生理保护机制,反抗压力因素。这是个高度活跃的状态,反应能量达到了它的活动极限。(个人面对外在压力事件,身心会有所变化)

(2) 抵抗阶段

在这个阶段身体转向活动的正常水平并且阻抗继续增加。(个人在身心及行为方面会采取各种策略或措施,以便抵抗压力)

(3) 消耗阶段

适应能力(能量)消失,症状重新出现,并产生进一步的结果。(个人长期抵抗压力到某个阶段后,个人会感到心力交瘁,而向压力投降)

以反应为基础的模式试图通过面临复杂环境的紧张反应来确定工作压力的含义。

3. 交互作用模式(刺激—反应说)

在上述两种模式的基础上,交互作用模式认为应以个人动机和压力的应付作为补充。个人紧张反应的产生,除了压力源存在之外,还必须满足以下两个条件:第一,个人感觉面临自己需要和动机的威胁;第二,他/她不能有效地应付压力源。

工作压力是个人特征和环境刺激物之间相互作用的后果,是形成个体生理心理及行为反应的过程。它不仅包括紧张和反应,而且还包括个体特征及对待压力策略的其他因素,它全方位、多视角地考察了个人特征与外界刺激物之间的相互作用、相互影响。

根据该模式,Cooper 和 Marshall 在吸取了心理学、社会学、管理科学等多学科成果的基础上,提出了个人—环境适应模型。这种模型认为当个人的主观动机或愿望与客观环境所提供的满足(如工资、待遇、地位等)产生矛盾时就造成个人的工作压力,即工作与个人特征相适应决定着工作压力的反应程度以及与工作相关的症状,这种不相匹配越大,工人的工作压力也越大。

(二) 工作压力的定义

纵观上述三种模式,交互作用模式更全面地反映了工作压力的构成要素。

因而,可以将工作压力定义为:在工作环境中,使个人目标受到威胁的压力源长期、持续地作用于个体,在个性及应付行为的影响下,形成一系列生理、心理和行为反应的过程。该定义表明:第一,工作压力是个过程。从个体受到外部压力源的刺激,到感受到压力以及个体产生一系列身心及行为的反应,是个复杂的过程,受多种因素的影响。第二,在压力源存在的情况下,个体并不一定产生相应的压力反应。在此过程中,个体的个性及应付的有效性是起着重要作用的中介变量。第三,工作压力的反应是多方面的。紧张只是工作压力反应的一种,即当压力源的存在使个人目标受到威胁,并且个体没有能力应付时所产生的身心和行为的消极反应。

众多学者对于压力的定义也是"殊途同归"。Munz 等人(2001)提出,压力在本质上是由于环境要求和个体特征相互作用引起的个体焦虑性反应。Lazarus 以及 Launier (1978)认为压力是周围环境的要求,超过个人能力与可运用环境资源的一种情景。McGrath(1970)认为压力是"需求与个人能力之间处于一种失衡的状态下,需求得不到满足引起的后果"。他认为人们对工作压力的应对能力不同必然导致不同的压力体验,恰当估计自我应对能力的员工,往往会取得良好的社会适应;而过高或过低估计自我能力的员工容易受挫失败。

（三）工作压力的内在机制分析

McGrath 提出了过程导向的压力模型，他把压力看作是四个阶段的封闭式环形圈状，确定了四个阶段与四个过程联系的一致性，其中四个阶段为压力源情景、认知情景、应付反应和行为，而四个过程主要包括评价过程、决策过程、绩效和结果，如图 8-2 所示。

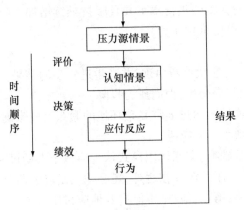

图 8-2　过程导向的压力模型

1. 四个阶段

第一阶段是压力的环境性来源——生理性的以及社会性的来源。

第二阶段是个人的知觉、认知评价和对压力源要求的接受程度。

第三阶段是对于主观要求的个人反应。

第四阶段，产生了一系列潜在的行为，这些行为是应付反应的结果。

2. 四个过程

（1）评价过程是把压力源情景和认知情景联系起来，具体可以分解为两个步骤：

① 个体与环境交互作用的过程。这是压力产生的起点。个体作为组织的一员，必然受到组织环境的影响，并以自身的行为反作用于组织。个体对组织中的压力源的感知是有很大差异的，对某些人影响很大（或者说组织环境与个体不匹配或冲突）的某个压力源，有可能对另一些人很少产生影响甚至根本就不起作用（即两者基本匹配或完全匹配）。

② 对威胁的评价过程。如果个体与组织系统不匹配或发生冲突，个体将对冲突是否威胁个体目标或需要进行评价。如果不构成威胁，则不会产生压力，反之，压力就产生了。这种压力可以使人产生一系列生理、心理的唤起反应。生理方面的反应可以表现为血压、呼吸变化等；心理方面则可能出现两种反应：威胁和挑战，即一方面觉得重要目标面临威胁，另一方面觉得获得取得更高成就的机遇。个人的素质与个性如自尊心、控制源等对压力的估计与反应都产生影响。

Lazarus 等学者认为，"压力是需求以及理性地应对这些需求之间的联系"。一个人承受压力与否与他对待压力的看法是紧密联系的，它是由人的认知系统所反映出来的，而这种反映的结果就是人对工作压力的认知评价。同一个环境事件对某一个人来讲可能具有压力性，而对其他人来说则不是压力性的。他认为工作压力分为生理的、心理的和社会的三种类型。

按照人们的行为特征,可将人分为 A 型行为者和 B 型行为者两种。A 型人的特点是争强好胜,富有紧迫感和竞争性;对于影响其工作成就和发展的人和事表现出不耐烦;这种人追求成功的欲望强烈,总是感到时间紧张。他们对于压力源的反应是充满敌意与愤怒。这种性格特点使 A 型行为者长期生活在压力之中。B 型人对于压力源的反应则与前者不同。他们更松弛,不易发怒。这并非他们懒惰,没有进取心,只不过 B 型人处世较为自然,不易受外界的影响。

(2) 决策过程是把认知情景和应付反应联系在一起。

这个模型主要反映了处在压力过程中的个人对压力的处理方式评价。感受到压力的个体从应付资源中选取最可能减轻压力的策略,如能应付成功,就在认知水平上增强了将来应付同类问题甚至是不同压力源的信心,使个体与组织的效能得以增强。反之,如果应付行为并未导致威胁和冲突的减轻,压力继续存在,就将导致进一步的后果。

(3) 绩效过程是应付反应具体体现到了行为上的反应。

如果应付失败后没有新的有效的策略可以采用,这漫长的压力经历将导致紧张的产生。这种紧张表现为疲劳过度、易怒、不能集中注意力、自我评价降低以及其他紧张症状。如果进一步发展,将产生高血压、溃疡、失眠、压抑、焦虑以及长期缺勤等,使组织和个人效能削弱。

(4) 结果过程可以看作为一种反馈。

压力产生的后果(积极的和消极的)还将反过来作用于个体和组织,增强(减少)个体与组织系统的匹配程度,影响个体对威胁的评价,以及将来产生压力及紧张的可能性。

(四) 工作压力源

为了实现有效的压力管理,企业管理者在员工压力研究过程中,首先要弄清楚导致员工压力的起因,即压力源。压力源有多种,有些压力源是经常性的,有些是偶尔性的,经常性的压力源可能对员工产生的压力较大,而偶然性的压力源则影响较小。

如果从形式上划分的话,压力源还可以分为工作压力源、生活压力源和社会压力源三种。工作压力源包括角色模糊、角色冲突、工作超负荷、职业发展等。生活压力源包括配偶死亡、离婚、夫妻分居、拘禁、家庭成员死亡、外伤或生病、结婚、解雇、复婚、退休等。社会压力源包括社会地位、经济实力、生活条件、财务问题、住房问题等。

引起工作压力的因素很多,主要有工作特性,如工作超载、工作欠载、工作条件恶劣、时间压力等;员工在组织中的角色,如角色冲突、角色模糊、个人职责、无法参与决策等;事业生涯开发,如晋升迟缓、缺乏工作安全感、抱负受挫等;人际关系,与上司、同事、下属关系紧张,不善于授权等;工作与家庭的冲突;组织变革,如并购、重组、裁员等使许多员工不得不重新考虑自己的事业发展、学习新技能、适应新角色、结识新同事等,这都将引起很大的心理压力。

实际工作中具有三种潜在的工作压力:环境的、组织的和个人的。

1. 环境因素

环境的不确定性不仅会影响组织结构的设计,也会影响组织中员工的压力水平。商业周期的变化会造成经济的不确定性。经济紧缩时,人们会为自己的安全保障而倍感压力,与经济下滑相伴随的是劳动力减少、解雇人数增多、薪水下调等,导致压力水平的上升。政治的不确定性也会诱发压力感,尤其在一些政治体制不大稳定的国家,如中东地区。新技术的革新使一个员工的技术和经验在很短时间内过时,是引发压力感的第三类环境因素,电脑、自动化、机器人及其他形式的技术创新会威胁到许多人,使他们产生压力感。

2. 组织因素

组织内有许多因素能引起压力感。如果员工觉得目前的工作不是自己愿意做的事情,或者工作时间过紧、工作负担过重、同事难以相处、上下级关系不融洽,都会给员工带来压力。

(1) 任务压力

任务压力是指一些与个人所从事的工作有关的因素,包括个人工作的设计、工作条件、体力消耗程度等。自动生产线速度过快时,会给员工带来压力;个人工作与其他人的工作之间相互依赖性越强,个人越可能产生压力,但是工作自主性能减轻工作压力。如果工作环境的温度、噪音及其他条件有危险或不受欢迎,会使员工焦虑感增强。如果让员工在一个干扰较多的透明空间或在一个过于拥挤的房间工作,员工焦虑感也会增强。

(2) 角色要求

角色要求是指个人在组织中扮演的特定角色给他们带来的压力。角色冲突会带来一些难以协调又难以实现的个人预期;员工被要求去做很多事,又得不到足够时间时,会产生角色过度负荷感;角色预期不清楚,员工不知道他们该做些什么时,会产生角色模糊感。

(3) 人际关系要求

人际关系要求指由于其他员工的缘故而带来的压力。如果个人缺乏同事的社会支持,与同事关系紧张,会使员工产生相当的压力感,而对于那些社交需要较高的员工来说,这种情况尤为普遍。

(4) 组织结构

包括组织层次分化的水平,组织规章制度的效力,决策在哪里进行等。如果组织规章制度过多,员工缺乏参与决策的机会,员工的工作会受到影响。这是组织结构变量可能成为压力源的例子。

(5) 组织领导作风

指组织高层管理人员的管理风格。有些公司首席执政官的管理风格会导致一种以员工的紧张、恐惧和焦虑为特征的组织文化,他们会使员工在短期内产生幻觉式的压力。他们对员工的控制过度严格,并经常解雇达不到其所要求标准的员工。

(6) 组织生命周期

组织的运行是有周期性的,要经过初创、成长、成熟、最终衰退这四个阶段所组成的生命周期。这个过程会给员工带来不同的问题和压力。尤其在初创和衰退阶段,更是压力重重。初创阶段的主要特点是,新鲜的东西很多,不确定性很强;而衰退阶段一般伴随着生产规模的缩小、解雇员工和另一种不确定性;在成熟阶段,组织的不确定性处于最低点,员工的压力感一般也处于最低水平。

3. 个人因素

员工每周工作时间一般在40—50小时之间。非工作时间内的经历及所碰到的各种问题也会影响到员工的工作。因此在考虑工作压力时,同时应考虑到员工的个人生活因素。一般来说,这些因素主要为家庭问题、经济问题、员工个性特点等。有些员工把家庭和人际关系看得很重;有些员工生活中开支过大,或者不善于理财,开支欲望总是超出他们挣钱的能力;还有些员工天生喜欢注意现实中的负面因素,工作中呈现的压力来源于其个性的特点。

我们以 A 商厦员工可能遇到的工作压力为例。在日常工作接触中发现,某些员工新上岗时会出现不适应的压力。陌生的岗位工作中会遇到许多新变化,新员工会因为担心自己能否适应这份工作而产生压力。另外,当正常的工作流程和工作进程发生变化,或者组织机构重组时,也会产生压力。又如当员工接受销售指标或重大任务时,可能会担心自己能否按时完成,或者担心自己的差错会影响到他人,从而会产生压力。随着技术进步,新的销售方式、经营模式也会对员工产生压力。特别是对于本身年龄偏大,学习能力、应变能力不如年轻人的较老的员工,更会担心自己无法掌握这些技术,产生下岗、失业的思想压力。此外,商场中的人际关系也不容忽视。每个人都不可避免要同上级管理者或同事或顾客打交道,如果沟通中出现了障碍,或者被别人所误解,就会产生人际关系压力,处理不好将严重影响工作。

压力是逐步积累和加强的,具有可相加性。每一个新的持续性的压力因素都会增强个体的压力水平。单个压力因素本身可能无足轻重,但如果加在业已很高的压力水平上,它就可能成为"压倒骆驼的最后一根稻草"。

(五) 工作压力的个体差异

有的员工能在压力重重的环境中游刃有余,有的员工则总是情绪低落,这里面存在个体性的差异,这些个体差异变量调节着潜在压力因素与实际压力感之间的关系。工作压力的个体差异可以从个人认知、工作经验、社会支持等方面去分析。

1. 个人认知

员工的反应是基于他们对现实的认知,而不是基于现实本身。因此,个人认知是潜在压力环境与员工反应之间的一个中介变量。如公司裁员时,有的员工害怕自己失去工作,而有的却认为这是脱离公司,从而开展自己事业的一个机会。与此相似,同样的工作环境,有的员工认为它富有挑战性,能够使人的工作效率提高;有的员工却认为它危险性太大,要求太高。因此,环境、组织、个人因素中潜在压力的产生并不取决于客观条件本身,而取决于员工对这些因素的认知诠释。

2. 工作经验

经验是一位很好的老师,也是一种很好的减压器。第一次踏上工作岗位,全新的情境和不确定性会给人带来压力,但有了经验以后,那种压力感就消失了或大大减少了。也就是说,工作压力与工作经验呈反比关系。随着时间的推移,压力感较重的员工可能会自动流动,在组织中工作时间长的员工是那些抗压素质较高的人,或他们对所在组织的压力抵抗能力更强。

3. 社会支持

越来越多的证据表明,与同事或上级主管的融洽关系能够消减压力带来的影响。社会支持可以减轻由于高度紧张工作所带来的负面压力。对于那些同事不提供帮助,甚至对自己抱有敌意等情况的员工而言,他们缺乏工作中的社会支持。如果员工能更多地参与家庭生活、朋友交往以及社区活动,他们也能更多地拥有社会支持,这样也会使工作压力相对较轻。

4. 控制点观念

有些人认为自己是命运的主人,有些人则认为自己受命运的操纵,认为生活中所发生的一切均是运气和机遇的作用。前者认为自己可以控制命运,是内控者;后者认为自己的命运由外部力量主宰,是外控者。当面对相似的情境时,内控者更倾向于认为自己可以对行为后果产生较大影响,因此他们采取行动以控制事件的发展;外控者则更倾向于消极防守,他们不是采取行动来减轻压力,而是屈服于压力的存在,处于紧张的气氛中更容易产生压力感。

5. 敌意感

20世纪70年代至80年代期间,对A型人格的研究十分盛行。事实上,在整个80年代,它是最常用的与压力感有关的中介变量。A型人格的主要特点是,总是有一种时间紧迫感和过分的竞争驱动力。研究者认为,A型人无论是在工作中还是在工作外,都更容易产生压力感。与其行为相联系的敌意感和愤怒情绪与心脏病的发生有关。如果一个人是工作狂,缺乏耐心,竞争心较强,这并不意味着他必然易患心脏病,或受到其他压力负面因素的影响。相反,只有那些易怒、对事物持有敌意感、对别人老是持怀疑态度的人,才更容易患心脏病,受到压力负面因素影响的可能性也较大。

(六)工作压力下的反应

压力反应是个体在某些方面过分紧张的一个预警性指标。压力的产生与个性、个人和职务方面的因素有关。压力根据人们对其认知态度可以分为两种情况:当一个人面对困难、威胁或者不顺心、不愉快的事情时,心情紧张,内心焦躁,不安窘迫,无助、灰心、失望、痛苦,甚至影响健康,会产生有害的不良压力;另一种是让人感到愉悦、振奋、成功的良性压力,比如工作受到提升,面对更高的职业要求,或者是上学,结婚生子,外出旅游,购房装修等。压力是有益还是有害,很大程度上取决于个人对事情的看法和评价。例如,同样是离婚,有人感到轻松、解脱,有的人却受不了;同样是子女考上大学,一家欢喜,一家却为筹集学费而发愁;等等。

压力在本质上是人与环境系统的机能障碍问题。它有积极的一面,也有消极的一面,必须进行有效的管理,才能创造有利于减轻压力的情景,提高个体和组织的绩效。工作压力也是如此。它在一定程度上能够转化成动力,但过强的压力,可能会使人们在工作时无精打采、精神恍惚;一旦压力与能力反差太大,员工就会承受不了,效率也会越来越低。企业管理者应敏感地觉察、注意到下级身上的种种压力信号,综合考察各方面压力源,若发现确实存在过度压力,则应及时采取压力管理、压力控制等措施,做好预防工作。

工作压力感表现为多种症状,主要可归纳为三个类型:生理症状、心理症状和行为症状。

生理症状表现为个人出现新陈代谢紊乱,心率、呼吸率增加,血压升高,头痛等。但工作压力感与特定的生理症状的关系尚不明确,也不稳定,有待于医疗保健专家的进一步研究。

心理症状主要表现为对工作不满意。工作不满意实际上是最简单、最明显的心理影响后果。压力感的心理症状还有其他表现形式,例如紧张、焦虑、易怒、情绪低落等。有关事实表明,当工作对个人的要求很多,而且又相互冲突,或者任职者的工作责任、权限及内容不明确时,员工的压力感和不满意度都会增加。与此相似,对工作的速度越是缺乏控制能力,压力感和不满意度就越强。虽然这种关系有待于进一步研究,但有关事实表明,如果一个人的工作内容单调,重要性、自主性低,工作反馈机制不健全,工作同一性差,他的压力感就会增强,工作满意度就会下降,对工作的投入程度也会降低。

行为症状主要表现在对工作绩效的影响上。有研究表明,压力与工作绩效之间的关系呈倒 U 型(如图 8-3 所示):压力感低于中等水平时,有助于刺激肌体,增强肌体的反应能力,个体的工作会做得更好更快;但对个体施加过大压力,提出过多要求和限制时,会使个体绩效降低。这种倒 U 型结构表明,持续性的压力强度会拖垮个人并将其能量资源消耗殆尽,给个体的工作绩效带来负面的影响。因此,在一个组织内,如何合理地调节压力,发挥绩效促进效应,减少负面作用,显得非常重要。

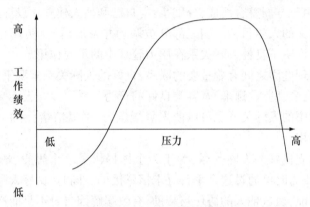

图 8-3　工作压力与工作绩效之间的倒 U 型关系模型

二、个体自我工作压力管理的形式

(一) 时间管理与压力管理

时间管理与工作生活计划和压力管理密切相关,它是关于个体在工作生活中想要的和打算达到目标的行动指南。对于许多人来说,处于第一位的挑战是"我想从工作生活中获取什么?"反省并制定目标,减少突发事件的产生,以此减少工作生活带来的压力。时间管理的一般步骤如下:

1. 优先次序

工作内容的优先次序的排定既要考虑紧急程度,又要考虑重要程度。

2. 列出清单

常备一张经常要去做的事情的"清单",并确保对其中的每项任务都确定了优先级别。这将帮助个体使精力集中到主要的工作范围上。

3. 放到开始去做

一旦确定了任务的先后次序,赋予一段开始的时间,避免等到期限即将来临的时候才去赶任务,这样会在无形之中增加工作和生活的负担。

4. 避免拖延

拖延是一种说服自己把今天该做的事拖到明天去做的"艺术"。它可以对任何事情都成立。虽然暂时逃避了某项任务,但任务仍存在。现在就行动,可以减少恐慌和压力。

5. 计划好时间

在确定了目标和优先级之后,成功的计划将帮助完成既定任务。计划应当是既有创造性又有灵活性的。有创造性是因为要规划未来和未知的事情,有灵活性则是因为需要有能力去处理有可能发生的变化。

为了达到最终目标,应该作出短期、中期和长期的计划,并设定相应的各阶段目标。在计划实施过程中定期回顾,修改计划使其保持弹性。如果能规划好时间,对于预期内的工作自然有条不紊地去做,工作压力自然也会随之而减小。

(二) 良性人际关系的构建

西华德(Brian Luke Seaward)在《压力管理策略》一书中提到压力与心灵的相互作用关系时,提出心灵由三方面整合而成,分别是:与自己和他人建立建设性的关系、稳定的个人价值系统和有意义的人生目标。当三部分被调动并发展后,会实现心灵健康。作者的观点也从一个角度说明了良性人际关系在压力管理中的重要作用。

人际交往与心理健康之间有着重要的联系,良好的人际关系来源于健康的心理状态,自信、乐观、从容、友爱、助人、谦虚、宽容等良好的行为品质可以在人际交往中起到很好的促进作用;同时,健康的人际关系也可以使人舒缓压力、平复情绪,对个人发展、身心健康也能起到积极的作用。

在组织内部建立良好的人际关系,等于为个体提供了一个思想、情感的互动交流平台,自身遇到过度压力时可通过这个平台寻求情感援助。同时,良好人际关系也为个体增大了寻求支持的可能,通过他人的协作与帮助,有效缓解因自身不足而产生的任务压力和角色压力。

(三) 终生学习的特殊作用

在工作压力源中,任务压力、角色要求是造成员工压力的重要因素。而影响这两项因素的重要内容之一就是个体的经验、知识、技能是否能够满足任务和角色要求。

终生学习也可以理解为不断学习,以此来持续提升"本领",增强对任务压力和角色要求的适应能力和应对能力。同时,终生学习还有一个很大的好处是能够增强个体的安全感。一旦个体发生重大职业变故,强大的再就业能力可使其能够重新获得工作机会和生活保障。

组织中员工的成人学习不同于学校的正式教育,其特点在于学习的同时不能对工作产生影响,需避免"工学矛盾"。因此"干中学"模式对于员工来说显得很有现实意义。

(四) 自我"心灵救治"

在这里介绍几种方法。

1. 休息片刻,呼吸一下新鲜空气

一天中多进行几次短暂的休息,做做深呼吸,呼吸一下新鲜空气,可以使你放松大脑,防止压力情绪的形成。千万不要放任压力情绪的发展,不能使这种情绪在一天工作结束时升级成能压倒你的工作压力。

2. 了解造成压力的根源

确切地说,到底是什么压垮了你?是工作、家庭生活,还是人际关系?如果认识不到问题的根源所在,你就不可能解决问题。如果你自己在确定问题的根源方面有困难,那就求助于专业人士或者机构,比如心理医生或是雇员协助协会。

3. 转移并释放压力

做一下体育运动,体育运动能使你很好地发泄,运动完之后你会感到很轻松,不知不觉间就可以把压力释放出去。

4. 随它去

判断一下你能控制和不能控制的事情,然后把事情分开,归为两类,并列出清单。开始一天的工作时,首先为自己约定,不管是工作中的还是生活中的事情,只要是自己不能控制的就由它去,不要过多考虑,给自己增添无谓的压力。

5. 自我鼓励

对所有的出色工作都记录在案,并时不时查阅一下,一来总结经验,二来替自己寻找自信。制订一些短期计划,使自己能得心应手地完成它们。

不要把受到的批评个人化,更不要把大会上上司批评的普遍问题给自己对号入座,即使自己受到反面的评论时,你也要把它当成能够改进工作的建设性批评。

6. 分散压力

可能的话,把工作进行分摊或是委派以减小工作强度。千万不要认为你是唯一一个能够做好这项工作的人,否则就可能把所有工作都加到你的身上,工作强度就要大大增加了。

7. 不要把工作当成一切

当你的大脑一天到晚都在想工作的时候,工作压力就形成了。这时,要分出一些时间给家庭、朋友、嗜好等,适当的娱乐是处理压力的关键。

(五) 中医与压力缓解

中医是我国传统医学和世界医学的瑰宝。中医手段不但在疾病治疗中被广泛运用,在保健、心理舒缓、情绪调节等方面也越来越受到更多人的青睐,并取得良好效果。如今,中医已经成为压力缓解最常用和最流行的外部疗法。

中医理论不单纯强调生理调节,还强调身心的调和,即追求人体心理和生理的同时平衡。

中医缓解压力方式大致分为以下两类:

1. 中草药与食物疗法

在中医论著中,就中草药与食物对压力造成的人体生理和心理失调的功用做过很多论述。中草药和食物的巧妙运用对压力缓解和肌体治疗有显著效果。例如,玫瑰花可疏解因压力引起的肝脏不适,具有疏肝解郁的功效;莲子可以解决心脾的问题,当天气闷热晚上入眠不易时,莲子有清热解闷的功效;小麦可以修复肝脏,也有收敛盗汗、安定神经的功效;龙眼干有帮助神经传导的效果,对失眠、健忘、受惊吓也有很好的安神功效等。

2. 中医保健功法

中医在压力治疗的另一个重大领域就是其独特的保健功法,主要含肢体有氧运动、拔罐、针灸与按摩几种形式。其中,肢体有氧运动中的太极拳和五禽戏早已成为闻名全球且被广大民众所普遍采用的养生保健方式。

三、工作压力的组织管理

压力管理本身就是一个个体、组织及环境交互的过程。有效的工作压力管理离不开组织的介入。组织实施压力管理既是压力管理工作的组成部分,又是组织的责任。

工作压力管理的组织解决途径多种多样,本书选取其中的几项内容加以介绍。

(一) 企业文化与压力管理

企业文化是在一定的条件下,在企业生产经营和管理活动中所创造的具有该企业特色的精神财富和物质形态。它包括文化观念、价值观念、企业精神、道德规范、行为准则、历史传统、企业制度、文化环境、企业产品等。其中价值观是企业文化的核心。

对企业文化与压力管理的关系可从两个角度进行审视。一是两者之间可建立直接联系。企业文化可直接通过文化价值观念对员工的心智和生活方式进行引导,如提倡"快乐工作,快乐生活"等,并通过企业文化实施平台组织针对压力调节的活动,为员工提供压力调节帮助。二是企业文化可借助其强大的组织环境与氛围营造功能,引导员工的行为方式,强调团队协作与互助等行为准则,借此来促使员工提升寻求支持等压力处理意识,间接强化员工的压力管理。

(二) 组织人力资源管理的压力管理功能

简单来说,人力资源管理对压力管理的影响一般通过人力资源管理职能实现,使员工角色与组织要求更加匹配,进而实现员工与组织的融合,缓解员工的心理压力。

组织人力资源管理的压力管理功能具体体现为以下几个方面。

1. 招聘配置

人力资源招聘中,注意识别人力资源的特点,选拔与工作要求(个性要求、能力要求等各方面)相符合的人力资源,力求避免员工上岗后因无法胜任工作而产生巨大心理压力。

人力资源配置中,力求人与事的最佳配置,并清楚地定义在该岗位上员工的角色、职责、任务,如此可减轻因角色模糊、角色冲突等引起的心理压力。

2. 培训

组织培训工作对工作压力管理的促进作用可分为两个方面:一是实施压力管理方面的培训,如时间管理、心理健康、压力舒缓、有效沟通、人际交往等,通过此举提升员工的工作压力管理能力;二是加大员工工作技能培训,通过提升员工工作技能,缓解消除因岗位技能不足而带来的工作压力。

3. 员工任务与绩效

组织在实施员工任务分配与绩效管理时,通过任务与绩效设定的 SMART 原则(specific,特定适合自己;measurable,可衡量;achievable,可实现;realistic 实际;time-based,基于时间),使组织与员工更加现实客观地开展工作,减少对不切实际目标的追求。

4. 有效沟通

建立有效沟通渠道,使组织与员工间能够进行组织相关信息和员工个体信息的双向流动,使员工了解企业情况,企业熟悉员工想法,从而减少因误解、不确定给员工带来的心理压力。

5. 保障制度

完善员工保障制度,向其提供社会保险及多种形式的商业保险,增强员工的安全感和较为稳定的就业心理,减轻其压力。

（三）工作条件与压力管理

1. 工作条件

工作条件指员工在工作中的设施条件、工作环境、劳动强度和工作时间的总和。从定义来看，工作条件分为四个组成部分：

（1）设施条件

含员工在工作中使用的设备、设施、工具，以及休息和娱乐设备设施，如厂房、办公室、劳动工具、计算机、食堂、休息室等。

（2）工作环境

含工作场所的温度、光线、压力、辐射、异味、布局等因素。

（3）劳动强度

劳动强度指员工在工作过程中的能量消耗程度。强度大小受到单位时间工作量大小和工作复杂程度等因素影响。

（4）工作时间

指员工从事劳动的时间，其中又细分为净工作时间和宽放时间。

净工作时间指员工干职责范围内工作所需时间及与作业密切相关的活动占用的时间，由作业时间和作业等待时间组成。

宽放时间指必须进行作业停顿的时间，包括生理宽放时间和疲劳宽放时间。生理宽放时间包含如上厕所、喝水、擦汗所占用的时间等，疲劳宽放时间指员工因作业产生生理和心理疲劳而进行休息所占用的时间。

2. 工作条件对工作压力的影响与控制

作为员工在组织内生存外部环境的重要组成部分，工作条件与员工的工作压力有紧密的联系。不良工作条件带给员工心理和生理的双重压力。有研究表明，工作环境中不适的温度、照明、噪音等因素对人体正常的生理和心理指标产生影响，员工可能出现心血管反应、血压反应等生理问题，情绪焦躁而不稳定，注意力集中程度下降，效率降低，且安全隐患加大。

此外，设备工具设施的不合理配置也会明显加大员工作业压力，更易产生疲劳感。如设施位置不合理导致员工消耗过多不必要的精力体力，工具设备不符合人体工学设计标准，工具设备经常性故障等都会产生压力问题。

劳动强度和工作时间的不合理则对员工造成更为直接的影响。强度和工作时间超过合理范围，以及宽放时间不足，将直接影响员工的生理健康，并加剧员工对工作的厌恶感和敌视感，工作效率和业绩就更无从谈起。

针对压力管理的工作条件管理有两方面的含义，一是减轻或消除工作条件恶劣给员工带来的压力；二为通过工作条件的科学设计，优化员工的生理、心理反应，进而为压力缓解起到助力作用。这也是组织从工作条件角度进行个体工作压力控制的方式。

四、工作压力的社会管理

（一）压力的社会管理的不可替代性

相对于个体压力管理和组织压力管理，压力的社会管理具有其独特性。这些独特性往往是个体和企业所不具备的。

1. 服务范围为民众整体

社会管理的服务对象是全体民众,这使得辐射面积更大,受众更广,从整体上说见效更快。

2. 民众对社会管理的信任和认同

这是源于社会管理的权威性。中央、政府具有强大的民众号召力和影响力,其在本质上也是社会大众的利益代表,向整个社会发出的倡导、舆论与规则更易获得民众认同。

3. 强大的社会资源调动能力

社会管理可以整合、协调全社会的资源开展压力管理相关行动,这种能力是企业和个体所不具备的。

(二) 工作压力社会管理的实施策略

1. 弘扬与倡导正确人生观、价值观

通过各种形式,在整个社会范围内弘扬和倡导积极乐观的精神风貌,健康文明的生活方式,不断完善大众人格。

2. 不断完善社会保障体系

提升全民安全感,缓解民众生活压力,进而缓解因生活压力而引发的工作压力。

3. 加强劳动保障制度的实施监管

监控各级组织劳动法律法规的落实情况,不断增强对劳动者的劳动保障保护。

4. 增强民众基本就业技能培训

通过民众基本工作技能提升与完善的方式,夯实人们的工作职责承担技能基础,缓解工作技能带来的压力感受。

5. 加大心理治疗的社会普及力度

逐步将心理治疗、心理咨询作为与医疗并重的行业加以扶持,为民众心理问题救治和心理压力排解提供科学正规的途径。

6. 女性压力援助

女性群体具有相对的特殊性。在东方社会,相对于男性来说,女性承担了更大的家庭压力,进而不可避免地造成工作与家庭时间精力分配等一系列问题。因此,社会需要对女性群体的就业、从业方面给予更多的指导,并加强对女性的就业、从业保护。

工作压力不仅关系到员工的身心健康,而且对个人和组织的工作绩效有很大的影响。过度的压力会造成工作满意度下降、烦躁、焦虑、忧愁以及工作效率降低、合作性差、缺勤、频繁跳槽等各种反应。压力管理有利于减轻个体过重的心理压力,保持适度的、最佳的压力,从而提高工作效率,进而提高整个组织的绩效。组织关注员工的压力问题,也能充分体现以人为本的理念,有利于构建良好的企业文化,增强员工对企业的忠诚度。作为社会人的个体,其在适度压力下的高效率和良好精神情绪也必然会促进整个社会的和谐稳定发展。

压力管理的不及时和失效会导致巨额经济损失。英国、荷兰等国每年因工作压力造成的损失占国民生产总值的10%。据世界卫生组织(WHO)统计,北美地区因压力所付出的代价每年超过2 000亿美元。1993年国际劳工组织公布的一份调查显示:美国因工作压力而引发的经济索赔占全部职业病索赔的比例,由1980年的5%,上升到1990年的15%。根据美国压力协会的估计,美国由于压力问题造成的员工缺勤、离职、旷工、劳动生产率下降、高血压、心脏病的医疗和经济索赔,以及人员替换等方面发生的费用年均2 000—3 000 亿美元,这是为工作压力所付出的经济代价。这一数字超过了美国500 家大公司税后利润的5 倍。

第三节 员工援助计划

一、员工援助计划的历史与现状

员工援助计划(EAP)最早起源于20 世纪初的美国,它的发展大致可以分为以下四个阶段:第一阶段为职业戒酒计划(occupational alcoholism programs, OAPs)(1939—1962)。职业戒酒计划最早可追溯到1917 年美国纽约梅西百货所创立的员工咨询系统。第二阶段为员工援助计划(employee assistance programs, EAPs)(1962—现在)。第三阶段为职业健康促进计划(occupational health promotion programs, OHPPs)(1980—现在)。职业健康促进计划是针对员工戒酒计划中员工援助项目过于一般化,对员工心理与行为问题缺乏细致描述的不足而提出来的。第四阶段为员工增强计划(employee enhancement programs, EEPs)(1988—现在)。从20 世纪80 年代起,一些新概念的提出使 EAP 延伸至员工增强计划,它强调压力管理、全面健康生活形态、工作生活质量、人际关系管理等问题,致力于改善工作中和工作后可能逐渐引发未来健康问题的行为。

EAP 如今在发达国家已较为普及,美国是 EAP 的发源地之一,也是目前世界上 EAP 最发达的国家。如今美国的企业、政府部门和军队都广泛采用此类服务。据统计,目前在美国有四分之一以上的企业员工常年享受着 EAP 服务,大多数员工超过500 人的企业已有 EAP,员工人数在100—490 的企业70%以上也有 EAP,并且这个数字还在不断增加。这说明美国企业和社会对员工的压力和心理健康问题的重视。

在英国全部员工中有近10% 享受到 EAP 服务。英国专家的研究显示,每年由于压力造成的健康问题通过直接的医疗费用和间接的工作缺勤等形式造成的损失竟达整个 GDP 的10%。而 EAP 被视为压力问题的最佳解决方案。

日本政府每隔五年的压力普查表明,20 世纪80 年代以来,日本国民的压力持续上升。由于日本经济的滑坡,日本企业大量裁员或进行各种改革。这些变化对员工心理造成很大的压力和影响,由此出现了自杀和抑郁症等严重问题。这使得 EAP 在日本成为非常需要的服务。日本一些企业中出现的爱抚管理模式就是其中之一。一些企业设有放松室、发泄室、茶室来缓解员工的紧张情绪,或制订员工健康研修计划和增进健康的方案,帮助员工克服身心方面的疾病。

我国香港和台湾地区也有了专门的 EAP 机构。

一些在华跨国公司较早开始关注职业压力与心理方面的问题。通用电气、IBM、思科、朗讯、可口可乐、三星等公司纷纷邀请国内的培训师在企业广泛开展此类培训。如今中国一些大企业也开始注意到员工的精神健康问题,并积极地引入 EAP。中国发展迅猛、竞争激烈的高科技行业最先引入 EAP,但只有联想、中国建设银行、太平洋保险等少数企业在中高层中实施培训。2001 年,在心理学专家的主持下,联想电脑公司客户服务部的 EAP 启动。这是国内 EAP 项目的首次尝试。之后,中国专业的 EAP 服务机构成立。

毋庸置疑，EAP将为越来越多的企业所接受。联想电脑公司今年将继续与易普斯合作，开展压力管理培训，并且计划委托易普斯开发和讲授"积极情绪"等心理培训课程。

自2001年国内首例完整的EAP项目在联想集团展开实施，国家发展银行、中国移动、北京热电、大亚湾核电站、湘潭钢铁等大中型企业先后实施了EAP项目服务。2004年国内首个由政府埋单的EAP项目在上海徐汇区政府开展实施，开辟了EAP项目在中国公务人员中的行政服务道路，拓宽了EAP在中国内地的服务领域。2009年，国际EAP协会中国分会成立，是中国EAP发展历史上的一个重要里程碑，有力地促进了中国EAP事业朝着国际化、规范化、产业化的方向迈进。EAP自引进中国，国内学者的积极探索研究以及EAP项目实践经验日臻丰富，为EAP在中国的发展与完善提供了强劲的动力支撑。

目前，解决压力和职工精神问题的组织还有美国职业压力协会(American Institute of Stress)和中国北京的企业咨询服务公司等，它们在压力评估、管理建议、宣传推广、教育培训、压力咨询等方面已经作出和正在做着重要贡献。

二、员工援助计划的效用

（一）员工援助计划的效用

EAP服务的大量开展也为其效用的研究提供了基础。国外大量研究表明，EAP在企业的开展为企业带来了较好的效益。美国健康和人文服务部1995年的调查研究发现，在美国对员工心理健康促进服务每投资1美元，将有5至7美元的回报；Marsh & Mclennon公司曾对50家单位做过调查，在引进EAP后，员工的缺勤率降低了21%，工作的事故率降低了17%，而生产率提高了14%；2002年，美国一拥有7万员工的信托银行在引进EAP服务之后，仅仅一年就在病假的花费上节约了739 870美元的成本；摩托罗拉日本公司在引进EAP之后，平均降低了40%的病假率。Karen等人研究表明EAP帮助大部分员工解决了各种各样的困难。库柏(Cooper)等人研究指出，EAP已经成为一个在很多企业非常重要和很受欢迎的促进员工生理和心理健康，降低旷工率和提高绩效的措施。

（二）员工援助计划本土化存在的问题

EAP服务在我国虽然逐渐被社会和企业所认可，并在某些特殊行业得到广泛应用，但仍处于初级阶段，一些问题仍然存在并桎梏其在中国本土化的发展。

其一，我国对EAP的研究尚停留在理论研究等初级阶段，尚未建立起全国统一、权威的EAP项目实施模式和体系。目前，EAP在理论上的探讨主要停留在定义、发展阶段、实施模式和原则等相关研究评述，较少涉及EAP模块化、成本效用、实证分析等方面的研究。由于EAP研究时间短，学术成果较少，导致可供参考的相关数据和实例研究有限，制约了EAP核心技术的创新与发展。

其二，EAP可供参考的数据和实例研究不足。一方面，由于中国对EAP的宣传力度不够，导致中国企业对EAP的认识不足，使得EAP在中国的普及率较低。此外，国内EAP项目实施主要集中在某些特殊行业的跨国公司和大中型企业，中小型民营企业的EAP项目的实施则几近空白。另一方面，有些企业没有从自身的视野或角度去思考和设计EAP项目，而是直接照搬或套用国外EAP模式，忽略了文化积淀或管理背景的差异。同时，企业中管理层支持与否、员工对EAP的认知与接受程度等因素也制约着EAP在企业的实施效果。

其三，EAP专业机构和专业人才匮乏。EAP的发展基础是心理咨询行业，从业人员主要是精神科医生、心理学以及社会学学者，而我国的心理咨询业与国外相比存在很大的差距，表现为职业功能不完善、从业人员水平参差不齐等。虽然一些EAP专业化机构在中国涌现，但是其商业化道路以及高素质员工援助咨询队伍仍需要很长一段时间才能走向成熟。

其四，国内企业EAP的应用范围局限。国内企业EAP的应用主要限于对员工的心理改变方面，而心理的改变更多是间接的，潜移默化的，在短时间内很难表现在生产力的直接提高和资金的效益上。同时国内实施EAP的企业多数进行的都是短期项目，时间大多从半年到一年，在这样短的时间内，很多硬性指标如生产率、销售额、产品质量等难以发生明显的变化。多数国内企业实施EAP也不是为了提高生产率或者降低缺勤率这样的硬性指标，更多是为了提高员工忠诚度，或者在企业转型期间希望通过专业的心理辅导平稳地度过过渡期。因而，国内企业对EAP所关注的焦点在于组织气氛的改善和员工对组织、单位的满意度上。这些软性指标的评估方法目前在国内比较盛行，但是缺少对企业收益等财务类绩效指标评估方法的研究。

三、组织员工援助计划的开展

EAP重要的目标之一就是帮助员工进行压力管理，那么如何才能更好地发挥其效用，促进该目标的达成呢？

（一）加强管理层的支持力度

EAP项目实施的成败很大程度上取决于管理层的重视与支持。管理层需要在EAP企业宣传，专职人员的配置、培养等各方面进行合理调配，才能保证EAP在企业的有效实施。

（二）整合企业资源与社会资源

EAP项目实施过程中，企业应积极有效地使内部资源与社会资源有效整合。企业应对自身问题有全面的了解，致力于减少或改变可能构成员工压力源的因素，比如明确任务要求，健全办公室定期或者不定期沟通机制，丰富沟通方式，开展民主的管理模式，提倡团队文化，提供放松娱乐和旅游机会等。EAP机构可为企业员工提供优质专业的服务，如EAP咨询师可以帮助员工探寻压力源，分析压力源的性质，评估应对资源，然后针对资源匮乏状况给予员工相应的支持和援助。对于可以解决的问题，帮助员工进行时间管理，通过行为改变压力源解决主要问题；对于不能解决的问题，帮助求助者通过认知改变，即非理性想法改变来减少焦虑和紧张。

这样，企业通过EAP服务将压力管理和其他管理方式综合利用，硬件管理和软件管理并重来促进企业发展，增强企业实力，提高企业的竞争效益。

（三）问题解决与预防并重

企业不能仅运用EAP用来解决已经出现了的压力问题，在服务过程中还可以将把预防压力问题的产生放在突出的重要位置，因为预防将比解决对于企业来说更有效益。

EAP思想在中国传统文献中分布很广，下面我们仅就养性调神方面的内容进行介绍，以此了解中医中与EAP有关的思想和方法。中医养神，一直提倡道德修养，如《黄帝内经》提倡"淳德全道"。孔子说"仁者寿""有大德必得其寿"。明代养生家吕坤对孔子思想进行了发挥:"仁可长寿,德可延年,养德尤养生之第一要也"。唐代孙思邈提倡重视德行。所谓"德行",就是道德行为。他在《千金要方》中写道:"德行不克,纵服玉液金丹,未能延寿";"道德日全,不祈善而有福,不求寿而自延。此养生之大旨也"。所以说,调摄情志、修养德行是保健养生统摄全局的重要方法,这种心理养生可以说是深层次的养生修炼方法。

关于养性的具体方法,陶弘景在《养生延寿录》中提出:"养性之道,莫大忧愁大哀思,此所谓能中和,能中和者必久寿也。"人要善于调节情志,心情平静中和才能长寿。

孔子认为,人在不同的年龄阶段,修身养性的重点有所不同:"君子有三戒:少之时,血气未定,戒之在色;及其壮也,血气方刚,戒之在斗;及其老也,血气既衰,戒之在得。"年轻时候要注意节制情欲;壮年之时,注意不要争强好胜;年龄大了,不要太在乎物质利益。

在养性的指导思想上,佛教重视"正见",儒家重视"正心"。孔子认为"欲先修其身者,先正其心","心正而后身修","德润身,心广体胖"。朱熹注:"德则能润身矣,故心无愧怍,则广大宽平,而体常舒泰"。孔子还把修身养性与保持心理平衡紧密地联系在一起,提出:"所谓修身养性在正其心者,身有忿懥,则不得其正。有所恐惧,则不得其正。有所好乐,则不得其正。有所忧患,则不得其正"。朱熹注:"盖是四者,皆心之用,而人所不能无者。然一有之而不能察,则欲动情胜,而其用之所行,或不能不失其正矣"。这里的"正"按《说文》解即"正中","忿懥""恐惧""好乐""忧患"属于固有的心理体验,一旦产生了这些情感而没有觉察,便会有欲望、情感冲动,如果顺其发展,就必然心理失衡。这是从修身对心理平衡的影响而言。反过来,心理失衡也会影响到修身。孔子说:"人之所亲爱而辟焉,之其所贱恶而辟焉,之其所畏敬而辟焉,之其所哀矜而辟焉,之其所敖惰而辟焉。故好而知其恶,恶而知其美,天下鲜矣"。"亲爱""贱恶""畏敬""哀矜""敖惰"是人之情,但如不守中庸法则,则趋于过分而失之偏颇,好恶混淆不清而影响修身。

思考题

1. 你如何理解压力概念?
2. 你如何理解工作压力?
3. 分析工作压力的内在机制。
4. EAP 服务对于企业有哪些效果?

第九章 领导理论

领导,不管是名词还是动词,在现实生活中都很重要。领导者的思想观念、心理素质和行为举止,不仅影响到个人工作的成效,更影响到其部属和群体作用的发挥乃至整个组织的行为和绩效。本章将结合领导理论的研究成果,对领导理论进行分析。

案例

松下幸之助的领导经

有人提出,管理的最高境界是"无为而治",即通过对员工的内在控制来激发其工作热情。的确,纪律制度对员工来说只是一种外在控制,效果难以维持,而当员工的内在精神被某种东西控制之后,他就会自觉地全身心投入工作之中。优秀的领导者深谙此道,从不对员工强加管制,而是从改善员工的精神状态入手来对其加以引导。

松下幸之助,1894—1989

松下获得成功的一个重要原因,在于他十分重视对员工进行价值观的训练和优化。松下规定企业的原则是"认识企业家的责任,鼓励进步,促进全社会的福利,致力于世界文化的进一步发展"。他给职工规定的信条是:"进步和发展只能通过公司每个人的共同努力和合作才能实现"。松下"价值观"被尊奉为"十精神",即产业报国精神、实事求是精神、改革发展精神、友好合作精神、光明正大精神、团结一致精神、奋发向上精神、礼貌谦让精神、自觉守纪精神和服务奉献精神。这些价值观时常被灌输到员工的头脑之中。每天上午八时,松下遍布日本的 87 000 名职工都背诵他的价值观,放声高唱公司之歌。松下是日本第一家有价值观和公司之歌的企业。在解释精神价值观时,他有一句名言:如果你犯了一个诚实的错误,公司是会饶恕你的。然而你背离公司的原则就会受到严厉的批评,直至解雇。可见精神价值观在松下公司有着至高无上的地位。松下正是通过这种精神价值观的训练,实现了对员工内在状态的控制,从而使员工滋生出源源不断的工作热情与干劲。

松下幸之助曾说:"要成为一位有名的企业家,必须去看别人看不到的东西,去听别人听不到的声音。"有一天深夜,松下打电话到一位干部家中,干部以为老板要传递什么重要的工作指示,没想到,松下竟说:"我突然很想听听你的声音。"在讲究辈分伦理的日本企业,下属突然听见老板的话的受宠若惊的程度可想而知。以如此真诚感性的方式来表达对部属的关怀,任何人接到这样的电话都会觉得备受重视,愿意全力为公司努力。

第一节 领导概述

一、领导的概念

关于领导一词,历来有不同的解释。美国管理学家哈罗德·孔茨认为,领导是一门促使其部属充满信心、满怀热情来完成他们任务的艺术;坦南鲍姆(R. Tannenbavam)认为,领导是在某种情况下,经过意见交流的过程所实行出来的一种为了达成某个目标的影响力;斯科特认为,领导是在某种情况下,影响个人或群体达成目标行动的过程;"领导变革之父"约翰·科特(John P. Kotte)认为,领导是指主要通过一些非强制性的不易觉察的方法,鼓动一个群体的人们或多个群体的人们朝着某个既定方向、目标努力的过程;泰瑞(G. R. Terry)认为,领导是影响人们自动为达成群体目标而努力的一种行为。从上述定义,我们可以看出:第一,领导的关键在于创造出一种良好的影响力,使领导者在组织或群体中具有较好的号召力,获取群体成员的信任与追随;第二,领导不仅是一个对人们施加影响的过程,更重要的是要巧妙地运用相应的领导方式,使之成为一门艺术,并且,越是高层次的领导,因其面对因素的复杂性和不确定性越多,艺术的成分越多;第三,领导的目的,就在于使人们自觉自愿地为实现组织或群体的目标而努力。因此,我们将领导定义为:在一定的组织中,通过统御和影响来整合资源,实现组织目标的过程。

二、领导的类型和职能

领导的类型按成员数量划分,可以分成个人领导和集体领导;按层次级别划分,可以分成高层领导、中层领导和基层领导;按专业性质划分,可以分成经济、政治、科技、文化、教育、军事和政党等专业领导;按工作性质划分,可以分成行政领导、业务领导和学术领导;按职权身份划分,可以分成正式领导、非正式领导或代理领导。

美国管理学家孔茨认为,领导者主要在人际关系、信息和决策三方面起作用;著名管理学家巴纳德则认为,领导者的职能类似于大脑和神经系统对身体其他部分的作用,他提出三项职能:(1) 提供一个信息交流系统;(2) 提供必要的个人努力;(3) 制定目标。

我们认为,领导者应该是一个多功能的角色,他具有:

(1) 沟通职能:使组织内部上情下达,下情上达,保持信息沟通通畅,并与外界保持良好的信息沟通,使组织成为一个开放式的信息系统。此外,还要注意与员工的情感沟通。

(2) 决策职能:要善于发现问题,集思广益,拟订方案,分析评估,捕捉时机,当机立断,做到"运筹帷幄,决胜千里"。

(3) 规划职能:规划组织的长、中、短期目标,细分目标,确立重点,制定方针,设置步骤,引导组织努力实现目标。

(4) 组织职能:筹划设立组织机构,制定岗位规范,知人善任,分工授权。

(5) 表率职能:遵守规章,身体力行;遇到困难,身先士卒,用榜样的力量来带动下属。

(6) 指挥职能:行使权力,统帅大家,指引和影响组织向目标努力。

(7) 监督职能:评估组织目标的实施进程,提供反馈信息,督促和建议改进。

(8) 开创职能:在动态基础上,不断谋划变革,适应外界环境变化,提高组织的竞争力和生存力。

(9) 激励职能:激发下属的内在心理需求,调动下属的积极性,使人们充满热情,满怀信心,通过科学有效的奖惩制度,提高工作绩效。

(10) 协调职能:协调部门之间的资金、人力、设备等资源,使其优化组合,发挥最大效能。

三、领导者的威信

领导者的威信是指领导者在被领导者心里得到的赞扬、尊敬和信任感。

领导者的威信越高,在被领导者心目中的影响力就越大,就会产生强大的吸引力和向心力;反之,领导者的威信越低,其影响力也越小,只会产生排斥力和离心力。正如古语所云:"得人心者昌,失人心者亡。"领导者的威信是领导行为有效的关键。

领导者的威信主要由政治威信、道德威信、职业威信组成。

(1) 政治威信:表现为群众对领导者在政治上的信任感。领导者的政治威信是通过领导者在依据国家的政策、法规行使权力时,在群众心目中逐渐培育起来的,因此从某种角度来看,领导者维护自己的政治威信的同时,也是在维护和提高党和国家在人民群众心中的威信。

(2) 道德威信:表现为群众对领导者的道德水平和道德修养的信任感。领导者是否遵循高尚、正直、廉洁、公正等社会公认的道德规范,是否符合群众心目中对领导者这一社会角色的期望,将关系到群众对领导者的信赖程度。

(3) 职业威信:表现为群众对领导者职业资格的信任感。每种职业都有各自的职业或行业规范,领导者是否熟悉这些包括知识、技能、运作流程和操作诀窍在内的种种行规,通俗地说就是懂不懂行,群众将据此评价领导者的称职程度。

一个人的威信并不取决于他的社会地位。树立威信不仅靠权力的影响力,在很大程度上还要依靠非权力的影响力,如品德、知识、才能、感情、作风、信息等。邓小平同志曾经指出:"领导就是服务",强调了领导者的公仆意识。的确,领导者只有依靠自身的努力,用实际行动赢得群众认可、支持和拥护,才能树立真正的威信,才能发挥权力的全部效能。值得注意的是,由于威信具有脆弱和敏感的特点,经常是丧失容易、树立难,所以作为领导者更要注意对威信的维护和提高。

四、领导的有效性

领导的有效性是领导者、被领导者和环境三方面相互制约、相互影响的结果,领导的有效性可以用下列公式来表示:

$$领导的有效性 = f(领导者 \cdot 被领导者 \cdot 环境)$$

在这个公式中,环境又称为情境,可以指宏观环境的变化,如社会、经济、政治、科技的急剧变革;也可以指微观环境,如工作群体、组织规模、家庭结构以及文化心理背景。领导者、被领导者和环境三者之间的关系如图9-1所示:

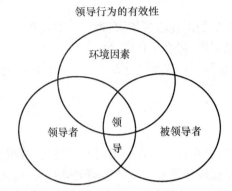

图9-1　领导者、被领导者和环境三者之间的关系

领导有效性可以从以下两个方面加以测量:绩效(包括客观绩效和主观绩效等)和情绪反应(包括员工满意度、组织承诺和组织公民行为等)。

第二节　经典领导理论

关于领导的经典研究,大致分为三类:领导特质理论、领导行为理论和领导权变理论。三类领导理论的依次提出,对应于领导理论研究的四个阶段。

20世纪40年代以前,有关领导的研究集中在领导者与非领导者相比应具备的特殊素质方面,即领导特质理论。20世纪40年代到60年代中期,关于领导的研究主要侧重于领导行为方面,即从领导者的行为方式来探索成功的领导模式。领导行为理论的研究,是从行为类型的角度探讨有效领导问题,同时引入被领导者的制约影响因素,与特质论相比是一个进步。领导行为理论的最大特点是从行为的维度对领导进行了分类,从而说明了什么样的领导最为有效,它强调行为间的交互影响。行为理论与特质理论的假设不同:如果特质论有效,领导者从根本上就是天生的;相反,行为理论认为,可以培养领导者,即通过设计一些培训项目把有效的领导行为模式移植给领导者。然而特质和行为理论都忽略了情境因素的影响,认识到这一点后,人们开始重视情境对有效领导的影响。

从20世纪60年代后期开始,领导理论的研究转向权变理论研究。与领导行为理论不同,权变理论并不认为有能适用于一切情境的唯一最佳的领导风格,而认为各种领导风格在对应的不同情境中最有效。这一学派的代表理论有:(1)菲德勒(Freel Friedler)的权变理论。该理论认为影响领导风格有效性的因素有三种:职位权力、任务结构、领导者与被领导者的关系。三种因素的不同组合决定了不同领导类型的选择。(2)赫赛(Paul Herse)和布兰查德(Kenneth Blanchard)的情境领导理论。该理论的特点是把研究重点放在被领导者身上,研究被领导者的成熟度与领导行为方式的关系。(3)弗鲁姆(Victor Vroom)和耶顿(Phillip Yetton)的参与模式。该模式用决策树的形式说明在何种情境中和在什么程度上的下属参与决策的领导行为。(4)豪斯(Robert House)的路径—目标理论。该理论认为领导者的成绩是以能够激励下属达成组织目标,并在其工作中使下属得到满足的能力来衡量的。所以应根据不同的情境选择不同的领导方式。

特质理论、行为理论和权变理论这三种领导理论构成了领导理论研究的早期理论,在新世纪全球化、信息化、知识经济的背景下,它们已经成了经典。现在人们对领导的研究又出现了多元化的趋势,新的领导理论层出不穷。

一、领导特质理论

特质理论也称伟人理论,是研究领导者的心理特质与其影响力及领导效能关系的理论。这种理论阐述的重点是领导者与非领导者的个人品质差别。

长期以来,人们一直对"伟人"理论有争议。历史是像秦始皇、成吉思汗或者凯撒大帝、拿破仑这样的人创造的吗?这样的人是历史造就的吗?这些人是否具有某些品质,足以对人类事件的进程产生重大的影响?或者,这些人成为领导仅仅是天时地利人和?这些问题诱发了学者对领导心理特质研究的兴趣,我们试图找出领导者与非领导者特质上的区别。有的研究者通过测试比较好的领导者与差的领导者的差别,来寻找问题的答案。早在20世纪30年代,心理学家就进行了大量研究,希望发现领导者与非领导者在个性、社会、生理或智力因素方面的差异。

(一) 传统的特质理论研究着重分析的领导者个人特质

1. 身体要素:年龄、身高、体重、体格、外貌。
2. 能力要素:一般智力、判断力、创造力、表达能力、机敏性。
3. 业绩要素:学历、知识、运动技能。
4. 责任要素:可靠性、主动性、持久性、果敢性、自信心、顽强精神。
5. 参与要素:能动性、社交性、协调性、适应性、幽默感。
6. 性格要素:自信、适应、支配性、指向性、保守性。

(二) 中国古代管理者对领导素质的认识

中国古代管理者向来注重领导素质的培养,即所谓的"治身"。庄子说,"身之不能治,而何暇治天下乎?"(《庄子·天地》)孔子认为,只有在"修身、养性"的基础上,才能"齐家、治国、平天下"。可见古人对领导者素质的重视。中国古代管理者从不同角度提出了对领导者的要求,主要有:

1. 道德品质。道家认为,领导者应该具备尽心尽责、服务百姓、淡泊名利的基本素质,在此基础上,达到"知人、自知",即所谓"知人者智,自知者明"(《老子·三十三章》);儒家提出,领导者一要勤勉忠诚,节用爱人,做到"居之无倦,行之以忠"(《论语·颜渊》);二要不拉帮结派,谦逊有礼,即所谓的"矜而不争,群而不党"(《论语·卫灵公》),做到庄重而不争执,合群而不搞宗派;三要客观公正,言行一致,做到"不以言举人,不以人废言"(《论语·卫灵公》)。墨家认为,"厚乎德行"(《墨子·修身》)的品德特征是领导者应具备的素质之一,并提出考察"德"的十一项指标,即"强志",重视意志的磨炼;"重信",以信为本;"轻财",不爱财,更不吝啬;"守道",坚持原则,信仰专一;"明察",要具有良好的分辨能力;"诚实",言行一致;"自省",经常反思自己的行为;"实干",少说多做;"谦虚",不夸耀;"睿智",既富有智慧,又善于收敛;"无私",不损人利己。

2. 知识结构。儒家要求领导者在具备良好的品德之外,必须博学多闻,指出"好仁不好问,其蔽也愚"(《论语·阳货》),要求领导者通过学习,克服单纯追求"好信、好直、好勇、好刚"的"贼、绞、乱、狂"等缺点,通过不断的学习增长知识,更好地发挥自己的特长,而知识的获得靠多见、多闻、多问、多识。墨子则要求领导者具备"博乎道术"的知识结构,知识越渊博,阅历越深,其分析问题和解决问题的能力就越强,应变能力和决策能力也越强。事实上,《墨子》本身就是一部大百科全书,现存十五卷五十三篇,共分为四部分,其中《经说》集中反映了墨子的学术思想,《论说》系统表现墨子的政治观点,《墨语》记录墨子与外界辩说时的言行,《战备》集中反映墨子如何把科学知识应用到军事防御方面,是古代军事史上罕见的材料。

3. 能力技能。特别强调领导者必须具备与人共事,并对部属实行有效领导的能力。墨子认为,领导者应具备"辩乎言谈"的语言能力,来达到沟通的效果;具备"摩顶放踵"的工作态度,言必行,行必果,用不计较个人得失的实干精神来示范和激励下属。我国另一部管理著作《菜根谭》则提出要求同存异,指出"建功立业者多虚圆之士","虚圆"即虚心圆转,灵活机变,要做到相互理解,消融坚冰。

(三) 现代领导素质理论

著名管理学家、社会系统学派的代表人物切斯特·巴纳德于1938年在《经理人员的职能》一书中,认为领导者应该具备的基本特质是:(1) 活力和忍耐力;(2) 当机立断;(3) 循循善诱;(4) 责任心;(5) 智力。心理学家吉伯在1969年的研究报告中,指出天才的领导者有七项特质:(1) 善言辞;(2) 外表英俊潇洒;(3) 智力过人;(4) 具有自信心;(5) 心理健康;(6) 有支配他人的倾向;(7) 外向而敏感。

1974年斯托格迪尔在《领导手册》一书中,提出了领导者应该具备的十项特质:(1) 才智;(2) 强烈的责任心和完成任务的内驱力;(3) 坚持追求目标的性格;(4) 大胆主动的独创精神;(5) 自信心;(6) 合作性;(7) 乐于承担决策和行动的后果;(8) 能忍受挫折;(9) 社交能力和影响别人行为的能力;(10) 处理事务的能力。

现代学者也对领导者应具备的素质进行了大量研究。有人提出领导者必须学习和具备技术、人文、观念这三种技能。其中技术技能指领导者必须通过已往的经验的积累,及新学到的知识、方法和新的专门技术,掌握必要的管理知识、方法、专业技术知识、计算工具等;人文技能指领导必须善于与人共事,实施有效领导,善于把行为科学应用到管理中去,如对职工激励方法和需要的了解,作出榜样等;观念技能指领导者必须了解整个组织及自己在该组织中的地位和作用,了解部门之间相互依赖和制约的关系,了解社会团体及政治、经济、文化因素对企业的影响,具有良好的个人品德和素质,有高度的事业心和进取精神,善于把社会学、心理学、经济学、市场学及财政金融知识应用到管理中去。有了这种认识,可使领导者能按整个组织的目标行事。当一个人从较低的领导阶层上升到较高的领导阶层时,他所需要的技术技能相对减少,而需要的观念技能则相对增加。技术技能和观念技能可能随领导阶层的不同而有所变化,但人文技能则对每个阶层的领导者都具有重要意义。

还有一些学者以列举的方式说明领导者应具备的特质,如美国人苏伦斯·格利纳在哈佛商学院通过对300多人进行调查研究,整理出有效的领导者应具备的重要特质:(1) 劝告、训练与培训下属;(2) 有效地与下属沟通;(3) 让下属人员知道对他们的期望;(4) 建立标准的工作要求;(5) 给予下属参与决策的机会;(6) 了解下属人员及其能力;(7) 了解企业的士气状况,并能鼓舞士气;(8) 不论情况好坏,都应让下属了解真情;(9) 愿意改进工作方法;(10) 下属工作好时,及时给予表扬。

关于领导者的素质,研究者在现实生活中也找到了一些依据。例如,一般领导者在社交性、坚持性、创造性、协调性、处理问题的能力等方面都超过了普通人。此外,其性格也有鲜明的特点,如一般性格较为外向、智力较高、爱好群居、责任心强、积极地参与相应的社会活动,在工作中有坚韧性、能细致周到地考虑和解决问题等。但是,持反对意见的人认为,很多领导者并无上述天赋的个性特质,很多有上述特质的人也并未成为领导者。不同的研究所得出的结论往往不一致,而且常常出现相互矛盾的情况,究其原因是:(1)领导是一种动态进程,任何人都不可能生来就有领导者的特质,领导者的特性和品质是后天的,是在实践中形成的,可以通过培养训练而获得。(2)各种组织的工作性质不同,为达成组织目标所需要的功能也不相同。因此,不同组织对领导者人格特质的要求大不相同。即使在同一组织中,工作和任务也是多质性的,工作岗位的性质不同,对领导者人格特质的要求也不一样。有人适合做这种工作的领导,但不一定适合做另一种工作的领导。领导的人格特质都是具体的、特定的。企图找到某种普遍适用的领导人格特质,显然不符合实际。

遗憾的是,人们没能找到对有效领导者与无效领导者进行区分的完全一致的模型。不过,研究者还是取得了一些成果,如发现领导者有六项特质不同于非领导者:进取心、领导意愿、正直与诚实、自信、智慧和与工作相关的知识。此外,还发现高自我监控者(在调节自己行为以适应不同环境方面具有很高的灵活性)比低自我监控者更易成为群体的领导者。

有人认为,领导的特质理论在解释有效的领导行为方面未能取得成功,主要可以归结为以下原因:(1)忽视了领导过程的另一方——下属的需要;(2)没有对因果进行区分,如到底是领导者的自信导致了成功,还是成功导致了自信;(3)忽视了环境因素的深入研究。

总之,大量的研究表明:具有某些特质确实能提高领导者成功的可能性,但没有一种特质是成功的保证。

二、领导行为理论

(一)"定规"和"关怀"两维领导研究

在斯托格迪尔(Ralph M. Stogdill)的领导下,俄亥俄州立大学于20世纪40年代末期开始进行领导者的行为研究,希望找到对实现组织或团队目标有重要意义的领导者行为。他们收集了大量的下属对领导行为的描述,列出了1000多个因素,最后归纳出两大领导者行为的独立维度:"定规"(initiating structure)维度和"关怀"(consideration)维度,或译"抓组织"维度和"关心人"维度。

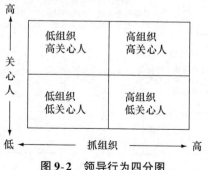

图9-2 领导行为四分图

定规维度,指的是领导者为了达到组织目标,对自己和下属的角色进行界定和设计的倾向程度。倾向于定规作风的领导者,通过制订计划、交流信息、安排时间、分配任务、明确期限等,来指明小组和各个下属的工作方向、目标、绩效,并且要求下属遵循、完成任务。

关怀维度,指的是领导者信任和尊重下属的看法与感情,建立双向交流的工作关系的程度。倾向于关怀作风的领导者,友善而平易近人,善于倾听,公平地对待每一个下属,对下属的生活、健康、地位和满意度等问题十分关心,并且帮助下属解决个人问题。

由两个维度的两极——高或低,可以组合成一个领导行为的"四分图"。

俄亥俄州立大学的研究说明,一般来说,高—高型风格能够产生积极效果,但同时有足够的特例表明这一理论还需加入情境因素。

该研究首先用二维空间来表示领导者领导风格或行为方式,为后面大量的领导者行为方式研究提供了一种范例和新方法。与此研究类似的研究有:密歇根大学的"员工导向"和"生产导向"两维领导研究;日本三隅二不二的 PM 研究;中国徐联仓的 CPM 量表研究。

(二)布莱克和莫顿的"管理方格论"研究

布莱克和莫顿(Robert R. Blake and Jane S. Mouton)二人发展了领导风格的二维观点,1964 年他们在"关心人"和"关心生产"的基础上提出了管理方格论(managerial grid),充分概括了俄亥俄州立大学的关怀与定规维度以及密歇根大学的员工取向和生产取向维度。

管理方格图 9-3 所示,它在两个坐标轴上分别划分出九个等级,从而生成 81 种不同的领导类型。布莱克和莫顿主要阐述了五种最具代表性的类型:1.1 贫乏型,9.1 任务型,1.9 乡村俱乐部型,5.5 中庸之道型和 9.9 团队型。布莱克和莫顿得出结论:9.9 风格的管理者工作最佳。遗憾的是,也没有实质性的证据支持在所有情境下,9.9 风格都是最有效的方式。

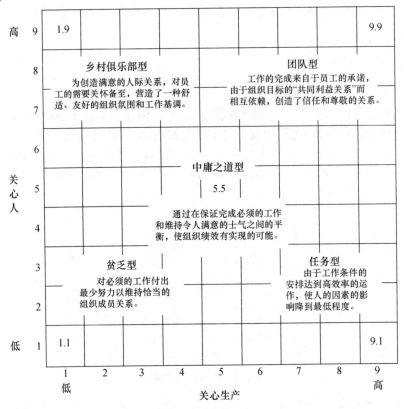

图 9-3 管理方格图

(三) 怀特和李皮特的三类别领导风格研究

美国管理学家怀特(Ralph K. White)和李皮特(Ronald Lippett)提出三种领导方式理论：权威式(authoritarian)、民主式(democratic)及放任式(laissez-faine)，这是一般人最熟悉的分类。

(1) 权威式领导。所有政策均由领导者决定；所有工作的步骤和技术，也由领导者发号施令；工作分配及组合，也多由领导者单独决定；领导者对下属较少接触，如有奖惩，往往对人不对事。

(2) 民主式领导。主要政策由组织成员集体讨论决定，领导持鼓励与协助态度；通过讨论，使其他人员了解工作全貌，在所设计的完成工作的途径和范围内，下属人员对于进行工作的步骤和所采用的技术，有相当的选择机会。

(3) 放任式领导。组织成员或群体有完全的决策权，领导放任自流，只给组织成员提供工作所需的资料条件和咨询，而尽量不参与、也不主动干涉，只偶尔表示意见。工作进行主要依赖组织成员，各人自行负责。

这三种领导方式中，一般认为以民主式领导方式的效果较好。

与此类似的领导风格研究有：勒温的专制型与民主型两类别领导风格研究；利克特(Rensis Likert,1961)的剥削式专制领导、温和式专制领导、协商式民主领导和参与式民主领导四类别领导风格研究。

(四)"领导连续流"研究

美国管理学家坦南鲍姆和施密特(Warren H. Schmidt)于1958年提出了"领导连续流"(leadership as a continuum)的概念。他们认为领导方式或风格是多种多样的，依据领导者把权力授予下属的大小程度，可以形成一个从主要以领导者为中心到主要以下属为中心的渐进变化的领导方式系列(如图9-4所示)。

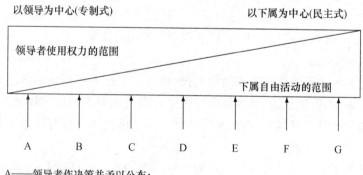

A——领导者作决策并予以公布；
B——领导者向下属"推销"决策；
C——领导者提出观点，并征求意见；
D——领导者提出决策草案，供讨论修改；
E——领导者提出问题，征求建议，作出决策；
F——领导者明确问题范围，请集体作出决策；
G——领导者允许下属在上级规定的范围内自由活动。

专制—民主的领导连续流

图9-4　领导连续流

提出领导连续流概念,旨在不选择极端的专制或民主的领导方式。没有绝对正确或绝对错误的领导方式,只有根据领导者、被领导者和情境的具体情形,才能作出适宜的选择。

三、领导权变理论

人们越来越清楚地认识到,要找到一种适合任何组织、任何性质的工作和任务、任何对象的固定的领导特质和领导行为的方式,都是不现实的。没有一种领导理论和方式是一成不变、普遍适用的,领导行为的效果与被领导者的重点、领导的方式等密切相关。权变理论就是要求根据管理环境、管理对象等的不同,因时因地选择合理的领导方式。

中国自古以来就擅长通权达变。孔子说:"可与共学,未可与适道。可与适道,未可与立,可与立,未可与权"(《论语·子罕》)。孟子说:"男女授受不亲,礼也。嫂溺,援之以手者,权也"(《孟子·离娄上》)。这些都反映了权变的思想。然而,中国管理的权变思想还包括守经。这种既讲究守经,又善于运用权变理论的经权管理观来自于《易经》。"经"即常道,"权"即变通。经权理论实际上研究的是如何既守正持经,又能因人、时、地的变化,求得权宜应变之道。那么,如何处理经与权的关系呢?西汉著名思想家董仲舒说:"明乎经变之事,然后知轻重之分,可以适权矣"(《春秋繁露·玉英》)。这就要求把握好变的度。他又说:"权之端焉,不可不察也。夫权虽反经,亦必在可以然之域"(《春秋繁露·玉英》)。这说明了权变必须具备一定前提,也就是东方管理学者提出的"从变从义"(《春秋繁露.精华》)的道理,要根据事物、时间、地点、对象等的不同采取不同的行为方式。"将在外,君命有所不受"是遵循权变理论的一个典型案例。东方学者还提出,领导者经权关系的最佳处理方法是遵循儒家传统的中和原则,即以"中"为"天下之大本"(《礼记·中庸》),以"和"为"天下之达道"(《礼记·中庸》),追求尽善尽美。因此,经和权配合,主旨是追求当下不变的中道,以获得当下的最佳决策。

(一)费德勒模型

费德勒是西方研究权变理论的创始人,也是第一个把人格测量和情境分类联系起来研究领导效率的学者,他认为,对领导研究的注意力应该更多地放在环境变量上,虽然不存在普遍适用的最佳领导风格,但在每种情况下都可以找到一种与该环境相适应的有效领导风格。

费德勒开发了测定领导者领导风格的一份调查问卷——LPC(least preferred co-worker,即最不喜欢的合作者):要求领导者在周围的熟人同事中,无论是同级、上级或部下,想想谁在工作中最难对付?不限于目前的同事,以往的同事也可以;不一定是感到讨厌的人,只要是自认为作为合作者最难对付的人就行。在头脑中想象这个对象,并将对其印象按图表描述。

表 9-1 LPC 问卷

令人不舒服	12345678	让人舒服、感觉友好
不友好 不愿意帮助人	12345678	愿意帮助人
助人 执行不积极	12345678	执行积极轻松

调查表分为16个项目,每项分成8级,按1—8评分,总分累加除以16即为得分。平均分在4.1—5.7之间为高分,在1.2—2.2之间为低分。得高分者,即用表示赞许的印象评价他最不喜欢的同事,有强烈的维持人际关系的倾向,属于关系动机型;得分低者,即用表示嫌弃的印象评价他最不喜欢的同事,有强烈的工作责任倾向,属于工作责任型。研究发现,有大约16%的回答者分数处于中间水平。

费德勒定义的环境因素包括以下三方面:

(1) 领导者与被领导者的关系,即领导者能否得到下属的信任、尊重和喜爱,能否使下属自动追随他。

(2) 职位权力,指领导者拥有的权力变量的影响程度。

(3) 任务结构,即群体的工作任务是否规定明确,是否有详尽的规划和程序。含义模糊不清的任务会带来一种不确定性,从而降低领导者对情境的控制度。

费德勒认为,三项环境因素中,最重要的是领导者与被领导者的关系,最不重要的是职位权力。依据以上三项指标,区分出八种状况,如表9-2所示:

表9-2 情景变量状况表

状况	情感关系	任务构造化	职位权势
1	良好	构造化	强
2	良好	构造化	弱
3	良好	未构造化	强
4	良好	未构造化	弱
5	不良	构造化	强
6	不良	构造化	弱
7	不良	未构造化	强
8	不良	未构造化	弱

菲德勒经过长达15年的现场研究和实验研究,积累了1200多个团体的数据资料,提出了如图9-5所示的结论。

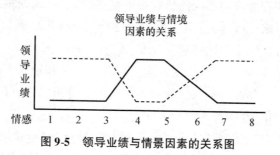

图9-5 领导业绩与情景因素的关系图

即工作动机型领导(LPC低分者),在团体和团体成员控制良好和控制困难两种情况下,都能导致好的团体绩效;关系动机型领导(LPC高分者),在团体和团体成员只能有一定程度控制时,也能导致好的团体绩效。

这个模型为上级领导根据任务选拔任用干部提供了参考依据。

(二)豪斯的路径—目标模型

罗伯特·豪斯(Robert J. House)在激励的期望理论的基础上发展了领导效能的路径—目标模型,它并不提供有效领导的最佳路径,而是认为领导必须选择适合于某一特定环境的领导方式。

该理论强调,领导者的工作是帮助下属达到他们的目标,并提供必要的指导和支持,以确保他们各自的目标与群体或组织的总体目标保持一致。"路径—目标"的概念来自这种信念,即有效的领导者通过明确指明实现工作目标的路径来帮助下属,并为下属清理路径中的各种障碍。

领导行为的激励作用在于:① 使下属的需要满足和提高工作绩效联系起来;② 提供必要的辅导、指导、支持和奖励来提高工作绩效。

豪斯的路径—目标的基本模型如图 9-6 所示:

图 9-6　领导路径—目标模型理论中的关系

豪斯确定了四种领导行为:

① 指导型领导:让下属知道对他们的期望是什么,完成工作的时间安排,并对如何完成任务给予具体的指导;

② 支持型领导:十分友善,并表现出对下属需要的关怀;

③ 参与型领导:与下属共同磋商,并在决策前充分考虑下属的建议;

④ 成就取向型领导:设置有挑战性的目标,并期望下属实现自己的最佳水平。

(三)领导者参与模型

维克多·弗罗姆(Victor Vroom)和菲利普·耶顿(Phillip Yetton)于 1973 年提出的领导者参与模型(leader participation model),主要关注领导者在决策中扮演的角色,指出领导者在决策中的参与程度应与不同的情境相适宜,提出了从高独裁到高参与的五种可供领导者选择的领导风格连续体:独裁Ⅰ(AⅠ);独裁Ⅱ(AⅡ);磋商Ⅰ(CⅠ);磋商Ⅱ(CⅡ)和群体决策Ⅱ(GⅡ)(字母的意思分别是:A:Autocratic;C:Consultation;G:Group;Ⅰ或Ⅱ表示程度的高低),提出了七项权变因素。后来弗罗姆和亚瑟·杰戈(Arthur. Jago)对这一模型进行了修订。新模型包括了与过去相同的五种可供选择的领导风格,但将权变因素扩展为 12 个,其中 10 项按 5 级量表评定。

该模型提出的五种在不同情境下可供选择的领导行为是:独裁Ⅰ(AⅠ),独裁Ⅱ(AⅡ),磋商Ⅰ(CⅠ),磋商Ⅱ(CⅡ)和群体决策Ⅱ(GⅡ),具体描述如下:

AⅠ:领导者使用自己手头现有的资料独立解决问题或作出决策;

AⅡ:领导者从下属那里获得必要的信息,然后独立作出决策。在获取信息的过程中,领导者可以选择告知或不告知下属自己遇到的问题,下属的任务是提供信息,而非提出或评估方案的可行性;

CⅠ:领导者与有关下属个别讨论遇到的问题,收集他们的意见和建议,在作出决策时可能受到或不受到他们的影响;

CⅡ:领导者与下属们集体讨论遇到的问题,收集他们的意见和建议,在作出决策时可能受到或不受到他们的影响;

GⅡ:领导者与下属集体讨论遇到的问题,一起提出或评估可行性方案,试图获得一致的解决办法。

权变变量增多,构成的情境数就相当多,弗罗姆和亚瑟·杰戈用计算机简化了决策模型的复杂性,领导者可以运用决策模型来选择自己的领导风格。

(四)赫塞—布兰查德的情境理论

赫塞和布兰查德在俄亥俄州立大学心理学家卡曼(A. Karman)于1966年提出的领导生命周期理论的基础上,吸取了阿吉里斯(Argyris)的成熟—不成熟的理论,于1976年发展形成一个重视下属成熟度的权变理论即情境领导理论(situational leadership theory)。阿吉里斯强调领导者要帮助员工从不成熟向成熟转变,以更好地为组织服务。赫塞和布兰查德认为,领导者的领导方式,应同下属员工的成熟程度相适应,领导者依据下属的成熟度水平选择正确的领导风格会取得领导的成功。

赫塞和布兰查德将成熟度(maturity)定义为:个体对自己的直接行为负责任的能力和意愿。它包括两项要素:工作成熟度与心理成熟度。前者包括一个人的知识和技能。工作成熟度高的个体拥有足够的知识、能力和经验完成他们的工作任务而不需要他人的指导。后者指的是一个人做某事的意愿和动机。心理成熟度高的个体不需要太多的外部鼓励,他们靠内部动机激励。

他们把下属的成熟度由低到高设定为四个阶段,M1至M4。M1:这些人对于执行某任务既无能力又不情愿。他们既不胜任工作又不能被信任。M2:这些人缺乏能力,但却愿意从事必要的工作任务。他们有积极性,但目前尚缺乏足够的技能。M3:这些人有能力却不愿意干领导者希望他们做的工作。M4:这些人既有能力又愿意干让他们做的工作。

情境领导模式使用的两个领导维度是:任务行为和关系行为。每一维度有低有高,从而组合成以下四种具体的领导风格:其一,指示(高任务—低关系)。领导者定义角色,告诉下属应该干什么、怎么干以及何时何地去干。其二,推销(高任务—高关系)。领导者同时提供指导性的行为与支持性的行为。其三,参与(低任务—高关系)。领导者与下属共同决策,领导者的主要角色是提供便利条件与沟通。其四,授权(低任务—低关系)。领导者提供极少的指导或支持。

如何使领导者的领导方式或风格与下属员工的成熟程度相适应,是赫塞—布兰查德情境理论的关键。他们认为:当下属的成熟度水平不断提高时,领导者不但可以不断减少对活动的控制,而且还可以不断减少关系行为。(如图9-7所示)

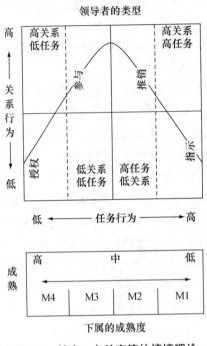

图 9-7　赫塞—布兰查德的情境理论

第三节　领导理论的新发展

近年来,人们重新从新的视角研究领导行为,例如认知资源理论、领导的归因模式、交易型领导模式、魅力型领导模式、转换型领导模式等。纵观历史上对领导理论的研究,人们对领导有效性的理解经历了从最初的领导特质理论到领导行为理论,再到领导权变理念和现代领导理论的过程。

一、认知资源理论

信息时代,社会发展迅速。工商业竞争日趋激烈、风险极度膨胀,一系列新经济的阴霾"股市泡沫、转型失败、员工失业"挥之不去。经营管理者在社会、组织、人员的多重压力下,显现出焦虑烦躁的心理应激状态,影响了身心健康,领导效能持续低下。认知资源理论对压力背景下,领导者认知资源与领导效能的关系作了有益的探索。

该理论认为,认知资源包括智力、经验和技术。智力是指流体智力,包括知觉整合能力、反应速度、瞬时记忆和思维敏捷度。此处的经验类似晶体智力,是在工作中不断习得的知识、日积月累的实践能力;技术即操作技能。认知资源理论提出,认知资源与领导效能的关系很大程度上取决于群体过程和结果的情景控制。这些情景变量主要是指工作压力群体支持和任务特征。

1987年,费德勒和乔·葛西亚试图解释领导者通过什么获得有效的群体绩效这一过程,发展出认知资源理论,将相关的个人认知能力列入权变领导的考虑项目之一,其中包括智力、承受压力的能力以及领导者的经验。

这个理论基于两个基本假设：其一，睿智有才干的领导者比德才平庸的领导者能制订更有效的计划、决策和活动策略；其二，领导者通过指导行为传达了他们的计划、决策和策略。认知资源理论的内容看起来十分复杂，但可以概括为以下内容：

(1) 在应激状态或称压力高时，领导者完成任务将主要依赖经验而非智力；
(2) 在应激状态低时，领导者完成任务依赖智力而非经验；
(3) 在应激状态高时，领导者的绩效与智力呈负相关；
(4) 在应激状态低时，领导者的绩效与其经验呈负相关。

认知资源理论认为，对于领导者来说，智力、经验和环境压力都是重要的。认知资源理论是相当新的一种理论，虽然它的许多主张得到了广泛的支持，但在该理论得到全面发展之前，仍需要大量的实证检验。

二、领导魅力理论

从19世纪40年代以来，西方有不少学者对魅力型领导产生了浓厚的兴趣，致力于魅力型领导的研究，代表性的学者和理论有：豪斯的魅力型领导理论、诏格和卡纳吉(Conger & Kanungo)的魅力归因理论以及沙米尔(Shamir)的自我概念理论。魅力型领导是指领导者主要通过调动下属情感上对愿景与共同价值观的强烈的忠诚来激励与领导他们。

魅力型领导的广义概念包括以下特性：强调共同的愿景与价值观，促进共享意识，有理想的行为模式，能反映出自信的力量。有魅力的领导者通过下属对他们的认同而拥有权利。下属认同有魅力的领导并受其鼓舞。

魅力型领导的狭义概念包括以下五种因素：有一个天赋与品质超群的人；社会或组织出现危机或者情境令人失望；领导者提出一个激进的愿景或一系列观点能解决危机；下属被领导者吸引并相信其不凡的能力与激进的愿景；领导者的超群能力与激进愿景能解决危机。

魅力型领导的一个明确特征是他们对自己的能力、正确性以及自己信仰道德上的正义的自信(巴斯(Bass)，1985)。魅力型领导卓越的沟通能力使下属认为组织或集体使命对自己具有更重要的意义。魅力型领导这种对目标价值的驾驭能力强烈地吸引了下属，使下属产生了强烈的动机(康格，1991)。魅力型领导强调集体的历史，强调共同的过去与一致的认识，强调未来的希望和共同的目标(沙米尔、亚瑟和豪斯，1994)，下属认识到不能接受目前的状况，危机即将发生或已经产生，而改变的需要是魅力型领导者出现的一个关键要素(沙米尔，1991)，因而，魅力型领导的最终决定因素是情境。国外学者也注意到了魅力型领导的负面影响。他们发现，如果一个魅力型领导者获得了下属情感上的承认，他(或她)就很容易滥用自己的权力，进而走向一个极端。除了潜在的权力滥用和腐败之外，魅力型领导者也可能表现出由于过分自信以及对环境的错误估计而判断失误的倾向(康格和卡纳吉，1998)。

和以前的传统领导理论相比，魅力型领导关注下属的信仰、价值、需求、自尊和情感，通过对下属价值观的灌输、愿景的激励和魅力的感召，下属会对领导者高度信任，成为忠实的追随者。在这个过程中，下属不是简单的服从，领导者是把下属的价值和组织的目标联系起来,形成共同的愿景,让下属感到自己的行为更有价值,具有一种使命感,从而对组织、对工作有更多的感情投入,具有更高的工作满意度。而传统理论认为下属不可改变,仅仅把下属的价值、需求、态度当作领导面临的情境来考虑,领导和下属之间建立的是一种任务为导向或者以关系为导向的关系。

三、交换型领导和变革型领导

1978年,伯恩斯(Burns)提出领导过程应包含交易型和变革型两种领导行为。1985年,巴斯正式提出了交换型领导行为理论和变革型领导行为理论。

交换型领导理论认为,领导者应以下属所需要的报酬来换取自己所期望的下属的努力与绩效。交换型领导理论的基本假设是,领导与下属间的关系是以两者一系列的交换和隐含的契约为基础的。该领导行为以奖赏来领导下属,当下属完成特定的任务后,便给予承诺的奖赏,整个过程就像一项交易。该理论的主要特征为:(1)领导者通过明确角色和任务要求,指导和激励下属向着既定的目标活动;领导者向员工阐述绩效的标准,这意味着领导者希望从员工那里得到什么,如满足了领导的要求,员工就会得到相应的回报。(2)以组织管理的权威性和合法性为基础,完全依赖组织的奖惩来影响员工的绩效。(3)强调工作标准、任务的分派以及任务导向目标,重视任务的完成和员工的遵从。

变革型领导理论最初在20世纪80年代由伯恩斯提出。伯恩斯首次比较系统地提出了变革型领导和交易型领导理论。他认为:变革型领导指为追求更高的组织目标,领导者及其下属转换原有的价值观念、人际关系、组织文化与行为模式,从而有更高的动机和士气,团结在一起,超越个人利益的过程。简而言之,变革型领导是一个领导者使其下属超越私利的过程,在这一过程中个体的工作能力和道德水平得以提升和自我完善。

后来,巴斯发展了伯恩斯提出的变革型领导概念。巴斯给出了变革型领导的定义:"变革型领导是指通过让员工意识到所承担任务的重要意义,激发他们的高层次需要,使员工变成自我实现者、自我监控者和自我控制者,建立相互信任的组织气氛,促使员工为了组织、团体和部门的利益而牺牲自己的利益,并获得越过原来期望的结果,更具有成就感"。

变革型领导的最大特点是有能力带来巨大的变革,领导者通过让员工意识到所承担任务的重要意义和责任,激发下属的高层次需要或扩展下属的需要和愿望,使下属能为了团队、组织的利益而超越个人利益。变革型领导是一种预期未来趋势,激发追随者理解并包容一种新的可能性的愿景型领导模式。变革型领导的前提是领导者必须明确组织的发展前景和目标,下属必须接受领导的可信性。其主要特征有以下几点:

(1)领导者描绘美好愿景,在其感召力的驱使下,下属愿意为实现领导者的愿景而奋斗;(2)领导者挑战下属解决问题的能力,即领导采用智力手段向下属发出解决问题的挑战,鼓励他们提出创造性的解决方法;(3)发展与每个下属的个人关系。领导者公平地对待每个下属,一视同仁地给全体下属以个人关心,下属感到自己受到特别的关心、鼓舞、激励,愿意自我发展和作出更大贡献。

魅力与感召力、智力激励和个人关系这三个因素的组合,可以使任何组织的领导者实施必需进行的变革。魅力的情感纽带克服了下属对变革的心理和情感方面的障碍;智力激励会产生新的解决方案与创新,以及给下属授权;领导与下属的个人关系鼓舞着下属,为下属提供了一种额外的动机激励。

变革型领导强调将下属的需求提升到与领导者自己的目标相一致的水平,而不仅仅满足下属暂时的精神与物质需求。变革型领导的一大特征就是通过关注、理解并解决下属的需要而激发他们为了组织的利益努力工作的热情,最终导致工作满意度、承诺等态度变量的改善和提高。

交易型领导者通过明确角色和任务要求来指导和激励下属接近既定的目标;变革型的领导者则关怀下属的日常生活和发展需要,帮助下属以新观念看待老问题,从而改变下属的思维习惯,同时激励下属为达成群体目标付出最大努力。这两种领导者的主要区别如表9-3所示:

表9-3 交易型领导者和变革型领导者的特点

类型	特点
交易型	• 权变奖励:努力和奖励相互交换,良好的绩效是奖励的前提,承认成就 • 通过例外管理(主动):监督、发现不符合规范和标准的行为,将其改正 • 通过例外管理(被动):在没有达到标准时进行干预 • 自由放任:放弃责任、回避决策
变革型	• 领导魅力:具有远见和使命感,逐步灌输荣誉感、赢得尊重和信任 • 感召力:传达高期望,通过各种方式鼓励下属努力,深入浅出地表达重要意图 • 智力激励:鼓励智力活动、理性活动以及周到细致地解决问题的活动 • 个别关怀:关注每个个体,针对各人的不同情况进行培训、指导和建议

四、愿景型领导

本尼斯(Bennis)和南纳斯(Nanus)对美国60位成功的企业执行主管及30位杰出的公共组织领导者进行了非结构性的、开放的深度采访,这些领导者因成功变革其所在组织而声名远扬。根据访谈结果,他们总结出变革型组织中领导者常用的四种策略。与巴斯的理论相比较,该理论的重点不在于领导者对追随者的关怀与支持,而在于强调领导者本身如何在了解员工的前提下建立组织共同奋斗的愿景,因此被命名为愿景型领导理论。

南纳斯在《愿景领导》一书中正式提出"愿景领导"一词,并强调在所有领导功能中,领导者对愿景的影响最深远。愿景领导指组织中的领导者建立起共同的价值、信念和目标,来引导组织成员行为,凝聚团体共识,促进组织的进步与发展。下述几个观点可以作为定义愿景型领导的依据:(1)清晰的愿景。凡是成功并且有效的领导者都会提出一个清晰的愿景,或帮助下属提出一个共同的愿景。无论在哪种情况下,也无论愿景的原创者是领导或是下属,愿景都是有效领导的关键因素。(2)授权和对下属的信心。愿景型领导者重视授权给下属,允许他们离开领导独立自主地行动。但授权的先决条件是,领导者对自己的下属有绝对的信心。(3)灵活性与变革。快速变化的环境要求领导者必须注重组织的灵活性和变革。(4)注重团队与合作。成功的领导者重视团队的作用,更重要的是,领导者必须着重开发领导者与下属,以及下属与下属之间的责任共享、互信和合作机制。

愿景型领导理论的一个主要局限性在于它明确提出单向领导是一种最好的领导方

式。这些理论都没有提出以考虑任务、组织和下属特征为核心的权变观点。显而易见,只有在危机发生时我们才需要愿景型领导,但在整合期和现实中需要时,这种领导的作用如何却不甚明了。

豪斯和 Aaitya 指出,变革型领导、魅力型领导、愿景型领导等理论属于同一类型,具有某些共同特征:(1) 这些理论都试图解释领导者是如何通过有效的组织领导而取得卓越成就的;(2) 这些理论都试图解释某些领导者是如何获得下属高度的激励、尊敬、崇拜、忠诚、信任、承诺、奉献以及高绩效的;(3) 领导者往往以愿景激励,榜样示范,敢于冒险等等方式激励下属,并授权给下属,追求下属对其行为的情感认同;(4) 领导风格的效能都体现为提升下属自尊、激发下属动机、满意度和高绩效,并使下属认同他的愿景和价值观。Schyns 在对变革型领导、魅力型领导以及愿景型领导的共同行为进行整合的基础上,归纳了七种具体的领导行为:(1) 愿景行为;(2) 树立形象;(3) 授权行为;(4) 冒风险和自我牺牲行为;(5) 智力上的刺激;(6) 支持性的领导行为;(7) 适应性行为。这种分类实际上将变革型领导和魅力型领导、愿景型领导统一起来了。

五、领导替代理论

这个理论是科尔(Steven Kerr)和杰米尔(John Jemier)提出的,它认为在许多情境下,领导者的行为表现是无关紧要的,个人、任务、组织等各方面的特点都可以取代领导的存在,从而否定了领导能力始终对下属情绪、行为和满意度存在影响的说法。其主要观点如表 9-4 所示:

表 9-4 领导的替代因素和无效因素

特点	关系取向的领导	人物取向的领导
个体:		
经验/培训	无影响	替代
专业	替代	替代
对奖励的淡然态度	无效	无效
工作:		
高结构化任务	无影响	替代
提供自身反馈	替代	无影响
满足个体需要	替代	无影响
组织:		
正式明确目标	无影响	替代
严格的规章和程序	无影响	替代
凝聚力高的工作群体	替代	替代

六、归因理论

领导的归因理论(attribution theory of leadership)是由米歇尔(Terence R. Mitchell)在 1979 年首先提出的。领导归因理论认为,领导主要是人们对其个体进行归因的结果,人们倾向于把领导描述为具有智慧、进取心、勤奋、较强的语言表达能力和理解力,不论情境如何,人们倾向于认为具有高结构维度、高关怀维度的双高领导是最好的。

领导归因理论提出，领导者对下级的判断会受到领导者对其下级行为归因的影响。但领导者对其下级行为的归因可能会存在偏见，这就会影响领导者对待下级的方式。同样，领导者对下级行为归因的公正性和准确性，也将影响下级对领导者遵从、合作和执行领导者指示的意愿。领导者典型的归因偏见就是把失败归因于外部条件，而把组织中的成功归因于自己；把工作的失败归因于下级，把工作的成功归因于自己。因此，克服领导者的归因偏见是有效领导的重要条件之一。领导归因理论的主要贡献在于提醒领导者要对下级的行为作出正确的判断，并"对症下药"，从而达到有效管理的目的。

七、诚信领导

对于诚信领导，有学者将"authentic leadership"理解为真实型领导或真诚领导，并进行讨论（如李悦和凌文辁，2006；王沛和陈莉，2006；韩翼和杨百寅，2008等）。社会学家塞曼（Seeman）从"不诚信"的实证研究出发，开发了不诚信的量表。大部分的学者都认为这是将诚信的概念首先引入领导力的讨论，但 Baugh（1971）认为，塞曼所开发的量表效度被人们所质疑。Pittins 等（2004）提出，伯恩斯（1978）可能是最早使用诚信领导这一术语的人，他认为诚信要被贯穿于领导过程而并不仅仅只是领导者应该具有的，并且将其定义为"一个整合的过程，它集合了领导者和下属关于动机、目标的冲突和一致性"。也许伯恩斯对变革型领导行为理论的贡献让人们忽视了他最早对诚信领导的定义。也有学者认为，诚信领导植根于巴斯（1985—1990）以及巴斯和斯泰德尔梅尔（1999）的文章。

其实，不论谁最先提出，诚信的确被广泛地用在"有效领导"的规范性讨论中，而泰瑞（Terry，1993）等学者也都指出诚信应该是领导力的核心组成部分。

直到美国华尔街的一连串丑闻事件之后，比尔·乔治（Bill George）的专著《诚信领导》（2003）才将"诚信领导"正式引入人们的视线。目前人们所讨论的有关"诚信领导"的含义和实践意义大都是以他所阐述的丑闻事件为背景原因展开的，而在他之后，关于诚信领导的讨论也越来越多。

克尼斯（Kernis，2003）提出的"最优"发展模型是其他学者提出诚信领导的基础理论。克尼斯指出，当个体开始了解并接受自己，他们就能表现出与脆弱、自尊相反的更高的稳定性，而表现出对他人更加透明、开放和关系密切。另外，他们表现出的诚信行为也将内在地影响到他们的价值观、信仰和行动。其他学者的定义都借鉴了克尼斯的说法，先后在内容上不断补充、完善。其中以瓦卢姆布瓦（Walumblwa，2008）对诚信领导的诠释最为全面，他指出诚信领导是一种源自积极心理能力和正面道德氛围的领导行为。与下属的工作互动，促使领导者形成一个具备更完善的自我意识、内在道德标准、信息平衡处理能力和关系透明的积极自我，同时能够促进积极心理能力和正面道德氛围的发展。诚信领导应该包括五个维度：(1) 自我意识，是指一种对于自我长处、短处和多面性特征的认识，其中包括深层了解展现于他人面前的，或是被他人所认识到的自我。(2) 关系透明，即给他人展现一个诚信的自我（而不是假的或扭曲的）。这样的行为能够增进相互间的信任，包括信息共享和表述自己真实的想法和感受。(3) 内在规范，即诚信行为，这种行为不是由组织或社会的压力所造成的，而是由内在道德标准和价值所引导的，它直接导致与内在价值所一致的决策和行为。(4) 平衡处理，指领导者在做决策之前能够客观地分析所有相关数据，同时也会征求意见，以挑战根深蒂固的思想。(5) 积极道德观。

瓦卢姆布瓦的定义主要包含四个方面的内容：(1) 积极的心理能力与积极的道德氛围可以促进（或阻止）诚信领导的开发，但它们不是诚信领导概念的内在组成因素；(2) 自我意识和自我调节过程作为诚信领导的核心组成部分将影响内在道德观、平衡处理信息能力和关系透明；(3) 诚信领导是研究领导者和下属之间交互关系的；(4) 诚信领导开发对于领导者及其下属来说具有重要性。

真诚领导理论强调领导者的自我发展，主张发掘和培养领导者及下属的积极心理资本，并特别重视以往的领导理论相对忽视的自信、积极情绪、信任等非认知性变量和积极心理状态在领导过程中的作用。这些观点拓展了领导学研究的视角，为未来的相关研究和实践注入新鲜的理念并提供了新的方向和思路。

八、服务型领导

服务型领导思想具有非常悠久的历史。在东方，早在公元前600年左右，老子在《道德经》提到"上善若水"。公元前4世纪，古印度思想家考底利耶(Chanakya)在其名著《政事论》(Arthashastra)中也提到：英明的君主以臣民之乐为乐，君主是具有所有臣民之力量的被支付报酬的仆人。

在西方，服务型领导最早可以追溯至大约2000多年前《圣经》所记载的耶稣。《圣经·马太福音》记载，当耶稣的门徒在为谁能成为耶稣的接班人而争吵不休时，耶稣说到：在你们中间，谁愿为大，就必须做你们的佣人，谁愿为首，就必须做众人的奴仆。所以，在耶稣看来，领导者与仆人是一种同义的互换。而耶稣本人就是一位服务型领导，为了减轻弟子旅途的疲惫，他亲自为弟子洗脚，尽管洗脚在当时被认为是最卑微的工作。

服务型领导(servant leadership)作为一种理论是由格林里夫(Robert K. Greenleaf)在1970年提出的，认为领导产生于服务，即领导者首先应该是一个仆人或服务者，他应具有为别人服务的主动愿望，满足他人的需求，这样才能取得其追随者的信任，形成对于追随者的领导力。服务型领导者致力于在任务完成、社区服务、自我管理和领导能力培养等方面发挥下属的最大潜能(格林里夫，1977)。

格林里夫认为，领导者首先应该是一个仆人(servant)或者服务者(stewardship)。所以服务型领导的核心思想是服务而不是领导别人。服务型领导者关心下属，激励他们不断地学习、更好地成长，学会自我管理，最终也成为服务者(Russell & Stone, 2002)。从传统的领导模型转到服务型领导是一个革命性的过程，最显著的表现在于，组织的运作模式从原来的金字塔型转变为倒金字塔型。在传统的领导模型中，领导者习惯于自上而下发布指令，再对指令执行情况进行严格的监督，以期达到预定的目标。而在新型的倒金字塔型的领导模型中，领导者以服务者的姿态处于组织的最底层，对整个组织起着一个支撑和服务的作用，员工能享有更充分的工作主动性，更好地发挥创造性。

Laub(1999)认为，服务型领导是一种将被领导者的利益置于领导者个人利益之上的领导实践活动和认知行为。领导者为了组织中的个体利益、组织整体利益以及顾客利益而分享权力和地位。服务型领导把自己看成仆人，他们信任下属，帮助下属充分发掘自己的潜力(Sendaya & Sarros, 2002)，以使他们得到更好的发展。此外，服务型领导提供愿景，得到下属的信任(Farling et al., 1999)。Patterson & Russell(2004)认为，服务型领导是具有良好的道德品质或者说是品德高尚的人。

九、适应性领导

哈佛大学的海费茨(Ronald Heifetz)和劳里(Donald L. Laurie)在1997年1月提出了适应性变革(adaptive change)这一突破性的概念。所谓"适应性变革",就是指员工和组织被迫进行变革,以适应巨大的环境变化。传统观点认为,领导者是保护羊群不受恶劣环境侵害的牧羊人。海费茨等却持相反观点,他们认为,真正关心下属的领导者应当让下属直面残酷的现实,并要求他们勇敢应对。领导者不能让下属以为自己只要尽最大努力就够了,而应当一再要求他们超越自身。领导者也不是去平息冲突,而是迫使争执浮出水面。

海费茨提出了适应性变革的六项领导原则:(1)"登上看台":领导者必须纵览全局,就好像是站在高高的看台上一样;(2)确定适应性挑战:领导者需要了解本企业应在哪些方面作出改变;(3)调整痛苦情绪:领导者必须使员工感受到变革的必要性,同时又要使员工不被变革的痛苦所压垮;(4)保持专注:领导者需要帮助员工保持对棘手问题的专注,设法减少各种干扰因素;(5)把工作还给员工:领导者必须支持基层员工发挥自己所长,把后者获得的信息用在公司战略决策中;(6)保护来自基层领导的呼声:领导者必须为勇于指出企业内部矛盾的员工撑起一片保护的天空,因为他们的观点往往会激发大家的反感。

为了帮助理解适应性领导,海费茨把领导分为技术性领导(technical leadership)和适应性领导(adaptive leadership)。技术性领导的特征是:提出问题的定义与答案;保护成员免于外在威胁;对成员进行角色定位;控制冲突,建立秩序;维护制度规范;集权,保持威严。适应性领导的特征是:分析问题,质疑问题的定义与答案;公开外在威胁,让成员有危机感;打破既有的角色定位;揭露冲突;不断向制度规范挑战;放权,获取魅力。

针对适应性变革、适应性领导的特征,海费茨提出了适应性组织的特征:(1)组织将变成适应性极强的、迅速变化的临时性系统;(2)围绕有待解决的各种问题设置机构;(3)解决工作问题要依靠由各方面专业人员组织的群体;(4)组织内部的工作协调有赖于处在各个工作群体之间交叉重叠部分的人员,他们身兼数职,同时属于两个以上的群体;(5)工作群体的构成是有机的,而不是机械的,谁能解决工作问题谁就发挥领导作用,无论他预定的正式角色是什么。

十、共享领导理论

共享领导是将领导权在团队中进行分享的一种领导模式。迄今为止,领导模式可以分为传统垂直领导与共享领导,这两种领导模式是相对的。传统垂直领导强调团队外部领导者的作用,该领导拥有正式领导职务,对团队拥有正式的管理权,并且对团队进程和结果负责。共享领导产生于知识集成创新时代,此时,知识型团队和跨职能团队成为重要的工作模式,但由于缺乏协调团队成员行为能力的领导模式来指导团队工作进程,因此导致知识型团队的工作效能并不总是与高绩效相关。在这样的背景下,理论界和实践界对传统垂直领导模式进行了拓展,寻求一种能充分发挥团队潜能的领导模式(Burke etal.,2003),产生了基于过程思路的领导新模式——共享领导,主张领导权可以在团队领导和团队成员之间进行共享。Jackson(2000)认为:"共享领导是一种建立在共同管理哲学基础上的管理模式"。这种理念假设参与工作的每一个团队成员都清楚如何改善工作流程并能取得良好工作绩效(Spooner etal.,1997)。

20世纪90年代开始,共享领导的理论内涵得到大量研究,认为共享领导主要表现为团队成员之间的相互尊重、倾听、鼓励他人、分享知识和成果,并最终影响决策。Pearce和Conger(2003)认为,共享领导是"组织中的每个人相互影响的过程,其目标是引导彼此实现团队成就或达到组织目标,抑或这两个目的都有"。Ensley等(2003)提出,共享领导是一种管理过程,团队成员互相激励,提供积极反馈并以团队目标为导向;团队成员通过协作的方式解决问题,确定彼此应该做的工作,通过交流和持续的行动,使得目标能够实现;组织成员应当将精力放在工作上,而不是谁有权去做。Grady & Wilson(1995)提出,共享领导是一种结构模型,为工作中的授权提供了一种持续机制,保证权力运行过程的高效性。

十一、超级领导

20世纪80年代以来,随着社会结构发生巨大变化,社会成员受教育程度普遍提高,以及信息技术飞速发展,传统的官僚组织模式和领导方式受到挑战。被领导者在领导活动中的作用越来越凸现。当下属的能力成熟到一定程度,足以自我激励、自我管理时,过多的领导反而适得其反。因此,自我领导理论应运而生。

超级领导理论是由管理学教授查理·C.曼茨(Charles C. Manz)、小亨利·P.西姆斯(Henry P. Sims Jr.)于20世纪90年代在其合著的《超级领导——领导他人去领导自己》中提出的。该理论基于领导替代思想,即随着被领导者能力和素质的提高,其主动精神和自我意识不断增强,逐渐替代领导者的部分职能并最终成为自我领导者,形成自我领导理论和超级领导理论,并得到进一步发展。

超级领导思想和中国古代的"无为而治"思想有共通之处。"无为而治"思想,在中国古代儒家、道家、法家思想中都有所体现,而集中论述主要归功于道家,也是道家思想的核心内容,其主要论述出自老子的《道德经》。《道德经》中写道:"为无为,则无不治矣""圣人处无为之事,行不言之教""我无为,而民自化;我好静,而民自正;我无事,而民自富;我无欲,而民自朴"。无为而治思想,在中国古代社会酝酿积淀而成,在中国传统文化的背景下主要体现为一种修性之理、治国之道,讲求的是修身、齐家、治国、平天下,其理论思维模式比较抽象化、综合化,具有深刻的哲理性。但是,无为而治思想对于领导理论方面的阐述则略显分散,缺乏系统性。因此,它对现当代领导理论的研究更具有哲理性的启发意义,是一种领导哲学。

超级领导模式不仅实现了领导观念的根本变革,而且引发了领导体制的根本变革。因为一旦把组织系统内的每个人都当作领导主体,就必然把传统意义上的领导主体由过分突出和高高在上的状态拉平到现代意义上的实际趋于平等的状态,把原来的金字塔中单纯的领导主体和领导客体混合化起来,变成一个将领导主体和领导客体整合一致的领导实体;在这个实体中,领导主体和领导客体这对角色至少在组织方式和形式上已经基本消失。这是领导方式的重要创新,也是一种明显的民主进步。

超级领导,就是领导者通过自我升华和角色转变、授权和培养下属的方式,引导下属领导他们自己,最终实现下属的自我领导。超级领导理论作为一种经营之道,在现当代已有比较系统的理论阐述,在各方面理论假设的基础上提出了自我领导的策略集合及整体的超级领导模式,形成了比较全面的自我领导和超级领导的理论体系。超级领导已成为目前企业界一种新的领导思潮,在实践中不断得到检验和发展。

思考题

1. 试述领导特质理论的优势和缺陷。
2. 试述领导权变理论的共同特征。
2. 领导方式与领导行为同激励的关系如何?
3. 各种领导新理论各有什么长处和不足之处?
4. 领导者如何树立威信,充分发挥权力的效能?
5. 如何将道家无为而治思想和超级领导相结合?
6. 如何把领导经典理论和领导新理论进行整合?
7. 在所有的领导理论中,你最喜欢哪个理论,为什么?

第十章 核心团队建设

在中国现实管理实践中,虽然很多时候没有使用核心团队这个名称,但大凡做管理工作的人都在动脑筋、费心思琢磨圈子、班子、中心组等团队建设方面的问题。核心团队就是我们平常讲的领导班子。我们可以利用BSC、EVA、KPI和MBO等多种工具来衡量组织绩效,但是关键还是看组织本身是否真正创造了价值。一个组织能否取得高绩效,主要在于是否有一个战斗力强的核心团队。

很多领导者(管理者)都向往无为而治,实施超级领导,但这并不是说领导者可以无所事事,做甩手掌柜,而是对领导者的领导思路、领导艺术提出了新要求。本书认为,基于经典领导理论,结合诚信领导、分享领导、服务领导、适应性领导和超级领导等领导新理论,要实施好有效领导,最重要的工作是自我管理和打造核心管理团队。管理好自己是管理好别人的前提。因此我们先介绍领导者的自我管理,然后介绍核心团队建设的原则与内容。

俞敏洪谈领导团队管理与用人

电影《中国合伙人》大概讲述了新东方公司合伙人之间的一些故事。俞敏洪认为电影里的故事有一些东西与事实不太一样,因为电影要编故事,所以必须要腾挪出各种情节来。

做任何事情,最好是你一个人开头先做,比如你成立一家公司,你先自己做一个月、两个月,做的时间越长越好,这是奠定了创立公司的基础。如果一个公司有几个合伙人一起也可以,在合伙的时候已经明白这些朋友、这些兄长是很厉害的角色。

对于我来说,如果是我跟这些朋友一起合伙创业的话,最后一定会出问题,原因非常简单,因为在北京大学的时候,徐小平是我大学的文化部长,王强是我大学的班长,他们一直认为从才华到眼光,到他们的能力都远远高于我之上。而后来我为什么变成头?其实不像电影中写的那样,我们三个是一起干起来的。现实是我已经自己先干了五年。我是1991年从北大出来,干到1993年成立新东方,1995年年底才到国外找到这些朋友,那个时候我知道,如果我要再干下去的话,必须要有一帮能人和我一起干。我也估量了,通过我这五年的努力,在中国创业能力方面比我大学这帮朋友强,但是这些朋友在某些方面,包括他们的英语水平、对于西方文化的了解一定比我强,所以这是良好的结合。

尽管他们回来之后叫我"土鳖",因为他们觉得我身上缺少他们在外国留洋好多年以后的各种气质,但是他们最后不得不服我领导,首先是因为我是这个学校唯一的创始人;其次,他们也发现在现实中间,碰到比如和政府打交道或和地方打交道的时候,他们完全无能为力,但我这个"土鳖"爬的非常自如,这是不同能力的结合。

如果未来创业的话,最好的方法真的是先干一段时间,再把周围的朋友拉进来。如果要一起干的话,有一个前提条件,这个前提条件就是你在这些人心目中已经有了一个非常良好的位置。新东方的创业人群当中,除了这些大学同学以外,还有我的中学同学。这些中学同学在新东方和我一起创业,到今天一个是我的常务副总,一个是行政后勤总裁,为什么他们能和我配合得这么好?大家也没在外面听说过我和我的中学同学天天打打闹闹的事情。其实我在中学的时候,就是我们班的班长。所以,就已经严格奠定了他们从小到大,认同我是班长的这样一个心理状态;而且我在中学当班长当得非常的成功,他们一直认为我是拥有顶级领导才能的人,所以你会发现我的中学同学和我的大学同学对我的想法完全是相反的。我的中学同学都认为我有超级的领导才能,我的大学没有一个认为我有领导才能。到现在为止,王强、徐小平也绝对不认为我有领导才能,他们会说你是运气,加上我们的帮助,所以成功了。

我个人认为我是有领导才能的,否则新东方三万人怎么领导?但是根基在什么地方呢?我在大学的时候是跟在他们后面的喽啰,我是为他们服务的,在大学整整五年生活当中我是为他们端水倒茶的,现在突然反过来变成他们的领导,他们从心理上到生理上都不可能接受。所以,合伙可以合,但是一定要有一个人掌控局面,这样才能把合伙机制往前带动。如果没有一个掌控局面的人,刚开始可能好说,一旦大家赚钱了,谁付出力量多、谁付出力量少就会出问题。

企业在发展不同阶段,应该用不同的人。一定是要根据不同时期,不同发展阶段运用不同的人。比如我在新东方之所以后来能够干出来,说得实在一些,就是没有一开始用王强、徐小平这些从海外回来的人,如果用他们的话,基本上这个公司就会死掉。因为我控制不了他们,而且我付不起给他们的钱,因为他们回来是高级人才,你要付很多钱,光给股份不行,家里还要养老婆、孩子。

刚开始做的时候,新东方我用的都是家族成员,比如我姐夫、我老婆的姐夫等,家族成员很便宜。在这个过程中,当然没有什么所谓的现代化结构,但是非常好用,你财务都可以乱七八糟的,不需要监控你的财务,就算他天天贪污你的钱,也是贪污在自己家里。干活不用计算时间,因为都是家庭成员。但是,如果一直做下去的话就会出大问题。

首先没有办法管,企业大了会引进很多外面的人,你家族成员都在里面,最后结果是家族成员文化水平不够、管理经验不够,最后还要到处乱插手,下面的人没有一个会有尊严感,你请来的不管是职业经理还是老师都会没有尊严感,所以这是一个过程。从1995年以后,我就深刻意识到,家族成员再在新东方,会形成新东方的发展障碍。基于这个前提条件,我到国外把这些大学同学、中学同学招回来,他们从才气上到能力上,都盖过了我的家族成员。所以,我的家族成员就只能退守一边。

我是属于一个典型的见势打势,我自己把家族成员赶不走,当时我老妈都在新东方,我老婆说走就自杀给我看,我一想这个很有麻烦。但是到最后的结果,我还必须让

> 他们走,他们不走的话,新东方没有办法走下一步。最后我让我的同学过来,第一步就是要清理家族成员。借助这些大学、中学同学的力量,把我的家族成员清理出了新东方。
>
> 当然清理过程很痛苦,但是我知道,不清理掉现在不可能有发展,所以必须要清理。当然代价也是比较惨重的,但是那个时候我付得起这个代价,因为请来的不少都是农民兄弟,给他们一个10万、20万、30万,再给一些股票,他们走了。这是一个过程。
>
> 如果一开始就用王强、徐小平就没戏,这个学校做不起来,我用我的农民亲戚兄弟帮我把学校做起来,然后给了他们一个好的安置,让他们走了,然后用留学生慢慢搭建了一个现代化的结构。所以,新东方现在内部没有任何家族成员,只要有血亲关系,三级管理干部以上被发现的连干部一起开除。这里要有一个转型,要根据不同的阶段发展来做你自己的事情。

第一节 领导者的自我管理

新东方公司在初创时期,核心团队齐心协力,公司发展迅速。新东方像其他很多公司一样,公司发展到一定阶段,核心团队出现了分裂。俞敏洪的一些切身感受,对于企业核心团队建设具有重要的启发。领导班子要良性运转,核心人物的威望非常重要。领导者的威望,有些是历史因素自然形成的,有些是靠本事靠绩效打拼出来的。

我们在前一章介绍过,超级领导理论是由管理学教授查理·C.曼茨、小亨利·P.西姆斯于90年代在其合著的《超级领导——领导他人去领导自己》中提出的。超级领导思想和中国古代的"无为而治"思想有共通之处,主张领导者通过自我升华和角色转变、授权和培养下属的方式,引导下属领导他们自己,最终实现下属的自我领导。管理者和员工都需要自我管理,超级领导的重要主张就是要求领导者教会下属如何领导自己,领导者通过领导下属领导好自己而实施领导。管理者和下属的自我管理方法与内容都不同,我们主要介绍领导者的自我管理。

一、自我管理的含义

杰克迪希·帕瑞克(Jagdish Parikh)出版过一本《管理者的自我管理》,这本书本身内容具有趣味性和实用性,加上作者身上的光环,因而影响很大。帕瑞克生于印度,印度5000年的文化和智慧教会他利用东方哲学的技能来生活;他又是哈佛大学硕士及管理学博士,精通利用西方管理的技术来谋生。帕瑞克的一半时间在世界各地经商,另一半时间在全球讲授他首创的高级经理人《自我管理》课程。帕瑞克是一位成功的世界著名企业家和管理学家,又是一位自我感觉幸福、满足、快乐的人士。商业与学术成功以及幸福在大多数管理者身上不可兼得,但在他身上却完美地融合在一起。帕瑞克担任印度雷缪尔集团总经理、印欧发展中心主席、美国世界企业协会主席、瑞士国际管理发展学院、中国中欧国际工商学院等特聘教授,以及一些跨国公司的顾问。

现实社会中的大多数人要么事业成功、收入丰厚、身居要职,但不会感觉很幸福,因为他们饱受压力、紧张和焦虑的折磨;要么感觉很悠闲、适意,但不会很成功。成功与幸福仿佛是两条平行线,永远没有交点,或者可能在某一点上相交,但又很快地分开。帕瑞克具有东方圆融智慧的涵养,又兼具西方管理学素养与管理实务,多年来深入研究管理、企业、个人生命三者的关系。他认为压力与成功无须并存,成功与幸福可以并行。管理者用以强化组织功能的专业技巧,可以运用于自我管理上。通过对个人身体、思想、情绪和神经感觉系统与意识的经营,可以成就成功与幸福的均衡人生,并最终回馈至企业的成功与蓬勃发展。

对于自我管理的概念,国内外有关学者纷纷给出了不同的界定。我国学者马金海等人认为,"自我管理就是在适应所处的管理环境,建立起清晰的管理目标的前提下,通过不断的自我认识、自我教育、自我激励、自我控制的动态过程,逐步趋向自我完善,从而在管理系统中发挥尽可能大的作用,以便使整个管理系统取得最佳的管理效益。它是人对自己生命运动的一种自我调节,是对思维运动和行为过程的一种自我控制"。芮明杰认为,自我管理"就是指个人可以在组织共同愿景或共同价值观的指引下,在所授权的范围内自我决定工作内容、工作方式,实施自我激励,并不断地用共同愿景来修正自己的行为,以使个人能够更出色地完成既定目标"。美国学者蒂姆认为,"在个人合理的价值观系统基础上,最大限度地利用和发挥自己的时间与潜能,从而实现有价值的目标。这一过程就是自我管理。"

综合国内外学者关于自我管理的界定,可以认为自我管理就是指具有自我意识、自主意识和自由能力的个人在正确认识自己的前提下,为了实现组织的目标,通过合理的自我设计、自我学习、自我协调和自我控制等环节,以获得个人自我实现和全面发展为价值诉求的心理修炼与行为调节活动。

自我设计是自我管理的第一阶段。自我设计,就是个人自觉地去寻求自己的生活姿态,就是个人有意识地去确定自己的特点。自我设计,是我们不可剥夺的个人权利,是每个人的人生职责和使命。管理者应该在力所能及的范围内自由作出自我设计。设计是一种理想化的规划,是指向未来的理性活动。在自我管理中,个人首先应根据组织目标,设计一个切实可行的目标计划。

自我设计必然要求人们进行自我学习和自我教育。人的存在与动物的存在不同,动物具有完成了的、特定化的和确定性的本能,人却是一种非特定化存在,决定了人必须从他的环境中不断地学习那些自然和本能所没有赋予他的生存能力。每个人都有自己的追求,并在不断寻求满足这种追求的需求和实现愿望的过程中完善自身,因而自我学习、自我教育成为人实现自我完善的基本方式。自我学习会给人造就新的机会,它开阔人的眼界,丰富人的心灵,使得人的精神境界得以提升,同时会使人收获自信和充实,并有助于人实现自己所设计的发展目标。自我学习作为一种社会化活动,塑造着人的自我。在自我发展的过程中,我是什么样的,很大程度上依赖于自己的学习程度和接受教育程度。因此,自我学习和自我教育是发展自己、形成自我的重要途径。

人作为万物之灵,作为高度完善的自我存在物,他必然有着相应的摆脱或减轻内心的矛盾冲突所造成的种种痛苦的自我调适能力和机制。因而,自我协调是自我管理的重要阶段,自我协调是一切合目的性活动的必要前提。一般来说,自我协调包括两方面的内容:一是协调自身,二是协调自身与环境的关系。协调自身包括协调自身的心理因素、身体因素以及身心二者间的关系,而协调自身与环境的关系主要是处理好人际关系及其他问题。

自我控制就是自我管理者在目标实施过程中根据目标要求进行自我检查和自我分析,及时把握目标实施的进度、质量和存在的问题,自行纠正偏差,实行自主管理。自我控制是自我管理的保障环节,它能使自我管理不断沿着自我设计的原定轨道运行,保证自我管理在组织愿景和社会规范的引导下运行。

二、领导者自我管理的意义

日本经营之神之一土光敏夫在其《经营管理之道》中说:"对管理者最大的要求,是管理好他自己,而不是管理别人";"人们不会由于你的说教而行动,如果你身体力行了,人们就会行动起来";"部下学习的是上级的行动,上级对工作全力以赴的实际行动,是对下级最好的教育。"美国著名管理大师德鲁克强调,管好自己的人才能成为好的管理者:"一个有能力管好别人的人不一定是一个好的管理者,而只有那些有能力管好自己的人才能成为好的管理者。事实上,人们不可能指望那些不能有效地管理自己的管理者去管好他们的组织和机构。从很大意义上说,管理是树立榜样。"

中国古人更加重视领导者的素质,重视领导者言行对管理工作的影响,把"正己"作为搞好管理工作的前提和基础,如

> 政者,正也。子帅以正,孰敢不正?(《论语·颜渊》)
> 其身正,不令而行;其身不正,虽令不从。(《论语·子路》)
> 苟正其身矣,于从政乎何有?不能正其身,如正人何?(《论语·子路》)

孔子把管理工作表述为通过管理者自己的修身正己的示范活动而影响带动他人的过程。如果管理者本人品德高尚,被管理者就会模仿着行动起来,不用发号施令便可以收到管理的效果。相反,如果管理者本人言行不一、表里不一,像中国历史上许多昏君、暴君,那么即使有严明的指令,被管理者也不一定服从号令、听从指挥;即使因为惧怕而不得不服从命令,在执行命令时也会"上有政策,下有对策",效果大打折扣。管理者应该认识到"正己"的意义,把管理好自己作为管理工作的内容之一。

《礼记》甚至把"正己"作为主要的管理工作:"正己身以正朝廷,正朝廷以正百官,正百官以正万民";"上老老而民兴孝;上长长而民兴弟;上恤孤而民不倍,是以君子有絜矩之道也"。《礼记》虽然讲的是国君"正己"的重要性,但这些道理对任何管理者都是适用的。管理者的行为会影响下属,下属又会去影响别人。例如,历史上齐桓公喜欢穿紫色衣服,齐国人都跟着穿紫衣;楚庄王喜欢看人的细腰,朝臣中马上有许多人节食减肥。为什么管理者的"正己"作用这么重要?我们可以利用班杜拉(Albert Bandura)的模仿学习理论(又称社会学习理论、观察学习理论)予以解释。

班杜拉是美国当代著名心理学家,社会学习理论创始人,斯坦福大学教授,曾任美国心理学会主席。班杜拉认为,人的许多行为习惯是通过观察、模仿而养成的。观察学习是通过学习者观察榜样的示范进行的。示范包括行为示范、语言示范、象征示范、抽象示范、参照示范、参与性示范、创造示范等多种类型。班杜拉将观察学习分成注意、保持、再现和动机作用四个过程。(1)注意过程,即观察、注意榜样的特征,榜样、观察者的特征都会影响注意过程。管理者因为地位高,有一定的权力,自然容易引起被管理者的注意。(2)保

持过程,即观察者将榜样的行为信息象征化,以表象的、言语的两种表征系统保持在头脑中。简单的感觉经验可通过单纯接近而相互联系或综合,采用表象编码的储存系统;复杂的、抽象的信息则需要采用言语编码系统。(3)再现过程,指观察者总是试图将他们的行为准确地与榜样的行为进行匹配。班杜拉将再现过程分解为反应的认知组合、反应的最初表现、对反应的监控、依据信息反馈进行练习等。再现技能的完整及顺利程度,取决于过去是否对其观察过。(4)动机作用过程,主要关系到如何激发和维持行为。班杜拉特别重视代理强化和自我强化对行为的控制。代理强化指榜样替代的强化。例如,某人看见一位同事因为对上司的阿谀奉承而多得了奖金,他也会积极地去阿谀奉承;某位县长因为弄虚作假被上级降职处分,其他的人就会抑制弄虚作假的欲望。作为一位管理者,要随时意识到,有许多被管理者在注意、观察、模仿自己的一言一行。

Albert Bandura, 1925—

三、自我管理的影响因素

(一)个体影响因素

(1)内控型和外控型。米切尔(Mitchell,1990)指出,内部因素控制的个体认为发生于其身上的事情是受内部因素控制,个人可对其产生作用和影响,因此更愿意参与管理和进行自我管理,他们在模糊的环境中更适合扮演自我管理者的角色,也具有更好的工作绩效。反之,外部因素控制的个体则认为发生于身上的事情是受超出控制范围的因素或者运气所决定的,因此更愿意被动地接受外部领导,依照领导指示按部就班地完成工作。

(2)自我效能感。班杜拉(1988)指出,自我效能感可以提升成员自我管理水平。具有高自我效能感的成员相信自身具有实现目标的能力,会比低自我效能感的员工付出更多努力,面对困难也将坚持得更久。此外,自我效能感还会影响到个体的目标制订以及成员是否积极寻求绩效反馈和进行绩效偏差纠正等。

(3)自尊程度。徐淑英(Tsui,1994)指出,自尊程度会影响自我管理中的绩效反馈、偏差察觉和绩效纠偏等维度。低自尊程度员工只允许工作获得赞扬和肯定,不希望受到批评和否定,这使得他们难以察觉真实绩效水平与标准绩效之间的差距。此外,自尊程度低的员工在绩效纠偏中更多采取自尊导向策略,而非追求真正的改进。

(4)成就动机。Mills(1983)指出,个人职业定位影响自我管理行为。个人职业定位一般发生于进入组织之前,职业定位高的员工为取得更好的工作绩效和职业成功,会更注重自我观察、自我评价和自我激励等活动。Uhl-Bien(1998)也指出,高成就动机个体比低成就动机个体更看重工作目标制订、能力提升、监控和调整工作以及约束和控制自己,更善于进行自我管理,低成就动机个体在自我管理能力和动机上都较低。

(5)自我监控程度。斯奈德(Mark Snyder)和甘格斯塔德(Steve Gangestad,1996)指出,自我监控程度高低会影响自我管理。自我监控程度高的个体会按照群体中其他成员的要求表现出合适的行为,并且他们会敏感地察觉他人期望和现实评价之间的差距,并对自身行为进行调整和纠正,因此更有可能成为良好的自我管理者。

（二）人际影响因素

（1）与顾客的接触程度。顾客在与组织成员的接触过程中，会直接提出各种要求，这构成生产（服务）转换过程的信息投入，提高了工作环境的不确定性。一般情况下，组织成员无法按照标准化程序和方法来处理顾客提出的要求。此外，由于双方进行的即时沟通，需要迅速作出反馈，因此传统的外部领导方式（如工具型领导等）将无法发挥作用。上述情况都使得组织成员处于一种无法预测、不熟悉和不断变化的环境中，这时只能更多地依靠成员的自我管理来满足顾客提出的要求。

（2）成员间的权力关系。徐淑英（1994）指出，组织成员间的权力关系影响自我管理构成维度中的自我绩效纠偏活动，这种权力关系取决于组织赋予的法定权力、是否处于工作流程的核心环节和专家权力等因素。如果成员处于下级地位，在绩效纠偏时会更多采取"服从"策略，即服从上级要求以减少绩效偏差；当成员处于上级地位时，则会更多采用"假装和解释"策略，对绩效偏差采取置之不理的态度，或降低绩效标准以使之更容易实现；而如果相互之间是同级关系，则将采取服从或不服从相结合的策略，其比重取决于自身和同级之间权力关系的比较。

（3）人际信任。徐淑英（1994）认为，同事间是否相互信任会影响自我管理构成维度中的绩效反馈活动。组织成员更愿意从信任度高的同事那里直接获取真实的绩效反馈信息，同时有信任感的同事也会给出诚实的绩效反馈，真实地指出所存在的不足，这将有利于组织成员改进绩效。

（三）职位影响因素

（1）工作流程和任务的不确定性。米尔斯（Mills）（1983）指出，当组织信息模糊、工作流程和任务不确定时，个体将处于一种角色不确定的情境，个体有权利选择做什么以及如何去做。自我管理本质上是对工作条件施加控制，即自我管理者不仅要知道工作行为的相关限制和要求，即要懂得"做什么"，"做到何种程度"，此外还需清楚这些限制和要求的来源，即懂得"为什么要这样做"。因此，在工作流程和任务不确定情况下，更适合其进行角色创造和自我管理活动。

（2）任务相互依赖性。徐淑英（1994）指出，任务的相互依赖性会影响自我管理。当工作岗位之间依赖性强时，其工作须与其他岗位相互协作，同事的重要性将增加，自我管理构成维度中绩效信息收集、寻求绩效反馈等活动的收益都会增大，这将促进成员主动与上级、同级、下级等进行沟通，了解自身绩效偏差并不断改进，以进行适应性的自我管理活动。

（3）任务模糊性。徐淑英（1994）指出，工作任务结果和过程的模糊性会影响自我管理，该结论与Mills（1983）的研究结论基本相同，但是徐淑英给出了不同的解释。他认为任何管理工作都具有不同程度的模糊性，任务模糊性会影响自我管理的收益和回报，进而影响员工是否采取自我管理行为。举例析言，如果管理者工作任务无具体目标，他就会主动去收集绩效期望的信息，这样他就能了解其他成员的要求，此时自我管理将为其带来收益。而如果工作任务的目标和程序都非常明确，管理者则不会去主动进行自我管理。

（四）组织影响因素

（1）组织结构类型。有研究指出，组织结构类型是机械式还是有机式会影响自我管理。在机械式组织结构中，工作任务具有特定差异，职权和职责具有精确规范，组织内有完善的等级结构,外在的正式领导是控制人们行为的主要方式;而在有机式组织结构中,对工作的再定义来自于与其他人的交互作用和自我判断,做决策较少依赖职位以及垂直的沟通渠道,而更依赖于个体专业知识,更强调对工作结果的控制,因此自我管理是控制行为的主要方式。

(2) 团队类型。尤尔—拜因(Uhl-Bien)等(1998)将自我管理分为个体自我管理和团队自我管理两个层面,并就团队类型(功能团队和跨功能团队)对自我管理的影响进行了研究。研究指出,功能团队更具备个体自我管理的条件,个体自我管理对功能团队效能也存在显著正向影响,而跨功能团队中则不存在这种情况,跨功能团队更适合进行团队自我管理。

(3) 组织对平庸之辈的容忍度。亚希福特(Ashford,1999)研究了组织对平庸之辈的容忍度与自我管理的关系。如果组织对平庸之辈的容忍度低,也就是说低绩效成员将付出高昂代价,那么成员将更主动地进行自我管理,不断提高自身能力和调整工作目标等。反之,如果组织对平庸之辈的容忍度高,低绩效成员无任何压力,则成员将没有自我管理的动机和行为。

四、自我管理的内容

法国皮埃尔·阿考斯和瑞士皮埃尔·朗契尼克写了两本专门谈论全世界部分国家元首、政要以及教皇等名人疾病的书,作者认为疾病对元首本人及元首领导着的国家都有重要的影响。他们的书名分别为:《病夫治国》、《病夫治国续集》。他们分析的人有:罗斯福、威尔逊、艾森豪威尔、肯尼迪、希特勒、墨索里尼、张伯伦、丘吉尔、蓬皮杜、列宁、斯大林、赫鲁晓夫、卡扎菲、霍梅尼等。

这些对世界历史有重要影响的病人,多数都长期患病,虽然他们享有全世界最好的医疗条件,治愈疾病的可能性很大,然而他们并没有得到最有效的治疗,疾病的不断恶化,使他们的心理发生异常。这些病人在疾病发作时把国家带上了危险的道路,某些人甚至把国家拖进了可怕的灾难之中。皮埃尔·阿考斯等评论道:"他们都表现出争取首要位置的狂热欲望。一些人依赖欺骗,一些人运用狡猾,另一些人则乞灵于暴力。他们几乎都以其对荣誉日益加深的眷恋表明,强权本能肯定是人类与日俱增的唯一激情。"一些世界上最杰出的政治家容易被权力欲望、工作热忱耽误疾病的治疗,作为一般的管理者应该从他们身上吸取教训:做好自我管理,保持健康的心理和身体。自我管理的内容很多,尤其是当代心理学有很多自我开发的研究成果,本书简要介绍自我示范、意志修炼、自我放松和自我催眠等几项内容。

(一) 自我示范

作为领导者,首先要做好表率,努力"修己",做好示范和榜样。自我示范的要求可以概括为:重视自我、人格独立、知行并重。这三个要求说来很简单,真正做好却不容易。

有一定官位、一定权力的人并不一定自尊心强,也不一定有自己独立的人格。阿德勒(Alfred Adler)认为,一些人追求权力的动力就来源于自卑心理,希望用拥有一定权力来表明自己存在的价值。受传统文化的影响,东方国家和地区的官员普遍缺乏独立人格,大家依附于上层官员,对上负责,缺乏自主精神。

密尔(John Stuart Mill)说:"国家存在的价值,从长远来看,就是为了实现组成国家的社会个体的价值。"西方文化认为,国家、社会是由自由、平等、独立的个体组成的,集体的幸福是建立在个人以自我奋斗获得幸福的基础之上的,社会的功能是帮助个体完成自我奋斗的目标。西方文化提倡自我奋斗,重视对个人的价值,重视个人的独立人格的培养,塞缪尔·斯迈尔斯(Samuel Smiles)于1859年出版的《自己拯救自己》(*Self-help*)一书,被誉为"《圣经》第二"和"美国梦的灵魂",该书每年不断重印,畅销140多年,其主题便是鼓励人们自立、自我图强。中国传统文化则提倡"先天下之忧而忧,后天下之乐而乐",认为集体幸福是个人幸福的前提,个人的幸福应该建立在国家、社会、集体的幸福之上。

Samuel Smiles,
1812—1904

中国在长期自给自足的自然经济条件下,家庭血缘宗法等级关系和社会等级制度的势力太强大,个人的力量显得那么渺小、可怜,很难撞破稳定的上下尊卑等级秩序构筑的网络,自我只好被压抑、遭贬斥。领导者在一般人眼中有时显得很神气,但真正深入他们内心,也与一般人无太大差异。古代中国官员的自称是:卑臣、微臣、愚臣、臣下、卑官、卑职、下官、小官、在下、小吏等,一般小官怕大官,百姓怕小官,逐级胆小、自卑。

领导者自卑,没有独立人格,于是容易被权力异化,表现为滥用权力、心口不一、言行不一、知行不一。太监是这类人之中的极端例子。有的太监在朝廷中掌有实权后,滥用权力的程度甚至超过一般的贪官污吏。

言行不一、知行不一的影响极坏,最直接的后果是:下级对上级领导者的话持怀疑态度,对于领导者的任何指示、命令、倡导也会抱着半信半疑的态度。知行不一,从皇帝开始。皇帝们大力宣扬仁义道德,自己却干着缺德事。隋炀帝数次出外游幸,随行的内侍、妃嫔、宫女常有10万人,三次游幸扬州,将国库消耗殆尽。素有励精图治美称的乾隆皇帝曾六次南巡,就劳民伤财而论,与隋炀帝差不多。乾隆晚年对直隶总督吴熊光说:"唯六次南巡,劳民伤财,作无益害有益"(《清史稿·吴熊光传》)。皇帝驾临,地方官员争先恐后进献金钱美女、山珍海味,皇帝笑纳之余,地方官员会怎样想?地方官员在管理工作中会怎么办?他们当然是效仿皇帝,高唱仁义道德的口号干着伤天害理、搜刮民脂民膏的勾当。被这样的皇帝和官员统治了几千年的国民会轻易相信领导者吗?

中国历史上有许多昏君暴君、贪官污吏,同时也有不少明君、圣君、良臣清官,即使在官场腐败、吏治一塌糊涂、百姓怨声载道的明朝嘉靖年间,也仍然有徐九思这样知行并重、清廉正直的县令。徐九思在句容作县令期间,忠于职守,普施仁义,在灾年都能使句容"路不拾遗"。他以"勤、俭、忍"作为自己的座右铭,不图名利,一心为民谋富贵;自己一身正气,力行节俭。他在句容为官九年,获得了"句容贤令"的美誉。人民对于知行并重的领导者是会真心拥戴的。徐九思85岁逝世,消息传到他已经离任35年之久的句容时,当地百姓数以万计拜伏于他的祠前祭祀。中国汉朝名将李广破匈奴70多次,他的士兵一直愿意与他同生死共患难,因为李广自己打仗时冲锋在前,平时关怀部下。司马迁在《史记·李将军列传》中感叹道:"桃李不言,下自成蹊!"日本经营之神土光敏夫提倡管理者首先管理好自己,他自身也率先垂范,如在重建东芝电气公司时,带头到普通职工食堂吃饭,把两名经理专职秘书调走,经理秘书由其他负责人的秘书兼任。管理者要获得被管理者的敬佩,就必须靠自己的行动去树立威信。

（二）意志修炼

领导者也像一般的人一样有七情六欲，有着食色之类的本能，由于领导者（例如古代的皇帝）拥有一定的权力，他的本能欲望较一般的人更容易得到满足。要正己、讲究仁义礼智信、知行并重，就必须克制、压抑一些本能欲望，这需要很坚强的意志；领导者要领导组织发展壮大，不可避免会遇到很多困难，要克服困难也必须有坚强的意志。

英国福韦尔·柏克斯顿强调意志品质的重要性，甚至认为，没有坚强的意志，就不会成为一个大写的人，他说："人与人之间、弱者与强者之间、大人物与小人物之间最大的差异就在于意志的力量，即所向无敌的决心。一个目标一旦确立，不在奋斗中死亡，就要在奋斗中成功。具备了这种品质，你就能做成在这个世界上能做的任何事情。否则，不管你具有怎样的才华，不管你身处怎样的环境，不管你拥有怎样的机遇，你都不能使一个两脚动物成为一个真正的大写的人。"日本、美国开展的一些"魔鬼训练"，一项重要的内容便是意志力训练。

中国古代思想家非常重视意志在人们工作和生活中的重大作用。嵇康甚至认为，如果人没有志向就不应该称之为人："人无志，非人也"（《嵇康集校注·家诫》）。孙思邈研究了一些自杀者的案例后指出，意志薄弱的人，如果决心、理想不能实现，便可能选择自杀的方式结束生命："人有不得意志者，多生忿恨，往往自缢"（《诸病源候论》卷二十三）。朱熹和他的高足陈淳，都把人是否有"志"作为判断一个人是庸碌之辈，还是可能出类拔萃的重要依据之一："士之所以能立天下之事者，以其有志而已"（《朱文公文集》卷七十七）。"人若不立志，以圣贤自期，便能卓然挺出于流俗之中，不至随波逐流，为碌碌庸庸之辈。若甘心于自暴自弃，便是不能立志"（《北溪字义·志》）。苏东坡研究了古代有大作为的人后发现，在成功者的心理素质中，除了头脑聪明的智力因素外，还必须具备坚忍不拔的意志等非智力因素，"古之立大事者，不惟有超世之才，亦必有坚忍不拔之志"（《晁错论》）。

意志为何对人的生活有这么大的作用？主要因为意志对人的行为有推动作用、调节控制作用。用王阳明的语言来表达，则是：

> 夫志，气之帅也，人之命也，木之根也，水之源也。源不浚则流息，根不植则木枯，命不续则人死，志不立则气昏。（《示弟立志说》）

> 志不立，天下无可成之事，虽百工技艺，未有不本于志者。……志不立，如无舵之舟，无衔之马，漂荡奔逸，终亦何所底乎？（《教条示龙场诸生·立志》）

王阳明把意志比喻为人命、树根、泉源、船舵、马衔，即认为意志是行为的起因、意志是行为的动力、意志是行为的调控装置。

意志修炼，主要是克服困难，抵御诱惑，坚定不移地去实现目标。从事管理工作，立志必须专一，整个身心都要用之于实现组织确立的目标。"无志之人常立志，有志之人立常志。"没有意志，或者说意志薄弱者，容易被眼前的物欲引诱而动摇："有所欲，志存而思之，志者，欲之使也；欲多则心散，心散则志衰，志衰则思不达"（《鬼谷子·养志法灵龟》）。立志不坚定专一，动辄改弦易辙立"新志"，其实这与无志没有差别。注意力集中，立志坚定专一，美好的愿望才会变成现实："故心气一则欲不偟，欲不偟则志意不衰，志意不衰则思理达矣"（《养志法灵龟》）。全心全意、坚持不懈地追求，终会使组织兴旺发达。具体如何进行意志修炼？主要从以下几方面入手：

首先，笃信。在下定决心之后，还要经过一系列复杂的心理活动才能树立起信心：首先要有确信感，相信自己的决心可以实现；其次要建立信心，对某种目标有坚定的信念，自然就会充满信心；最后要形成理想，理想远大、坚定，信心就会充足、牢固。孔子、葛洪等人劝导要有坚定的信心："笃信好学，死守善道"（《论语·泰伯》）。"患志之不立，信之不笃"（《抱朴子内篇·释滞》）。

王守仁，1472—1529

一些人缺乏自信心，主要是低估了自己的能力，以为"圣人"之类的能人是天生的聪明。针对这种心理，颜元用慷慨激昂的言语来激发人们产生人人皆可成圣人的自信心："人须知圣人是我做得。不能作圣，不敢作圣，皆无志也。""父母生成我此身，原与圣人之体同；天地赋予我此心，原与圣人之性同；若以小人自甘，便辜负天地之心，父母之心矣。常以大人自命，自然心活，自然精神起。"如果胆小怕事，"不敢作圣""以小人自甘"，这是对天地、父母心愿的辜负！信心是促使人们达到目标的动力。只要你相信自己有能力，你自然具有充沛的能力。几乎从人类产生的时候起，人们便受具有强烈自信心的人统治支配。皇帝、帝王之类的统治者，总是想方设法削弱被统治者的自信心，让被统治者"信于人"，安心受剥削受压迫。管理者，即使自己是一个"小官"，例如部门经理、主管，也要相信自己是自己的主人，人有了自信心才会想要自我，才会发现成功，才会发现取得成功的方式方法。

其次，笃信要痴迷。有了自信心之后，应该对自己追求的目标充满激情，要有宗教徒对自己的信仰拥有的那种虔诚的心境，把将来才可能实现的目标看作自己生活中真实的存在，"志不真则心不热；心不热则功不紧，故多睡之人无远图，立志之子多苦想"（《颜习斋先生言行录》）。确定的管理目标要令自己着迷，且这个目标要确切、清晰，"志真"才能"心热"，"心热"便能产生为实现目标而艰苦奋斗的动力。"志真""心热"，最好处于如痴如迷状态，蒲松龄说："性痴，则其志凝。故书痴者文必工，艺痴者技必良。世之落拓而无成者，皆谓不痴者也"（《聊斋志异·阿宝》）。确信自己的目标能够实现，为了实现理想把整个身心的力量都调动起来，集中在要攻克的目标上，如此"笃信"的结果，自然会马到成功。

最后，有恒与自我管理。与"立志""笃信"相比，我国古代学者更强调"有恒"的价值。有恒含有恒心的意思。恒心是意志过程的核心。因为只有决心和信心，如果没有坚持到底的恒心，就失去了意义。

古人对持之以恒、坚持不懈、坚韧不拔、坚持到底、寒暑无间、善始善终、始终如一、锲而不舍、滴水穿石、磨杵成针等与恒心有关的优良品质进行了大量的歌颂，往往把这些优良品质与成功联系在一起。如何才能有恒呢？一是坚持，二是克制。

坚持。有了决心、信心，如果没有恒心，做事虎头蛇尾，结果便是一事无成。古人对这种缺乏恒心的"立志"进行了批评："人之为事，必先立志以为本。志不立则不能为得事。虽能立志，苟不能居敬以持之，此心亦泛然而无主，悠悠终日，亦只是虚言"（《朱子语类》卷十八）。"有为者辟若掘井，掘井九轫而不及泉，犹为弃井也。"有了决心，如果不能"居敬以持之"，决心不坚持，不落实于行动，那么，所谓的决心便是自欺欺人的假话；像挖井一样,即使已经要挖成功了,如果不坚持到底,功亏一篑,结果前功尽弃。新时代的管理者,应该重塑管理者的形象,持之以恒地保持良好的操守。只要越来越多的管理人不懈地坚持,人们对管理者的刻板印象也会逐渐发生变化。

克制。在开始从事管理工作之前,许多人都有决心、信心,但却常被声色名利等欲望冲垮。针对这种情况,古代学者提出了一些克制欲望的方法,其中,王阳明提出的要求比较具体:

> 其所思虑多是人欲一边,故且教之静坐、息思虑。久之,俟其心意稍定,只悬空静守,如槁木死灰,亦无用,须教他省察克治。省察克治之功,则无时而可间,如去盗贼,须有个扫除廓清之意。无事时,将好色、好货、好名等私逐一追究,搜寻出来,定要拔去病根,方不复起,方始为快。常如猫之捕鼠,一眼看着,一耳听着,才有一念萌动,即与克去,斩钉截铁,不可姑容与他方便,不可容藏,不可放他出路,方是真实用功,方能扫除廓清。到得无私可克,自有端拱时在。(《传习录》)

王阳明把"省察克制"的功夫描述得形象生动,提出的要求很严格。如果真的按照他提出的方法去做,不利于仁义道德的欲望将可能被"扫除廓清"——承认声色名利等情欲的存在,然后利用自我观察、自我对话的方法进行"省察克制。""省察克制"之类的办法可以用来排除影响意志的杂念,这是"治已病"的方法。中国古代学者也提倡从认识上解决坚定、巩固恒心的问题,即在思想上把艰苦磨炼看作取得成功的必要条件,把逆境和困难看作锻炼自己的机会。孟子下面的一段话已成为千古名言:"故天将降大任于斯人也,必先苦其心志,劳其筋骨,饿其体肤,空乏其身,行拂乱其所为,增益其所不能"。我们应该把加强意志的培养作为取得成功的管理阶梯,注意约束自我、抵制诱惑;注意克服困难,促进个人和组织的发展。

(三) 自我放松

管理者要意识到自己先是生物人、心理人,然后才是管理人。要善于忙里偷闲,让自己放松。身体健康,心情舒畅才会提高工作效率,少作愚蠢错误的决策。

放松,本来是人体的一种本能,自然的状态,松散舒适。然而,现代文明却令当代人经常处于紧张状态,种种压力使人们绷紧神经、头痛、失眠、坐卧不安、心神不宁。管理者的压力则更多更大,多方面的压力导致其心灵和肉体得不到安宁,从而紧张不安、身心疲惫,甚至引发疾病,直接影响管理工作。放松技术不仅可以用来舒解压力、治疗疾病,更为重要的是,身心放松是进行诸如想象力训练、思维力训练等心理训练的基础。

放松训练的门派、种类相当多,中国的气功、印度的瑜伽术,以及欧美国家的许多身心修炼技术中都有许多放松方法,本节简单介绍几种,供大家根据自己的情况选用,或者在这些方法的基础上进行综合、改进。

(1) 渐进放松法

渐进放松法,就是按照一定的顺序使每一组肌肉群紧张,即让人体生理上先处于紧张状态,然后内心觉察、感受、体验紧张状态,随后让肌肉处于松弛状态。通过对紧张、松弛的觉察、体验,提高消除紧张的能力。

(2) 大面积放松法

可以把人体分为上、中、下或者左、中、右或者前、中、后等部分,利用想象,或者伸张、收缩肌肉,进行大面积的放松。

(3) 松弛反应

寻找一个安静的环境,坐姿、卧姿均可,逐渐放松肌肉;平静缓慢地呼吸,注意力集中在对呼吸的观察、体验上;在每次呼吸的同时,默诵或读一个字或词,心境随和安详,保持"心如古井水"似的状态,如果有杂念在脑海中涌现,顺其自然,让杂念自生自灭。训练结束,静坐几分钟后睁开眼睛。

(4) 沉重训练

让肌肉放松后,暗示全身肌肉变得越来越沉重,沉重得像水泥铸就成的或沉重得像铅块。静静地感受、体验这种沉重,然后让自己放松恢复常态。

(5) 轻飘训练

让肌肉放松后,想象自己整个身体变成一只断线的风筝或气球,在天空中轻轻地飘,飘得越来越高、越来越远。然后想象自己由风筝或气球变成一只自己喜欢的鸟儿,飞到自己坐着或躺着的位置上,然后恢复常态。

(6) 温暖训练

在舒适的环境中,让肌肉放松,静静地冥想、体验血液在血管中流动的情景,血液透过血管壁向全身散发温暖的气息,使整个身体感到温暖、轻松。

(7) 凉爽训练

在安静、舒适的环境中,让肌肉放松,想象自己蹲在泉水边,掬起冰凉的泉水洗头、洗脸;想象自己赤身裸体站在一道山泉下,冰凉的泉水冲洗全身,感到凉爽舒适。

(8) 软酥训练

在安静、舒适的环境中,让肌肉放松,想象自己用一种芳香的仙药在搽抹身体。芳香的仙药一接触皮肤,就令自己骨酥肉软,浑身松软无力。

(9) 驱赶应激原训练

"压力""紧张",医学上一般称之为应激。在安静、舒适的环境里,把种种应激原想象成天上的浮云、水中的落叶,让它们远离我们的身心,身心自然感到松弛。

(四) 自我催眠

催眠具有许多神奇的效果,催眠的效果主要来源于暗示的力量。进行自我暗示的时间最好选在临睡觉之前或早晨刚醒来的时候。

自我暗示的方法有很多,我们介绍言语暗示。下面是一篇保持和增进积极心态的暗示语,修炼者能够背下来最好;也可以录音,需要时便放出来;也可以大声朗读或者默诵。

我是世界上独一无二的人,我完全彻底地接受自己。

我在脑海中只保留关于自己的好的、积极的思想,我知道这些积极的思想会在我的生命中成为现实。

我的目光炯炯有神;眉心至鼻尖,光明润泽;我的双颊润泽,白里透红;我笑容满面,充满青春活力,充满温情甜蜜;我的嘴唇红润;我的整个面部容光焕发,美丽动人,富有青春气息,精神抖擞;我的头脑清醒,整个头部像泉水冲洗着似的凉爽、舒适;我的身材匀称,发育良好;我的肢体活动自如,充满力量;我的头发光明润泽;我全身的皮肤富有弹性,美丽动人;我全身的激素分泌正常;我身心健康,从容不迫、悠闲自在地生活。
　　我的内心平静如水,我感到安详、舒适。
　　我与山川、大地、天空、宇宙合一。
　　我感到光亮、明净、舒适。
　　我的心中充满着友爱、理解和宽容。
　　我有积极的心态,聪明的头脑,我终生会有无数的好机遇。
　　我有卓越的领导艺术,我领导的机构无坚不摧、无往不胜。
　　我会生活幸福,事业成功,金钱、地位、名声都在等待着我。

对于上面的自我暗示语,每天坚持诵读一次以上,真心去接受它、感悟它、坚持不懈、持之以恒,你肯定会成为卓越的人,因为你已将自己修炼为成功的管理者。

第二节　核心团队

领导者要做到高效领导,必须构建一个自己满意的核心团队。不想授权的领导者是极少的,很多领导者都羡慕无为而治,希望自己能够从繁忙的事务中解脱出来。可为什么授权很难,主要问题是身边没有执行力强的管理团队。核心团队在日常工作中称领导班子、中心组、管理团队等。研究表明,现代领导团队不仅要领导者个体优秀,而且更需要集体的最佳结构组合。

一、构建核心团队的意义

团队是在特定的可操作范围内,为实现特定的目标而共同合作的人的共同体。团队成员在工作上相互依赖,心理上彼此意识到对方,感情上相互影响,行为上有共同规范,各成员有同属于一个群体的感受,是彼此间有共同目标和需求的集合体。核心团队主要指直接发挥领导、指挥、控制、督察作用的管理者组成的领导集体。

领导班子是一个在群体或团队中处于领导地位的特殊小团体,这个团体的能力大小、发挥作用强弱,直接影响到整个团队的绩效。远到古代带兵打仗,近到现代企业公司的领导,大到党政领导治理国家,小到一个车间班组,领导班子都是一个集体的核心,实施着至关重要的统筹、领导、指引、决策等职能。

汉高祖刘邦夺取天下后,与群臣谈及汉兴楚亡的原因时赞"三杰":"夫运筹帷幄之中,决胜千里之外,吾不如子房;镇国家,抚百姓,给馈饷,不绝粮道,吾不如萧何;连百万之军,战必胜,攻必取,吾不如韩信。此三者,皆人杰也,吾能用之,此吾所以取天下也。"这一席话不仅指刘邦深知人才决定事业成败、天下兴亡这一真谛,还在于其中包含着另一个重要的思想,即一个领导团队只有人才结构合理,才能形成较强的战斗力。在刘邦集团的最高领导层,实际上形成了"三杰"加上一个"善于将将"的"班长"的合理人才结构,从而具有巨大的集体能量的决策和指挥中心,终于在楚汉相争的政治大舞台上,赢得胜利。在当今的竞争社会里,政府机构、现代化管理的企业必须像兴汉亡楚的刘邦集团一样,有一个合理的人才结构配置,并进行优化,以此发挥最大的领导效能。

完善管理团队搭配、优化领导班子结构,涉及领导班子的结构、功能、职能和效能等一些基本概念,必须准确把握这些基本概念的含义和它们之间的相互关系。

(1) 领导班子的结构。它是指领导集体各成员之间相互搭配和组合的方式。一般而言,领导班子的结构要素可以分为传统结构要素和非传统结构要素。传统结构要素包括领导班子的年龄结构、知识结构、专业结构、性别结构、党派结构、性格气质结构等,非传统结构要素指情商结构、目标结构、智能结构、经历结构、潜能结构等内容。

(2) 领导班子的功能。它是领导班子本身所固有的社会属性,一般可分为权力功能、责任功能和服务功能三种。权力功能,即领导班子要对组织实施控制、引导和监督,必须被赋予相应的职权;责任功能,即行使权力的同时也承担相应的责任;服务功能是领导班子的社会属性所固有的。

(3) 领导班子的职能。它是指领导班子在领导活动中应该具备和发挥的作用,是领导功能在领导活动中的具体体现。按照一般的划分,领导班子的职能包括:决策职能、组织职能和管理职能。决策职能,包括调查研究、科学预测、战略规划、制定政策等内容;组织职能,包括调配人力、物力和财力,组织协调已定政策和目标任务的落实;管理职能,包括协调、控制、检查、监督等工作。

(4) 领导班子的效能。它是领导班子体现功能属性、发挥职能作用的效率和效益的综合反映。领导效能包括用人效能、决策效能、时间效能等许多方面。一个领导班子的效能是通过运用集体的智慧和力量,作用于所辖工作的方方面面而产生的群体性的综合效果,是构成领导权威最积极、最活跃的因素。

领导班子功能、职能和效能是领导班子结构中三个密切联系着的概念。其中,功能是领导班子结构中最抽象的属性,职能是功能的具体体现,效能则是功能和职能发挥结果的综合反映。

二、核心团队的结构

(一) 个性结构

人的个性有着丰富的内涵,主要有气质、性格、能力、需要、兴趣、理想、价值观和信念。个性的相近和差异可以表现在不同的方面,这样人与人之间就可能出现在有些方面是一致的,而在另外一些方面是不同的,如志趣相投但性格相悖等状况。组建或调整领导班子时,就要考虑班子成员的合理的个性结构搭配,一方面在理想、价值观和信念方面力求一致,从而形成共同愿景,同心同德干事业;另一方面在气质、性格和能力方面力求互补,这样可以取得平衡,扬长避短。

然而,现实中受很多因素的制约,有时并不能做到上述两个方面的合理个性结构搭配,这就需要领导集体内部做到心理认同与心理相容。心理认同是一种心理上的默契配合,其中最主要的是奋斗目标上的认同和相处情感上的认同。从大的方面来看,领导班子的一班人,应该在思想上彼此交心,肝胆相照,在工作上互相通气,步调一致。从小的方面来看,领导者的个性不同,比如有的热情活泼、有的沉着冷静、有的脾气急躁。作为一个战斗集体,就要求各种个性、气质的领导者互相认同,既发挥出自己的长处,又能容许别人的相异处。心理相容的领导班子内部,就能够彼此互相谅解,有着融洽的人际关系,在讨论问题和处理事情上容易做到求大同、存小异。这样互相补充、互相促进,就能协调动作,团结一致,为完成共同的目标而奋斗。

（二）智能结构

智能是智力与能力的总称,智力一般指观察力、注意力、记忆力、思维能力和想象力,能力一般指语言表达能力、实际操作能力、组织协调能力、人际交往能力等。智能结构的合理化,能使领导班子顺利地驾驭各种复杂局面,发挥出最佳的智能效应。

由于领导班子要应付各方面的变化,所以必须具备各方面的功能。这也决定了它的组成人员的智能结构必须多样化而又能够相容为一体。据美国通用电气公司、杜邦财团等调查,以董事长为首的领导集团主要由以下四种人构成:善于思想的人——从事战略发展构想;善于活动的人——从事各种难题的调解;善于出头露面的人——从事打头阵的工作;善于分析的人——从事综合分析的工作。正像一个出色的交响乐队,需要各种乐器的和谐演奏,才能表演出撼人心弦的艺术杰作,如果全部由打击乐器演奏或全部由弦乐器弹拉,是难以达到上述艺术效果的。因此在一个优化的领导集团内,既要有具备高超创造能力的思想家,又要有高度组织能力的组织家,还要有具备实干精神的实干家和善于交往的社会活动家等,这才是领导班子的最佳智能结构。

（三）专业结构

现代科技的高速发展与国际国内市场的日趋复杂,对现代企业的领导提出了越来越严格和越来越复杂的要求,其中就包括专业知识和业务能力的要求,一位领导者的知识越渊博,阅历越丰富,其分析问题和解决问题的能力就越强,其应变能力和决策能力也就越强。但是,个人的博学和阅历总是有限的,每个领导者都有专精之处,也总有浅薄之处。因此,一个指挥现代企业的领导班子必须要把具有不同知识素养的人才组合起来,才能胜任领导工作和完成领导任务。

国内近些年来的工作实践也证实了优化领导班子专业结构的必要性。无论是搞改革建设,还是进行科研攻关,都需要有各种专业业务能力的人才,其中就包括精明的行政管理人才,懂行的科研把关人才,负责的思想政治工作者,勤恳的主管后勤人才,热情的宣传联络人才等。这是一种立体的人才结构,也是领导班子内的一种多层次的专业结构,这样能使领导班子成员的知识配套,能力互补,从而使领导群体更能适应现代企业对领导的复杂要求。

（四）年龄结构

不同年龄的人有不同的智力、不同的经验,因此,领导班子的年龄结构是十分重要的。一般说来,领导班子优化的年龄结构应该是老中青三结合,既有"老马识途"的老年顾问(他们丰富的阅历和政治经验是领导班子的宝贵财富),又有"中流砥柱"的中年骨干(他们在各方面都比较成熟,往往是领导班子的中坚力量),也有"奋发有为"的青年梯队(他们精力旺盛,勇于进取,富有创新开拓能力)。建立起多层次年龄互补结构的领导班子,有利于不同年龄层次的领导者发挥其长处,避免其短处,使整个领导班子集体在知识、经验、技能、体力、反应速度等方面的综合效能始终处于最佳状态,发挥出最佳的领导功能。

从领导班子更新换届的角度看,老中青三结合的领导结构也有利于战略的连续性,能在很大程度上避免"一届领导,一班人马,一套做法"的状况发生,频频更换班子容易导致干部群众思想混乱。

总之,良好的领导班子结构是为了更好地发挥领导班子各成员及团队的效能,完成领导的职责,实现组织目标。

三、构建核心团队的原则

要建立结构科学化的领导班子,先要从改善观念入手,真正从思想上突破思维定势,走出禁锢。

(一) 在观念上,变"只重视个人素质"为"既重视个人素质,又重视团队结构"

近年来,我们常常可以看到这样的情况:一个新组建的领导班子,从其领导成员个体素质上看,都是不错的,但工作起来,却不协调,这主要是因为班子成员组合不科学,结构不合理,结果导致"1+1<2"的局面。这是因为许多组织配备干部,组建领导班子时只注重领导者个人的能力、品德和作风,很少从结构上去考虑,脱离领导团队,忽视团队结构和效能。事实证明,仅仅个体成员优秀,这样的班子是不会出色地工作的。只有既重视个人素质,又用心研究如何科学组合,合理搭配,才会组建出一个高效能的班子。

(二) 在组建程序上,要先设计好结构再考虑具体人选

要先从总体需求上考虑问题。组建伊始,首先确定这个领导班子的职能是什么,然后根据职能来设计班子的结构,从年龄、知识、专业、智能、气质等各方面,看看需要一些什么类型的干部,每类比例各占多少,怎样搭配更合理,对主要领导和一般成员分别提出不同的具体标准和要求。结构设计好以后,再按这个要求去选择领导成员。这样,不仅能做到个体优秀,整体优化,而且能够把"因人设事"转变为"因事设人",大有益处。

(三) 在思维方式上,要多方面考虑统筹兼顾

过去调整领导班子时,缺乏系统的观点,不注重年龄结构、知识结构、专业结构等结构间的内在联系,不注重子结构和总结构之间的联系,往往孤立、片面地强调某一个方面,忽视其他方面。比如,上级强调年轻化,就抓年龄上的调整,别的不再考虑;过了一段,上级又考虑专业化,就又单纯抓专业结构。这样的领导班子,结构必然是畸形的,不完备的。班子结构是各个方面构成的有机统一体,他们之间互相依赖,互相促进,互相制约,不能把他们割裂开来,各自孤立起来。必须统筹兼顾,全面安排,要从个人侧面去考虑,更要从总体上去把握。比如说,年龄结构搞得好,可以促进其他结构的改善。随着班子老化问题的解决,文化水平和专业也相应得到了提高。值得注意的是,年轻化并不是青年化,不是说班子里年轻人越多越好,平均年龄越低越好,那样不仅年龄结构不合理,也破坏了整个领导班子结构的完整性和科学性。

(四) 在构成上,由一个模式转变为多种模式

事物是有差别的,所以做事情也要有区别,没有区别就没有政策。领导班子是分类型、分层次、分行业的,其职能各有不同。从横向分,可以分为政治领导、行政领导、业务领导、学术领导四种;纵向分,从中央到基层,分成各部门和成百上千种行业。此外,地区与地区,城市与农村,部队与地方,其班子职能也各有侧重。所以,一定要按照不同类型的班子所负担的不同职能来设计不同的结构,而不能搞简单化,一刀切。要从实际出发,根据不同类型的领导班子,建立不同特点的科学结构。

(五) 在调整办法上,由消极被动变为积极主动地进行自我调节

过去领导班子调整往往是被动的,不自觉的。只有上面布置要求时,才郑重其事地动一番手术,平时很少考虑结构是否合理。从系统论的观点看,领导班子是一个动态的开放系统,应当在动态中实现平衡;从结构理论的角度看,领导班子是一个"耗散结构"(活结构),需要不断同外界交换能量,才能保持其稳定性和有序状态。随着领导班子职能的改变,成员年龄的变化、进出,其结构也在变化之中,不能一劳永逸。所以每当发现领导班子的哪一个方面结构不适应的时候,就应当及时更新,使之与业务、职能和气质相协调。一个好的领导班子,应当有这种自我调节的功能。

第三节 核心团队的优化

一、五行系统论与班子建设

自然与人是一个有机的整体("天人合一"),人与社会也是有机的整体,一个组织、一个团队也是有机的整体。

根据五行学说,五行相生指滋生、助长之意;五行相克,指克伐、制约之意。对于五行相生、五行相克,人们比较熟悉,对于五行相乘、五行相侮则比较陌生。"乘"指乘虚侵袭之意,即被克的一方比较虚弱,造成克制太过;"侮"指恃强凌弱之意,即被克的一方太强盛,反而"欺侮"主克的一方,进行反克。乘侮会引起不平衡。五行生克制化处于相对平衡状态,自然、社会、人的生活就会处于正常状态;如果五行之间太过与不及,相生、相克失去相对平衡,则会引起一系列问题。

五行之间除了有生克乘侮关系之外,还存在着互藏关系。互藏,即你中有我、我中有你,五行功能总是互相涵化、互相包容的。五行互藏的观点用在管理上,提示我们要注意各种因素之间既有差异性,同时又具有统一性。

西方组织行为学在讲述团队管理时,一般都会提到九种团队角色(team roles)理论,团队成员中最好分别有人担任创造者—革新者(creator-innovators)、探索者—倡导者(explorer-promoters)、评价者—开发者(assessor-developers)、推动者—组织者(thruster-organizers)、总结者—生产者(concluder-producers)、控制者—核查者(controller-inspectors)、支持者—维护者(upholder-maintainers)、汇报者—建议者(reporter-advisers)、联络者—协调者(linker:coordinate & integrate)等角色。不过在现实的企业核心团队中,基本上不存在这种理想的模式。

根据五行生克乘侮、五行互藏思想,领导者在组建核心团队时,既要重视团队成员之间的团结、和谐、相容,即彼此相生的关系,使团队成员之间取长补短,将核心团队打造成一个具有高度聚合性的整体,一个能够良性运转的系统;同时又要关注团队成员之间的差异、矛盾,故意保持成员之间的怀疑、矛盾、分裂。团队成员之间若都关系密切,保持一致,有时对于领导者来说是危险的,领导者可能被架空,甚至被取而代之。团队成员之间相互怀疑,有一定矛盾,领导者才好引领、控制核心团队,处于安全地位。

二、核心团队结构优化的措施

(一)精干的组织结构

一个领导班子犹如一台机器,多一个人就等于多一个零件,即多一个故障因素。在配备领导班子时,应该根据工作需要设职位,不用多余的人,不加多余的层次,不设多余的机构。人员要精干,结构要紧凑,职责要分明,以最精干的组织结构获取最大的整体功能效应。

(二) 年龄结构优化

是指领导班子由老、中、青不同年龄段的成员按恰当的比例组合而成,形成梯次年龄结构,使领导班子成为一个德才兼备的老、中、青干部的综合体。一般来说,领导班子里老、中、青干部组合的比例应分别为20%、50%、30%。当然,对不同层次、不同类型、不同行业的领导班子要作具体分析,各自采用相应的年龄结构比例,不能搞"一刀切"。老、中、青三类干部各具特点,各有所长,各有所短,老、中、青干部组成梯次合理搭配的领导班子,就能在智力、经验、知识、作风、精力等方面取长补短,发挥单一年龄层次结构无法比拟的整体效能。这样的领导班子也有利于新老干部的合作与交替,保持领导班子的稳定性和连续性;同时有利于新干部在领导实践中锻炼成长,充分发挥老干部的"传帮带"作用和中年干部的承前启后作用。

(三) 知识结构优化

领导班子知识结构优化,是指领导班子的知识总构成合理,强调具备不同知识素养个体的知识结构的有机结合,能适应本部门、本单位领导和管理工作的需要。主要包括两个方面:第一,领导班子作为决策指挥中心,其整体知识水平要高于社会一般层面。不同层次、不同部门和单位的领导班子,对其知识水平的要求不相同。层次越高,部门和单位越重要,对领导班子的知识水平要求也就越高。第二,领导成员在知识的占有上要形成互补结构,使领导班子整体知识面比较广博。一般来讲,就党政领导班子来说,其中既要有懂得社会科学的成员,也要有懂得自然科学的成员;既要有理论修养较高的成员,也要有实践经验丰富的成员;既要有熟悉党的意识形态、党群组织工作的成员,也要有熟悉经济、文化工作的成员。

(四) 专业结构优化

是指领导班子由不同方面的专业人才合理配置而成,形成能适应本部门、本行业、本单位领导和管理工作需要的领导集体。第一,要从领导班子的职能和任务出发进行合理配备和改善。对企事业单位领导班子来说,其成员要具备领导和管理某个企业或某项事业的专业知识和业务能力,因而要由各种各样的专家组成,其中管理专家是核心。第二,领导班子专业结构要考虑到不同领导和管理层次的要求。不同层次的领导班子有不同的工作范围和责任,所以,领导班子专业结构随着领导和管理层次的不同也应有所变化。

(五) 智能结构优化

是指领导班子由不同智能类型的成员协调组合而成,整个班子构成一个有机统一的领导群体。其成员中要有头脑冷静、深谋远虑、能创新、善决策、驾驭全局的战略家;要有组织能力强、行动果断、善安排调度、能随机应变的指挥员;要有政治理论水平高、擅长口头和书面表达、语言富有鼓动性和感染力、会做思想政治工作的宣传家;要有慧眼识才、真心爱才、热心育才、合理用才、善于做组织工作的人才;要有精明干练、善人际交往、能踏实苦干、精打细算、适宜做后勤工作的人才。也就是说,一个智能结构优化的领导班子,领导成员中既要有一个善于作出决策的帅才,也要有组织实施决策的一定数量的将才。

(六) 心理结构优化

是指领导班子内部成员之间,在心理品质主要是气质和性格上能够互相补充,以保证形成最佳的整体效能。活泼型、急躁型、安静型、迟缓型等气质类型都有其好的一面和不好的一面。现实生活中人的气质往往以一种气质类型为主,同时具有其他气质类型的某些特征。因此,根据不同类型、不同行业、不同单位领导和管理工作的客观需要,不同气质类型的领导成员要合理搭配,互相补充,使领导班子在气质结构上刚柔相济、动静共存、相互促进、相互制约,充分发挥每个领导成员的气质优势,从而形成一个强有力的战斗集体。从性格结构来看,领导班子成员要具有正直、坚毅、自信、果断、耐心、平易、自制、公道等性格品质,但这些性格品质不是每个领导成员都具备的,所以要求领导成员在性格上互相补充,科学搭配,使领导班子的性格结构得到优化。

(七) 地域结构优化

这里的地域结构优化,是指异地结构,它包括两个方面:一是指来自不同地区;二是来自不同地区的不同部门或行业。一个领导班子,实际是集各地区各行业各部门人才之精华,相应克服彼此之不足。领导班子不能近亲结合,要冲出近亲圈,这样,班子才会有生命力和战斗力。

(八) 性别结构优化

现代社会的领导班子,应该注意男女配备的比例适宜,这有利于抓工作和调动班子成员无形的潜在功能。当然,同样应根据不同类型、不同行业、不同单位管理工作的客观需要进行配备。

(九) 关系结构优化

每个人都会有他的社会关系,只不过关系多少、深浅而已。为了增强领导班子的社会活动,合理配以有一定社会关系的班子成员,对工作会比较有利。

三、强化执行力建设

领导者一般都希望自己轻松一些,下属最好能够领会自己的想法、意图,积极主动地去行动。但现实中,领导者们基本上都感到失望,下属的工作能力、办事过程和工作结果离自己的要求相距甚远,扯皮推诿、绩效不满意是普遍现象。执行力差是管理工作中的世界性难题。

关于执行和执行力的概念,拉里·博西迪(Larry Bossidy)和拉姆·查兰(Ram Charan)2002年在其经典著作《执行》中给了如下解释:执行是一套系统化流程,它包括对方法和目标的严密讨论、质疑、坚持不懈地跟进,以及责任的具体落实,包括对企业所面临的商业环境作出假设、对组织的能力进行评估、将战略和运营及实施战略的相关人员结合、对这些人员及其所在部门进行协调,以及将奖励与产出结合,还包括一些随着环境变化而不断变革前提假设和提高企业执行能力来适应雄心勃勃战略挑战的机制。保罗·托马斯(Paul Thomas)和大卫·伯恩(David Byrne)(2003)认为,执行力是一整套的行为和技术体系,它能够使公司形成自家独特的竞争优势,即企业的竞争力,他们提出了"没有执行力,就没有竞争力"的论断。执行力,简单来说,就是保质保量、不折不扣、认真细致完成上级交办的任务的能力。要提高领导班子和整个组织的执行力,应该做好以下工作。

(一) 领导者自我反省、自我改进

本书在前面自我管理部分论述了领导者自我评价、自我示范的重要性,管理好自己是管理他人的前提。组织的执行力差,根源可能就是领导者本人一些工作没有做好。领导者应该针对以下问题进行反思,看看自己是否存在这些问题:(1) 没有为企业的发展确立明确而清晰的目标。(2)性格懦弱,不够坚强。不想得罪人,觉得难为情,对表现不佳者姑息纵容。(3)以为领导就是抓大事,对组织的业务没有足够的了解。在一些重大决策过程中难于贡献自己的力量,难于发挥影响力。(4)很少给下属提供指导和培训,以为下属明白许多知识和掌握了许多技能。(5)没有把激励和执行力结合起来。在报酬和升职机会方面对表现不同的员工加以区别对待,如果自己能够对那些具有执行精神的人给予充分的回报,提拔那些注重执行的人,公司就会逐渐建立起一种执行文化。

领导者应该勇于接受现实,自己首先发生改变,然后带领自己的公司向着胜利的方向发展。

(二)实事求是评价公司现状

执行力建设,倡导坚持以事实为基础,实事求是是执行文化的核心。领导者自己必须坚持实事求是,同时确保组织中在进行任何谈话的时候,都把实事求是作为基准。坚持实事求是意味着你必须用一种客观的态度来看待自己的公司和员工,尤其是与其他公司比较的时候。"我们目前的状况怎样?其他公司是否取得了更大的进步?"

(三)倡导确立明确的目标和实现目标的先后顺序

领导者必须为自己的组织和下属设定一些顺序清晰而又比较现实的目标,这将对公司的整体绩效产生非常重要的影响。为了明确目标顺序,需要彻底改变自己以往的视角。设定了明确清晰的目标之后,要求下属学习和认同这些目标。理解和承诺是克服经理人消极抵触情绪的必要条件。

(四)倡导提高员工的能力和素质

在管理工作中,领导者经常把下属和员工的知识、能力想得太好,想当然地以为他们已经了解、熟悉、掌握了许多知识和技能,实际上高估了下属和员工,所以工作结果经常令自己失望,感叹:"怎么连这个都不明白?""怎么连这么简单的事情都做不好?"领导者工作的一个重要组成部分是把知识和经验传递给下属,也正是通过这种方式不断提高组织中个人和团队的能力。对下属进行指导是提高其能力的有效手段,领导者要把每一次和下属的会面看成一次对其指导的好机会。仔细观察一个人的行为,然后向他提供具体而有用的反馈,这是最有效的指导方式。掌握提问的艺术,有的下属需要私下委婉批评,如果太委婉了意识不到毛病,就需要一针见血的批评和直接明示,有的下属则需要当众训斥。做领导的一定不要不好意思批评人。当然,如果下属不愿意接受批评,或者屡教不改,就该劝退了。

(五)执行力文化建设

博西迪等人在《执行——如何完成任务的学问》中分析了执行力不佳的八个原因,其中首要的原因是,企业文化没能有效地取得大家的认同,企业文化没有形成凝聚力。这正是博西迪一直在强调的,即领导如何去建立一支团队,如何保持与他们的紧密对话,除了薪酬制度、考评体系这些"量化的硬件"之外,还必须通过"社会软件"让领导者的信念、行为和对话模式流传到整个组织中。这是一种层层传递的关系,上一级领导者的行为规范和信念将成为下一级领导者所效仿的对象,并最终形成整个组织的社会运营机制。

(六)严格实施绩效考核

人是有惰性的,如果没有严格的绩效考核,执行力建设只会落空。(1)工作分析,明确岗位职责。(2)基于公司发展战略,利用 BSC(平衡计分卡)、KPI(关键绩效指标)、

MBO(目标管理)和EVA(经济增加值)等工具,构建全员绩效考核体系,把领导班子成员和所有员工的工作尽可能量化,做到定性与定量相结合,从而使绩效有比较客观的依据。(3)注意收集基础信息,建立定期的全面考核制度,一个阶段、一个年度下来,大家干了些什么工作,干得怎么样,要进行严格的考核和记录。

（七）倡导跟进和奖励

对于布置的任务、安排的工作及时监督跟进。建立严密的监督机制,形成多方位、多角度、多侧面、多层次的制约体系。绩效指标如果得不到严肃对待,清晰而简洁的目标就没有太大意义。很多公司都是由于没有及时跟进而白白浪费了很多很好的机会,这也是执行不力的一个主要原因。如果希望下属和员工能够完成具体的任务,你就要对他们进行相应的奖励。根据绩效,对执行者给予相应的奖励或者惩罚。坚持以绩效论优劣,实行能者上,平者让,庸者下。对那些在工作中绩效突出、满意度高的人,要大胆提拔重用。对那些绩效平平、庸庸碌碌的管理人员,要下决心进行调整和处理。领导者要做到奖罚分明,并把这一精神传达到整个公司当中,弘扬正能量,引导人们充满动力地为公司作出更大的贡献。

思考题

1. 试述管理者自我管理的意义。
2. 试述管理者自我管理的内容。
3. 试述无为而治、超级领导和自我管理的联系。
4. 领导班子建设的原则有哪些?
5. 试述领导班子整体优化的措施。
6. 如何理解执行力?怎样才能把组织打造为高执行力文化的组织?

第十一章 权 力

权力在管理工作中非常重要。在组织层面,权力是一种组织结构变量,是组织等级结构的基础(Magee等,2008;Dubois等,2010)。组织高层管理者的权力在组织决策中起着重要作用(Finkelstein,1992),是组织战略决策的核心(Child,1972),甚至有学者将战略决策描述为组织中各种权力集体谈判或妥协的结果。虽然权力很重要,但是对组织中的每个个体而言,权力是最不愿意被提及的词。然而,领导者拥有的权力往往决定了组织的目标。如何具备良好的技能使用好个人手中的权力,使组织的目标得以实现,从而实现个体利益的最大化,是本章的研究目标。

案例

历五代十帝的"十朝元老"冯道

冯道是中国历史上少有的官场"不倒翁"。冯道历经桀燕皇帝刘守光、后唐庄宗李存勖、后唐明宗李嗣源、后唐闵帝李从厚、后唐末帝李从珂、后晋高祖石敬瑭、后晋出帝石重贵、辽太宗耶律德光、后汉高祖刘知远、后周太祖郭威十朝,拜相二十余年,基本上在每朝都受重用。他像墙头上的草,随风倒,谁硬,谁有势力,他就投奔谁。

冯道历任中央和地方官职如幽州节度巡官、河东节度巡官、掌书记、摄幽府参军、试大理评事、翰林学士、端明殿学士、集贤殿大学士、太傅、太师等等达四十余种之多。官越做越大,爵越封越高,上耀祖宗,下荫子弟。他写道:"时开一卷,时饮一杯,食味、别声、被色,老安于当代耶!老而自乐,何乐如之?"然而,在文中他也承认自己的一生"奉身即有余矣,为时乃不足"。

冯道,882—954

冯道为人刻苦俭约。在晋梁交战前线,他在军中只搭一茅屋,室内不设床席,睡觉仅用一捆牧草。诸将送他在战争中掠得的美女,他无法推却时就安置于别室,等找到她原来的亲人后再送回去。他因父丧丁忧期间,遇到饥荒,他就尽自己所有用来救济乡里,亲自种田背柴。有因人力不足而致田地荒芜的人家,他就不声不响地在夜里帮助耕种,事后人家前来感谢,他说这完全是应该做做的。守孝期满,后唐朝廷重新任命他为翰林学士,他赴任途中走到汴州时,正遇上赵在礼魏州兵变后李嗣源带兵进攻首都洛阳,孔循劝他等到局势明朗后再走,他认为奉诏赴阙,不可擅留,依旧快速赶赴京师。

冯道是有名的书虫,他饱读圣贤之书,几乎到了如饥似渴的程度。他从小酷爱读书,对吃穿从不挑剔,即使是大雪封门时也记着读书为重。他好学能文,主持校订了《九经》文字,雕版印书,世称"五代蓝本",为我国官府正式刻印书籍之始。

冯道自称"无才无德痴顽老子"。他从道家老子的"无为"中悟出了"为官之道",从"上善若水"中悟出随波逐流。他在《偶作》中写道:

> 莫为危时便怆神,前程往往有期因。
> 须知海岳归明主,未必乾坤陷吉人。
> 道德几时曾去世,舟车何处不通津。
> 但教方寸无诸恶,狼虎丛中也立身。

第一节 权力概述

权力(power)来自拉丁语 potestsa 或 potentia,引申自拉丁语动词 potere。虽然权力现象是一种最具普遍意义的社会现象,本来应该是管理学、领导学、组织行为学研究的核心内容之一,但事实上国内外都对之缺少深入的研究。

一、权力的定义

在西方,柏拉图、亚里士多德、马基雅维利等人都曾直接或间接讨论到权力。例如柏拉图与亚里士多德认为,哲学性的知识或公民制定的法律,都可为政治权力的来源,而由一人、少数寡头或多数人所掌握。20世纪初,英国著名的思想家伯特兰·罗素开创了权力科学的先河,第一次试图从科学的角度去研究权力。他对权力最先下了明确的定义,他认为权力是故意作用的产物。当甲能够故意对乙的行为产生作用时,甲便具有对乙的权力。权力是某些人对他人产生预期或预见效果的能力。罗素又进一步将权力分为对人的权力和对事物或非人类生活方式的权力。

在罗素之后,不同学科、不同学派的学者根据自己的研究侧重点对权力下了各种各样的定义,可以分成强制论,如韦伯;约束力论,如帕森斯;影响力论,如达尔等。

(1) 在《不列颠百科全书》中,权力被视为一种关系,是指一个人或许多人的行为使另一个人或其他许多人的行为发生改变的一种关系。

(2) 法国管理学家法约尔认为,权力是指下达命令并强迫别人服从的力量。法约尔指出,避免滥用权力的最好办法是提高个人的素质,特别是提高其道德方面的素质,因此,主管人员的权力除了取决于职位以外,还受其智慧、经验、道德品质等方面的影响。

(3) 罗宾斯认为权力一般而言是指一种能力,具体是指某人影响其他的人做其原本或许不愿做的行为的一种能力,并指出该定义有三种内涵:a. 权力是一种潜力,不需要具体实现。也就是说权力可以存而不用,一个人拥有权力但不一定要行使它。b. 权力间有依赖关系,B方越依赖A方,其中起决定作用的A方的权力就越大,被动者对其自身行为有一定判断力。A让B做其原本可能不会做的事情,那就意味着B在作出选择的时候,是经过判断的。c. 权力是被影响的人对其自身能力的一种判断力。

(4) 韦伯认为任何一种组织都是以某种形式的权力为基础的,如果没有权力,组织就不能实现目标,所以,权力是组织规范发挥作用的保证,"权力是这样一种可能性,即社会关系之内的一个活动者尽管会遇到抵抗仍会实现他自己的意旨,不管这种可能性所依赖的基础是什么"。韦伯的权力概念既指在直接的社会互动中将某个人的意愿强加给另一个伙伴,也指将某个人的意愿强加给某个集体,不管这样做是否涉及直接的社会互动。不过韦伯自己将兴趣限制在后者,即某个人或几个人对一个社会或一个组织的支配。

(5) 帕森斯(Talcott Parsons)在对韦伯的定义进行研究后,指出韦伯的权力定义有两个明显的漏洞,第一是这个定义中已包含冲突和对抗的假设,A 克服了 B 的反对,就意味着 B 为了 A 的利益而牺牲了自己的利益,但忽略了权力关系可以是一种互惠关系的可能性,权力可能是一种有助于 AB 双方都实现其各自目标的手段。第二是把权力中相互作用的特性转变为权力主体的属性,只将权力作为一种人的能力进行考察,这是远远不够的。因此,作为结构功能论的创始人,帕森斯把权力视为一种系统资源。当根据各种义务与集体目标的关系而使这些义务合法化时,如果遇到顽抗理所当然就会有靠消极情境之采取强制实行的地方,权力是一种保证集体组织系统中各单位履行有约束力的义务的普遍化能力。可见,在帕森斯那里,权力是一种约束能力,这种能力的体现就在于当权力的实施遇到阻力时,它能够用消极制裁的方法来使其得以继续实施下去。

(6) 达尔(Robert A. Dahl)在《现代政治分析》中将权力、影响力、权威、控制、说服、强制等一系列相关术语糅合成一个综合性概念。影响力术语,指用于表述权力的概念。达尔受到韦伯的影响极大,他提出权力并不是个人所拥有的什么,而是人与人之间的一种关系,进而提出了权力的定义:甲对乙拥有权力是指甲能使乙做乙本来不一定去做的。权力是使行为发生变化的直接原因,没有权力的存在,这种行为本不会发生。西蒙将达尔的定义归为:A 的行为引起 B 的行为。

(7) 法国著名的组织理论大师克罗齐耶(Michel Crozier)对达尔关于权力的研究进行了概括:A 对于 B 的权力,是 A 在与 B 的协商中使交换期限对自己有利的一种能力。权力是一方在与另一方的关系中获得对自己有利的交换条件的能力,权力关系可以被认为是双方参与的一种交换关系和协商关系。

(8) 伯恩斯从资源和动机的关系上来说明权力。伯恩斯在《领袖论》中提出"权力 = 动机 + 资源"的公式,他指出,从任何方面讲,权力的基本作用都是一样的,当权者用他们的权力基础内的资源来实现他们的动机。

在中国古代,人们对权力的研究主要集中在如何运用上,有关权术、权谋和权智的论述较多,对权力现象的研究却是零散的,缺乏系统性和科学性。孔子在《论语》中曾以"足食、足兵、民信"提出了统治者所必需的三项权力资源,它分别代表经济条件、军事实力和政治的合规性。韩非子更是以"势"的概念定义权力资源,区分了物质性资源("天造之势",如国土资源等)与非物质性资源("人设之势",如政体、法令、统治策略的优劣)等,并成为法家思想的集大成者。

魏宏在其《权力论》中,从《广雅·释器》《孟子·梁惠王上》开始,结合西方文献对权力的定义进行了梳理(2011)。他认为权力的定义有力量说、能力说、关系论、决策论、预测论、控制论、协商论、特例论、结果论、信息论、财富论。权力所反映的是人与人之间的支配与服从关系。

通过以上的分析,我们给权力的定义是:个体在组织中施加影响,整合资源实现自身利益最大化的一种能力。权力是潜在的,无需通过实践来证明其有效性,同时,权力需要一种依赖关系,其本质特征是具有强制性、支配性和影响性。

在现实生活中,我们应该把权力与权利区分开。两者的主要区别是:(1)行使的主体不同。"权力"的拥有者可以是国家机构或是社会组织,也可以是通过法定程序获得授权的个人;而享有"权利"的是接受管理的公民个人。(2)处理方式不同。权利一般可以放弃和转让,而权力一旦获得便不能放弃和转让,但会丧失。权利是被赋予的恒定的概念,权力获得后也可以丧失。(3)影响方式不同。"权力"是主宰别人的工具,带有某种强制性;"权利"是保护自己的工具,它一切从自身出发,依照法律获取。(4)承载的社会功能不同。权利一般体现私人利益,权力一般体现组织的公共利益。

关于权力与影响的关系,福尔曼(Frooman,1999)认为,当把权力看作一种关系时,就是把权力看作一种影响,因为这种关系的本质就是一方对另一方的影响。维勒(Willer,1997)认为,权力与影响的区别在于权力是可以通过强制方式实现自己的愿望或满足自己的需求,而影响不包括强制的手段。佩费(Pfeffer,1996)指出了权力与影响的另一个不同之处:权力是可以让别人做事情的能力,影响是正在使用的权力。巴恩斯(Barnes,2000)指出,权力是我们所拥有的东西,影响是我们通过行动而得到的东西。在描述影响时,巴恩斯发现了两个不同的类型:接受型影响和表达型影响。询问、倾听、调和等属于接受型影响;告知、出售、谈判等属于表达型影响。

二、权力的来源和分类

个体或其所在的组织是如何获得影响他人的能力的?

布劳(Peter M. Blau)在《社会生活中的交换与权力》中提出,个人或群体可以通过四种方式获得独立性:互换;一种必要的服务可从替代来源获得;运用强制力量迫使别人拿出必要的利益或服务的能力;抑制对这些利益的需要。如果人们不能满足这四个条件中的任何一个,某一个能提供他们需要的人就获得了支配他们的权力。权力源于单方面提供有价值的服务从而交换不公平,即如果某人有规律地提供给他人在别处不能随时获得的必需的服务,而其他人单方面的依赖则迫使他们服从这个人的要求,一旦它停止继续满足其需要,权力关系就产生了。

巴恩斯(2000)描述了更加详细的权力的来源:合法的;有代表性的(可以代表一些人或一个组织);信息;名誉;关系;精神魅力;个人权力(自信,责任感)等。根据巴恩斯的理论,影响是应用这些权力的来源去影响别人。

美国管理心理学家弗兰奇(French)和雷文(Raven)在1959年合著的《社会权力的基础》一文中指出,权力按来源分析由强制、奖赏、法定、专家和参照五种构成。弗兰奇和雷文对权力的来源及分类的论述具有代表性:

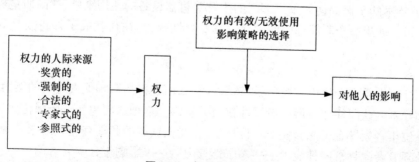

图11-1 领导者权力构成

(1) 奖赏性权力

奖赏性权力是指个体通过奖赏他人所作出的令人满意的行为而影响他们行为的能力。例如,下属根据对领导者所能够给予的奖赏——赞扬、提升、金钱、休假等评价来遵循他的要求或者指示。一位在部门中负责分配功绩酬劳的领导者就对该部门的员工有着奖赏性权力。相应地,员工遵循领导者对他们行为的要求是因为他们希望会因此而得到奖赏。

(2) 强制性权力

强制性权力是指个体通过惩罚他人的不尽如人意的行为来影响他们的行为的能力。例如,下属服从领导者指示是因为他们认为如果对这些指示的反应不积极的话他们将会受到惩罚。惩罚的形式有申斥、分配给不称心如意的工作、更严的监督、对工作规则更为严格的执行、暂时无薪停职等。组织的最大惩罚就是将员工开除。

然而,惩罚也有着不尽如人意的副作用。譬如,一名因为工作质量差而受到正式斥责的员工会利用其他方式(而不是组织明确要求的那种方式),如拒绝执行这一任务、篡改工作报告或者经常擅离职守来逃避惩罚。

(3) 合法性权力

合法性权力通常是指一个领导者由于他在组织中的正式职位而影响下属的行为的能力。下属响应这种影响是因为他们承认领导者具有进行特定行为的合法权力。

合法性权力是一个重要的组织概念。其最典型的例子就是领导者被授权在一个特定的职责范围如客户服务、质量控制、市场营销或会计中作出决策。这一职责范围实际上就界定了领导者可以通过合法权力来影响他人的行动。领导者越是远离自己具体的职责范围,其合法权力就会越微弱。员工对于领导者权力的实施有一个范围,在这个范围内员工会接受特定的指示并且不对领导者的权力产生疑问,同时领导者也有着相当大的合法性权力来影响下属的行为。然而,在这一范围之外,合法性权力会迅速消失。例如,一位秘书可以毫无疑问地为领导者打印信件、接电话、处理邮件以及处理其他类似的工作。但是,如果领导者让秘书在下班后一起出去喝酒,秘书就可能会拒绝这一要求。很显然,领导者的这种要求已经在秘书的本职范围之外,他没有合法性权力使秘书执行这一要求。

(4) 专家性权力

专家性权力是个体因为已被认可的能力、才干或专门的知识而获得的影响他人行为的能力。如果领导者可以在对下属的任务的执行、分析、评价和控制中体现出自己的能力,他们将获得专家性权力。学校领导有没有较强的教学能力?财务部门的领导对财务制度、财务技术的掌握如何?生产部门的主管对机器设备的使用维修、产品质量等有没有过硬的知识?如果一个职能部门的领导没有专家性权力,往往就成了外行人领导内行人的局面。

(5) 参照性权力

参照性权力是指个体由于被尊敬、钦佩或喜欢而获得的影响他人行为的能力。例如,下属对领导者的认同往往是形成参照性权力的基础。这种认同包括下属想仿效领导者的愿望。一位年轻领导者可能会模仿一位年长的、受人钦佩的和很有经验的领导者,于是这位年长的领导者就具有一种能力——参照性权力——来影响年轻领导者的行为。参照性权力通常是那些具有令人钦佩的人格特征、个人魅力或享有声望的个体所拥有的,所以通常都是政治领导人、电影明星、运动人士或其他众所周知的个体具有这种权力（因此他们被用在广告中来影响消费者行为）。然而领导者和员工也会由于他们人格的力量而拥有相当的参照性权力，上述权力基础中，法定权力和奖赏权力可能与组织中的员工对上司的满意度、组织承诺以及绩效无关，并且，强制权力可能会因为员工对上司的满意度、组织承诺不满而出现负面作用和消极影响。

三、权力的特征

在现实生活和工作中，权力发挥着广泛的影响力。权力具有以下特征：

（一）依赖性

权力的核心是依赖关系（Mintzberg，1983）。依赖关系的产生是权力的来源。组织中之所以一方对另一方拥有依赖关系，就在于双方拥有的资源不同，这种不同不仅可以体现双方拥有资源的量的不同，还可以体现双方拥有资源的质的不同。组织管理中应注意形成适度的依赖关系，既要避免引发过多的组织政治行为，又要避免组织僵化。管理者指挥控制的核心基础是权力的获得和分配，组织中的每一方都有意争夺资源的拥有权，增强自己拥有的资源在组织中的重要性，提升自己竞争的优势地位。如果组织中各方没有一个相对稳定的依赖关系，会造成组织内信任度低，员工的职权和行为的范围缺乏明确的界定。这在整体上，会使组织的整合程度降低，容易诱使组织中出现大规模的政治行为（如游说、贿赂、集体行动等），造成组织一定程度的混乱，从而降低组织效率。另一方面也可以看出，如果依赖关系过于稳定和僵化，则组织中会形成既得者利益，从而可能造成组织以资源重新分配为表现形式的变革的障碍。

（二）内隐性

权力是组织中一种无形的、潜在的力量。虽然看不见它的存在，但其影响却能让人感觉得到。

（三）动态变化

没有绝对的不变的权力，权力是动态的，它的大小随时间的变化而变化，其使用效果亦依情景和作用对象的变化而变化。例如，一个管理者可能强烈地影响一名下属的行为，但他却不能同时影响其他人员。管理者可能就其下属而言有权力，但却无法影响其他部门的雇员的行为。

（四）双向的网状结构

权力存在于两个或多个人之间相互作用的关系当中，当组织成员之间的相互作用出现不平衡时，权力关系就出现了，权力关系双方可区分为作用者和作用对象。它除了是职权和角色关系的表现形式（组织权力）之外，还是组织内成员间相互作用的表现形式，因而权力在纵向和横向上都能发挥作用。

组织中的权力关系非单向层级结构中上级对下级的关系，而是一种双向的网状结构。"双向"意味着不仅上级对下级拥有权力，同时层级结构组织的同级之间以及下级对上级也拥有权力。"网状"则是由各方之间相互拥有权力的关系是扭结起来的，双向网状结构构成组织中复杂的权力关系形式，这进一步证明了组织是各要素所有者相互依存的有机共同体，因此对组织中权力关系的把握比组织中的控制、命令、指挥等更能从根本上洞察组织的本质。组织的本质是协作关系，协作关系直接来源于要素的异质性，要素的异质性也是组织中权力关系产生的基础性原因,由此也决定了联结组织中各种要素所有者的各结点的关系内涵是不同的。

(五) 整合性

丰富组织中的权力类型有利于提高组织的整合度。组织是以实现共同利益为目标,具有一定结构的协作共同体。依赖关系作为共同体存在的黏合剂,丰富的权力类型可以增强组织的整合度。比如,领导者具有强制性权力、奖赏性权力,如对下属还具有专家性权力或参照性权力,则更有可能调动下属工作热情,提高工作绩效;又如,领导者对下属具有奖赏性权力,而下属对领导者又具有专家性权力,则双方会形成更加牢固的权力关系,提高了组织的整合度,因而对提高组织的效率是有益的。

(六) 政治性

个体在组织中活动,离不开对权力的支配和使用,当个体将手中的权力付诸实施时,政治行为就产生了。政治是行使权力者为维护自身或组织的利益而采取的一种特定行为及由此形成的特定关系。当代政治学、国际政治学对政治的研究中,对权力如何影响政治进行的研究比较深入。其中,孙中山对"political"如何翻译时提出"政治"一词,认为"政就是众人之事,治就是管理,管理众人之事,就是政治。"

政治行为存在于任何不同的组织形态中。如果个体认为组织中允许存在的过多的政治行为影响了个体业绩作用的发挥,就可能会对个体的职业成就带来一定的负面影响。而这种影响客观存在。

四、权力的获得

关于权力来源,也有不同的认识,例如,韦伯认为权力者根据习惯、制度以及个人特质可以拥有不同的权力;巴纳德认为权力可以从职务和个人两个方面来获取;中国学者陆德山认为权力的来源有三个:人性、人与自然的关系和人与人的关系;赫尔雷格尔(Don Hellriegel)、斯洛克姆(J. W. Slocum)、伍德曼(Richard W. Woodman)认为,大体上,组织中的权力来源可以被归纳为人际和结构两个方面;美国的伯恩斯强调:"权力的两个必备条件就是动机和资源。二者是相互联系的,缺少动机,资源的力量就会减少;缺少资源,动机就会成为空话。二者缺少任何一个,权力就会崩溃"。

权力的大小是个人职业成就的直接表现。获得权力因此成为个人职业生涯发展的目标。获得权力的多寡,恰恰与个人在不同阶段能够取得的职业成就有着比较紧密的联系。影响获得权力的因素有:

(一) 获得上级认可的业绩

传统观念认为,只要有好的业绩,就能获得相应的权力。然而,实际经验显示,个人所取得的良好的工作成果与职业成就并没有必然的因果联系。比取得业绩更为重要的,是业绩受到来自上级的认可。

工作成果的表现与上级部门对工作成果的态度至关重要。一方面,从社会心理学角度研究显示,工作成果是否出色,需要得到上级部门的理解和认可。在出色完成任务的同时,还需要了解上级部门对待该项任务的态度和想法,强调自己做得好的方面,从而得到上级部门的建议和支持。然而,一旦个人被认为在当前的岗位其已发挥了很高的工作效率时,多数情况下上级部门很难认为其是更高职位的候选人。

（二）上级提拔的愿望

除了工作业绩、文凭、所在岗位已任职长短、平时的工作表现等都影响到上级的主观判断,这所带来的直接影响是上级在对个人提拔的主观愿望是否更强烈,从而直接影响到个人的职位升迁。

（三）建立并发展人际关系网络

所谓人际关系,社会学将其定义为人们在生产或生活活动过程中所建立的一种社会关系;心理学将其定义为人与人在交往中建立的直接的心理上的联系;中文常将其作为人与人交往关系的总称,也被称为"人际交往"。

人际关系网常被称为社会资本,对个人职业生涯发展起到直接的作用,可以使个人的能见度更大,提升的可能性更高,而当权力上升时,人际关系网也更为有效。发展人际关系网络是一项非常重要的技能,它包括对人际关系网络的建立、维护和使用,对希望获得更多、更大权力的个体来说,做好人际关系的维护和使用,重在规划。

（四）获得并控制资源

资源是权力的直接来源。这里指的资源是组织中的财力和人力。在组织中,个人的权力与以下三方面有直接关系,即是否控制组织中更多的人员,是否涉及更大资金,以及是否覆盖更大的业务面。

在职业发展生涯中,个体需要根据自身的实际情况,积极寻找和利用这些资源。个体控制的资源越多,别人就认为其的权力越大。这里,资源可以指任何有价值的东西,如预算、投资、人事、工资、奖金等,甚至包括对度假地的分配。对资源的拥有本身并不能说明一个人就此拥有了权力,只有实现了对资源的有效控制,掌握了权力的基础,才能说明个体真正拥有了权力。

（五）个人素质和技能

个人品质是可以改变的,在对权力有了客观的了解后,个体获得了改变并获得更多权力的主观动力。社会心理学告诉我们,人对自身弱点总是持掩饰态度,缺乏直接面对的勇气。而获得权力需要我们不断从他人处了解自身的不足,承认不足,并直接去面对。这需要很强的意愿和技能。斯坦福大学组织行为学教授菲佛将有助于获得权力的个人素质和技能归纳为以下七个方面。

(1) 雄心。达到目标的持续动力和强大意愿。

(2) 精力。实现目标所需的身体体能及精神状态。

(3) 专注。注意力集中到特定的行业或公司、有限的活动或技能,以及特定的任务或最重要的活动上。

(4) 自知之明和反省。了解自己的弱势,并坚持有针对性地不断学习和思考。

(5) 外显的自信和能力。对自身工作价值充满信心并付诸行动。

(6) 换位思考。在追求自身目标的同时,了解他人的想法,站在他人的角度思考,从而赢得他人的支持,减少反馈的可能性。

(7) 解决冲突能力。有效处理困难的、充满冲突和压力的环境。

五、权力的心理影响机制

权力主要通过认知机制、动机机制和情感机制影响组织中个体的行为。

(一) 认知机制

权力对组织中个体行为的影响往往通过刻板印象、信息加工方式、自我认知、认知偏差和解释水平等产生作用。

权力往往会强化刻板印象,使高权力者对低权力者形成偏见和歧视,从而既实现控制的目的,又强化自身的权力。

只有组织中的权力者意识到自身的责任,才会减少对下属的刻板印象。权力使权力者的信息加工更为抽象,更全局化,使权力者更抽象地表征客体,在更高层次上进行类化,这一特征使高权力者在有意识或无意识的思维下能作出同样好的决策。

权力增加自信,使权力者更依赖自身的态度和想法,对自身的内在状态更为敏感,较少受环境和他人的影响,显得非常自我聚焦,认为自己比他人更有价值、更重要,这使权力者在追求目标的过程中更为坚定,更难被说服,在人际互动中较少关注他人,容易将他人去人性化和客体化。

权力导致虚幻控制感,而这种控制幻象中介了权力对自我提升、乐观主义、自尊,以及行为导向的影响。

权力强化了"计划谬论",导致权力者更为乐观地预测完成任务的时间。权力还可以改变个体对有价值客体的表征,与高权力者相比,低权力者总体上对与金钱价值有关客体(如硬币、筹码)的尺寸估计过高,产生强化偏差,以补偿权力的缺失。

权力使人产生主观分离感,努力使自己区别于他人,所以高权力者对他人有心理距离感。根据解释水平理论,这种权力所导致的心理距离的增加使得高权力者采取远端视角,抽象地表征客体和加工可获得的信息(Smith 等,2006),而且权力者的独特性寻求行为也基于此。

(二) 动机机制

对权力的需求和渴望是人类的一种基本动机,这一点有助于我们广泛地理解领导力、地位、支配渴望,甚至生理状态之间的联系。

人们之所以渴望权力是为了有效地应对环境、控制环境,取得预期效果。

对权力的需求可以导致不同的信念和行为。在官僚导向的组织机构中,权力动机高的人通常在行为抑制或责任方面的得分也非常高,这些人往往想晋升到领导职位,因为他们有能力树立团队精神,激发下属斗志。而在一些特定的群体中,权力动机与各种冲动性行为密切相关,如醉酒、滥用药物、挑衅等。正如前面所论述的,权力对决策的影响受到权力动机的调节,而由权力所导致的印象形成偏差也可以认为是权力动机的表现。

(三) 情感机制

权力对情感的影响相当复杂,有的研究表明,不仅个体自身的情感会受权力的影响,而且在一些权力效应中情感还起着中介作用,但有的研究则证实权力并不影响情感。

权力在对谈判、人际互动等行为的影响中,情感机制非常显著。一方面高权力对应于正面情感,低权力对应于负面情感;随着权力的提升,个体的正面情感逐渐增强,而随着权力的下降,个体的负面情感逐渐增强。另一方面,在具体情境中,不同权力者的情感表达不尽相同。

高权力者较少表现出愤怒和沮丧,但是在面对负面结果时,会表现得更为愤怒,而这时低权力者则表现得更为负疚和悲伤;在面对积极结果时,高权力者感觉更为自豪,而低权力者则感激之情溢于言表。

与此相反,伯达尔(J. L. Berdahl 和 Martorana(2006))指出,低权力者往往体验到的愤怒多于负疚,而高权力者体验到的负疚多于愤怒。在谈判过程中,面对愤怒的对手,高权力者不易受到其情感的影响,作出的让步较小,而低权力者易受对手情感的影响,作出的让步更大。

也有一些学者的研究显示,无论怎样启动权力感,权力都不会影响整体情感(Smith 等,2006;Karremans 等,2010;Lammers 等,2010),而且其中介效应也不显著(Smith 等,2008;Rucker 等,2011)。

为什么会出现如此矛盾的结论? Berdahl 和 Martorana(2006)给出了一种解释,即当决策或互动涉及相对无意义的选择或行动时,权力的情感效应很可能非常弱。只有当选择或行动有意义的时候,权力的情感效应才会体现出来。

同时他们还指出,相对于控制他人的结果,权力者有机会运用这种控制来进行自我满足,这会增强其正面情感,但是随之而来的是对他人的责任,这意味着一种负担,因而会增强负面情感。

同样,缺乏权力伴随着对他人的相对依赖,这可能增强负面情感,但这也意味着对他人没有责任,这可能是愉悦的,从而增强正面情感。

本书认为,结论的不一致也许与权力感的启动方式有关系,我们发现不支持权力的情感效应的研究大多采用回忆过去的权力体验的方式启动权力感,也许这种启动方式对于很多权力效应研究来说非常有效,但显然在研究权力的情感效应时,回忆的方式未必有效,未来的研究有必要对此作进一步探索。

第二节 权力的应用

一、权力的配置

(一) 权力与职权

在组织中,个人的权力在组织结构中的表现是职权,这是个人权力在组织中得以生效的工具。权力在组织中的行使应遵循以下原则:

一是权限分明原则。组织系统中每个个体所在的每个职位的权限越清晰,系统越有效力。二是授权原则。组织应对每一位管理者适当授权,保证其行使权力的有效性。三是责权对等原则。工作的责任与可行使的权力相当。四是指挥统一性原则。组织中的个人仅对一个上级汇报工作。五是权力层次原则。组织中的管理者应在各自的授权范围内作出决定,不应请示上级作出决定。

(二) 集权与分权

集权是实现组织目标的权利配置的一种基本形态,是决策权在组织系统中较高层次上的一定程度的集中。集权是指一切权力都由最高层主管或部门所掌控,组织中的下级部门主要依据上级决定履行职责,对目标的最终达成不负最后责任。与此相对应,分权是指决策权在组织系统中较低层次上一定程度的分散。

集权与分权是形成组织内部权力关系的基本手段。一方面,为了保证组织目标的实现,保持组织行动的统一性,一定程度的集权是必要的,这是由组织目标所决定的;另一方面,为有效地实现组织目标,分权是必要的,是组织系统结构形成的基本特征。

在组织运行中,集权和分权是相对的,绝对的集权和绝对的分权都不可能维系组织的运行。影响集权与分权的主要因素有:

(1) 组织规模。组织规模越大,要解决的问题就越多,授权的可能性越大。

(2) 管理文化。权力的分散程度与组织创建的过程有直接的关系;员工价值文化取向对组织采用何种管理方式更为有效也有比较大的影响。

(3) 人员配置。分权需要一大批素质良好的中下层管理人员来接受权力。如果组织中缺少合格的管理人员,高层管理者就比较倾向于集权,依靠少数人来管理组织。

(4) 组织政治。分权不等于自治,从内部环境看,如果分权危及组织的生存与目标的实现,那么分权将被禁止。

在集权与分权之间恰当地权衡得失,取得良好的平衡,做到既放得开又管得住,是处理好集权与分权关系的核心。

在组织权力配置过程中经常发生一些错误。

1. 职权不清

组织中相互之间的职权不清,是引起摩擦及效率低下的最主要原因。缺乏对权力与责任的明确了解,意味着组织成员对自己在组织中应起的作用不清楚。这样,组织成员之间就会相互妒忌、推卸责任、争权夺利。

2. 过于集权

高层管理人员不愿下授权力,从而造成管理渠道阻塞,许多不重要的问题也都被提交给上级来处理,使高层管理人员埋头于细枝末节、处于连续不断的"救火"之中。在本应授权的范围内不授权显然是一个错误。

3. 分权不均

过多地将权力下放也有可能造成组织失败。高层管理人员必须保持必要的权力,特别是影响到整个组织的决策权。

4. 多头指挥

权力过于分散有可能破坏指挥的统一性。由于在一个组织中职能部门众多,他们对本组织中的其他部门都有一定程度的直线权力,若协调不好,下级部门或业务部门的管理人员就会发现他们除了受主管上级的领导外,还要受众多的具有职能权力的人员的指挥。

二、授权

(一) 授权的意义和作用

授权(empowerment)是组织中的领导者为实现组织目标,给员工和下属提供更多的自主权的过程。授权者对被授权者有指挥和监督之权,被授权者对授权者负有报告及完成任务的责任。授权实质上是将权力分派给其他人以完成特定任务的过程,它允许下属作出决策,也就是说,将决策的权力从组织中的一个层级移交至另一个层级,即由组织中较高的层级向较低的层级转移或转交。

授权具有四个特征：首先，其本质是上级对下级的决策权力的下放过程，是权力的再分配。其次，授权的前提是确保授权者与被授权者之间信息和知识共享的畅通。再次，授权也是一种文化。最后，授权是动态变化的。

授权带给组织的是一种全方位的转变，它使组织效率和员工的才能与创造力得到最大限度的发展。能够(1)使主管从日常事务中解脱出来，专心处理重大问题；(2)激发下属的工作热情，增强其责任心，提高效率；(3)增长下属的才干，有利于管理队伍的培养；(4)充分发挥下属的专长，以补救授权者自身的不足。

（二）授权的原则

为使授权行为达到良好的效果，需要灵活掌握以下原则：

1. 目的明确

不论采用何种形式，授权者都必须分派任务的目标及权责范围，没有明确目的的授权是无效的。需要指出的是，书面授权是组织设计中最有效的方式，权力分配者应对组织中各项职务的工作内容、权责范围均应用书面的形式予以明确，使授权者更容易看到各职务之间的关系，避免可能存在的矛盾和重叠，从而更好地确定其下属能够且应该负起责任的事项。

2. 范围适度

所授权力应为下属可以实施的，并在该层次属于比较重要的权限。掌握好授权的程度是权力分配的关键。授权过少，下属的积极性受到挫伤；授权过多，又会造成工作杂乱无章，甚至失去控制。因此，授权既要确保下属有责任可担，又要使下属能够担得起；要做到下授的权力正好够下属完成任务，而不是无原则地放权。

3. 权益对等

为了保证下属能够完成所分派的任务，并承担起相应的责任，授权者必须授予其充分的权力并许以相应的利益。有责无权，下属无法顺利地开展工作并承担应有的责任，授权仅是形式；有权而无责，可能出现滥用权力的现象。因此，授权必须是有职有权，还要做到职、权、责、利相当。权力太小是受权者无法尽责的普遍原因；权力过大则常常会造成对他人职权范围内事务的干涉；而缺乏利益驱动是被托付人不愿过多承担责任的主要原因。

4. 要求统一

授权者对全局性的问题应集中统一，直接决策，不授权下级；组织中部门之间应职责分明。每一主管都有其一定的管辖范围，不可将不属于自己权力范围之内的权力授予下级，以避免交叉指挥，打乱正常的上下级关系和管理秩序，造成管理混乱和效率低下。授权者如发现下属职权范围内的事务有问题，可以向下属询问、建议、指示，甚至在必要时命令下属、撤换下属，但不要越过下级去干涉下级职权范围内的事务，更不要越级授权，否则，会使直接下级失去对其职权范围内事务的有效控制，从而难以尽责。

组织活动中，授权者常常出现的心理障碍有：

（1）担心失去控制。当授权者将权力下授之后仍然需为下属的行为承担最后的责任，担心一旦失控将承担巨大风险。

（2）担心失去权威。授权是对授权者自身权力在一定程度上的削减，担心下属会不再听取授权者的领导。

(3) 害怕竞争。下属在授权后其成就有可能超过授权者,从而对授权者的地位构成威胁,授权者等于为自己培养了一个竞争对手。

(4) 迷恋工作。一些职业习惯会影响主管下授权力。他们以工作为乐趣,出于职业的偏好或善于从事该职业,几乎从未想过要把这些工作交给别人去做,专门训练又强化了他们的职业个性特征。即使他们授权给下属,也总是感到不放心、不踏实,一旦有可能,他们就尽可能自己做。

(5) 迷恋权力。授权者本身对权力有特别的偏好,喜欢自己掌握权力,热爱权力胜过热爱工作,管理对他们来说只意味着权力的行使。

(三) 有效授权

授权是组织行为中权力再分配的过程,会影响到组织结构和运行机制的转变,组织设计需要随之调整。这是一种全面的改变,而非单纯管理技术的推行,也往往是组织行为走向正规化、制度化管理的标志。有效授权需要关注以下几点:

一是任务标准化。根据组织目标,对工作进行分解、组合,对可授权的内容进行分析、分解,并以职位说明书等方式给予明确,从而明确授权的范围,确保授权的可行性。

二是任务定向分派。选择合适的被授权人,并分派任务。由于授权者对分派的职责负有最终的责任,慎重选择被授权人非常重要。应遵循"因事择人,视能授权"和"职以能授,爵以功授"的原则,避免出现不能胜任或不愿受权的现象。根据个人实际能力,组织决策者授予被授权人相应的权力和对等的责任:对既能干又肯干的,应充分授权,对适合干但能力有所欠缺或能力强但有可能滥用权力的,要适当保留决策权。

三是责任明确。授权人要求下属对分派的工作负全责。在获得授权后,下属的责任不仅包括有义务去完成所分派的工作并正确运用所委任的权力,也包括适时向授权者汇报任务的执行情况和成果。值得注意的是,下属所负的只是工作责任,而不是最终责任。授权者可以分派工作责任,但对组织的责任是不能分派的。对组织而言,下属只是协助授权者完成一定范围的任务,授权者对被托付人的行为负最终责任,在失误面前,授权者应首先承担责任。

四是适时监控。由于授权者对组织目标的实现负有最终责任,因此,授权不是弃权,授权者授予被托付人的只是代理权,而不是所有权,实施有效的监控是确保决策者授权生效的重要保障。因此,应建立反馈渠道,对下属任务执行情况、权力使用情况进行适时监督和检查,据此及时调整或收回所授权力。

三、权力的丧失

权力在获得后,不是一劳永逸的,在组织中已获得较高职位和权力的个体,如果不坚持和维护,权力会在冲突中再次消失,也会使交出实权的日子提前到来。因此,个体应学会有效化解权力之路上的冲突,也要学会避免失去权力。

(一) 权力持续的影响因素

研究表明,影响权力持续有以下三个因素:

1. 以自我为中心的"权力"心态

根据社会心理学家的分析,权力在握会使个体在更为积极地争取自己想要的东西的同时,减弱了自身遵循社会规则的倾向,在对待同事、下属时会显得过分自信,下属工作业绩、公司规章等客观存在的事物被看成是个体权力的作用,在理解同事或下属需求方面的敏感性大大降低,同时,对他人盲目信任,渐渐丧失了对职场政治动态的洞察力。这种无所不能的"权力"心态让个体总是以自己的立场看待他人,缺乏对他人的关注,这样的状态会让个体在无意识中渐渐丧失权力。

2. 缺乏对工作持续的关注

个体行使权力的过程中,会出现对一些主观不愿意但对开展工作非常重要的活动失去耐心;会对与日俱增的工作压力和一成不变的日常工作产生疲倦感,在关注组织中他人行为的过程中,渐渐放松警惕。

3. 迟钝的应变能力

个体在组织中,常常会因为恰当的权力运用而获得认可,这样的状态会助长个体对权力本身的过分迷恋。而一旦环境变化,个体会忽视根据处境对他人的需求及时、审慎地分析和判断,并采取应对措施的能力,仍然按图索骥实施应对,那么,此时的权力反而会使行使者丧失权力。

(二) 有效应对障碍

权力在行使过程中,必然会遇到诸多障碍,如何有效应对,这是个体持有权力的基础,回避冲突,是不负责任的做法。

1. 消除敌意

在组织活动中,持不同政见者的言行容易使个体产生愤怒、仇恨等心理感受,这会人为地制造出新的敌人,并且将注意力过分集中在一些对实现目标无关痛痒的其他事情上。因此,在通往目标的路径上,应坚持做好对实现目标至关重要的事,放下那些消极的负面心理感受。

2. 面对挫折的积极心态

社会心理学认为,个体面对权力斗争的失败,最典型的反应是责备自己。此时,个体需要消除强烈的情绪反应,重新开始对权力的追求,减少自身的负罪感,花时间去分析其中的利弊得失,让重新开始成为可能。

3. 利用好资源和人际网络

对资源的掌控是权力得以行使的重要标志。即使遇到障碍或面对挫折,另起炉灶转变领域,绝对不是什么明智之举,应该重新分析所掌控的资源的有效性,以及人际关系网络配置的合理性。

第三节 权力影响策略

Brass 和 Burkhardt(1993)发现,针对权力与影响在定义上的不同之处的研究只在理论上是有意义的,他们指出,学者们可能会找到确切的二者之间的区别,但是用来描述这些区别的文字都是我们平常所不经常用的文字。他们通过推理得出权力与影响在定义上没有什么明显的不同。在现实中,权力和影响是相辅相成的,二者不可分割。1980 年,Kipnis 和 Schmidt 将影响策略分为以下七种:决断(assertiveness)、以理服人(reasoning)、逢迎(ingratiation)、利益交换(exchange)、惩戒(sanction)、权威(high authority/upward appeal)及联盟(coalition)。权力影响策略理论只是在理论上探讨权力与影响在定义上的不同之处,而在实际应用过程中,很难区别哪些是权力策略,哪些是影响策略。同时,讨论权力策略、影响策略在实际应用中的不同也是没有意义的,因此在权力影响策略的相关研究中,一般都把权力与影响并在一起进行研究。

一、组织政治

福柯指出,传统的权力观一直强烈地关注着"由谁实施权力""对谁实施权力"这样的问题,而他认为权力问题的关键并不在于谁掌握了权力,而在于权力是如何发生的,或者说是关键在于权力是如何运作的。这就是权力的技术、权力的策略、权力的机制问题。本书认为,谁掌握了权力和如何运作权力都重要,后者可以称为权力策略,也可以称为权术。

政治概念的进一步抽象是从国家政治行为向政治行为中的权力抽象,认为政治是对权力的获得和运用。这使得政治活动的研究视野从国家走向更丰富的政治活动主体,如政党、工会、利益集团,直到公司这样的经济组织。

政治研究从国家这一特定的政治主体走向一般的政治主体,政治活动的利益色彩越来越重,从而使理论中的政治行为进一步向利益靠拢,产生了政治分配理论,使理论中的政治行为与直接而具体的利益分配机制联系起来,认为政治是涉及为社会进行的价值物的权威性分配的那一部分社会交往。这样,从政治活动的利益配置属性来规定政治的本质,指明了公司政治在公司这样的典型经济组织中的利益配置作用。

公司政治的利益配置作用还和权力的管理与协调功能直接相关,政治活动作为一种权力行为,特征之一是它在一定范围的社会整体中的社会经济活动中发挥管理与协调功能。在公司这一载体中,公司政治是公司实施有效管理所必须的。

公司政治通常在公司日常经营管理活动中加以体现,一般表现为公司内部的正式权力结构和非正式权力结构以及在这些权力结构下的政治行为。正式的权力结构由管理团队通过公司正式的行政控制体系发挥作用,主要包括规章制度的制定、组织机构的设置等方面;而非正式的权力结构则是公司内部存在的非正式组织及其运作规则,这些规则往往是潜在的、隐晦的,相对于正式的权力体系所遵循的规则而言,可以称之为潜规则。这些非正式的权力结构的组织载体主要是公司内部的非正式组织。

二、权术

在中国社会,探讨关于皇宫、官场等背景下的权力使用的方式方法的著作比较多。在这个过程中形成的成语就数不胜数,如与部分权术、治人谋略有关的词有:察言观色、恩威并行、软硬兼施、赏不逾时、丢卒保车、攻心计、笼心计、擒贼擒王、先发制人或后发制人、以柔克刚、请君入瓮、杀一儆百、杀鸡儆猴、投其所好、藏垢纳污、分化瓦解、激将计、欲擒故纵、欲取故予、无为而治、示之以利、先损后益、谨小慎微、大智若愚、隐忍待机、委曲求全、狐假虎威、因人施语、密藏不露、假痴不癫、吃亏是福、以迂为直、自污保身、韬光养晦、以退为进、狡兔三窟、让功避祸、装聋作哑、骑墙术、金蝉脱壳、随机应变,等等。

雍正帝驾驭封疆大吏的权术,可谓权术运用史上的典范。为了对边远地区实施有效控制,雍正采取了许多措施,其中一个最重要的方面是发挥密折制度的作用。雍正在藩邸日久,对地方官员的欺瞒了如指掌,他总是尽量听取更多人的奏言,从中找出事实真相。

如平籴厂一案,雍正从杨文乾、常赉、孔毓珣三个人的奏折中了解情况,并推断孔毓珣所说"未得事之真情",最终处理了将军。雍正还要求官员用密折汇报其他官员的官箴操守。雍正四年广东布政使常赉奏报孔毓珣、杨文乾等五人官声操守折,内称"巡抚杨文乾办事勇于有为,于地方利弊无不急于兴除,但每多任性,遇事过激"等语。这条奏折的朱批中,雍正对常赉给予杨文乾的评价不置可否,但夸奖道:"好。凡有见闻应如是,直陈莫畏,无隐方是否则耳目无所施用矣!"同样,雍正四年,杨文乾也上奏了常赉的官声操守,可见这种奏报体现的不是雍正对哪一个大臣的偏爱与信任,而是他想听到不同的声音,通过这些"耳目"有效地了解地方状况。对于广东这样的边疆地区,雍正不可能具体控制每一级官员的活动,但通过密折制度与官员间的相互纠参,他至少可以保证将军、督抚、道员一级的官员牢牢地处在自己的控制之中,使自身权力得到最大的延伸。

三、权力影响策略与组织权力

在对影响策略的选择因素进行的研究中,Brass 和 Burkhardt(1993)把影响策略与组织权力联系起来,指出有些策略与组织职位有关(例如武断策略),而有些策略与个人因素有关(如逢迎策略、以理服人策略)。不同的策略在组织结构的不同位置上被应用的频率是不同的,同时策略的选择还与以前所应用的策略结果有很大的关系,如 Bruins(1999)指出,策略的选择与以下五种因素有关:事态的不确定性;期待的目标;个人喜好;团队的交际气氛;个人对环境的认知。

四、权力影响策略的测评

杨百寅(1998)在美国位于阿拉巴马州的奥本大学的工作时,在 Kipnis 的研究基础上提出了专门针对项目管理者的权力影响策略模型,并编制了包含 31 个题目的权力影响测评量表(Power and Influence Tactics Scale)。在充分考虑到不同的权力影响策略以及这些策略所应用的不同环境因素的基础上,他提出了七种策略,并把它们应用在三个维度上。这三个维度分别为:权力的关系、相关利益、项目计划类型。杨百寅提出的这七种权力影响策略是:(1) 以理服人:对合作者采取劝服,逻辑推理或陈列事实的方式;(2) 咨询:让合作者参与决策或寻求合作者的意见;(3) 鼓舞:从合作者的情感、喜好和价值观方面对合作者进行精神上的鼓舞;(4) 关系网:通过争得与合作者有重要关系的人的帮助来影响合作者;(5) 讨价还价:与合作者进行利益交换(或者参考过去的利益交换);(6) 强制:直接发出命令或者威胁合作者;(7) 阻碍:有意采取行动(或拒绝采取行动)使合作者的努力无效。

约克(Yukl)在一些研究影响力策略的学者的成果之上(Falbe 和 Yukl,1992;Kipnis、Schmidt 和 Wilkinson,1980;Yukl,Seifert 和 Lucia,1992),开发了一个 11 项影响力策略(Yukl,Seyfert 和 Chavez,2008)模型:(1) 理性说服:运用逻辑论证和事实论据表明某个要求或方案是有好处的,并且与达成目标密切相关;(2) 告知引导:阐明执行某项任务或支持某个方案对对方是有好处的,或者有助于对方未来职业发展的;(3) 鼓舞人心的沟通:激发对方的价值观和理想,或调动对方的情感来获得其对某个要求或某个方案的承诺;(4) 平等商议:请求对方提出改进意见,帮助制订行动计划,并获得对方的完全支持;(5) 团结合作:在人们执行任务或同意变革方案的时候,提供必要的支持和资源;(6) 利益交换:在要求对方完成交付的任务时,承诺为对方提供其想要的东西,并且在稍后兑现其承诺;(7) 逢迎:在试图影响对方执行要求(请求)或获得其对某个方案的支持过程中,使用赞美和奉承的语言;(8) 个人友谊:基于个人友谊或对方的好心,要求(请求)对方执行一项任务或支持某个方案;(9) 强调合法性:寻求提出要求的合法性,或者证明自己有权利提出这个要求;(10) 强迫施压:运用要求、威胁、频繁检查或持续提醒来影响他人去完成任务;(11) 建立联盟:列出能够帮助自己影响对方的人员名单,通过这些人对你的要求或对方案的赞同来影响对方。前面四种策略是核心策略,其他七项策略对于引发服从是十分有用的,七项策略和四项核心策略结合使用,影响效果更好。约克不仅提出了11种权力影响策略,他还对如何使用这些策略提出了建议。约克认为,权力影响策略要达到理想的效果,应该根据文化、公司发展阶段、人际关系的不同,对权力影响策略两个或多个组合使用、使用顺序等进行认真的思考和行动。

孙海法(1998)曾研究中国组织内管理者影响策略的特点,选取能反映中国文化的影响计策编成题目,结合 Kipnis 和 Schmidt 的 POIS 量表做成调查问卷进行因素分析,发现了应变控制和温情说服两个正交因素,其中,应变控制类型策略包括利益交换、惩戒、决断、向上请求等策略;温情说服类型策略包括逢迎、以理服人、询问等策略。同时,他还研究了以五因素人格量表测量的管理者人格特征对影响策略应用的影响,结果发现管理者的人格对影响策略的选择有着非常大的影响。在此基础上,刘文雯等人(2004)着重强调了天时和地利两个环境策略,得出了具有中国文化特点的 12 种影响策略:天时、地利、以理服人、以情感人、结盟、利益交换、独断、以身作则、观念和行为规范等,并将它们归纳为两种类型:温和影响策略和控制影响策略。曹勇(2005)通过文献查阅、专家咨询、探索性因素分析、验证性因素分析、信度和效度检验等方法,对杨百寅(1998)编制的权力影响策略量表进行修正,确定在中国文化背景下项目管理人员的权力影响策略包括关系网、商谈、阻碍、强制、以理服人、鼓舞等 6 个维度。肖炳烜和梅雅宁(2006)将公司中的权力运用策略分为六种:审时度势、随机应变、合纵连横、恩威并施、借助外力、营造氛围。任浩(2011)将权力策略划分为八种进行论述:增加合法性和专家权、获得他人支持、控制信息流向、塑造良好形象、确定决策标准、使用外部专家、控制日程、使用委员会。

通过上述文献研究,我们发现关于权力影响策略的研究,涉及领导力、权力和影响力等方面的许多重要议题,对比国内的研究处于起步阶段,还有很多问题有待深入探索。例如,约克详细总结了组织中权力的分类和常见的权力影响策略的形式,这些权力影响互动的情况经常发生在领导与下属之间或同事之间,但目前还没有出现相关研究。当我们将分析焦点从个人层面转移到组织层面时,就会引出一系列全新的研究课题。西方已经有比较成熟的权力影响策略量表,但是这些量表在中国文化背景下效度又如何?我们需要花大力气对西方的量表进行修订。

> 思考题
>
> 1. 为什么权力在现实生活中很重要,但是国内外的深入研究并不多?
> 2. 如何理解权力的定义?
> 3. 试述权力的特征。

4. 怎样才能获得权力?
5. 试述权力影响个体行为的心理机制。
6. 怎样才能有效授权?
7. 如何认识中国历史上丰富多彩的权术?
8. 试述权力影响策略的种类和测评。
9. 分析一个企业案例,论述组织中决策者应如何做好对权力的配置。

工具:领导者权力驾驭能力测评

每一位成功的领导者都必须知道如何去博取注意与尊重,否则他对下属便不具影响力。然而太富侵略性也会留下不良的印象,导致别人不愿意和他沟通。你有统御力吗?你跋扈吗?你会像一只狮子般咆哮或像一只老鼠般吱吱叫,或制造任何不适宜的声音吗?

(1) 你大声说话吗?
　　A. 经常　　　　　　　B. 有时　　　　　　　C. 从不
(2) 当会议主席征求意见或评论时,你第一个发言吗?
　　A. 总是　　　　　　　B. 偶尔　　　　　　　C. 从不
(3) 当发现愚蠢的错误时,你会大发脾气吗?
　　A. 经常　　　　　　　B. 有时　　　　　　　C. 从不
(4) 关于你的同事或部属能否胜任的问题,你会表达强烈的意见吗?
　　A. 经常　　　　　　　B. 偶尔　　　　　　　C. 从不
(5) 你曾经用讥讽的话去批评别人吗?
　　A. 经常　　　　　　　B. 偶尔　　　　　　　C. 从不
(6) 在平时的谈话中,你会使用极不恭维的话吗?
　　A. 经常　　　　　　　B. 偶尔　　　　　　　C. 从不
(7) 当你的干部企图向你解释某件悠闲的事情时,你会打断他吗?
　　A. 经常　　　　　　　B. 有时　　　　　　　C. 从不
(8) 你曾经利用职位或身份上的优势压迫职位比你低的人吗?
　　A. 经常　　　　　　　B. 偶尔　　　　　　　C. 从不
(9) 当某一同事做了一件困扰你的事,你曾经冲到他的办公室将对他的看法告诉他吗?
　　A. 经常　　　　　　　B. 偶尔　　　　　　　C. 从不
(10) 代表身份地位的宽大办公室、高级轿车等对你的重要性如何?
　　A. 很重要　　　　　　B. 重要　　　　　　　C. 不重要
(11) 你是否相信"攻击是最好的防御",特别是在受到责难时?
　　A. 是的。
　　B. 偶尔——但我宁可倾听与保持沉默。
　　C. 从不——那不是我的风格。
(12) 你喜欢对部属展示你的权威——发号施令、惩戒、考核绩效、决定加薪?
　　A. 是的——那是工作满足的重要因素。

B. 也不尽然——我可以从良好的工作团队中获得更多的满足。

C. 不——我觉得这种事令人厌恶。

(13) 当你有困难待解决时,你曾听取有经验的同事或干部的忠告吗?

A. 很少——那是弱者的表现。

B. 经常——他们常有不错的点子。

C. 总是如此——他们的构想常比我的好。

(14) 当你在会议中或与人晤谈时觉得乏味,你会明显地表达出来吗?也就是说不时打哈欠、胡写乱画或者敲击桌子?

A. 经常——我不高兴时间被浪费掉。

B. 很少。

C. 未曾——我会做白日梦。

(15) 你会对人失去耐心吗?

A. 经常　　　　　　B. 偶尔　　　　　　C. 从不

(16) 你曾经在与同事争论后走出房门砰然关门吗?

A. 经常　　　　　　B. 很少　　　　　　C. 从不

(17) 你曾经愤然挂电话以终止争论吗?

A. 经常　　　　　　B. 很少　　　　　　C. 从不

(18) 你认为一个表现极差的演说者应该公开受辱吗?

A. 是的——下次他才会更加注意。

B. 只有在他故意误导听众时才如此。

C. 不。

(19) 你曾因干部穿了一件你认为不适合的衣服,或者你不能接受他的发型而惩罚他吗?

A. 经常　　　　　　B. 很少　　　　　　C. 从不

得分与评价:

答 A 得 3 分,答 B 得 2 分,答 C 不得分。

分数 51—61 分:你极具侵略性而且准备踩别人的肩膀出头,你这样无情只会妨碍你的前途——现今的人希望由一个能够受人信任与尊重的人来领导他们,而不是一个圆滑的老油条。

分数 36—50 分:有时在严重的压力下,你能够"超越巅峰,或者表现出马上可能会后悔的行为"。总体而言,你被认为是一个"坚毅的人"。

分数 14—35 分:你有点散漫,常常无法在必要时表现出自己的权威与自信。你可以接受一些领导技巧训练,对你现在一直逃避的那些状况,说不定有迎刃而解的功效。

分数 13 分以下者:你就像是门前的"擦鞋垫",愿意让人们踏着你而过,除非你把自己整合起来,开始作出领导者的样子,否则你的生存希望也是很渺茫的。

第十二章 决策行为

在学习、生活和工作中,经常需要作出判断和决策。管理的决策学派认为,决策贯彻于管理的全过程,管理就是决策。西蒙(H. A. Simon)认为,组织就是由作为决策者的人所组成的系统。一个组织的任何一个成员的第一个决策是参加或者不参加这个组织。他在作这个决策的过程中,要对他为组织所作的贡献(劳动或资本)和从组织得到的诱因进行比较,如果诱因大于贡献,他就可能参加。组织的成员在作出了参加该组织的决策以后,还要作出其他种种决策。而一个人在参加组织以后,其个人目标就逐渐退居第二位而从属于组织的目标。组织把其成员的某些决策权接收过来,代之以组织的决策。组织的全部管理活动的中心过程就是决策。制订计划以及在两个以上的备择计划中选择一个,都是决策;组织的设计、部门化方式的选择、决策权限的分配等是组织上的决策问题;将实际成绩同计划的比较、对控制手段的选择等是控制上的决策问题。

Herbert Alexander Simon, 1916—2001

案例
2015年中国股灾中的机构与散户行为

2015年6月12日,上证指数以5166点收盘。6月19日,周五,出现第一次暴跌,指数下跌307点,跌幅6.42%,指数报收4478点。各大媒体及舆论开始聚焦股市的巨幅波动。6月23日,周二,反弹98点,涨幅2.19%,很多前期出货的人开始进场。6月26日,周五,跌334点,跌幅7.4%,报收4192点,其中创业板暴跌9%,2 000多只股票跌停。散户们都意识到有点不对,准备离场了。6月29日,沪深两市逾1 500股跌停。沪指自本轮新高5 178.19点调整以来,10个交易日跌逾千点,跌幅达20%,基本达到牛熊边界线,救市呼声开始高涨。7月7日,开盘千只以上股票跌停,收盘沪指报3 727.12点,跌48.79点,跌幅1.29%。7月8日,大幅低开,报3 467.40点,跌259.72点,跌幅6.97%。深证成指报10 870.1点,下跌505.46点,跌幅4.44%。创业板报2 304.76点,跌幅2.01%。两市仅有7只股票上涨,3只股票涨停,1 300只股票跌停。1 400多家上市公司以不同理由停牌,超过A股总数一半。绝大多数散户忧心如焚。恐慌情绪同时传递到了海外股票市场,中概股一落千丈。国家层面开展综合救市行动,才让一些机构和个人恢复平静。

第一节 决 策 理 论

所谓决策,是在面临某种问题情况下,组织或个人为了实现某种目标,在两个以上的备择方案中,选择一个方案的分析判断过程。决策心理,是指管理者在决策中的心理现象、个性特征及其心理活动过程。决策作为一个思维活动过程,自始至终贯穿着决策者的心理过程,因此,决策与决策心理是密不可分的。决策心理对决策过程有着直接的影响,研究决策中的心理特点与规律,对于提高管理者的决策水平,并使决策得以顺利实施将起到重要作用。

一、经济学家视野中的决策理论

长期以来人类理性被视为物种进化的巨大成就,理性被作为人区别于其他动物最重要的特征之一。德国哲学家和数学家莱布尼兹曾经有一个梦想,他相信所有的理性思维都能用数学公式描述。他想象可以发明一种人类思维的符号系统,这样数学家就能解决所有的问题。这个设想似乎有些荒唐,但当代的很多经济学家却同样相信理性是客观的,是可以作数学分析的,他们在对有关推理和市场模型的研究中视人为理性决策者,认为人总是在追求个人利益的最大化,从而在有限的环境资源中努力作出最佳的决策。这就是传统经济学奉行的理性人假设。

很多年来,经济学中占主导地位的观点是用理性假设解释和预测人的行为。经济学历史上有许多相关理论用来解释人在不确定情形下的决策,其中冯·诺依曼(John Von Neumann)和摩根斯坦(Oskar Morgen Stern)的预期效用理论(expected utility theory)和萨维奇(Lennard Savage)的主观预期效用理论(subjectively expected utility theory)是很有影响的理论。他们都认为人的决策要同时考虑收益和获得收益的概率,决策者会选择二者乘积值大的方案,只不过前者考虑的是客观概率,而后者强调主观概率。

二、决策过程和问题解决

在心理学家看来,决策过程和问题解决是密切联系的。问题解决总要包括一定的决策,不过问题解决更侧重于产生想法,而决策侧重于从多种想法中加以选择。心理学家对人的决策心理也进行了大量研究,其中卡内曼(Daniel Kahneman)因在不确定情形下的判断和决策心理研究方面取得的卓越成果而与经济学家弗农·史密斯(Vernon L. Smith)分获 2002 年度经济学诺贝尔奖。卡内曼和特沃斯基(Amos Tversky)在以上经济学决策理论基础上提出前景理论(prospect theory)。他们的模型中除了考虑收益因素 1(通常用货币值表示)和概率因素 2(输赢的可能性因素)外,还增加了两个因素,一是问题表述的语境因素 3,另一个是人对前三个因素的内部加工因素 4。人们早就发现,决策者在面临风险时的决策与经济学家的标准理论计算不一致,特沃斯基和卡内曼(1981)的亚洲病问题已成为众所周知的经典实验,充分说明了问题表述方式对决策的影响。在卡内曼和特沃斯基(1984)的另一个实验中,他们问被试,如果一笔生意可以稳赚 800 美元,另一笔生意则为有 0.85 的概率赚 1000 美元,但有 0.15 的概率不赚分文,那么你愿意做哪笔生意?按照经济学家的决策理论,第一笔生意的期望值是 $1.00 * 800 = 800$ 美元,第二笔生意的期望值是 0.85*1000+0.15*0=850 美元。从计算结果看,应该做第二笔生意,但大多数被试都选择了不担风险的第一笔生意。这就是 Kahneman 和 Tversky 提出的人们厌恶风险的表现。这些研究表明,人并非经济学家描述的理性决策者,人在效用预测时经常发生错误。

卡内曼和特沃斯基认为被试面临选择时首先把给定的货币值转换成主观价值,再把给定的概率转化为决策权重,被试对货币值的转换有赖于他对问题的认知,后者又依赖问题的表述,但是概率的加权问题涉及数学计算问题,增加了人们的认知负荷,也增加了人们对该理论的理解难度,于是近期有新的理论描述人们的决策策略。如果说卡内曼和特沃斯基提出的展望理论是用自己的实验做证据的,另一位获诺贝尔经济学奖的心理学家西蒙则更多用逻辑分析对以上经济学家的理论质疑。他认为经济学家的决策理论没有考虑人的认知局限性,为此发明了"有限理性"(bounded rationality)这个术语。在现实世界中,一个好的决策不一定得是最佳的选择,只要是有效的选择就够了,人的信息加工系统只需要做到令人满意,不必最优化。"满意"(satisficing)概念假定个体会选择令他满意的物体,而不是无限制地搜索所有可能的选择,评估每种选择的概率和效用、计算期望值,然后选择分数最高的项目。他指出,任何动物的思维方式都有其认知局限性,而且有赖于其生存的环境,如田鼠的食物在自然界是随机分布的,因此它不需要复杂的搜索食物策略,而狮子的食物来源是有线索可寻的,所以如果它利用一些复杂的心理能力比如做计划,就很有好处。人们认为西蒙对决策研究主要有如下贡献,一是强调决策过程中的认知过程,认为决策理论应该尊重人的认知局限性;二是在概率判断研究中强调启发式"heuristics"的应用;三是在问题解决研究领域首先使用了一些方法,如大声思维和概念,如问题搜索空间。一些心理学家受到西蒙的影响,开始致力于研究人在决策中的启发式策略。

三、生态理性适应与认知

德国马普学会人类发展研究所的心理学家吉思泽(Gerd Gigerenzer)领导的研究小组 ABC(Adaptive Behavior and Cognition)就深受西蒙和卡内曼等人研究的影响,不过他们更推崇生态理性(ecological rationality)的概念,更进一步强调人的认知局限性是具有适应性的。他们认为,人脑确实可以做复杂的计算和记忆,但生物和社会进化使得我们具备了一套心理捷径,即一套作出快速反应的工具。在日常生活中我们常利用适应性工具箱(adaptive toolbox)作出决策,无须做复杂的理性计算。吉思泽及其同事发现了一些心理捷径或曰工具并进行了实验研究,他们发现这些心理捷径在做某些决策时非常有效。吉思泽等人指出,我们的头脑和我们的身体一样也是进化成型的,我们从祖先那里继承了他们思维方式中那些最适应生存和繁殖的心理工具。

在远古时代我们的祖先没有时间做精确的计算,一个耽于思考的祖先可能会失去他的食物、配偶甚至生命,因此人的心理工具是快速而且节省的,这使得我们能够根据很少的信息和运用简单的规则作出决策,而每种工具或启发式都是用来解决特定环境中的特定问题的,没有一种工具是通用的,策略是由问题而定的。虽然这些启发式用于解决不同的问题,但它们有共同的结构:首先,我们需要寻找环境中的信息和线索,然后据此作出决策,因此,启发式包括引导搜索的规则(searching rule);其次,我们必须懂得停止搜索,启发式也包括停止策略(stopping rule),即考虑到几条线索后就中止搜索;最后,我们必须作出决策(decision rule),比如,或吃或跑或攻击,但一旦我们作出了错误决策,速度带来的好处就消失了。

现实生活中人们在有意无意地运用这些启发式策略,并常得到令人满意的结果。需要注意的是,无论是有限理性还是生态理性的概念,都不是对理性的全盘否定,有时恰恰是人理性的表现。比如到了一个陌生的地方,大多数人会选择宾客盈门的餐馆,而不是去门可罗雀的餐馆。这种貌似从众、不经调查和计算的启发式策略,恰恰是明智之举。心理学家关于不确定情境下的决策研究的一个趋势是继续寻找更多的决策中的启发式策略,寻找这些启发式策略的产生背景和发展轨迹;另一个趋势是越来越多的心理学家在关注情绪和情感与决策的关系,而情绪以往是被排除在理性分析以外的。有的心理学家还提出了情感启发式(affect heuristics)策略。

以往人们认为,关于人类决策问题的研究,经济学家和心理学家的不同之处在于,经济学家假定环境资源是稀缺的,但认为人的心智资源是无限的;心理学家则认为人类的学习记忆以及决策都受到心理资源的限制,他们致力于研究人和其他动物适应环境的机制,而环境特征给人造成主观信息的超载。经济学家和心理学家似乎分别关注西蒙有限理性的两个重要方面:心理的限制和环境的结构。但是现在决策研究者的兴趣已经扩展到很多领域,决策研究和认知心理学的界限也逐渐模糊起来,两者关心的领域交叉部分越来越多,比如20世纪90年代Kahneman开始研究主观经验和决策的元认知问题,一些研究者则关注个人对自己和他人决策的评价、决策风格的个体差异等问题。决策研究与心理学、社会学、经济学、人类学、政治学的界限日趋淡化,对人类实践的指导意义也越来越大。

四、决策心理结构

决策心理结构非常复杂,在决策过程中,以下几个心理因素对决策有着较大的影响。

(一)感知过程

决策方案的制订、选择及实施过程均受到决策者感知过程的影响。首先,是否存在问题和是否有决策的需要是一个感知问题。例如,一个管理者可能认为他的工厂年生产能力提高了8%是一个严重的问题,需要采取行动解决可能存在的问题,而另一名管理者面对同样的情况,可能觉得很满意;其次,决策者的感知过程会影响他对信息的解释和评估,因此,不恰当的感知,可能使决策者错失与问题有关的信息而影响方案的制订。同时,由于对信息的不同过滤、加工和解释,感知还会影响决策者对方案的评价与选择。

(二)思维

思维贯穿于决策的整个过程,对决策有着最直接的影响,而且决策本身也是一个思维过程,良好的决策思维,是有效决策的前提和关键。

决策思维主要表现为:(1)对问题认识的全面性、客观性;(2)对信息掌握和判断的正确性与深刻性;(3)思维的系统性等。它们都直接关系到决策的正确性。首先,问题的提出与发现,需要决策者创造性思维的探寻;其次,面对问题,需要决策者进行深入的分析与综合,并在此基础上,善于运用直觉、想象、发散性思维等创造性的思维技术,从大量偶然性中探索寻找必然性,并制订与选择有效的决策方案;最后,在实施过程中,还需要决策者善于适应变化,运用灵活机动的思维方式方法,使问题得到最好的解决。

(三) 意志

决策行为往往与克服困难相联系,决策目标的确定、决策方案的制订,以及最终使方案得以顺利实施,均离不开决策者的意志过程。首先,在决策目标的确定阶段,往往存在着多种不同目的,而目的的确定并不是件容易的事,由此可能产生决策者的内心冲突和动机斗争,需要进行权衡比较,意志坚强的人能在此基础上,果断地作出决策,而意志薄弱的人往往优柔寡断,迟迟作不出决定,甚至在目标确定后,还可能轻易地改变;在决策的实施阶段,由于往往会遇到一些意想不到的困难,更需要决策者自觉地调节、支配自己的行为,要有战胜困难的勇气和决心,克服懒惰、恐惧、动摇等消极心理,使决策目标得以实现。

(四) 情感

决策还受到决策者情感的影响。情绪和情感作为心理活动的组织者,影响着其他的心理过程,包括促成知觉选择、监视信息的变化、影响工作记忆和思维活动等。沉稳、愉快的情感,会使决策者思维敏捷;抑郁的情绪,会降低大脑的兴奋性,而使思维迟钝,阻碍问题的顺利解决;过度兴奋也会妨碍合理的分析推理;暴躁的情绪情感,往往会使所作的决策草率而冲动;忧郁苦闷、悲观失望,又可能使所作的决策消极怠惰。因此,决策者应努力克服消极的情绪,培养、激发良好的情绪。

怀斯曼(Richard Wiseman)在一项研究中发现,有侥幸心理(beliefs in good luck)的个体倾向于从隐藏的信息中发掘有利的(正面的)信息,而没有此种心理的则不会这样做。他的结论是:现实中幸运的人通常都是乐观的人,现实中倒霉的人也常常是悲观的人,Belief in luck 对个体建立自尊有重要作用。在随后的研究中,Day & Maltby 使用 Beliefs in Good Luck 量表、Life Orientation 量表、Trait Hope 量表进行测量,发现侥幸心理与导向行为的积极目标(如希望)相关。在另一项实验中,Day & Maltby 测试了侥幸心理是否能预测个体对达到目标的自信程度。他们发现侥幸心理在个体制定目标、自我能力评价、动机等方面是很重要的影响因素。

第二节 决策的分类

由于社会活动的复杂性,人们的活动范围有大有小,所面临情况的复杂程度、要求达到的目标性质、实现目标的条件与后果等均不相同,因此,决策的方法多种多样,从不同的角度决策可分为不同的类型:

一、战略性决策与战术性决策

根据决策目标的远近、大小不同,决策可分为战略性决策与战术性决策。

(一) 战略性决策

随着我国经济体制改革和高技术应用的不断深入,人们日益注重有关企业管理与投资项目的发展战略与长期预测,管理决策的复杂性和阶段性越来越高,决策学家把包含较长时间维度、显著组织变革和较大资金与人力投入的决策任务称为战略性决策(strategci decisions)。常见的战略性决策有新技术引进决策、组织发展决策、新产品开发决策、金融投资与企业投资决策等。由于战略性决策包含高度的不确定性和风险性,又具有长远的、关键的意义,因此正在成为工商管理学、工业心理学和信息科学等学科所广泛重视的前沿研究领域。战略性决策的显著特征是其具有阶段性和渐进式。

以往研究提出了有关战略性决策机制的一系列理论模型，其中主要有理性分析模型、认知加工模型、渐进调节模型、群体动力模型和界面层次模型等。(1) 理性分析模型。理性分析模型认为，可以采用客观、定量化的指标对战略性决策的重要方面作出严格、准确的分析，从而解释决策的机制。这类模型比较忽视决策者行为和组织环境因素的动态变化，因而比较适合于相对规范的战略性决策分析。(2) 认知加工模型。认知加工模型着重于从人们有限的判断能力和认知信息加工能力出发，解释战略性决策行为，并提出各种有助于克服决策认知偏差的方法。这类模型认为，由于战略性决策信息的高度复杂性和不确定性，需要对决策信息加以结构化，同时，通过多种信息辅助，可以调节决策者采用的认知策略，改善信息利用程度，从而提高战略性决策的准确性和决策效能。(3) 渐进调节模型。渐进调节模型是在适应性理性的思想上发展起来的。这类模型集中于分析战略性决策循序渐进的演变过程，包括决策的起始、目标的运用、决策手段的适应，以及判断与选择方面的调整。渐进调节模型还把渐进演变的思想与决策能力的增强联系在一起，注重于在决策的各个阶段根据目标作出渐进式的评价、修正与调整，因此，渐进调节模型特别适合于解释时间跨度大、动态程度高的战略性决策机制。(4) 群体动力模型。群体动力模型认为，大多数战略决策都是在高层管理群体条件下进行的，因而需要考虑群体与组织动力因素对于决策过程的重要影响。这样，可以把战略性决策看成一种多个决策者相互作用、多种决策目标相互整合，以及多方利益相互冲突与协调的过程。(5) 界面层次模型。界面层次模型是在有关计算机系统开发决策的研究中发展起来的（王重鸣，1988），认为系统开发这类战略性决策包含着人员、系统和组织气氛等三个层面的因素，这些因素交互影响，决定了"人—系统—组织"界面的不确定性程度和界面层次水平，从而影响决策的效能。从一般意义上说，任何一种战略性决策都包含着人、技术系统和组织之间的关系或界面，因此，战略性决策的效能，在很大程度上取决于整个界面层次系统的优化。

上述理论模型从不同侧面解释了战略性决策的基本过程和机制，为深入进行有关战略性决策任务环境结构化研究和决策支持系统设计，提供了新的理论框架。

（二）战术性决策

战术性决策是宏观战略性决策的手段，是一种局部的对具体问题的决策，它需要解决的是组织的某个或某些具体部门在未来一段较短时间内的行动方案，因此，它是战略决策的落实，是在战略决策的指导下制订的，比战略性决策更为具体。

工商管理中的战术性决策主要指管理决策和业务决策。管理决策是指对企业的人力、资金、物资等资源进行合理配置，以及对经营组织机构加以调整改变的一种决策，如生产过程的合理组织、人事调整、资金筹措、材料的合理选择与使用等，它具有局部性、中期性与战术性的特点。业务决策是在一定的企业运行机制基础上，为提高日常工作效率和经济效益而进行的、处理日常业务的决策，如每日产量的安排、设备故障的排除、职工洗澡时间的排定等，它具有琐碎性、短期性与日常性的特点。管理决策和业务决策都必须为企业实现战略目标服务。

（三）战略性决策与战术性决策的关系

战略决策解决的是"干什么"的问题，战术决策解决的是"如何干"的问题，前者是根本性决策，后者是执行性决策，因此，不同层次管理者所承担的决策任务是不相同的，管理层次越高,战略性决策越多,而越是基层的管理者,战术性的决策(执行性决策)越多;大多数战略性决策比较复杂,难度较大;大多数战术性决策则是常规性的,难度相对较小。

二、稳定型决策、风险型决策和不稳定型决策

按决策后果的确定程度,可分为稳定型决策、风险型决策和不稳定型决策。

(一) 稳定型决策

所谓稳定型决策,是指决策者确知环境条件,而且每一种备择方案只有一种确定的执行后果的决策。在这类决策过程中,决策者只要根据已确定的目标,直接比较各种备择方案的执行结果就可以作出选择,如活期存款与定期存款的选择、最佳的一周购物预算等。

由于决策者的目标明确,信息齐全,不会受到其他人或自然事件的影响,因此执行结果是有把握的,所以,决策者应采用最优原则选择最佳方案,看准了,就全力去行动,不要贻误时机,这是稳定型决策的基本思考原则。

(二) 风险型决策

所谓风险型决策,是指决策者不能预先确知环境条件,每个备择方案会有不同的执行后果,无法确切地预测决策结果是成是败,因此不管哪个备择方案都有风险,但能够确定或推算每一种可能结果的概率,如新产品的开发,通过预测,可以确定销售概率,但现实如何,还要冒较大的风险,这种决策属于风险型决策。另外,如证券、有奖销售、保险、信贷投资等也均属于风险型决策。

风险决策过程是一个复杂的过程,它除了受到任务的复杂性、环境中的不确定性以及决策者的认知水平的影响,还受到决策者的职业经验、风险倾向以及决策者对问题构架的认知等影响。风险型决策由于要冒一定的风险,因此,需要更周密地考虑,应着重考虑以下四点:(1) 选择最有希望的方案行动,管理者通常可以运用决策树法作出判断。(2) 准备好必要的应变方案,以便在可能的不测事变发生时得以应付自如。(3) 运用各种主客观条件,尽量化险为夷。通过试点、实验,及时收集新的情报,使风险型决策转化为确定型决策。(4) 留有余地,要有最后的保险手段。就如同作战中的预备队,需要有投资建设中的后备金等。它们的作用不仅在于在决策实施的关键时刻可以保证决策胜利,而且万一失败,也可把损失减少到最低限度,并且安然向新的决策方案过渡。风险越大,上述四点考虑就越重要。风险型决策最忌讳孤注一掷。

(三) 不稳定型决策

所谓不稳定型决策,是指决策者不能预先确知环境条件,可能有哪几种状态和各种状态的概率均无从估计;由于环境条件的不稳定性,每个备择方案都有可能成功也可能失败,但均无法衡量其可能性到底有多大。这时的选择将受决策者心理导向的影响,管理者属于风险厌恶型还是风险接受型性质将是选择的关键因素。乐观的管理者会选择极大极大方案,即最大化最大可能收入,大中取大;悲观的管理者会追求极大极小方案,即最大化最小的可能收入,即小中取大;而希望最小化其最大遗憾的管理者会选择极小极大的方案。墨子结合实例,提出应该"利之中取大,害之中取小也",就是这个道理。此外,领导者应重点考虑以下四个方面:(1) 要"摸着石头过河"。这是领导者决策时最基本的原则,决定问题不要太匆忙,要留一个反复考虑的时间,最好过一段时候再看看,然后再决定。(2) 多方案并进。每个方案都要有原则差别,这样不仅成功的希望大了几倍,而且

纵然失败了,也能积累下更多的经验教训,为新的成功的决策打下良好的基础。(3) 步子不要太快。快了,"摸石头"也罢,多方案也罢,都失去了意义,即使方案基本正确,也会欲速而不达。(4) 要把力量集中在信息反馈上,要有灵敏、准确和有力的反馈措施,及时收集情报,及时总结经验教训,以便随时应变。当然,不管是什么决策,都要始终掌握"知彼知己,扬长避短,出奇制胜,动态对策"等思考方法。

三、经验决策与科学决策

根据决策程序和方式的科学性程度,决策可分为经验决策和科学决策。

(一) 经验决策

经验决策是指主要依靠决策者的智慧、阅历、学识,即决策者的经验和对未来的直觉进行的决策。在经验决策过程中,决策者的主观判断与价值观起着重要的作用。经验决策往往是个人化的行为,其特点是感性成分较多,理性成分较少,由于个人的经验总是有限的,因此经验决策容易产生局限性和片面性。

(二) 科学决策

科学决策是建立在某种客观规律基础上,严格实行科学的决策程序,运用科学的决策技术和科学的思维方法进行决断的过程。科学决策有一套严密程序:先进行大量的调查、分析、预测工作,接着在目标的基础上确定各种备择方案,再从可行性、满意性和可能后果等多方面分析、权衡各备择方案,最后进行方案择优和方案执行,并收集反馈信息。在整个决策过程中,大量准确而及时的情报信息是基础,另外需要充分利用现代化的决策技术,如运筹学、系统分析、系统工程学等,有时还需要借助现代化的决策工具,如电子数据处理系统(EDP)、管理信息系统(MIS)、决策支持系统(DSS)等。在科学决策中,决策者素质主要指决策群体的整体素质,如智囊团水平、决策法制化程度等,个人在其中的作用是有限的。

随着社会经济、科学技术的发展,人们所面临的问题越来越复杂,单纯依靠经验决策已难以适应现代社会的发展,因此,科学决策越来越受到人们重视,它的优越性也越来越明显。但经验决策是科学决策的基础和前提,科学决策离不开经验决策,在许多时候,如所面临的问题小而简单,无须系统化、程序化的科学决策过程,运用经验决策简单易行,可以提高工作效率,或者当所面临的问题无法获得充分的信息时,经验决策也将起到重要作用。

四、程序化决策与非程序化决策

尽管管理者的主要任务是作决策,但大量管理实践表明,一个管理者整天忙于作出各种各样的决策,常常是一种管理不善的征兆。事实上,当问题已发生,还没有着手解决之前,应首先自问一下:"是不是需要一项决策?"这里思考的出发点,是正确判断问题的性质:这是属于例行问题还是例外问题? 例行问题是指那些重复出现的、日常的管理问题;偶然发生的性质不明的管理问题则属于例外问题。处理例行问题的方法,从根本上来说,不是每次都要作一次决策,而是要建立起某些制度、规则或政策,使得当问题重复发生时,不再需要作决策,而只需根据已有的制度和规则按例行程序处理即可。只有例外问题,才真正是领导者需要逐项认真研究,慎重决策的问题。那些偶然发生的、新颖的、性质完全清楚、结构上不甚分明、具有重大影响的问题属于例外问题。例如,组织结构变革;重大的投资;开发新产品或打入新市场;长期存在的产品质量问题;重要的人事任免;重大政策的制订等。这类问题为数不多,但却是管理者需要倾注大量精力,进行正确决策的问题。

西蒙从解决上述两类不同性质的问题着手,将决策分为程序化决策和非程序化决策。

(一) 程序化决策

程序化决策就是能够运用例行方法解决的重复性、定型化的决策,它往往采取一系列合乎逻辑的步骤和标准方法,具有固定的模式。例如,一个生产流水线上的员工,由于疏忽,使得他所在的这一道工序没有按照规定程序操作,而使产品质量出现了问题。因为这种情况并不少见,一般的企业对处理这一类问题均已有一定的经验、程序和方法,如要求返工或扣奖金等,它有着标准的处理程序,这种决策就属于程序化决策。

程序化决策其实是一种依据先例的决策,因此决策者无需列出一系列可能的解决方案,而只需根据规范(规章制度、标准、法律政策等)来解决就可以了。它是基础和低层的管理。为了保证程序化决策的有效进行,要求在管理中建立规章制度和标准的操作程序,使得各项工作有章可循。同时,要求在程序化制度中的组织成员养成按照程序化工作的习惯。这一方法的缺点是限制了人们行为的自由和思维的创造性。

(二) 非程序化决策

非程序化决策一般指那些涉及面广、偶然性大、不定因素多、无先例可循、无既定程序可依的决策。例如,IBM 于 20 世纪 80 年代初引入个人计算机,关于个人计算机的营销决策显然与公司以往所做的任何营销决策都不会相同。当然,IBM 有丰富的销售计算机的经验,它以前还通过其打字机分部向小企业和一般顾客销售过产品,但它没有足够的大规模营销低成本的个人计算机的经验。个人计算机消费者的需要不同于那些为公司总部购买价值数百万元的大型计算机系统的买主,IBM 为个人计算机所制订的成百个营销战略决策是前所未有的,没有既定的程序可用来处理这类问题,因此它们均属于非程序化决策。

非程序化决策多见于高层管理,其成败取决于决策者的判断能力和创造力,同时受到决策者的主观性和随意性的影响。由于所面临的问题都是新的或不同寻常的,因此,为了减少对未来事件中损益的无知,一方面需要对未来环境可能发生的变化和影响进行估计,并通过一定的步骤和方法,尽量使非程序化决策本身规范化,减少随意性;另一方面,要求改善决策主体素质,包括决策者的判断能力、心理素质等,并在制度上确保。

在现实的管理活动中,完全的非程序化决策或程序化决策是极少的,大多决策介于两者之间。一般来说,程序化决策有利于提高组织的效率,但由于高层管理者所面临的问题大多是新的,为了减少非程序化决策的随意性,如果有可能,应尽量使非程序化决策转变为程序化决策,如制定标准作业程序(SOPs),以提高组织效益,减少失误。

除了以上一些分类,决策还有其他的分类方法,如根据目标的多寡分为单目标决策和多目标决策;根据决策规模和影响范围的不同,可分为宏观决策、中观决策和微观决策;根据决策是否用数量来表现,可分为定量分析决策和定性分析决策;等等。

第三节 决策制定过程

西蒙认为,决策绝不只限于从几个备择计划中选定一个的那种行动,而是整个的过程。它包含三个阶段:搜集情报阶段、拟订计划阶段和选定计划阶段。这三个阶段一般是按上述顺序排列的,即先搜集情报,再拟订计划,最后选定计划。但有时在拟订计划阶段可能要求新的情报,或者有的问题又出现了新的分支问题,需要有相应的搜集情报、拟订计划和选定计划等阶段。于是,决策过程的阶段循环发生逆转。在现实工作中,决策制定的基本程序由六个步骤组成:识别问题、确定决策目标、拟订决策方案、分析与选择方案、实施方案、评价决策效果。

一、识别问题

决策源于一定的问题,因此,识别问题是决策的第一步。寻求现实与期望状态之间的差异,就是问题的识别。问题识别在决策制定过程中具有重要位置,并非易事。正如有人所说:那些完美地解决了错误问题的管理者,与那些不能正确识别问题而没有采取行动的管理者一样糟糕。

要使管理者意识到某一事情是问题,首先,需要管理者能够意识到事情的差异,识别差异的重要途径是将事情的现状和标准进行比较,这一标准可以是过去的绩效预先设置的所期望的目标、组织中其他一些部门的绩效或是其他组织中类似单位的绩效;其次,必须要有解决这一问题的压力,这种压力可能是组织政策、截止期限、财政危机、上级的期望,或即将来临的绩效评定等;第三,必须有采取行动所需要的资源,如管理者必要的职权、资金、信息等,否则,他们不大可能将事情当作问题。

问题的识别,受到组织文化、决策者的经验和现有的信息等方面的影响。同时,管理者的感知、注意力、情感等个性特点,也在问题识别中起着重要作用。

问题一般可以分为两种类型:一类称为结构良好问题(well-structured problems);一类称为结构不良问题(ill-structured problems)。

结构良好问题,是指那些直观的、熟悉的和易确定的问题,其特点是问题直观、条件稳定、与问题相关的信息容易确定。如,一个市场经理承诺在 30 天内将全部汇票寄出,45天后,顾客打电话并气愤地质问:"汇票还没有到,我必须马上得到,你准备怎么办?"市场经理马上意识到这是一个问题,并马上着手去解决它。又如,大学处理一名休学学生、顾客反映饭菜不卫生要求负责人处理等等,这一类问题均可称为结构良好问题。

结构不良问题,是指那些新的或不同寻常的、有关问题的信息是含糊的或不完整的问题。如,新房产的营销计划制订、是否兼并一个亏损企业、是否投资于一种新的且未经证实的技术等,都属于结构不良问题。

二、确定决策目标

目标是决策的方向,管理者一旦确定了需要注意和解决的问题,就要针对所存在的问题,确定决策目标,包括所采取的措施应符合哪些要求,必须达到哪些效果等。决策目标不仅为方案的制订和选择提供了依据,而且为决策的实施和控制,以及为组织资源的分配和各种力量的协调提供了标准。

决策目标包括总目标和子目标,长期目标和短期目标,主要目标和次要目标。为了达到决策目标的准确性,首先,在制定目标时,必须考虑与目标相关的多种复杂因素,包括资源、信息、能力和权限等诸方面的有利条件和制约因素,以及可能存在的风险性;其次,所制定的目标必须明确具体,不能含糊不清,在时间、地点、质量、数量等方面要有清楚的界定;再次,在确定决策目标时,要考虑各方面的需要与可能,既不能过高,也不能过低。

三、拟订决策方案

方案的拟订必须以问题的性质与决策目标为依据。如果面临的是结构良好的问题,可以根据有关的程序、规则或政策,较容易地拟定决策方案。但在管理实践中,所面临的问题多是结构不良问题,因此,必须通过对所面临问题的分析,包括问题解决所要求的时限、问题的复杂度,以及决策者所处的各种环境因素,进行方案的设计。为了使在方案拟订的基础上进行的选择有意义,需要设计至少两个以上的备择方案,而且这些不同的方案必须具有相互排斥性,不能相互包容,如果某个方案的活动包容在另一个方案中,那么它就失去了进行比较和选择的意义。可供选择的方案数量越多,被选方案的相对满意度就越高,决策就越有可能完善,因此,在方案拟订阶段,要广泛听取群众意见,充分利用组织内外的专家,通过他们的献计献策,产生尽可能多的设想,制订尽可能多的可行方案。

方案拟订通常有两个途径:一是经验,经验可以来自决策者自己,也可能来自别的管理者的做法;二是创造,由于客观条件的变化,人们很难完全搬用过去的成功经验或事例,因此,富有创造力是一个成功的管理者极其重要的素质,尤其是现在竞争越来越激烈,拥有一个独到、新颖、适应未来发展趋势的想法和做法,才能提高自己的竞争优势。因此,在决策方案的设计拟订中,创造具有十分重要的地位。

四、分析与选择方案

一旦方案拟订后,决策者必须对每一个方案进行分析、评估。

面临结构良好问题时,所拟订的方案中可能有一种方案比其他方案在任何一方面都要优越,或者可能只有一种方案才能解决问题,这样的选择活动比较简单。但在面临结构不良问题时,由于问题复杂,所掌握的信息有限,往往会遇到有些备择方案从某个角度来说是合理的,但从另一个角度来说又有不足,因此,需要对不同方案加以评价和比较,分析各个方案的优势和劣势,以选择对解决问题较为有利的方案。评价和比较的主要内容有:① 方案实施的可行性,包括实施所需的条件能否具备,筹集和利用这些条件需要付出何种成本;② 方案实施可能带来的后果,并把所预测的结果与目标进行比较,包括长期和短期的,有形的和无形的,确定的和概率性的,管理者应尽可能把所有的可能性都估计到,同时还必须注意尽量避免过分执着于一个或两个较瞩目的目标,而把其他可能引起的后果置之不顾;③ 方案实施的风险性。

根据上述评价和比较,再经过综合论证,找出各方案的差异和优劣,决策者在此基础上进行方案的选择,这也是全局的关键步骤。方案选择的方法有三种:经验判断法、数学分析法和实验法。这均要求决策者具备良好的思维分析能力、敏锐的洞察力和判断能力。由于事物发展可能存在的不确定性,决策者不仅要确定能够产生综合优势的实施方案,而且要准备好环境发生出乎意料的变化时可以启用的备用方案,同时对备用方案的可靠性也必须进行评估,以避免临时应变时可能产生的混乱。

五、实施方案

方案实施是指将决策传递给有关人员并得到他们行动承诺的过程。决策方案只有付诸实践,才能有机会被检验是否合理有效。

方案的实施,首先,要做好实施的组织工作,制订切实的计划,包括各个阶段行动的方向、原则、要求以及期限等,制订具体的措施,包括实验观察、技术开发等,有时还需要在方案的全面实施前,进行局部试行,以考察在真实条件下方案的可行性;其次,要搞好思想动员,对实施方案的目的、意义、原则、方法、要求等,进行解释、说明、宣传和鼓励;最后,要对方案的实施过程进行有效的控制和监督,以便及时发现问题,防患于未然。

六、评价决策效果

决策制订的最后一步是评价决策效果,根据决策目标,检查所实施的方案是否解决了问题。这一步骤包括两个方面:一方面通过不断检查、取得信息反馈,在实践中评价决策是否正确;另一方面利用各种反馈信息,及时发现问题,并采取相应措施,调整决策,修正原方案中的不足。但在有些情况下,所作出的决策具有较大风险性,是难以通过反馈信息,进行追踪决策而加以修正的。

以上决策程序不是机械不变的,在具体决策过程中,可以根据实际情况,可能相互交叉,也可能省略有些阶段。总之,可以根据决策者的经验和决策对象的实际情况,灵活掌握。

作为科学决策的一般程序,要求决策者有足够的决策分析时间和充分的决策信息,如此才能保证决策的科学性。在实际的工作中,大量的决策问题,尤其是经营战略决策,常常会碰到一些意想不到的困难和危机,而且其本身往往具有多目标评判,但又需要马上解决问题,此运用一般的程序是难以较快地作出尽可能合理的决策的。为此,在管理实践中,人们提出了快速决策分析法和知觉决策法。前者具有把握整体、抓住重点、避免繁琐、循序渐进、使决策分析快速见效的特点,后者具有整体性、直接性、跳跃性、随机性、突发性等特点。这些方法可以较好地解决上述问题。

第四节 决策风格研究

一、决策风格的含义

在管理实践中,面对同样的事实前提,不同的决策者所作出的决策有着很大的差异,这种差异性就体现了不同的决策风格。

风格是指不同的人在做事方式上所表现出来的习惯偏好。不同风格的决策者由于对决策制订的方式与步骤有不同的偏好,对待风险的态度与处理办法不同,因而会导致不同的决策效果与效率。如习惯于作出冲动型决策的人,往往使决策过程避开论证和检验阶段,跳跃式地进行,他们总是急于行动,敢于冒险,对新的机会特别敏感。在实际工作中,这种冲动性可能由于缺乏充分的思考和论证,导致决策的失误。相反,习惯于经过深思熟虑再进行决策的人,他们对问题往往考虑周密而细致,对决策过程的每一步都要进行严密的推理和论证,在态度上总是回避风险,力求稳重,如果时间允许,这类决策的有效性会较高,但如果时间紧迫,也有可能因此坐失良机,从而影响决策效果。

作为一个决策者或决策的组织者,了解自己和其他决策者的决策风格,对提高决策的有效性将起到积极的作用。

二、决策风格的个体差异

由于决策者个性特点不同,包括性格、气质、意志品质等,在面对同样的问题时,所作出的决策有着很大的差异,而因此呈现出不同的决策风格。管理者的个性特点反映在决策中,影响着决策行为。

库柳特金通过决策过程中的两个主要阶段,即提出方案以及实施和修订方案阶段,来研究决策的个体差异。他划分出了五种决策风格:均衡型决策、冲动型决策、怠惰型决策、风险型决策、谨慎型决策,不同风格的决策表现出了决策者不同的心理特征。

1. 均衡型决策

习惯于作出均衡型决策的人,其决策过程缜密而果断,对任务的条件和要求事先就作充分的分析,广泛地收集和处理各种信息。这种风格的人一般具有深思熟虑和稳健的特点,他们往往能迅速抓住问题的本质,并提出方案,善于深入地分析各种现象的因果联系。在出现难以解决的问题时,能灵活地改变探索决策的策略,情绪稳定,意志坚强,在困难的情况下能泰然自若,能对自己的推测和行为作出批判性的评价,并能综观全局。

2. 冲动型决策

习惯于作出冲动型决策的人,在面对决策任务时往往反应时间短,这种人比较容易发表各种想法,但很少对它们加以鉴别,方案提得多,而检验和修订方案的行动少。他们往往会使决策过程避开论证和检验阶段,跳跃式地进行。在实际工作中,这种冲动性可能导致管理者竭力去贯彻没有经过充分思考和论证的决策。冲动型的人往往只着眼于成绩,而很少看到挫折,其缺点是精确度较差,失误较多。

3. 怠惰型决策

习惯于作出怠惰型决策的人,面对问题往往犹豫不决和小心谨慎,在作出初步的假设后,对假设的评价常过于谨慎。这种人对他的一举一动都要反复进行检验,监督和修改的行动多,而形成的想法少,导致拖延决策的时间。这一类型决策风格的不足,是在情况紧急、要求迅速决策的情况下,会由于优柔寡断,瞻前顾后,可能导致错失良机,延误决策。这种风格的决策效率较低。

4. 风险型决策

习惯于作出风险型决策的人,类似于冲动型决策者,在考虑问题时若遇到障碍,极端冲动的人会生硬地去排除障碍,并按照自己的臆测立即作出最后的决策,所产生的预测又会立刻被新的推测取而代之。冲动型决策会越过假设的论证阶段,而风险型决策并不回避这个阶段,但只是在发现有不当之处时,才会对假设进行评价。因此,相对于冲动型决策来说,它尽管会延误一些时间,但最终提出的方案还是会得到较好的修正。

5. 谨慎型决策

谨慎型决策的特点,是在决策过程中,力求"稳扎稳打",习惯于"三思而后行",富有分析性,在作出结论之前,要进行多种多样的准备活动,慎重地权衡各种决策方案以及其实施后果的利弊得失。其优点是精确度较高,失误较少。他们对自己行动的消极后果比对积极后果更为敏感,避免错误是谨慎的人的策略方针。不足是在时间有限并要求迅速作出决策的情况下,由于反应时间较长,可能显得稳健有余而果断不足,从而延误决策。

上述决策风格是从决策者的个性特点来进行分类的,另外还有两种不同的分类观点:一种是情势决定派;另一种是相互作用派。情势决定派认为,不同的决策风格是由于不同的决策任务和环境导致的,因为不同的决策任务与决策环境适合于不同决策风格的人,只有适宜于特定决策岗位的决策风格者才更易于在该岗位上生存下来。相互作用派认为,决策风格既受个性影响,又受决策任务和环境的影响,因此,在研究决策风格的分类时,既要考虑决策者不同的个性特征,也要考虑特定的决策任务与环境。

由于决策风格受个人心理特征的影响,因此具有相对稳定性,改变较难。但决策风格还受到决策任务与环境的制约,而且决策者总是希望自己的风格在一定的程度上向有效的方向转变,所以决策风格也并非绝对不能改变,个人的年龄、教育程度、生活经验、压力的高低等都可能是决策风格改变的原因。

各种决策风格的划分是相对的,不同年龄、经历和性别的管理者可能有着不同的决策风格。同时,不同决策风格各有其优势,也各有其局限性,都只有在特定的条件下才最适宜。为了建立一个良好的决策机构,决策者必须了解自己和别的决策者的决策风格,了解各种风格之间可能存在的冲突性和兼容性,并注意不同决策风格的搭配,以达到多种心理类型的融合互补,才能扬长避短,协调决策者间可能的冲突,使决策的效果最佳。

三、有效决策者的决策风格特点

不同决策风格各有千秋,但并非任何决策风格都无优劣之分,尤其是面临着竞争日益激烈的经济社会,客观环境不断变化,作为一个成功的管理者,既不能墨守成规,也不能不顾市场需要盲目蛮干。表现在决策风格上,也存在着相对较好的取向性。马文在大量实际调查的基础上,发现了有效决策者的决策风格的共同特征,主要包括:高瞻远瞩者、不满足现状者、高敏感性者、催化剂者、机会论者、技巧导向者、善于创新者、向前思维者、足智多谋者、评价型者、讲求实效者、无畏者。

1. 高瞻远瞩者

高瞻远瞩者不拘泥于现存的问题,而更关心利用各种机会,不盲从,不刻板,能跳出目前的问题,开阔思路,从抓住有利机会入手,具有远见卓识。

2. 不满足现状者

不满足现状者总是努力追求进步,追求卓越,相信任何事都可以做得比现在更好。

3. 高敏感性者

高敏感性者善于与人交往,乐于听取他人的意见,努力去了解周围发生的一切和他人的想法,努力使自己的思想与时代同步,善于发现信息,能透过现象把握本质,善于辨别主流与支流,分清轻重缓急。

4. 催化剂者

催化剂者作为一个有效的决策者,既是一个积极的倡导者,又是对别人的想法的积极响应者,他像化学反应中的催化剂,能促成事情的实现,促进事物的发展。

5. 机会论者

机会论者把时间与精力集中在最好的机会上,希望转向更有效的活动。

6. 技巧导向者

技巧导向者总是去做自己有能力做好的事,做尽量有把握的事,以便充分利用他的才能。他首先考虑的是实效,而不是个人的兴趣。

7. 善于创新者

善于创新者是一个富有创造力的人,他有强烈的好奇心,丰富的想象力,敢于创造、善于创造。他很少用同样的老办法来办事,而总是在决策中投入新思想,使决策具有很高的创造性。

8. 向前思维者

向前思维者总是向前看,今天的工作是重要,但明天的工作可能更重要,在今天的工作中要为明天的工作作准备。

9. 足智多谋者

足智多谋者善于充分利用众人的智慧,寻求有用的咨询与建议,能识别何人对自己的帮助最大,在充分听取他们的意见、建议的基础上来作出决策。

10. 评价型者

评价型者能充分理解所做的事情的价值,不断对自己所做的事进行评价、反思,不断地评估所干事情的价值。

11. 讲求实效者

讲求实效者把实现目标放在第一位,首先考虑的是实效,怎么有实效就怎么干,不受任何既定规则、步骤等框框的束缚。

12. 无畏者

无畏者充满自信,敢于面对困难,敢于承受风险,而且善于在成果、报酬与风险之间作出权衡,在追求成果最佳的前提下,必要时敢于冒险,绝不畏缩迟疑。

作为一个有效的决策者,除了在决策中需要以上这些风格特点,还需要决断的勇气、组织群体决策的能力、直觉判断能力等心理品质。由于决策风格存在着相对较好或较不好的取向性,为了更好或更适宜于特定的决策任务与决策环境,有时需要决策者设法改变自己不适应于决策任务和环境的风格。了解自己的决策风格,充分地认识该决策风格的长处和短处,对于提高决策效果与效率将起到重要作用。

第五节 如何决策

一、决策标准

在决策过程中,采用适当的决策标准,是合理决策的前提条件。对于决策过程中的标准,通常有三种代表性的观点:

一种观点称为"最佳"决策标准,中国古代著名战略家孙子提出,在决策过程的优选中,要坚持在各方案中选择"善之善者",即最佳方案。在西方,这种观点最早是由科学管理的创始人泰罗提出,并为运筹学家和管理科学家们所一贯坚持的。

第二种观点称为"满意"标准。这也是东方管理学者向来强调的"中庸"原则,即主张反对处事走极端,主张任何事情都要遵循一个适当的度,一是要求做到"无过无不及","过"就是过火,"不及"就是火候不到,"无过无不及"就是指凡事都要适中和适度;二是"执两用中",孔子提出,要"叩其两端而竭焉"(《论语·子罕》),即从事物的对立的两方面找出解决问题的答案;三是"无可无不可"(《论语·微子》),要根据不同情况采取不同对策,以避免片面性。西方学者西蒙则认为,"对于使用运筹学方法来说,不需要什么精确性——只要能足够给出一个近似的比不用数学而单靠常识得出的那种结果要更好的结果来。而这样的标准是不难达到的。"

还有一种有代表性的观点是美国管理学家孔茨提出的"合理性"决策标准。他认为,主管人员必须确定的是有一定限度的合理性,是"有限合理性"。尽管如此,主管人员还是应在合理性的限度内,根据各种变化的性质和风险大小而尽其所能地作出最好的决策。合理性决策标准的实质,是强调决策过程各个阶段的工作效果最终决定了决策的正确性和有效性,而不仅仅在于进行方案抉择时采用"最优"还是"满意"的标准。

关于作出决策的准则,西蒙认为并不是像有的人主张的那种"绝对的理性"。以往的经济学和管理学把人看成以"绝对的理性"为指导,按最高准则行动的"经济人"。但这是做不到的。因为,要做到"绝对的理性",就要有三个前提:(1) 决策者对于所有可能的备择方案及其未来的后果要"无所不知";(2) 决策者要具有无限的估算能力;(3) 决策者的脑中对于各种可能的后果有一个"完全而一贯的优先顺序"。西蒙认为,由于决策者在认识能力上和在时间、经费、情报来源等方面的限制,不可能完全具备这些前提。所以,事实上不可能作出"完全合理的"决策。人类实际的理性既不是完美无缺的"绝对理性",也不是非理性。人们在决策时,不能坚持要求最理想的解答,常常只能满足于"足够好的"或"过得去的"决策。因为他没有求得"最优化"的才智,只能满足于"符合要求的"这一准则。所以,西蒙以"管理人"来代替按最高准则行动的"经济人",同时,(1) 用"足够好的"准则代替最高准则;(2) 不考虑一切可能的复杂情况,只考虑与问题有关的特定情况。

对工商企业来说,这种"足够好的"准则就是"适当的市场份额""适度的利润""公平价格"等。而一个组织存在的意义和目的也就在这里。因为组织的主要功能之一就是"弥补个人的有限的理性",从而能作出"足够好的"决策。

二、决策质量

在竞争加剧和不断变化的环境下,企业战略决策的好坏常会关系到企业的存亡,企业间的竞争更多表现为战略较量,那些能够作出更好战略选择的企业常会在竞争中获取优势地位。然而,如何评价一项战略决策的好坏却是"仁者见仁,智者见智"。Tilles(1963)曾提出六条评价战略决策质量的标准:(1) 内部一致性——战略决策与其他决策和企业目标的一致程度。(2) 环境一致性——战略决策是否与环境现状保持一致并考虑了未来环境的变化。(3) 适应性——战略决策是否与企业关键资源相适应。(4) 风险程度——

战略决策蕴含的风险是否是公司能够承受的。(5)时间范围——战略决策是否确定了适当的目标完成时间。(6)有效性——战略决策是否达到了预期的结果。

国内部分研究者认为,战略决策质量是指决策对达成组织目标的贡献(汪丽等,2007)。整合现有战略决策过程理论研究文献,本书将战略决策质量定义为决策与外部环境、内部资源和能力以及企业主要目标相一致的程度。由于在多变环境现实中,企业组织、环境与目标常发生冲突和分离,企业战略实际上旨在协调组织、环境与企业目标之间的关系,追求三者之间的匹配和动态平衡,因此,评价战略决策质量高低不仅要看决策是否反映了外部环境现实,是否能够与外部环境的变化趋势保持一致,而且要看决策是否反映了企业内部资源、能力特征,是否与企业其他决策发生冲突,是否反映了企业追求的目标。许多战略学家认为企业绩效在很大程度上受到战略决策质量和战略执行的影响,当然,由于战略决策大都会指向多种企业目标,财务绩效仅仅是其中之一,因此,在分析战略决策质量对企业绩效的影响时,不仅要考虑财务绩效,而且要考虑市场绩效等其他绩效。一项战略如果能够较好地与企业内外环境以及目标保持一致,或者能够使组织、环境与目标接近匹配或动态平衡,那么,无疑会对企业绩效产生积极影响;反之,则可能给企业带来巨大损失从而给企业绩效带来极大的负面影响。据此,本书可以提出结论:决策质量对企业绩效具有积极影响。

三、群体决策

在现代组织中,客观环境越来越复杂,多目标性、不确定性、模糊性、随机性大量存在,决策者面临着更高的能力、风险承受力以及信息拥有量等基本素质要求的挑战,仅依靠个人的能力往往难以解决问题,因此,越来越多的重要问题采用集体决策的方式,个人决策所占的比重正在不断减少。

(一)群体决策的概念

由包括两个人以上的群体完成的决策称为群体决策,这些参与决策的人,称为决策群体。在群体决策过程中,领导者虽然仍然处于中枢地位,是决策过程的组织者和指挥者,但他们只是决策中的一个角色,任何决策的有效性都要受到决策群体内其他成员的制约。

(二)群体决策的优点

群体决策与个体决策相比,具有不可忽视的优点。

1. 正确性高

群体决策的正确性一般高于个体决策,群体决策由于有较多的人参加,他们可以从多种角度提出建议,因而拥有更多数量和种类的信息。例如,一个由工程、会计、生产、营销和人事代表组成的群体,将制订出反映他们不同背景的方案,由此可以汇集更多的信息情报和广泛的知识、经验与创造性,进而可以得到更精确的诊断和更丰富的备择方案,在进行抉择时可考虑得更周密,分析得更全面,产生漏洞的可能性就会比较小,因此决策质量相对较高。

个人的信息、知识、经验、创造性一般比不上集体,有时容易片面,除非决策者有极其丰富的经验和敏锐的直觉,因此,一般情况下个人决策的质量比不上群体决策。

2. 可接受性强

在群体决策过程中,首先,由于决策的执行者同时也参与了决策的制订过程,他们了解决策的有关背景和细节,所以无须做说服解释工作,就能较好地了解所制订的决策;其次,决策执行者由于参与了决策,获得了较多的信息与信任,满足了人们受尊重的需要,因此会感到对问题的解决负有更大的责任,从而增加对决策实施的认同感和责任感,执行过程中积极性也可能更高;同时他们可能还会鼓励他人也接受它,从而调动起更多人员的积极性,使决策的贯彻得以顺利进行。

在个人决策后,一般需要向组织成员作解释,决策需要耗费较多的时间与精力,而且组织成员间容易产生误解,实施决策时也可能因为利益关系等原因而遇到阻力,使决策在作出最终选择后却难以执行。

3. 一贯性好

虽然各类决策难以保持完全的一贯性,但在群体决策过程中,尽管每个人的目标取向是动态的,但因为有许多人参加,多元目标综合起来就会稳定得多,这是个人决策无法做到的。而且群体决策一般采用合理的科学决策程序,比较理性,因此使群体决策具有较好的一贯性。

(三) 群体决策的缺点

群体决策也并非完美无缺,与个人决策相比,它存在以下一些不足:

1. 耗费时间

组成一个群体要花时间,群体决策过程以反复交换意见为特点,也是耗费时间的过程。因此,群体决策要比个人决策花更多的时间,而由于耗费的时间较多,可能会限制管理者在必要时作出快速反应的能力。

2. 冒险性大

群体决策较个人决策具有更大的冒险性,这主要是因为:(1) 群体决策是由大家共同作出的,决策的后果与责任不要求某一个人承担,而由成员们共同分担责任,但实际上谁对最后的结果负责却不清楚,造成责任分散,因此成员们的心理压力和束缚比较小,而容易作出冒险性的决策;(2) 某些群体成员因害怕别人认为自己懦弱,常常会提出较个人决策时更具冒险性的方案;(3) 群体中较具影响力的领导,常常为了显示自己的才能,而采取风险性较高的决策,领导个人的冒险意愿,很可能被群体接受。以上这些原因,均可能使群体中出现"风险转移"现象。

而在个人决策中,谁负责任是明确具体的,决策者必须顾虑自己的决策后果,因此一般不敢贸然采取有风险的决策。

3. 从众现象

群体中存在着社会压力,群体成员希望被群体接受和重视,这些可能会使一些个体担心自己如果表示异议,就会受到别人的孤立与嘲笑,因此即使有怀疑也不敢公开发表意见。也有些参与决策的群体成员出于保持群体和谐一致的目的,会抑制少数派和标新立异的观点,以取得表面的一致,这也会使决策质量降低。

4. 少数人控制

领导者的出现可能导致下级不能真正参与决策。因为下级为迎合上级,可能宁愿顺从上级的意图而不提出自己的真正意见;群体中如果出现几位经验丰富、能力强的专家型成员,也可能导致使群体讨论被其所控制,从而对最终的决策产生过度的影响。

(四) 群体决策的改善

群体决策过程受到许多社会和心理因素的影响,包括群体成员的价值观、信念、态度、期望以及群体规范等,都会影响群体决策。为了消除在群体决策中可能出现的紧张、变化无常、对抗等消极力量,人们设计出如名义群体法、头脑风暴法、德尔菲法、电子会议等方法,用以克服群体决策中可能出现的消极力量。

1. 名义群体法

名义群体法在决策制订过程中限制成员间的讨论,其一般步骤是:在进行任何讨论之前,先让每位成员独立写下他对问题的看法;然后每位群体成员向群体中其他人说明自己的观点,所有观点均被记录下;群体成员对每个人的观点进行讨论,对这些观点作进一步澄清并评价这些观点;最后让每个群体成员独立地对这些观点进行排序。最终的决策结果是排序最靠前、选择最集中的那个观点。

名义群体法的优点是允许群体成员正式聚在一起,但又不像传统的互动群体那样限制个体的思维。

2. 头脑风暴法

头脑风暴法利用一种思想的产生过程,鼓励群体成员提出任何种类的方案设计思想。在这个程序中,群体成员只管畅所欲言,当时不许别人对这些观念进行评论,到所有的方案都被记录下后,才允许群体成员来讨论分析这些建议和方案。

3. 德尔菲法

德尔菲法无须参与者到场,因此隔绝了群体成员间过度的相互影响。它主要包括以下步骤:确定问题后,精心设计一系列的问卷,每一个成员匿名、独立地完成第一组问卷,要求成员提供可能的解决方案;将第一组问卷的结果集中在一起进行编辑、整理,把整理的结果分发给每个人;在群体成员看完整理的结果后,要求他们再次提出解决问题的方案。如果有必要,重复有关步骤,直到取得大致一致的意见为止。

德尔菲法能够保证群体成员避开他人的不利影响,也可以节省把决策人员召集到一起的费用,其不足是耗费时间。因此,如果需要快速作出决策,德尔菲法是不适用的。

4. 电子会议法

电子会议法是将名义群体法与尖端的计算机技术相结合的一种群体决策方法。其基本步骤是将问题显示给决策参与者,每个成员把自己的回答打在计算机屏幕上,个人评论和票数统计都投影在会议室内的屏幕上。电子会议法的优点是匿名、诚实和快速,其缺点是使那些口才虽好但打字速度慢的人相形见绌,还有,这一过程缺乏面对面口头交流所能传递的丰富信息。

群体决策与个人决策各有所长,也各有不足,在不同场合发挥着各自无法替代的作用。对于一些能用标准过程解决的结构良好问题,个人决策可以节省时间和人力,有利于提高工作效率,如果不适当地采用群体决策,可能会造成组织资源的浪费,降低效率。对于一些具有战略性的决策问题,尤其是对组织的活动和人事有极大影响的重要决策,则采用群体决策比较好,不恰当地运用个人决策,会导致决策的不协调、低质量和低创造性,甚至造成较大的失误。所以两者都不能适用于所有情况,应根据实际需要恰当地选择运用。

四、东方决策艺术

决策的过程是在组织内部进行的,受到来自各个方面的影响,如内部的检查人员、上级与下属,外部的竞争者、合作者等。因此,组织中的许多决策,尤其是对组织的活动和人事有极大影响的重要决策,通常都是由集体制定的,很少有哪个组织单纯采取个人决策的方式。集体决策与个人决策相比,各具优势和劣势。管理者应该根据问题性质、承担责任的不同,选择集体决策或个人决策。

表 12-1 集体决策与个人决策的比较表

	集体决策	个人决策
信息充分性	较充分	较不充分
决策速度	慢	快
决策成本	高	低
组织的认同度	高	低
责任	模糊	清晰
决策质量	佳	一般

不管是集体决策还是个人决策,都有一定的局限性。学习借鉴中国古代决策思想,可以弥补决策的局限性。

决策既是一门科学,也是一门艺术。中国古代学者在决策艺术上主要以战略性、整体性和协调性见长,讲究的是稳健、实际的作风,主要体现在以下几个方面:

1. 多闻慎行。孙子说,"多闻阙疑,慎言其余,则寡尤;多见阙殆,慎行其余,则寡悔"(《论语·为政》)。这里的"慎",即谨慎,"尤"即担心,"悔"指后悔。这句话要求管理者在决策时要多闻多看,言行谨慎,这样就可以减少后悔。孔子又说,"盖有不知而作之者,我无是也。多闻,择其善者而从之;多见而识之;知之次也"(《论语·述而》),这是要求在信息加工时要多闻多见,集思广益,而后选择较好的方案。孔子的这种决策思想是非常注重实事求是的。

2. 深谋远虑。决策权衡的一个重要原则是利害原则,一般来说,得利的多少可以作为决策行动的依据。但作为决策者应有全局观念,分清具体情况,既要注重眼前利益,又要考虑到长远利益。孔子说"人无远虑,必有近忧"(《论语·卫灵公》),就是说明重视长远利益的必要性。孔子又说:"小不忍则乱大谋"(《论语·卫灵公》),这也体现了孔子重视长远打算的思想,坚定不移地指向决策目标,而不被当前的一些细枝末节所影响。孟子则说:"人之有德慧术知者,恒存乎疢疾。独孤卧孽子,其操心也危,其虑患也深,故达"(《孟子·尽心上》)。就是说尽管具有道德、本领、知识,但仍然会存在许多忧患,要时常提高警惕,勤加思考,才能通达事理。

3. 执经达权。东方管理思想讲究的执经达权,根源于《易经》。"经"即常道,是决策中应遵循的基本原则,如孔子就强调应以道作为安身立命的准则,而这个道就是仁的精神;"权"即变通,要求根据时间、地点、条件的变化而变化。二者的有机结合,即所谓的"执经达权"。

4. 中庸之道。中庸是东方管理心理思想中的一个重要方面。孔子说:"中庸之为德也,其至矣乎!民鲜久矣!"(《论语·雍也》)。实际上中庸不仅是一个道德范畴,而且是对事物本质与发展规律的认识及决策事件的态度和方法。中庸之道即在决策过程中要遵循一个合理的标准"度";要注意处理好矛盾双方的关系,在对立面的互补中寻求整合效应;要应时应地的变化而变化,不能拘泥于陈规而不知变通,最终达到有序协调的目的。

思考题

1. 如何理解决策过程和问题解决的关系?
2. 试述决策的心理结构。
3. 决策有哪些不同类型?各有什么特点?
4. 简述决策制订过程。
5. 什么是决策风格?有效决策者的决策风格有什么特点?
6. 群体决策有哪些优缺点?如何改善群体决策?

第十三章 激 励

　　激励是管理过程中的一个重要职能。任何组织都由人创建,由人来管理,组织的一切信息流、物流和资金流都由人来运作。虽然随着现代科学技术的发展,机器代替人工作的范围越来越广,内涵也越来越丰富,但与此同时,现代社会、现代组织的发展对人的要求也越来越高,特别是现代人的积极性和创造性成了决定组织成败的关键因素。在现代企业管理中,人们对于除了劳动力以外的生产要素的流动和运行都能较准确地进行预测和控制,而对人的行为的控制和预测至今没能找到可行的方法。从20世纪50年代起,西方企业管理工作者越来越感到人员管理的重要性和难度。理论专家也纷纷把激励看作管理的重要职能之一。20世纪70年代以来,在西方有关研究组织行为、工业心理学或一般管理的著作中,都至少要拿出一章来讨论激励问题;而在全部的组织行为学文献中,研究激励问题的占比更大。本章主要阐述激励的基本含义,基于需要、基于动机和人性假设的激励与行为关系,激励的作用,激励与激励机制;东西方的主要代表性激励思想与理论、现代激励理论的研究趋势;激励的主要原则、程序、主要方法和形式。

案例

海尔的激励机制

　　海尔集团自1984年创立以来,从一家资不抵债、濒临倒闭的集体小厂发展成为全球最大的家用电器制造商之一。2014年,海尔全球营业额实现2 007亿元,同比增长11%;实现利润150亿元,同比增长39%,利润增幅是收入增幅的3倍;同时线上交易额实现548亿元,同比增长2391%。

　　"海尔"集团非常重视员工的激励。当海尔集团开始宣传"人人是人才"时,员工反应平淡。他们想:我又没受过高等教育,当个小工人算什么人才?但是当海尔把一个普通工人发明的一项技术革新成果以这位工人的名字命名时,在工人中很快就兴起了技术革新之风。比如工人李启明发明的焊枪被命名为"启明焊枪",杨晓玲发明的扳手被命名为"晓玲扳手"。这一措施大大激发了普通员工创新的激情,后来不断有新的命名工具出现,员工的荣誉感得到极大的满足。对员工创造价值的认可,是对他们最好的激励;及时的激励能让员工觉得工作起来有盼头,有奔头,进而也能激发出员工更大的创造性。另外"海尔"集团每月还对所有的干部进行考评,考评档次分表扬与批评。表扬得1分,批评减1分,年底二者相抵,达到负3分的就要淘汰。同时,通过制定制度使干部在多个岗位轮换,全面增长其才能,根据轮岗表现决定升迁。

> 俗话说:"小功不奖则大功不立,小过不戒则大过必生",讲的就是这个道理。在实际工作中,只有做到奖功罚过、奖优罚劣、奖勤罚懒,才能使先进受到奖励、后进受到鞭策,真正调动起人们的工作热情,形成人人争先的竞争局面。海尔集团一正一负、一奖一罚的激励机制,给公司树立了正反两方面的典型,从而产生无形的压力,在组织内部形成良好的风气,使群体和组织的行为更积极,更富有生气。

第一节 激励概述

激励的直接目的就是提高人的积极性,充分发挥人的创造性。从20世纪30年代至60年代的"管理丛林"时代开始,对组织内部人的研究日益受到关注,出现了各种观点,特别是有关激励的各种概念、原理逐渐形成。

一、激励的含义

激励,其词义就是激发、鼓励。心理学上的激励,指的是激发人的动机的心理过程,即通过某种外在的或内在的刺激,使人维持兴奋的积极状态。管理学中的激励,就是通过各种外部或内部的刺激,激发人的工作动机,调动人的积极性,开发人的潜能,使人朝组织所期望的目标前进的管理活动过程。

美国学者孔茨、韦里克认为:"激励是一个通用名词,应用于动力、愿望、需要、祝愿以及类似力量的整个类别。如说到主管人员激励他们的下属人员时也就是说,他们做那些他们希望做的事情,将会满足这些动力和愿望并引导下属人员按所要求的方式去行动。"[1]

激励是一个管理过程,主要由四大要素构成。第一,要有被激励的对象,即被激励的人;第二,激励的对象有从事某种活动的内在愿望和动机,而产生这种愿望和动机的原因是对某种事物的需求;第三,激励还要借助于一定的媒体才能发挥作用,这些媒体主要包括各种管理制度、管理决策和管理措施,尤其是指各种人事管理制度和决策;第四,判定动机强弱,即积极性高低或激励效果的标准是行为或工作绩效。

激励与激励过程的实践是一项复杂的系统工程。它是由相互关联、相互作用的激励要素构成的一个整体,形成一个三维结构:激励时间,即激励过程;激励空间,即激励层次;激励逻辑,即各种激励因素。

激励是激励主体(激励者)与激励客体(被激励者)组成的一个复杂的人与人的系统。由于双方心理需求、心态、激励环境和激励因素的随机多变性,而体现出激励系统的动态性。激励系统又是可分的,从层次分,可分成:(1)宏观激励系统,指全社会性、政府性的激励;(2)中观激励系统;(3)微观激励系统,指每个企业、班组和车间的激励。从过程分,可分成:(1)激励因素系统,即用什么激励;(2)激励运行系统,即如何去激励;(3)激励评价系统,即怎样有效地激励;(4)激励反馈系统,即激励效果、信息反馈。

---

[1] 哈罗德·孔茨、海因茨·韦里克:《管理学》,经济科学出版社1993年版,第465页。

二、激励与行为

(一) 激励与动机、需要

激励是激发人的良好积极行为的过程。根据行为科学的观点,行为是指人们一切有目的的活动,从广义上说指由客观刺激,通过人脑内部的心理活动而引起的内部和外部反应;通常讲的狭义行为仅指外显的行为活动。

推动人的行为活动的内驱力就是动机。动机引发、导向和维持人们的一切行为活动,而需要是产生动机的基础,是推动人的行为活动的原动力。可以说,需要是积极性的本源,是有机体和周围环境的某种不平衡状态,是个人和社会有机体延续和发展生命所依赖的客观条件在主观意识上的反映。

个人和社会的存在、发展所依赖的条件是不以人们的意志为转移的,因此,人的需要具有客观规定性,需要的客观规定性决定了人们共同需要、共同利益和愿望的存在。同时,需要又具有主观感受性。首先,需要取决于人的感受和认识能力;其次,只有客观条件处于不足的情况下,才能被人们感受而成为需要;最后,个人需要一般能自发产生,而社会生存发展条件,则只有通过社会实践和教育,在认识发展的基础上,才能形成人们意识中的需要。

人对物质和精神的需要是产生激励的条件,但激励并不等于物质或精神的满足。理想的状态应是使人们既受到激励又感到满足,但人们对物质生活和精神生活的需要是不断增长的。有时,员工虽然受到激励,但并没感到满足,如果这种不满足持续发展超过了激励,就会造成既无激励又不满足的最不理想状态。激励和满足一般存在如下关系:

> 正确认识:激励不等于满足
> 效果最好:激励加满足
> 效果一般:激励加不满足
> 效果不好:满足加无激励
> 效果最差:不满足加无激励

值得注意的是,激励并非是管理者强加给员工的,员工应是自我激励的。管理者提供的物质和精神报酬,只有是合理的、符合员工需要和动机、价值观等意识时,才能发挥作用。由此,我们认为,激励的本质就是激活个体的需要,产生动机,使其处于兴奋状态,产生积极的行为活动,并最终实现组织目标。

(二) 激励与人性假设

我们在介绍管理心理学的由来和发展时,对中国古代和西方的人性论做了简要介绍,对于管理者来说,要实现有效激励,对于人性的正确认识是基础。对人性的认识、假设不一样,激励的方式、方法也就不完全一样。

我国古代很早就有大量关于人性假设的文献。荀况认为,"人之性恶,其善者伪也"(《荀子·性恶》)。其义是,人的本性是恶的,即使有善的行为,那也是人为的。而孟子则认为:"人性之善也,犹水之就下也。人无有不善,水无有不下。"[①]其义是,人的本性是善

[①] 《孟子·告子上》。

良的,就像水向下流一样。人没有不善良的,就像水没有不向下流的一样。他们的思想影响了后续历朝历代的中国管理者,而类似的理论,西方在20世纪60年代才告出现。

1960年,美国学者麦格雷戈在《企业中人的因素》中首先提出了人性的两种假设,并在此基础上提出了"X理论"和"Y理论"。可以说,在不同的近现代历史时期,社会学家和管理学家曾经有过各种不同的人性假设,从而形成不同的激励管理方式。

(1)"经济人"假设或称"理性经济人"假设。以这种人性假设为前提,组织的激励应以经济报酬来调动员工的积极性,使员工服从和作出绩效,并应以权力与控制体系来保护组织和引导员工;其管理的重点是提高效率,完成任务;其管理办法是加强法规和管制,严格工作规范,用金钱提高士气,用严惩对待消极怠者。这种管理方式,就是通常所说的"胡萝卜加大棒"政策,即"X理论"。管理科学创始人泰罗是"X理论"的典型代表。

(2)"社会人"假设。以这种人性假设为前提,组织的激励不应只注意工作目标的完成,还应注意员工的其他要求;不应只注意指挥、控制与监督,还应重视员工与员工之间的和谐、融洽关系,重视培养和形成员工对组织的归属感;不应只重视对个人的奖励,更应提倡集体奖励制度,即人群关系理论。20世纪30年代,美国行为科学家霍桑是典型代表。

(3)"自我实现的人"假设。此种假设前提下的激励应该考虑,把工作安排得比较富有意义或挑战性,使组织的成员为能够从事这一工作而自豪,或者以实现组织的目标而得到自我满足,而且组织成员能自我激励来完成组织目标。这代表了一种理性的管理方法,对高层次人才更具有说服力,即"Y理论"。马斯洛为该理论典型代表。

(4)"复杂人"假设。此种假设情况下,应主张根据具体人的不同,采取灵活的管理措施,因人因事而异,而不能千篇一律,即"超Y理论"。

管理学对人性的假设,从"经济人""社会人""自我实现的人"到"复杂人"的发展过程,渐趋合理和全面,很难说哪种观点绝对正确、普遍适用。马克思说,人的本质,在其现实性上,它是一切社会关系的总和。人性是复杂多样的,人的需要和动机也是经常变化的,必须全面、具体地分析人的需要和动机,从而实行灵活多样的激励措施。

三、激励的作用

有效的管理必须是对人力、物力、财力资源的充分利用,而物力、财力资源的利用程度最终取决于具有相应才能又有工作积极性的人,也就是要充分调动人的积极性,发挥人的作用。可以说,激励是人力资源管理与开发的永恒主题和有效手段,也是提高效率和效益的关键环节,是人力资源开发与管理的核心问题。

美国国际商用机器公司(IBM)前董事长兼总裁沃森(Thomas J. Watson)曾说过,一个企业成败的关键在于它能否激发职工的力量和才智。企业的活力来自企业的信息及其对职工的吸引力。美国通用电气公司(GE)前CEO韦尔奇甚至用以下的比喻来强调激励的重要性:"公司的员工就像你的种子一样,你给他们的鼓励就像灌溉和浇水,他们会不断地成长,你在花园中,公司里的花园会长杂草,将他们拔掉,将绩效不好的员工赶出去。你的工作不是吓别人,而是帮助员工不断地发展,就像美丽的植物和花朵一样,能够长得非常漂亮。"具体来说,激励具有以下作用:

(一)有助于挖掘员工潜力

一个组织工作效率的高低在很大程度上取决于人们的劳动积极性和能力的发挥程

度。激励是采取一系列措施调动员工的积极性和创造性,充分挖掘其潜在能力,从而提高其效率与业绩,更好地实现公司的目标。关于激励的效力,美国哈佛大学教授詹姆士(William James)在《行为管理学》一书中指出,一个人如果在缺乏激励的一般岗位上,能力只要发挥不过其能力的20%—30%,就能保住饭碗;而如果给予充分激励的话,其能力可发挥至80%—90%,是前者的3—4倍。

(二) 有助于吸引人才及提高员工素质

有效激励,可以在组织内部造就尊重知识、尊重人才的环境,给人才提供良好的物质和生活条件,特别给人才创造自我发展、发挥自己能力的机会,这会对人才产生强烈的吸引力,从而可以提高整个组织的人员素质结构;有效的激励还包括对坚持学习科学文化知识与业务知识的员工给予大张旗鼓的表扬,对不思进取的员工给予适当的批评,并在物质待遇上加以区别,在福利、晋升等方面分别予以考虑,这样有助于形成良好的学习风气,促进员工提高自身的素质。

(三) 有利于形成良好的组织文化

现代组织的文化管理日益突出。在某种意义上,良好的组织文化是组织生存和发展的基础。任何激励措施实际上都蕴含着一定的文化和价值观。对需要的正确引导,使人们产生既有利于企业目标又有利于个人目标的努力动机,通过综合运用奖惩手段,可促进员工追求卓越工作等价值观的形成,从而塑造良好的组织文化氛围。

四、激励与激励机制

机制一词,原指机器的构造和原理。用于对有机体的研究时,指有机体的构造、功能和相互关系;用于经济管理的研究时,泛指一个复杂的工作系统。根据系统学的观点,所谓机制是指系统内各子系统、各要素之间相互作用、相互联系、相互制约的形式及其运动原理和内在的、本质的工作方式。据此,本书把激励机制定义为:在组织系统中,激励主体通过激励因素与激励对象(或称激励客体)之间相互作用的方式。或简单地说,在组织中用于调动其成员积极性的所有制度的总和。根据前面关于激励含义的分析,激励机制可概括为以下五个方面:

(一) 诱导因素集合

诱导因素是指能满足一个人的某种需要、激发一个人的某种行为、诱导他去作出一定绩效的东西,即用于调动员工积极性的各种激励资源。个人的需要是多种多样的,是多层次的,且是发展变化的;其内容既有物质方面的,也有精神方面的;既有身外之物,也有内心体验。国外关于人类需要的理论很多,都有其适用性。例如马斯洛的需求层次理论、赫兹伯格的保健和激励理论等。在物质比较丰裕的今天,人们更注重工作生活质量,需求结构显示出个性化。因此,对激励工作者来说,运用这些诱导因素要因人、因时、因地制宜。

(二) 行为导向制度

行为导向制度指对激励对象所希望的努力方向和所倡导的价值观的规定。由于个人的工作动机和个性不同,由诱导因素所激发的个人行为可能会朝向各种方向,不一定与所期望的目标行为模式同向;并且,个人的价值判断也不一定相容于组织的价值观。这就要求在制订激励制度时明确所期望的行为方式和应秉承的价值观,使组织成员的行为朝向明确的目标和方向。

(三) 行为幅度制度

行为幅度制度是指对由诱导因素所激发的行为强度的量的控制措施。这种量的规定通过一定奖酬与一定绩效的关联性起作用。期望理论告诉我们，激励力量取决于激励客体对奖酬的效价与期望值的乘积。因此，在制订激励制度时，可以通过不同的关联度和奖酬效价将员工的努力程度调整在一定的范围内，以防止激励依赖性和抗激励性的产生。

(四) 行为时空制度

激励的时空制度是指诱导因素作用于激励对象在时间和空间上的规定。这种规定包括特定的外在奖酬与特定的绩效相关联的时间期限，对激励对象与一定的工作结合的时间限制，以及有效行为的空间范围。这方面的规定可以防止激励客体的短期行为和地理无限性，从而使所希望的行为方式具有一定的持续性和在一定的时期和空间范围内发生。

(五) 行为归化制度

行为归化是对激励客体违反行为规范的事前预防和事后处理。所谓事前预防，是指事先告诉激励对象若不按规定行事可能导致的后果，对不规范行为事先起到抑制作用；事后处理是以惩罚和教育相结合的方式，一方面让当事人对不合要求的行为承担后果，另一方面则要通过教育培训的方式加强激励对象对行为规范的认识，提高其行为能力。

以上五个方面的制度和规定都是激励因素，激励机制是这五个方面制度的总和。其中诱导因素起到激发行为的作用，后四者起到规范行为和制约行为的作用。根据辩证唯物主义的观点，任何事物都是由矛盾的两方面组成的，矛盾的双方既对立又统一，共处于一个统一体中。激励机制的内涵也一样，它是由激发和制约两个方面的制度共同构成的。

一个健全的激励机制应同时完整地包括以上五方面的内容，只有这样才能形成良性的循环，就像汽车上需要同时具有启动系统、加速系统、变速系统、方向系统和制动系统才能保证汽车正常运行一样。对一个组织来说，良好的激励机制有助于组织机体的发展壮大。

第二节 激励的基本理论

一、中国传统激励思想

在中国古代典籍中，有关激励的论述极为丰富，司马迁《史记》中的《范雎·蔡泽列传》中即有"欲以激励应候"之说，意即激发使其振作。这比西方学者提出"激励"早几百年。西方学者提出的需要层次理论、双因素理论、期望理论和强化理论、公平理论和挫折理论等激励理论都可以在中国古代典籍中找到影子。20世纪五六十年代以后，西方许多学者在发达国家面对许多发展中的问题和困惑，把目光投向了东方，热衷于研究中国传统文化。一些管理学家在管理思想史和管理思想的发展等著作中，大量引用中国古代孔子、墨子、孟子等人的论述和《周礼》《孙子兵法》等古籍中的有关管理论述。日本企业家特别注意从中国的《尚书》《周易》《老子》《论语》《墨子》《庄子》《荀子》《韩非子》《管子》《三国演义》和《红楼梦》等古籍中学习有用的管理思想，并运用于对人的管理。

中国传统激励思想主张通过国家的政治、经济、文化、教育等相应措施来调动人民积极性，如"惠民""爱民""富民""教民"等激励思想；同时主张通过一些具体的物质与精神等相应措施而调动人民的积极性,如"功利观"的激励思想等。

孔子提出,为政首先要考虑施恩惠于人民,使人民过上安逸富裕的生活,否则就是"不仁""不义"。治理国家的目标,首先在于安民,民贫则怨,民富则安。统治者要"使民以时",不滥征民力,放手让人民从事生产,并做到"薄赋敛""节用爱人",使人民得以"足食"和"济众",这样会取得"近者悦,远者来"的最佳激励效果。

孟子提出要爱民、富民、教民。爱民就是要"与民同乐","乐民之乐者,民亦乐其乐;忧民之忧者,民亦忧其忧。乐以天下,忧以天下,然而不王者,未之有也"。他猛烈地抨击那些不顾百姓疾苦,整日寻欢作乐的国君。富民,就是指"菽粟如水火,而民焉有不仁乎?"也就是说,当粮食像水火那样多了,百姓哪有不仁爱的! 教民,就是指"善政不如善教之得民也。善政,民畏之;善教,民爱之。善政得民财,善教得民心"。也就是说,只有通过教育人民,才能获得民心。

管子指出,"夫凡人之情,见利莫能勿就,见害莫能勿避",所有的人,不分贵贱都是"得所欲则乐,逢所恶则忧","民予则喜,夺则怒"。追求功利是人的本性,要以利作为杠杆,激励人民的积极性,"得人之道,莫如利之","欲来民者,先起其利,虽不召而民自至"。因此,作为统治者必须善于给人以利益,满足人的物质需要。一旦人的利益或需要得到了必要的满足,必将激发更大的积极性,产生更大的效益。但管子也不主张无限制地满足个人的私利,而要使个人利益的欲望有所节制,否则国家就不好治理,而且对个人私利无所限制,则利益也就失去激励因素的作用,因为利益给予太多,人们就不当回事了,即"万物轻则士偷幸"。

中国古代思想家关于激励的思想还有很多,如"同利、诚信、公平"以及关于赏罚、功名的激励思想等。

二、西方激励理论

(一) 内容型激励理论

1. 马斯洛的需要层次理论和奥德佛的成长理论。

马斯洛在晚年认识到,不能以他需求理论中的"自我实现"作为人的终极目标,并对自己的理论进行了修改补充。如若只是专注马斯洛早期的需求理论不放,必然导致对人性的盲目认识,助长人的骄傲的同时把人真正的价值贬低,也必然影响对于人自我超越的误解。

马斯洛早年选择了六千多名古代、现代和国内外的著名科学家的行为方式进行了深入的研究,于1954年出版《动机与人格》,提出了需要层次理论。马斯洛将人的需要分为由低到高的五层次:生理的需要、安定或安全的需要、社交与爱情的需要、自尊与受人尊重的需要和自我实现的需要。各需要层次之间是逐层递升的,低层次需要出现较早,高层次需要出现较晚,只有最基本的生理需要和安全需要得到满足后,高层次需要才会出现;高层次需要具有更大的价值,需要更多的实现和满足的条件和时间;低层次需要可以触及,有一定的限度,高层次需要则无法看见,满足没有限度;任何层次的需要并不因下一个高层次需要的满足而消失,低层次需要依然存在,只是对行为的影响力减弱。马斯洛先是将需要区分为缺失性的和成长性的,前四种是缺失性的,缺失性需要起源于实际的或感知到的环境或自我的缺乏。个体会努力从环境中寻求能使其需要得到满足的东西,无论是物质的、人际关系的还是社会地位的。这些需要的满足完全依赖于外界。第五种自我实现是成长性的，成长是导致自我实现的种种过程。成长性动机就是被自我实现的趋向所激发的动机。

管理学家麦格雷戈根据马斯洛早期的需要五层次理论,将管理理论区分为 X 理论和 Y 理论。麦格雷戈反对专制主义的 X 理论,提出了他的 Y 理论,而作为 Y 理论基础的是马斯洛需要层次中的归属与爱的需要、尊重的需要和自我实现的需要。1959 年以后,马斯洛越来越多地涉及东方的观点。对东方文化的研究促使马斯洛反思他自己已经创建的人性观,结合他对自我实现的人的精神生活与行为方式的深入研究,他发现人类天性中还有一种固有的精神维度,那就是作为最高需要层次的精神的自我实现或超越的自我实现。于是马斯洛便将人本心理学视为心理学发展的一个过渡性的阶段,认为它应该被一种更高阶段的心理学所代替。马斯洛开始将这种新心理学称为"超人本心理学"(transhumanistic psychology)。马斯洛试用不同的字眼来描述新加的最高需求,例如:超个人、超越、灵性、超人性、超越自我、神秘的、有道的、超人本(不再以人类为中心,而以宇宙为中心)、天人合一等。马斯洛将"高峰经验"及"高原经验"放在这一层次上。

研究马斯洛的第六需求层次具有重要意义。马斯洛一开始很赞赏麦格雷戈的理论,但随着超越的自我实现思想的形成,他开始感到这种理论的不足,从而提出了 Z 理论。Z 理论是在 X 理论和 Y 理论的基础上,强调超越性需要。基于这种需要的管理要考虑到超个人的价值、存在价值或宇宙价值的激励作用,假设人具有为比自我更大的目标而献身的需要和自我牺牲的精神。在企业管理中,X 理论水平上的管理是权力取向的,雇员为工资而做被分派的工作。Y 理论水平上的管理则是相互尊重的,雇员有权尽可能充分地参与组织的管理,权威被假定存在于每个人的内部。Z 理论层面上的管理假设所有雇员都热心于服务,业务的目的是尽可能地服务客户或消费者,权威被假定为对每一个体都是超然的和在伦理上显而易见的。

美国心理学家奥德佛(Clayton Alderfer)在对大量工人进行研究以后,也对马斯洛五层次需求理论进行了修改。他 1972 年出版了《生存、关系以及成长:人在组织环境发展中的需要》,提出人的需要有三种:生存需要、关系或交往需要以及成长需要。

这三层需要并不一定严格按照由低至高的次序递进,可以出现越级;这三种需要也不是天生就具备,有的是通过后天学习才形成的。低层次需要满足越多,人们对高层次需要越渴望,即"满足—上升原理"。高层次需要得到满足越少,人们对低层次需要越渴望,即"挫折—倒退原理"。

表 13-1 需要层次理论与成长理论的比较

马斯洛的需要层次论	奥德佛的成长理论
人的需要分五个层次 建立在"满足—上升"基础上 每个阶段只有一个优势需要 严格按层次上升,不存在跳级,也不存在倒退 人的需要是天生就有的,是内在的,下意识的	人的需要分三个层次 建立在"满足—上升"和"挫折—倒退"两个方面 可能有几个优势需要 可能超越需要层次,也可能下降 人的需要有天生就有的,也有后天获得的

2. 麦克莱兰的需要理论

美国心理学家及行为学家麦克莱兰(David C. McClelland)经过大量调研和实验,提出人们在生理需要满足后,会产生三种基本需要,即成就需要、权力需要和友爱需要。

(1) 权力需要:具有高度权力需要的人一般都追求得到领导职务,健谈、好议论、性格坚强,敢于发表意见,头脑冷静,爱教训别人和公开讲话,特别重视影响力和控制力的发挥。

(2) 友爱需要:有高度友爱需要的人,既关心并维护高度灵活的社会关系,欣赏亲密友好和相互理解的乐趣,也能随时抚慰和帮助处境困难的人,乐意同别人友好交往,通常从受到别人的喜爱中得到乐趣,并往往避免被社会组织所排斥而带来的痛苦。

(3) 成就需要:有强烈成就需要的人,追求挑战性工作及事业成就,既有强烈求得成功的愿望,也有强烈的失败恐惧感;敢于承担责任,工作努力刻苦,喜欢独当一面。

三类需要对不同的人员有不同的侧重,一般而言,企业家的权力需要和成就需要较高,而友爱需要较低。成就需要的高低对个体、组织,甚至国家的发展和成长都有着举足轻重的作用。

3. 赫茨伯格的双因素理论

美国行为科学家赫茨伯格(Frederick Herzberg)和他在匹兹堡的心理学研究所的研究人员,通过一项研究来阐明员工重视与工作绩效有关的要素。他们访问了11个工商事业机构的二百名工程师和会计师,请被访者列举在工作中哪些是使他们愉快的项目,哪些是使他们不愉快的项目。经分析调查发现,造成员工非常不满意的都是属于工作环境或工作关系方面的;而使员工感到非常满意的因素都是属于工作本身或工作内容方面的。他们通过进一步分析得出,一方面,对于诸如本组织的政策和管理、监督、工作条件、人际关系、薪金、地位、职业安定以及个人生活所需等,如果人们得到满足,就没有不满,得不到满足则产生不满;另一方面,对于诸如成就、赏识(认可)、艰巨的工作、晋升和工作中的成长、责任感等,如果得到满足,则感到满意,得不到满足,则没有满意感(但不是不满)。前者为保健因素(hygiene factors)或称维持因素(maintenance factors),后者为激励因素。

这一理论对"满意"的对立面就是"不满意",产生"满意"就会消除产生"不满意"的传统观点提出了否定,认为"满意"的对立面应是"没有满意","不满意"的对立面应是"没有不满意"。这就意味着消除导致"不满意"的因素,并不能导致"满意"的产生。保健因素指能防止员工产生不满情绪的因素,是指其满足对员工产生的效果类似于卫生保健对身体健康所起的作用一样。卫生保健不能直接提高健康状况,但能预防。同样,工作中的保健因素不能直接激励员工,但能防止员工产生不满意情绪。激励因素是指能产生使员工满意的积极效果的因素。只有激励因素才能发挥员工积极性,推动员工的进取心。

此理论产生后,曾受到许多人的非议,认为人是复杂的,对人的调查仅仅以满意或不满意为指标,而没有进一步证实满意感和效率的关系,调查结果的可信度是可疑的。20世纪60年代以后,该理论越来越受到人们的关注。

(二) 过程型激励理论

1. 弗罗姆的期望理论

美国心理学家弗罗姆在1964年出版《工作与激励》,研究了目标与需要之间的规律,提出了期望理论。他认为人只有在预期自己行动将会有助于达到某个目标的情况下,才会被激励起来。任何时候,一个人从事某一行动的动力,都取决于他对行动的全部结果的期望值乘以预期这种结果将会达到所要求目标的程度,即激励是一个人某一期望值和他认为将会达到目标概率之乘积。

$$动力 = 效价 \times 期望值(M = V \times E)$$

动力又称激发力量(M),指调动一个人的积极性,激发人内部潜力的强度。效价又称目标价值(V),指一个人对其所从事的工作或所要达到的目标的效用价值,即达到目标对满足自我需要的价值。对同一个目标,效价有正值、零值和负值。期望值又称期望概率(E),指一个人根据以往的经验判断自己达到目标的可能性的大小(概率)。最大的期望值是1,最小的期望值为0,一般在0—1之间。

一个人追求目标的效价越高,期望值越高,那么激励强度也就越大。

$$E(高) \times V(高) = M(高)$$
$$E(中) \times V(中) = M(中)$$
$$E(高) \times V(低) = M(低)$$
$$E(低) \times V(高) = M(低)$$
$$E(低) \times V(低) = M(低)$$

由此可以看出,为了激励员工,管理人员应当一方面提高员工对某一成果的偏好程度;另一方面帮助员工实现其期望值,即提高期望概率。

2. 亚当斯的公平理论

美国北卡罗来纳大学行为学教授斯塔西·亚当斯(Stasi Adams)于1963年和1965年分别发表了《对于公平的理解》和《在社会交换中的不公平》两篇论文,根据认知失调论推导出公平理论。该理论主要研究的是奖励和满足的关系问题,认为个体不仅关心个人的收入和支出,而且还关心自己的收入/支出与他人的收入/支出的关系。

亚当斯着重研究了工资报酬分配的合理性、公平性对员工积极性的影响。员工的动机不仅受到报酬的绝对值的影响,而且受到报酬的相对值的影响,即个人是否受到激励不仅取决于他们自己得到什么,而且涉及他人得到多少。由此,公平理论也称为社会比较理论。

$$Qp/Ip = Qx/Ix$$

其中,Qp 是自己对自己所获报酬的感受;Ip 是对自己所付出感受;Qx 是对参照系的报酬的感受;Ix 是对参照系的付出的感受。

当公式中取得等号时,个人会觉得自己获得的报酬是合理的、公平的,其心态就较平衡;当公式中取小号时,个人会觉得自己获得的报酬低、不公平,就要设法消除这种不公平。通常会要求增加报酬,否则会产生抱怨情绪,降低工作积极性,以减少付出或者"跳槽"的方式求得心理的平衡;当公式中取大于号时,说明自己的报酬水平大于别人,对多数人而言不会形成太大问题,但也有一些人会努力去减少这种不公平。

公平是一种心理现象,是一种主观感受,个人判断报酬与付出的标准往往都会偏向于对自己有利的一方,这要求管理者应以敏锐的眼光看出个人认识上的偏差,适时做好引导,确保个人工作的积极性。

表 13-2　可能出现的收入与支出

支出	收入
出勤率	报酬
年龄	晋升
受教育水平	挑战性工作的获得
以往的经历	额外福利
能力	工作特权
社会地位	停车泊位和办公空间
工作努力程度(长期)	工作条件
个人容貌与风度	地位与权力
个人品质	资格福利
受培训程度	单一工作
资格	受到上司的赏识
性别	得到同事的认可
健康状况	工作保障
工作绩效	责任
……	……

3. 波特与劳勒的激励模式。

美国心理学家、管理学家波特(Lyman W. Borter)和劳勒(Edward E. Lawler)在期望理论的基础上引申了一个更为完善的激励模式(如图13-1)。他们认为,努力程度(激励

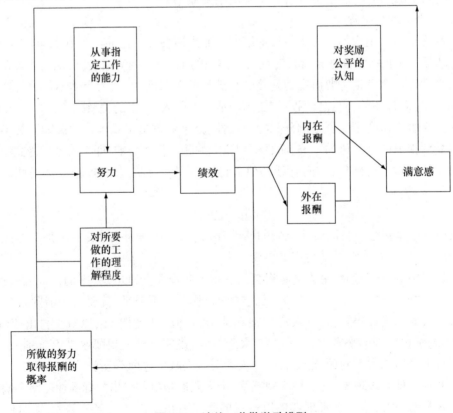

图 13-1　波特—劳勒激励模型

的强度和发挥出来的能力)取决于报酬的价值,加上个人认为需要作出的努力和获得报酬的概率,但所需作出的努力和获得报酬的概率,则又反过来受到实际工作业绩的影响。

职务工作中的实际业绩(任务的执行或目标的实现)主要决定于个人所作出的努力,但也在很大程度上受个人专项工作的能力(知识和技能)和他对所做工作的理解(对目标、所需进行的活动和有关任务的其他内容的理解)的影响。而工作业绩又可带来内报酬(如成就感或自我实现)和外在报酬(如工作条件和地位)。这种报酬又与个人对公平报酬的理解糅合在一起,从而给人们以满足,但业绩的大小又会影响到他想取得的公平报酬。

波特—劳勒激励模型是迄今为止比较全面的激励模型。其中许多观点已被相当多的人接受和采用,并取得良好的效果。从此也可看出,激励不是简单的因果关系,管理者应仔细评价他们的报酬结构,并通过周密的计划、目标管理和借助良好的组织结构所明确的职责,把努力、成绩、报酬、满足的连锁关系结合到整个管理系统之中。

(三) 行为改造型激励理论

1. 斯金纳的操作主义理论(新行为主义理论)

美国哈佛大学心理学教授斯金纳(Burrhus F. Skinner)提出了操作主义理论,其核心是"强化理论"。他最初将理论应用于训练动物,之后进一步发展并用于人的学习上,后来被广泛地应用于激励人和改造人的行为。

此理论认为,人或动物的行为都受外部环境刺激的调节,因而也受外部环境刺激的控制。当行为结果对自身有利时,他就会趋于重复这种行为;当行为结果对他不利时,他的这种行为就会趋于减弱或消失。所谓强化就是要通过改变环境的刺激因素来增强、减弱或消除某种行为。通过对工作环境的专项设计,对好业绩的职工加以赞扬,而对业绩差的加以惩罚,以产生相反的结果,使人们受到激励。强化分为正强化和负强化两种。正强化是指某种行为实施后,立即用物质或精神的鼓励予以肯定(表扬、鼓励、改善工作条件、提升、安排承担挑战性工作、给予学习提高的机会、奖金、加薪等),使该行为巩固、保持下去。正强化要不断增强,否则作用会减弱或消失。采取间断的、时间和数量不确定的方法,效果会更好。负强化是指对某种行为给予否定或惩罚(如扣发奖金、批评、开除等),使它减弱、消退。有时,不实行正强化就是一种负强化。只有采取连续的方式,效果才比较好。正强化是积极的强化,负强化是消极的强化。如果说引起一个行为靠动机的话,那么巩固、保持这个行为或减弱、消退这个行为就靠强化。

2. 海德的归因理论

美国心理学家海德(Fritz Heider)首先提出归因理论,后来美国斯坦福大学的罗斯(L. Ross)等人对之进行了发展。归因理论认为,人们过去的成功或失败,有四种归因:一是努力程度(相对不稳定的内因),二是能力的大小(相对稳定的内因),三是任务的难度(相对稳定的外因),四是运气和机会(相对不稳定的外因)。管理者运用这一理论来改变人的认识,以达到改变人的行为的目的。如果把以往工作失败归于相对稳定的内外因,那么就会动摇工作人员的信心,从而放弃努力、放弃目标;或者把成功归于相对不稳定的内外因,那也难以激发员工的信心;如果把工作成功归于相对稳定的内外因,或者把失败归于相对不稳定的内外因,那么就可以激发员工继续保持积极性,甚至激发员工更加积极地努力。这一理论对于帮助员工寻找成功或失败的原因,恰当地做好员工思想工作,引导员工保持努力行为,具有重要的意义。

3. 挫折理论

挫折理论研究人们遇到挫折后的行为反应,从而采取措施,引导员工走出挫折的阴影。个体在受到挫折后,心理和生理上都将产生种种反应,形成心理防卫机制,一般有三类:第一类是坚持行为。自信的人或个性坚强的人在挫折面前不低头,反而会砥砺意志、获取经验,更加奋发图强,坚持不懈。第二类是对抗性行为。思想不成熟的个体碰到挫折后,会出现发泄不满情绪的对抗性、破坏性行为。第三种是放弃行为。性格较强的人在碰到挫折后会放弃努力,不再试图重新争取,甘心失败。

管理人员在进行激励活动时,必须看到挫折对一个人的影响,要引导员工积极努力地对待工作,挫折面前不低头。

(四) 组织激励理论

20 年来,有关激励问题的研究取得了突破性进展,激励理论研究开始从个体上升到组织和产业层面,比较有代表性的包括委托—代理理论、团队生产理论和产业集群激励理论。

1. 委托—代理理论

由于现代企业经营权和所有权的分离,企业经营者的追求目标与利润最大化目标并不一致,所有者对经营者的控制也往往因信息不对称而难以奏效。由此,企业管理的多目标模型开始流行。这些模型从不同角度表达了掌握控制权的管理者与拥有所有权的股东之间的利益目标差异,并提出了代理制企业如何激励管理者以符合股东利益目标的新问题。

莫里斯(Mirrless, 1974, 1976)、霍姆斯特姆(Holmstrom, 1979)及格鲁斯曼和哈特(Grossma and Hart, 1983)、罗杰森(Rogerson, 1985)等人主要应用模型方法解决委托—代理关系中存在的信息不对称问题(道德风险和逆向选择问题)。所谓委托—代理理论,又称契约理论(the theory of contract),即将组织视为委托人(principal)与代理人(agent)的契约关系。委托人与代理人形成委托代理关系隐含这样一个前提,即知情者的私人信息影响不知情者的利益。为解决这个问题,委托人要利用监督来限制代理人从事自利行为的能力,或利用激励使得代理人与委托人的目标一致。对于后者,其核心问题就是委托人如何设计一个最优激励与约束机制,以促使代理人从自身利益出发选择对委托人最有利的行为,从而使被激励者的行为向激励者预期的方向发展。

2. 团队生产理论

阿尔钦和德姆塞茨(Alchan, Demsetz, 1972)最早提出团队生产理论。霍姆斯特姆(Holmstrom, 1982)证明了团队生产中的偷懒问题可以通过适当的激励机制解决,但是,委托人的作用并不是监督团队成员,而是打破预算平衡,使得激励机制得以发挥作用。麦克阿斐和麦克米伦(Mcafee, Mcmillan, 1991)证明,在适当的条件下,最优工资合同是团队产出的线性函数,其模型中不仅考虑了团队工作中的道德风险问题(努力不可观测),而且考虑了团队工作中的逆向选择问题(能力不可观测)。

3. 产业集群激励理论

作为一种充满生机和活力的产业组织,产业集群对企业具有很强的激励作用。迈克尔·波特(Michael E. Porter, 2000)认为:"集群不仅仅降低交易成本、提高效率,而且改进激励方式,创造出信息、专业化制度、名声等集体财富"。在产业集群发展初期,这种激励作用主要体现在示范效应上。当一家企业使用某种新技术时,其他企业会通过人员、设备、产品等进行模仿,使这种新技术很快在当地整个行业使用开来。当一个家庭通过创办企业很快致富后,其他家庭也会模仿创办企业,结果,生产相同产品或与之配套的大量企业很快就会在一个地区发展起来。模仿创新对产业集群的发展起了很大的推动作用。

在产业集群发展的整个时期,集群可以激励专业化和增强企业间的劳动分工,而且还创造了一种特别的声誉激励机制。集群倚靠的是地理上的靠近性,许多企业之间是朋友和家族关系,依靠地缘、亲缘、血缘关系紧密地联系在一起,结成一个稠密的集群网络,使得人们之间的可信度非常高,形成了在相互信任基础上的共同行为准则,为群体成员提供了共同处罚机会主义的特别机会,使得行动者任何机会主义的行为都将会带来巨大的损失,从而大大减少了机会主义行为,成员之间的诚信度不断提高,降低了信息搜寻成本。

从创新角度讲,产业集群的激励作用主要表现在以下两方面:第一,有助于创新资源的获得。从人力资源来看,由于集群可以提供较大的发展空间,因此必然会把各种人才吸引到同一个地方。同时,企业间的密切联系也为人才的交流提供了可能。区域内基础设施的共享则为技术创新提供了良好的外部条件。第二,进一步强化了企业技术变革路径,增强了创新能力。在集群中,如果一家企业在某项创新上领先一步,群内的竞争对手将最先知道并快速作出反应。这种相互的行动和反应过程会推动竞争者进行快速螺旋式的创新活动,从而提高集群的创新能力和技术水平。家庭企业或小企业是构成产业集群的主体,由于创新者是企业的所有者或利润分配者,所以,有很强的自我创新动机。

总之,从上述梳理可以发现,随着研究的不断深入,激励的内涵和外延已经发生了很大的变化,激励理论也在不断丰富和发展。从地域上分,激励理论可以分成东西方激励思想;从关注对象分,激励理论已经从最初对个体(员工)的激励的关注发展到对组织和产业集群激励的关注,而且取得了丰硕的成果。

三、现代激励理论研究趋势

经典激励理论更多的是从心理角度去分析个人及群体行为,因此都是定性的描述,且个体激励理论较为成熟。随着经济学理论、博弈论等向管理理论的渗透,现代激励理论出现以下趋势:

1. 其他理论的创新和发展,拓展了激励理论和实践。现代理论与实践多以多种学科理论为基石,相互交叉渗透结合。激励理论与实践也不例外地从其他学科中汲取到养料,形成创新。例如,两要素理论、专门投资理论等为员工持股等激励手段奠定了理论基础;学习型组织理论支持了共同愿景激励方式。

2. 用数量分析等方法量化地分析解释激励效果。经典激励理论对激励效果的分析一般只停留在描述性的分析上,对多种因素影响的实践结果解释不力。随着电子计算机的普及,数量分析、博弈论等方法越来越多地被应用到管理理论与实践上,更深入精确地解释激励方法与效率的关系。如通过收入分享、目标激励、锦标竞赛、加强监督等不同激励方法产生的不同效果;经数量分析发现,锦标式竞赛方法是较好的一种激励方法;用博弈论分析团队工作则有力地证明了"搭便车"现象;用最优效用分析方法可探讨支薪制与现代代理制激励哪种好,应采用怎样激励方法可使代理人各方面都尽最大努力。

3. 组织资本理论为追求卓越与和谐的统一开拓了新思路。以追求卓越为目的往往会破坏和谐,那么如何使卓越与和谐有机统一?组织资本理论从全新角度透视了组织激励与协调机制,组织资本采用分享型、参与型、文化型的投资方式投资,以寻求高效的组织激励与协调途径。

4. 长期激励计划特别是股票期权成为热点问题。委托—代理理论揭示了所有者与经理人间的关系及经理人在信息不对称情况下可能存在的不利企业的行为。如何消除短期行为并激励经理人的主动精神?如何改善劳资关系同时提高员工敬业度?人力资本理论承认人力资本的产权价值,人与资本共同创造企业利润,于是劳动力应有剩余价值索取权,即对企业所创造利润应有分配权。属长期激励计划之一的股票期权成了目前发展迅速的一种激励制度安排。迄今,全球排名前500家的大工业企业中89%的企业对经营者实行了股票期权制度。这种可成功解决委托—代理问题的西方管理模式,已来到中国并迅速为中国企业界所重视。

5. 道德伦理成为激励中一个不可忽视的问题。职工特别是经理人的道德伦理对激励的操作和效果的影响越来越受到重视。经理人在信息不对称的情况下,与所有者签合同,若其实际管理能力达不到合同要求,在具体工作中,他就会表现出风险厌恶,以保住自己声誉为重,而非以企业整体利益为重。如何在员工与企业之间建立良好的心理契约关系,激发其主动性、积极性与创造性,成了激励理论关注的难点问题。

6. 其他激励研究热点。随着经济全球一体化和信息技术的进步,企业组织结构趋于扁平化、虚拟化,组织边界模糊,群体激励、跨文化激励成为激励理论的热点问题。

第三节 激励的原则和方法

一、激励的原则

1. 激励的相容性原则。简单地说,激励相容性是指针对不同的对象,采取恰当的方式去激励人。人是千差万别、千变万化的,他们的需要也可能各不相同,即使同一人在不同的时候,需要也会发生变化。要使激励有效,管理者首先需要识别、了解和掌握每个人的需要,搞清每个人当下最需要的是什么,需要有多大程度的奖励,这样有针对性地采取激励措施,既可以达到对员工最大效用的满足,又可以以较小的激励成本取得较大的激励效果。

2. 激励的可持续原则。一个组织要保持强大的生命力,重要的是要使员工一直保持高度的积极性,这就需要不断实施激励措施。也就是说,管理者在实施激励时,要注意激励的可持续性问题。

比如,有人认为激励力度越大,激励效果越好,于是也不管组织的综合实力究竟有多大,就对员工采取力度特别强大的激励,也就是通常说的"下猛药"。这样虽然在当时会大大调动员工的积极性,但经过一定时间,积极性会有所减弱,此时要求实施力度比前次更大的激励,这就使得实力不够强大的组织无法持续实施原有激励形式。又如,组织设立非常吸引人的目标,调动了大家的积极性,但管理者并没有真正去努力实施过,时间一长,反而使大家失望,打消了积极性。

总之,在实施激励时一定要考虑可持续性,一方面可不断变化激励方式,另一方面在采取某一激励时,不要只考虑当下,而要顾及长远的过程。

3. 激励的赏罚并举原则。赏就是鼓励、肯定,罚就是否定、抑制。在中国古代典籍中,"赏"与"罚"是相提并论,同时出现的。前面讲的强化理论中提出正强化和负强化,正负强化就是"案其功而行赏,案其罪而行罚"(《《管子·明法解》)。孙武在其严格管理部队的思想中,十分强调赏罚分明,在"七计"中就把"赏罚孰明"作为判断敌我双方胜负的一个条件。赏罚是从正反两方面强化人们的合理需要,限制不合理需要,其作用就在于使人既"知所必就",又"知所必去"。只有赏罚并举,才能树立正面的榜样和反面典型,扶正祛邪,形成良好的风气。

4. 激励的公平性原则。在前面的公平理论中讲到,一个人对他的所得不仅看绝对量,而且还会进行社会比较或历史比较,看相对值。管理者应充分考虑一个群体内以及群体外相关人员激励的公平性。为了做到公平激励,必须反对平均主义。平均分配奖励实际就等于没有奖励。据调查,实行平均奖励,奖金与工作态度的相关性只有20%,而进行分别奖励,则奖金与工作态度的相关性达到80%。

5. 激励的多样化原则。激励的本质就是要满足个人的需要,而人的需要是多种多样、不断变化的,不同的人有不同的具体需要,即使同一个人在不同时候的需要也可能是不一样的。所以要使激励达到最佳效果,就必须针对不同的人采用不同的激励方式,而且对同一个人,也不要拘泥于一种形式,应视情况不同,灵活运用多种激励方法,有时应同时运用多样化的激励方式。

6. 激励的制度化与艺术化相结合原则。制度化是激励的显性措施,且具有刚性,是激励公平性的一个重要保证。合理、有效的人事制度、政策,实际上就是一套激励制度。比如,对奖罚、晋升、培训等都应该有明确的制度规定。但是激励工作实际是人的工作,而人的工作不同于对物的工作,它具有更大的灵活性、时效性,所以又要随时施以各种形式的激励,特别是以精神激励为主,要操作得巧妙,具有艺术性。事实证明,组织只有实施将制度化与艺术化结合得好的激励,才能获得最好的激励效果。

7. 激励目标与组织目标相结合原则。激励的目的,在于调动员工的积极性,促进组织目标的实现,但要调动员工的积极性,激励必须要符合员工个人目标。个体目标与组织目标的关系很复杂,在现实中,一定要努力寻找各层次利益和目标的结合点(图13-2 所示)。

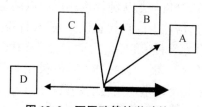

图13-2 不同政策的激励效果

设A、B、C、D为四种不同政策的激励效果,显然A、B是比较成功的激励政策,C只调动了实现个人或小团体目标的积极性,对实现组织目标毫无帮助,而D产生了与组织目标相悖的激励效果。

二、激励的方法

1. 物质激励与精神激励。人们要生存发展,基本的需要是物质需要。物质利益关系是人类最根本的关系,它是人类从事一切活动的基本动因,所以,物质激励自然而然是最主要的激励方法。然而人又是社会的存在物,是有思想、有情感的存在物,有精神的追求,特别在物质需要得到一定程度的满足后,人的精神需要就成了更主要的需求。商鞅"城门立木",为推广新法而悬赏百金;燕昭王"千金予骨"为的是表示求贤若渴,希望天下才俊皆来归附。但古人也不一味给予物质赏赐,懂得在物质赏赐的同时,也注重精神的激励,做到在精神激励中以物质激励为基础,在物质激励中有精神在起作用。"倾酒入泉"的故事,就是传说西汉大将霍去病领兵抗击匈奴取得胜利,皇帝赐御酒以示嘉奖,可是霍去病把酒倒入泉水中与三军共饮,从而更激发起三军的斗志。

物质激励与精神激励是两种不同形式的激励。两者相辅相成,缺一不可。随着人们生活水平的提高,低层次的需求逐步得到满足,高层次的需求日渐强烈,精神激励因而越来越突出。在现代管理中,许多具体激励形式已很难区分是物质激励,还是精神激励。有的表面上看来是给予物质激励,实际也是对其工作的肯定,而给员工以精神的满足;有的表面上看是给予精神激励(如晋升),实际上背后又隐含着物质上的增加,而给员工以物质激励。

2. 正激励与负激励。所谓正激励是指员工的行为符合组织期望的目标和方向时,就给予肯定,并进行一定的奖赏,以支持、强化这种行为,从而对员工起鼓励作用,以调动其积极性;所谓负激励是指员工的行为与组织期望的目标和方向不一致时,就予以否定,并采取一定的惩罚措施,以防止、杜绝和抑制这种行为再次发生。兵书记载吴起举荐提拔有功之人,并宴享犒劳他们,使用权无功之人受到激励。头等功的坐前列,美味佳肴,牛羊猪俱全,还颁国家宝器;次等功的坐中列,美味佳肴,但无牛羊猪三牲,宝器也减掉一些;无功之人坐后列,只是赴宴,既无三牲,也无宝器。宴毕还在庭外赏赐功臣父母和妻室儿女。

正激励与负激励是两种性质相反的激励。它不仅直接对被激励的人起到鼓励或抑制的作用,而且还会对组织的其他成员产生示范效应,表明倡导什么,反对什么。一般来说,负激励要慎重采用,因为经常实行负激励将会导致员工情绪低落,积极性减退,动摇自信心,从而反而抑制员工能力的发挥。

3. 内激励与外激励。激励从根本上体现的是需要与满足需要的关系。内激励与外激励实际上是从改变、培养需要角度与从纯粹设法供给以满足需要的角度激励之区别。

内激励是通过启发诱导,培养人的自觉意识,形成某种观念,从而产生动机,发生组织所期望的行为。当人们的自觉性提高以后,行动会变得积极主动,无需外界干涉、督促。这种方式一般是通过培养学习新知识、新技能、责任感、光荣感、胜任感、成就感等来进行。内激励需要是对人们的思想观念发生作用,比较慢,但一旦发生作用,则激励效果好,还能持久。外激励是通过外界诱导或约束来影响人的行为,以采取外部措施,奖励组织所欢迎的行为,惩罚组织所反对的行为,一般以规章制度或奖惩措施的面目出现,表现出强迫性。外激励政策的长期的实施,也有利于员工树立良好的价值观,从而产生内激励的效应。

三、激励的形式

1. 奖励。奖励包括物质奖励和精神奖励。报酬激励是最常用的手段,也永远是最基本的激励方式。组织给员工报酬激励的形式多样,如提薪、发奖金、改进员工福利水平或直接给员工商品等。要注意的是,报酬激励的对象不同,激励措施的图谋也不一样。同等水平的物质报酬,对收入低的员工刺激更为明显,而对收入较高的员工则刺激程度很弱。精神奖励主要体现为即时表扬、给予荣誉等。

2. 培训。给个人特别是青年员工提供学习培训的机会,是一种有效的激励形式。培训可以提高员工达成目标的能力,为其承担更大的责任、更富有挑战工作及提升到更重要的岗位创造条件。随着知识经济时代的来临,知识更新越来越快,人们受到的挑战越来越多,对学习越来越渴望。

3. 安排合适的工作。安排适当的工作是一种有效的激励方式,也是人力资源管理的重要工具之一。它包括职位的晋升、工作范围的扩大、权限增大、安排更富有挑战性的工作或者更符合个人爱好和特点的工作、工作更充满乐趣、更丰富多彩等。

4. 参与管理。参与管理就是通过一系列制度和措施,让职工参与各项管理工作,使职工形成对组织的归属感、认同感。通过这种参与管理,一方面使员工获得一种取得被别人重视的机会和成就感;另一方面可使员工因获得信任而产生强烈的责任感。

5. 股权激励。也称产权激励,在西方激励实践中蕴涵着强大的生命力,在中国经济发展中必将呈现强劲的发展趋势。目前股权激励的方式主要有:

(1) 员工持股计划(ESOP)。它是近20年在西方企业中广泛推行的一种企业产权形式,指由企业内部员工出资收购公司部分股权,并委托员工持股会管理运作,员工持股会代表持股员工进入董事会参与表决和分红的一种新型股权形式。

(2) 管理层持股(MBO)。管理层持股是基于解决股东与经营者之间的"委托—代理"矛盾的一种长期激励机制。通过所有权激励,使管理层和股东身份重叠,从而达到激励的目标,主要有:管理干股、管理层直接持股、期股、虚拟股票、股票增值权、绩效股、延期支付计划、管理层收购等方式。

(3) 股票期权(ESO)。起源于20世纪70年代的美国,是一种旨在解决企业"委托—代理"矛盾、报酬和风险相称的长期激励计划。它比管理层持股更具有显著的激励和约束效果,成为20世纪80年代以来西方企业最富有成效的激励制度之一。

6. 设立理想目标。对于一个组织来说,目标是号召和指引广大员工的旗帜,是组织凝聚力的核心,它体现着员工工作的意义,预示组织的光辉未来,能够激励全体员工。目标激励就是利用人们内心渴望得到满足的条件诱发人的行为动机。这种目标可能对应于某一需要层次的报酬、地位或荣誉。目标刺激的关键在于目标设置是否合理,即价值性、挑战性和可能性。其合理程度越高,刺激带来的激励也越大。

7. 树立榜样。榜样的力量是无穷的。模仿和学习是一种普遍存在的需要。树立榜样就是通过满足员工模仿和学习的需要,引导员工的行为向组织所期望的方向发展。树立的榜样一定要实事求是,切忌人为搞成"高、大、全",神化榜样,因为这样反而会降低榜样的号召力和感染力。特别是领导和管理者要做好榜样。孔子指出,"其身正,不令而行,其身不正,虽令不行"。我国传统文化从来就强调"修身""立身""洁行""养气",认为

"身修而后家齐,家齐而后国治,国治而后天下平"。

8. 思想教育。思想教育是最高层次的激励形式。它是通过宣传教育、座谈会、个别谈心等方式,引导和说服员工树立正确的世界观、价值观和人生观,形成良好的动机,使之认识到个人利益与组织利益的一致性,在不一致时,顾全大局,以组织利益为重,激发员工的事业心、责任感、主人翁精神以及社会奉献精神。当今社会价值取向多元,思想教育工作与其他激励形式结合使用,能收到许多意料不到的效果。

9. 宽容下属。管理者的宽容,能给部下良好的心理影响,使部下获得心理上的安全感,从而放开手脚施展自己的才华。适当容忍员工的错误和失败,往往能收到意想不到的激励效果。我国古人已认识到"水至清则无鱼,人至察则无徒",一个人只有具备"海纳百川,有容乃大"的恢宏气度,才能团结一切可以团结的力量,调动一切可以调动的积极因素。

10. 关怀下属。"人之生不能无群",人是社会的人,是有感情的动物,需要归属感,需要温暖和关心。管理者要对员工关怀、爱护、信任和尊重。领导和管理者应加强与员工在正常情况下的沟通,关心员工的喜怒哀乐,努力帮助员工解决困难,解除纷忧,使员工深切感受组织的温暖。关怀激励要体现"真诚",没有真情实感,任何激励都是不可能持久的。

思考题

1. 激励的主要作用是什么?其在现代管理过程中的地位如何?
2. 试述中国古代激励思想。
3. 试述内容型、过程型和行为改造型激励理论的代表性理论的主要内容。
4. 激励过程应遵循什么原则?
5. 试述现代激励理论研究趋势。
6. 试述激励形式。你喜欢哪些激励形式,为什么?
7. 马斯洛的激励理论对于管理工作有哪些启示?你如何看待第六层次需求?

参考文献与推荐读物

[1] 颜世富. 心理管理[M]. 北京:机械工业出版社,2009.
[2] 孙时进,颜世富. 管理心理学[M]. 上海:立信会计出版社,2000.
[3] 苏东水. 管理心理学[M]. 上海:复旦大学出版社,2013.
[4] 刘永芳. 管理心理学[M]. 北京:清华大学出版社,2008.
[5] 卢盛忠. 管理心理学[M]. 杭州:浙江教育出版社,2006.
[6] 俞文钊. 管理心理学[M]. 大连:东北财经大学出版社,2008.
[7] 段锦云. 管理心理学[M]. 杭州:浙江大学出版社,2010.
[8] 王重鸣. 管理心理学[M]. 北京:人民教育出版社,2001.
[9] 周菲. 管理心理学[M]. 北京:清华大学出版社,2005.
[10] 朱永新. 管理心理学[M]. 北京:高等教育出版社,2002.
[11] 任浩. 组织行为学——现代的观点[M]. 北京:清华大学出版社,2011.
[12] 陈国海. 组织行为学[M]. 北京:清华大学出版社,2006.
[13] 卢盛忠,余凯成,徐昶等. 组织行为学——理论与实践[M]. 杭州:浙江教育出版社,1992.
[14] 斯蒂芬·P. 罗宾斯. 组织行为学[M]. 北京:中国人民大学出版社,2008.
[15] 钱冰鸿. 企业组织管理学[M]. 西安:陕西人民教育出版社,1992.
[16] 保罗·E. 斯佩克特. 工业与组织心理学[M]. 孟慧等译. 北京:机械工业出版社,2010.
[17] 杜安·P. 舒尔茨,悉妮·埃伦·舒尔茨. 工业与组织心理学[M]. 时勘译. 北京:中国轻工业出版社,2004.
[18] Michael G. Aamodt. 工业与组织心理学[M]. 丁丹等译. 北京:中国轻工业出版社,2011.
[19] 朱祖祥. 工业心理学[M]. 杭州:浙江教育出版社,2001.
[20] 杜安·P. 舒尔茨等. 现代心理学史[M]. 叶浩生等译. 北京:中国轻工业出版社,2014.
[21] 诺埃尔·W. 史密斯. 当代心理学体系[M]. 郭本禹等译. 西安:陕西师范大学出版社,2005.
[22] 弗雷德·卢桑斯. 心理资本[M]. 李超平译. 北京:中国轻工业出版社,2018.
[23] 罗凤礼. 历史与心灵[M]. 北京:中央编译出版社,1998.
[24] 胡君辰,潘晓云. 心智管理导论[M]. 上海:复旦大学出版社,2008.
[25] 郭金山,王剑辉. 心理管理——体系与技能[M]. 北京:经济管理出版社,2013.
[26] 徐井岗. 人心管理论—基于国学与东方思维的中国管理理论[M]. 北京:经济科学出版社,2013.
[27] 凌文辁,方俐洛. 心理行为与测量[M]. 北京:机械工业出版社,2003.
[28] 韦恩·卡西欧. 人力资源管理中的应用心理学[M]. 吕厚超等译. 北京:北京大学出版社,2006.
[29] 漆书青等. 现代教育与心理测量学原理[M]. 南昌:江西教育出版社,1998.
[30] 岳澎,黄解宇. 现代组织理论[M]. 北京:北京大学出版社,2010.
[31] 弗朗西斯·赫塞尔本. 未来的组织—全新管理时代的愿景与战略[M]. 苏西译. 北京:中信出版社,2012.
[32] 戴布拉·L. 尼尔森. 积极组织行为学[M]. 王明辉译. 北京:中国轻工业出版社,2011.
[33] C. 默尔·约翰逊等. 组织绩效—组织行为分析与业绩评价实用指南[M]. 陈进等译. 北京:

经济管理出版社,2011.
[34] 王通讯.人才战略规划的制定与实施[M].北京:党建读物出版社,2008.
[35] 颜世富.管理要务[M].北京:机械工业出版社,2010.
[36] 颜世富.适应管理[M].北京:机械工业出版社,2008年.
[37] 颜世富.成功心理训练[M].上海:上海三联书店,2001.
[38] 颜世富.心理健康与成功人生[M].上海:上海人民出版社,1997.
[39] 颜世富.绩效管理[M].北京:机械工业出版社,2014.
[40] 颜世富.关系管理[M].北京:机械工业出版社,2008.
[41] 颜世富.信息时代的心理调节[M].上海:上海人民出版社,2001.
[42] 颜世富.东方管理学[M].北京:中国国际广播出版社,2000.
[43] 托平.领导艺术[M].颜世富主译.北京:中国财政经济出版社,2003.
[44] 刘桂林,颜世富.高级人力资源管理师[M].北京:中国劳动出版社,2007.
[45] 朱永新.管理心智——中国古代管理心理思想及其现代价值[M].北京:经济管理出版社,2005.
[46] 燕国材.中国心理学史[M].台北:东华书局,1996.
[47] 杨鑫辉.中国心理学思想史[M].南昌:江西教育出版社,1994.
[48] 张静抒.情感管理学[M].上海:上海交通大学出版社,2006.
[49] 杰克迪希·帕瑞克.管理者的自我管理[M].许思悦等译.上海:上海人民出版社,2004.
[50] 符绍珊.企业组织结构模式创新研究[M].北京:中国经济出版社.2008.
[51] 西华德博士.压力管理策略[M].许燕等译.北京:中国轻工业出版社,2008.
[52] 张西超.员工帮助计划——中国EAP的理论与实践[M].北京:中国社会科学出版社,2006
[53] 魏宏.权力论——权力制约与监督法律制度研究[M].上海:上海三联书店,2011.
[54] 刘国建,赵国华.权谋学[M].武汉:湖北人民出版社,2013.
[55] 吴钩.隐权力——中国传统社会的运行游戏[M].上海:复旦大学出版社,2011.
[56] 戴天宇.无为而治——设计自动运行的企业制度[M].北京:北京大学出版社,2015.
[57] 伊凡西雅·莱昂斯.心理学质性资料的分析[M].毕重增译.重庆:重庆大学出版社,2010.
[58] 吕力.管理学案例研究方法[M].北京:经济管理出版社,2013.
[59] 辛自强.心理学研究方法[M].北京:北京师范大学出版社,2012.
[60] 艾尔·芭比.社会研究方法[M].邱泽奇译.北京:华夏出版社,2009.
[61] 斯科特·普劳斯.决策与判断[M.施俊琦译].北京:人民邮电出版社,2004.
[62] 颜世富.从五行理论看高管团队建设[J].管理学家,2012(8):1—1.
[63] 颜世富等.文化变迁下的员工压力与工作绩效研究[J].当代财经.第七届世界管理论坛暨东方管理论坛论文特刊,2003年.
[64] 颜世富.阴阳理论与五行管理模式[J].上海管理科学,2012(6):9—13.
[65] 耿昕,石金涛,牛盼强.创新气氛对员工创新行为的影响机制综述[J].现代管理科学,2011(3):17—19.
[66] 石金涛.领导者自我意识的培训方法[J].中国人力资源开发,2007年11期.
[67] 康力,石金涛.中国背景下员工—组织关系模式的选择与企业创新——不同员工—组织关系模式下组织创新气氛差异实证研究[J].现代管理科学,2011(3):34—36.
[68] 石金涛.组织创新气氛与激励偏好对员工创新行为的交互效应研究[J].管理世界,2009年10期.
[69] 张静抒.信任——成功管理的基石[J].中国人力资源开发,2001(2):51—53.
[70] 张静抒."金苹果"理论与员工承诺管理[J].上海市社会科学界第七学术年会论文集,2009:

215—221.

[71] 唐宁玉,郑兴山,张静抒.文化智力的构思和准则关联效度研究[J].心理科学,2010,33(2):485—489.

[72] 吴志明,武欣.高科技团队变革型领导、组织公民行为和团队绩效关系的实证研究[J].科研管理.2006年6期.

[73] 贾良定,陈永霞,宋继文等.变革型领导、员工的组织信任与组织承诺——中国情景下企业管理者的实证研究[J].东南大学学报(哲学社会科学版).2006年6期.

[74] 王赛男,高峰强,王鹏.变革型领导、组织集体效能、工作态度关系研究综述[J].现代管理科学.2006年9期.

[75] 王辉,忻蓉,徐淑英.中国企业CEO的领导行为及对企业经营业绩的影响[J].管理世界.2006年4期.

[76] 李超平,田宝,时勘.变革型领导与员工工作态度:心理授权的中介作用[J].心理学报.2006年2期.

[77] 肖金岑,赵修文.组织支持感、心理契约、员工忠诚度三者关系的实证研究[J].人力资源管理.2015年3期.

[78] 王雁飞.员工援助计划(EAP)在我国的现状与前景[J].人才开发,2005.

[79] 时勘.人力资源开发的心理学研究概况[J].《管理科学学报》,2001,4(3):30—35.

[80] 周石.80后员工"职业观"分析[J].管理世界,2009,(4):184—185.

[81] 李燕萍,侯烜方.新生代员工工作价值观结构及其对工作行为的影响机理[J].经济管理,2012,(5):77—86

[82] 蒋建文,赵曙明.心理资本与战略人力资源管理[J].经济管理,2007,(9):55—57.

[83] 李锐,凌文辁,惠青山.真诚领导理论与启示[J].经济管理,2008,(5):47—53.

[84] 孙晓军,周宗奎.探索性因子分析及其在应用中存在的主要问题[J].心理科学,2005,28(6):1440—1442.

[85] 唐春勇,胡培,陈宇.个性与关联绩效关系研究的发展[J].当代财经,2006,5(258):76—79.

[86] 王碧英,高日光.基于心理资本的人力资源管理研究[J].科技进步与对策,2010,27(6):149—151.

[87] 张阔,张赛,董颖红.积极心理资本:测量及其与心理健康的关系[J].心理与行为研究 2010,8(1):58—64.

[88] 曾明,秦璐.工作满意度研究综述[J].河南教育学院学报(哲学社会科学版),2003,22(1):101—104.

[89] 张治灿,方俐洛,凌文辁.中国职工组织承诺的结构模型研究[J].管理科学学报,2000,3(2),76—80

[90] Agho A O, Mueller C W, Price J L. Determinants of employee job satisfaction: An empirical test of a causal model[J], Human Relations, 1993, 46(8): 1007—1027.

[91] Ansari M A, Kapoor A. Organizational context and upward influence tactics[J]. Organizational Behavior and Human Decision Processes,1987,40:39~49.

[92] Arvey R D, Carter G W, Buerkley D K. Job satisfaction: Dispositional and situational influences [J], International Review of Industrial and Organizational Psychology, 1991, 6:359—383.

[93] Avey J B, Luthans F, Mhatre K H. A call for longitudinal research in positive organizational behavior[J]. Journal of Organizational Behavior, 2008,29:705—711.

[94] Avey J B, Luthans F, Smith R M, et al. Impact of positive psychological capital on employee wellbing over time[J]. Journal of Occupational Health Psychology, 2010, 15:(1):17—28.

[95] Avey J B, Luthans F, Youssef C M. The additive value of positive psychological capital in predicting work attitudes and behaviors[J]. Journal of Management, 2008: 1—40.

[96] Avey J B, Wernsing T S, Luthans F. Can positive employees help positive organizational change? [J]. The Journal of Applied Behavioral Science, 2008, 44:48—70.

[97] Avolio J B, Gardner W L. Authentic leadership development: Getting to the root of positive forms of leadership[J]. Leadership Quarterly, 2005, 16(3):315—340.

[98] Avolio B J, Zhu W, Koh W, etal. Transformational leadership and organizational commitment: Mediating role of psychological empowerment and moderating role of structural distance[J]. Journal of Organ Dysfunction, 2004.

[99] Baiyin Yang, Cervero R M, Valentine T, et al. Development and validation of an instrument to measure adult educators' power and influence tactics in program planning practice[J]. Adult Education Quarterly[J], 1998, 48(4):227—244.

[100] Bakker A B, Schaufeli W B, Leiter M P, et al. Work engagement: An emerging concept in occupational health psychology[J]. Work and Stress, 2008, 22: 187—200.

[101] Bandura A. An agentic perspective on positive psychology // Lopez S J. Positive psychology: Exploring the best in people westport[M]. CT: Greenwood Publishing, 2008, 1: 167—196.

[102] Baron R A. Environmentally induced positive affect: Its impact on self-efficacy, task performance, negotiation and conflict[J]. Journal of Applied Social Psychology, 1990, 20:368—384.

[103] Bass B M, Bass R. The bass handbook of leadership: Theory, research, and managerial applications[M]. Simon and Schuster, 2009.

[104] Bass B M, Avolio B J. Improving organizational effectiveness through transformational leadership [M]. Thousand Oaks, CA: Sage Publications, 1994.

[105] Begley T M, Lee C, Fang Y Q. Power distance as moderator of the relationship between justice and employee outcomes in a sample of Chinese employees[J]. Journal of Managerial Psychology, 2002, 17(8): 692—711.

[106] Berkman P L. Measurements of mental health in a general population survey[J]. American Journal of Epidemiology, 1971, 41:105—111.

[107] Bortero I C, Dyne L V. Employee voice behavior interactive effects of LMX and power distance in the United States and Colombia[J]. Management Communication Quarterly, 2009:23(1), 84—104.

[108] Cameron K S, Dutton J E, Quinn R E(Eds). Positive organizational scholarship[M]. San Francisco: Berrett-Koehler, 2003.

[109] Case T, Dosier L, Murkinson G, et al. How managers influence superiors: A study of upward influence tactics[J]. Leadership and Organizational Development Journal, 1988, 9(4):25—31.

[110] Chen Z X, Aryee S. Delegation and employee work outcomes: An examination of the cultural context of mediating processes in China[J]. Academy of Management Journal, 2004, 50(1): 226—238.

[111] Dorfman P W, Howell J P. Dimensions of national culture & effective leadership patterns: Hofstede revisited// McGoun (Ed). Advances in international comparative management[M]. Greenwich, CT: JAI, 1988:127—149.

[112] Dosier L, Case T, Keys B. How managers influence subordinates: An empirical study of downward influence tactics[J]. Leadership and Organizational Development Journal, 1988, 9(5):22—28.

[113] Erez M, Rim Y, Keider I. The two sides of the tactics of influence: Agent vs. target[J]. Journal of Occupational psychology, 1986, 59:25—39.

[114] Erez M, Rim Y. The relationship between goals, influence tactics, and personal and organizational

variables [J]. Human Relations,1982,35:877—878.

[115] Falbe C M, Yukl G. Consequences for managers of using single Influence tactics and combinations of tactics[J]. Academy of Management Journal, 1992,7:638—653.

[116] Farling M L, Stone A G, Winston B E. Servant leadership: Setting the stage for empirical research [J]. The Journal of Leadership Studies, 1999, 6(1/2):49—72.

[117] Haden S C, Scarpa A, Jones R T. Posttraumatic stress disorder symptoms and injury: the moderating role of perceived social support and coping for young adults[J]. Personality and Individual Differences, 2007,42:1187—1198.

[118] Hale J R, Fields D L. Exploring servant leadership across cultures: A study of followers in Ghana andthe USA[J]. Leadership, 2007, 3(4):397—417.

[119] Hochwarter W A, Kacmar C, Perrewé P L, et al. Perceived organizational support as a mediator of the relationship between politics perceptions and work outcomes[J], Journal of Vocational Behavior, 2003, 63 (3):438—456.

[120] Hui C, Lee C, Rousseau D M. Employment relationships in China: Do workers relate to the organization or people[J]? Organization Science, 2004, 15(2):232—240.

[121] JensnS M, Luthans F. Relationship between entrepreneurs psychological capital and their authentic leadership[J]. Journal of Managerial, 2006, 18:254—273.

[122] Judge T A, Bono J E. Relationship of core self-evaluations traits—self-esteem, generalized self-efficacy, locus of control, and emotional stability—with job satisfaction and job performance: A meta-analysis [J]. Journal of Applied Psychology,2001,86(1), 80—92.

[123] Keyes C L M. Promoting and protecting mental health as flourishing: A complementary strategy for improving national mental health[J]. American Psychologist, 2007,62: 95—108.

[124] Liden R C, Wayne S J, Spanowe R T. An examination of the mediating role of psychological empowerment on the relations between the job, interpersonal relationships, and work outcome[J]. Journal of Applied Psychology,2000,85(3):407—416.

[125] Liu Liwei, Zhao Erdong. China's Generation Y: New trend-setter in the workforce [J]. Wireless Communications, Networking and Mobile Computing, 2008. WiCOM '08. 4th International Conference on 12—14 Oct, 2008.

[126] Locke E A, Henne D. Work Motivation Theories[M]//Cooper C L, Robertson I T(eds). International Review of Industrial and Organizational Psychology. New York: Wiley,1986.

[127] Luthans F, Avolio B J, Walumbwa F O, et al. The psychological capital of Chinese workers: Exploring the relationship with performance[J]. Management and Organization Review, 2005, 1:247—269.

[128] Luthans F, Youssef C M. Human, social, and now positive psychological capital management: Investing in people for competitive advantage [J]. Organizational Dynamics,2004,33(2):143—160.

[129] Luthans F, Avey J B, Avolio B J, et al. Psychological capital development: Toward a micro-intervention[J]. Journal of Organizational Behavior,2006, 27:387—393.

[130] Luthans F, Avolio B J. The point of positive organizational behavior[J]. Journal of Organizational Behavior, 2009,30:291—307.

[131] Luthans F, Norman S M, Avolio B J,et al. The mediating role of psychological capital in the supportive organizational climate-employee performance relationship[J]. Journal of Organizational Behavior, 2008, 29: 2319—2238.

[132] Lyubomirsky S, King L, Diener E. The benefits of frequent positive affect: Does happiness lead to success [J] ? Psychological Bulletin, 2005,131: 803—855.

[133] Mathieu J E, Zajac D M. A review and meta-analysis of the antecedents, correlates, and consequences of organizational commitment[J]. Psychological Bulletin,1990,108(2):171—194.

[134] McGee G W, Ford R C. Two (or more) dimensions of organizational commitment: Reexamination of the affective and continuance commitment scales[J]. Journal of Applied Psychology, 1987, 72(4): 638—641.

[135] Meyer J P, Allen N J. Examination of the combined effects of work values and early work experience on organizational commitment[J]. Journal of organizational behavior, 1998, 19(1): 29—52.

[136] Moorman R H, Blakely G L. Individualism collectivism as an individual difference predictor of organizational citizenship behavior [J]. Journal of Organizational Behavior,1995,(16):127—142.

[137] Morris J H, Sherman J D. Generalizability of an organization commitment model[J]. The Academy of Management Journal, 1981, 24(3):512—256.

[138] Morse N C. Satisfactions in the white-collar job[M]. Institute for Social Research Center, University of Michigan, Ann Arbor, MI, 1953.

[139] Mosadeghrad A M. Principles of health care administration. Dibagran Tehran, Tehran, 2003.

[140] Motowidlo S J, Scotter J R. Evidence that task performance should be distinguished from contextual performance[J]. Journal of Applied Psychology, 1994, 79(4): 475—480.

[141] Mowday R T, Porter L, Steers R. Employee organization linkages: The psychology of commitment, absenteeism, and turnover[M]. New York: Academic Press, 1982.

[142] Murphy K J, Jensen M. Performance pay and top-management incentives[J]. Journal of Political Economy, 1990, 98(2):225—264.

[143] Paine J B, Organ D W. The cultural matrix of organizational citizenship behavior: some preliminary conceptual and empirical observations[J]. Human Resource Management Review, 2000, 10(1): 45—59.

[144] Patterson K, Russell R F. Transformational versus servant leadership: A difference in leader focus [J]. Leadership & Organization Development Journal, 2004, 25(4): 349—361.

[145] Patterson K. Servant leadership : A theoretical model[D]. Regent University,2003.

[146] Philip J, Manhardt, Job orientation of male and female college graduates in business[J]. Personnel Psychology, 1972, 25(2): 361—368.

[147] Podsakoff P M, Mackenzie S B, Paine J B, et al. Organizational citizenship behaviors: A critical review of the theoretical and empirical literature and suggestions for future research[J]. Journal of Management, 2000,26(3):513—563.

[148] Porter L M, Steers R M, Mowday R T, et al. Organizational commitment, job satisfaction and turnover among psychiatric technicians[J]. Journal of Applied Psychology, 1974, 59(3):603—609.

[149] Porter L W, Campon W J, Smith F J. Organizational commitment and managerial turnover:A longitudinal study[J]. Organizational Behavior and Human Performance, 1976, 15(1):87—98.

[150] Prince L. Eating the menu rather than the dinner: Tao and leadership[J]. Leadership, 2005.

[151] Rice R W, Gentile D A, McFarlin D B. Facet importance and job satisfaction[J]. Journal of Applied Psychology,1991,76(1): 31—39.

[152] Riketta M. Attitudinal organizational commitment and job performance: A meta-analysis[J]. Journal of Organizational Behavior, 2002,23(3):257—266.

[153] Robbins S P. Values, Attitudes, and Job Satisfaction [M]. Prentice Hall, Englewood Cliffs, NJ, 1998.

[154] Russell R F, Stone A G. A review of servant leadership attributes: developing a practical model [J]. The Leadership & Organization Development Journal, 2002, 23(3): 145—57.

[155] Sagie A, Elizur D, Koslowsky M. Work values: A theoretical and a model of their effects[J]. Journal of Organization Behavior, 1996, 17:503—514.

[156] Savery L K. Perceived and preferred styles of leadership: Influences on employee job satisfaction [J]. Journal of Managerial Psychology, 1991, 6(1): 28—32.

[157] Scarpello V, Campbell J P. Job satisfaction: are all the parts there? [J]. Personal Psychology, 1983, 36(3): 89—95.

[158] Seashore S E, Taber T D. Job satisfaction and their correlation[J]. American Behavior & Scientist, 1975, 18(5):333—368.

[159] Senjaya S. Development and Validation of Servant Leadership Behavior Scale[D]. Servant Leadership Research Roundtable, 2003.

[160] Seo Y, Ko J, Price J L. The determinants of job satisfaction among hospital nurses: A model estimation in Korea[J]. InternationalJournalofNursingStudies, 2004, 41(4):437—46.

[161] Shalley C E, Zhou J. Oldman G R. The effects of personal and contextual characteristics on creativity: Where should we go from here[J]? Journal of Management, 2004, 30:933—958.

[162] Sheldon M E. Investment and involvements as mechanisms producing commitment to the organization[J]. Administrative Science Quarterly, 1971, 16(2):143—149.

[163] Sheridan J E, Abelson M A. Cusp catastrophe model of employee turnover[J]. The Academy of Management Journal, 1983, 26(23):418—436.

[164] Smith P C, Kendall L M, Hulin C L. A linear model of job satisfaction[J]. Journal of applied Psychology, 1969, 49(3):209—216.

[165] Smith B N, Montagno R V, Kuzmenko T N. Transformational and servant leadership: content and contextual comparisons[J]. Journal of Leadership and Organizational Studies, 2004, 10(4): 80—91.

[166] Spangler W D, Braiotta L. Leadership and corporate audit committee effectiveness[J]. Group & Organization Management, 1990, 15(2):134—157.

[167] Spears L C. Insight on leadership: Service, stewardship, spirit, and servant leadership[M]. New York: John Wiley, 1998.

[168] Spears L C. Reflections on leadership: How Robert K. Greenleaf's theory of servant leadership influenced today's top management thinkers[M]. New York: John Wiley, 1995.

[169] Spreitzer G M, Doneson D. Musings on the past and future of employee empowerment[M]. Forthcoming in 2005 in the Handbook of Organizational Development, 2005:5.

[170] Spreitzer G M. Individual empowerment in the workplace: Dimensions, measurement, validation [J]. Academy of Management Journal, 1995, 38: 1442—1465.

[171] Steers R E. Antecedents and outcomes of organizational commitment[J]. Administrative Seience Quarterly, 1977, 22(5): 46—56.

[172] Stone A G, Russell R F, Patterson K. Transformational versus servant leadership: A difference in leader focus[J]. Leadership & Organization Development Journal, 2004.

[173] Swailes S. Organizational commitment: A critique of the construct and measures[J]. International Journal of Management. Reviews, 2002, 4(2): 155—179.

[174] Tampoe M (Ed). Knowledge management and organizational design [C]. Boston, MA: Butterworth Heinemann Press, 1996: P 179—190.

[175] Tomas K W, Velthouse B A. Cognitive elements of empowerment and "interpretive" model of intrinsic task motivation [J]. Academy of Management Review, 1990, 15.

[176] Trot M C, Windsor K. Leadership effectiveness: how do you measure up[J]? National Institutes of

Health, 1999, 17(3):127—30.

[177] Vance C, Larson E. Leadership research in business and health care[J]. Nurse Scholars, 2002, 34(2):165—71.

[178] Vandenberg R J, Lance C E. Examining the casual order of job satisfaction and organizational commitment[J]. Journal of Management, 1992, 18(1): 153—67.

[179] Vroom V H. Ego involvement, job satisfaction, and job performance[J]. Personnel Psychology, 1962, 15(2):159—177.

[180] Wagnild G M, Young H M. Development and psychometric evaluation of the resiliency scale[J]. Journal of Nursing Management, 1993,1:165—178.

[181] Walumbwa F O, Wang P, Wang H, et al. Psychological processes linking authentic leadership to follower behaviors[J]. The Leadership Quarterly, 2010, 21(5): 901—914.

[182] Watson D, Slack A K. General factors of affective temperament and their relation to job satisfaction over time[J]. Organizational Behavior and Human Decision Processes, 1993, 54(2): 181—202.

[183] Weiner. Commitment in Organizations: A normative view[J]. Academy of Management Review, 1982, 7(3): 418—428.

[184] Weiss D J, Davis R V, England G W, et al. Manual for the Minnesota satisfaction questionnaire [M]. University of Minnesota, Industrial Relations Center,1967.

[185] William A. EAPs: Investments, not costs[J]. Textile World. 2001,151(5); Wilson Applied Science & Technology Abstracts.

[186] William G E, William S H, Michael A R. Employee Assistance Programs: Wellness/ enhancement programing[M]. U. S. A: Springfield Illinois,2003.

[187] Wilson P A. The effects of politics and power on the organizational commitment of federal executives[J]. Journal of Management, 1995, 21(1):101—18.

[188] Wong C, Hui C, Law K S. Causal relationship between attitudinal antecedents to turnover, Best papers proceedings[J]. Academy of Management Journal, 1995:342—346.

[189] Woolley L, Caza A, Levy L. Authentic leadership and follower development: Psychological capital, positive work climate, and gender[J]. Journal of Leadership & Organizational Studies, 2010.

[190] Wright T A. Positive organizational behavior: An idea whose time has truly come[J]. Journal of Organizational Behavior, 2003,24:437—442.

[191] Wright T A, Bonett D G, Sweeney D A. Mental health and work performance: Results of a longitudinal feld study[J]. Journal of Occupational and Organizational Psychology, 1993,66: 277—284.

[192] Wu P C, Chaturvedi S. The role of procedural justice and power distance in the relationship between high performance work systems and employee attitudes: A Multilevel perspective[J]. Journal of Management, 2009,35(5):1228—1247.

[193] Yammarino F Y, Dubinsky A J. Transformational leadership theory: Using levels of analysis to determine boundary conditions[J]. Personnel Psychology, 1994,47(4):787—811.

[194] Yousef D A. Organizational commitment: A mediator of the relationships of leadership behavior with job satisfaction and performance in a non-western country[J]. Journal of Managerial Psychology, 2000, 15 (1): 6—28.

[195] Youssef C M, Luthans F. Positive organizational behavior in the workplace: The impact of hope, optimism and resilience[J]. Journal of Management, 2007,33: 774—800.

[196] Yukl G. Leadership in organizations, 4thed[M]. Upper Saddle River: Prentice-Hall, 1998.

后　记

　　2015年8月，不管是中国、美国或是其他国家及地区的一些炒股人士，都经历了撕心裂肺的股票狂跌的痛苦，也感受到过股票暴涨的欣喜若狂。对于股票价格波动等问题的分析，多数人喜欢从经济学、金融学等学科出发，而不大习惯利用心理学分析问题解决问题。从理性分析，股市上多数人是难赚钱的，但是绝大多数股民都过度自信，抱着投机心理入市，认为别人可能赌输，而自己会是赢家。事实上，股票价格的波动和股民的心理预期关系密切。随着股价涨落，有人跳楼自杀有人患精神病，也有人泰然处之、镇定自若，所以说，如何调节心理和行为是一种心理技术。我们编写这本《管理心理学》，就是希望能够帮助大家养成"从心出发"的习惯。

　　现在大家看到的这本《管理心理学》，是在我15年前所编的一本《管理心理学》和6年前的一本《心理管理》著作基础上的思考、总结、提炼和发展。我虽然已经编撰、主编、参编50多本不同的著作，这本《管理心理学》还是编写得非常投入，感觉辛苦、劳累，不容易。

　　2000年，我和复旦大学孙时进博士合作主编了《管理心理学》，在立信会计出版社出版后，比较受欢迎，多次重印。时年，复旦大学的心理系还没有重建成功，当时孙老师担任复旦大学心理研究中心主任，我担任常务副主任，同时担任复旦大学心理咨询中心常务副主任。20世纪20年代，因为行为主义心理学家郭任远本人在世界心理学界有重要影响，他又有复旦大学校长的权力，还有愿意为心理学发展出钱的亲戚，所以，当时的复旦大学的心理学曾经辉煌过。后来，复旦大学的心理学衰落了。衰落容易，重建艰难，虽然我在复旦工作时，跟随孙时进老师为复旦心理学的再度辉煌做了一点小事，但是没有等到心理系重建成功就离开复旦，来了上海交通大学。孙时进教授在恢复发展复旦大学心理学系工作中劳心费神、奔走呼喊，其中的艰难困苦，一般人很难知晓。在最艰难的有些日子，我们甚至借助《周易》来抛卦，希望从中国的古老智慧中获得启发，进而自强不息。很多人觉得在社会上做生意辛苦，其实，在大学里做成一件事情同样不容易。

　　2000年之前，我主要在复旦大学从事心理学方面的工作。除了做心理咨询外，当时复旦大学的5个教学楼，我都去讲过课、做过讲座，教授诸如"管理心理学""东方心理修炼""社会心理学""大学生心理调适"等方面的内容。

　　在到上海交大工作前的一年时间，我的编制虽然在复旦大学，人实际上在上海杨浦区区委、杨浦区商业委员会挂职锻炼。这一年对我的影响很大，在杨浦区一年的工作经历，让我重新思考了政党管理、国家管理、企业管理等一些大问题。

　　2001年之后，我到上海交通大学安泰经济和管理学院工作，管理学和心理学方面的教学和实践活动同时进行，在上海交大内外讲授"组织行为学""管理心理学""心理咨询会通""积极心理学""领导科学与领导艺术""创业领导力""人力资源管理""绩效管理""薪酬管理""人才测评""商业模式""国学与管理""中西管理会通"等课程。

　　在从事教学工作的同时，2002年，我和几个对管理咨询感兴趣的朋友一起创立了上海慧圣咨询公司。叫人欣慰的是，我们慧圣咨询得到很多机构的认可。客户的实力间接显示我们的服务能力，慧圣咨询公司为中国进入世界500强的一半企业，以及一些民营企业、党政机构提供咨询和服务。

我们编写的这本《管理心理学》，注重有效指导中国管理实践。因为身兼大学管理学院教师和咨询公司董事长总经理，接触过多种不同职务的人员，加之经历也比较丰富，发现在实际的管理工作中，大家主要以能否解决现实问题为导向，很少区分影响自己行为的理念和理论是属于哪个学科、东方的还是西方的、是中国的还是外国的。也就是说，人们在从事管理工作时，以是否有用、能否解决问题为标准，人们对管理学和心理学的分歧、流派关注很少，重点关注如何能够解决现实问题。在诸多复杂的管理现象的背后，我发现心理活动是核心平台，于是2009年我在机械工业出版社出版了《心理管理》一书，从参与编写者的选择，到内容安排，都重视理论和管理实践的结合。

这本《管理心理学》在继承国内外同类著作的基础上，反对简单地把管理心理学的学科性质归属于心理学或者管理学，认为管理心理学是管理学与心理学的交叉学科；突出了领导的地位，把"领导"安排到了前面位置，用"领导要务"一章将中西方的领导新理论进行了融合，强调领导者自我管理的重要性；基于国际化和本土化相结合的原则，对西方管理心理学理论和中国古代管理心理思想都作了介绍；提出中国管理心理学的理论基础是治心为上论、人性复杂论、五行系统论、知行统一论和阴阳平衡论。"五论"之中，治心为上论是核心，本书希望领导者从心理资本出发，尊重员工个别差异，洞察心智模式，重视心理契约，重视物质激励和精神激励，关心身体健康和心理健康，整合资源，系统优化，共同为组织获得高绩效而努力。

对于这本书也有许多遗憾，例如，对于管理行为的生理机制基本上没有涉及。我本科是学医学的，一直觉得生理基础重要，但是国内外生理心理学、神经管理学的研究成果还比较少，而且许多成果争议比较大。所以，原来计划安排的管理行为的神经生理基础等内容，在最后统稿时还是删除了。

"巧者劳而智者忧，无能者无所求。"我主编过《青年心理学》《管理心理学》《高级人力资源管理师》《培训与开发》和《绩效管理》等教材，也写过论文、专著，明显感觉编写教材比写论文写专著更艰辛。写书确实是很辛苦的事情，为了写书，得放弃其他很多工作和乐趣，当然，我本人对读书、管理咨询、心理咨询、写书内心欢喜，再辛苦也坚持下来了。我能够在周围写书氛围很差的文化中，坚持做这些苦差事，是因为有非常重要的精神力量鼓舞着——我本科、硕士和博士的导师都是著作等身的饱学之士，而且都是新学科的开拓者、创始人：成都中医药大学的王米渠老师，出版了第一本中医心理学专著，是中医心理学的主要创始人；上海师范大学燕国材老师，是中国心理学史和非智力因素理论的主要创始人；复旦大学苏东水老师，是东方管理学的主要创始人。智者寿，这三位学术导师都是80多岁的学者了，他们仍然意志坚强、主动勤奋、博学善思、笔耕不辍。我如果懈怠、与世浮沉、不看书不写书，觉得对不起导师的教诲。当然，书里也直接借鉴、引用了三位导师的思想和成果，其中复旦大学苏东水老师的《管理心理学》，是中国发行量最大的几本同类教材之一。

本书由本人主编，上海交通大学马喜芳、周蕾，上海慧圣咨询公司陈霜晶任副主编。

参加编写的人员有上海交通大学颜世富、马喜芳、慈小聪、周蕾、吕小俊、仝月荣、朱建征，中国社会科学院吴琼、姚成，华东师范大学王锋，中国中医科学院王昊，清华大学秦静，湖南师范大学卞军凤，湖南邮电职业技术学院陈红，喀什大学姑海尔尼沙·麦麦提，苏州大学陶新华，香港珠海学院庄清，上海市就业促进中心张云鹰，苏州中科慧盛生物科技公司董事长、国家级脉慧特科技博士后工作站站长夏金华博士，财通基金管理有限公司李娟，上海慧圣咨询公司陈霜晶、孙立攀、张琳、蒋懿琰、陈荣、曹艳荣。

编写教材一定要继往开来，有集成，有总结，有提炼，同时又要求适度的创新发展。宋朝张载道出了我们编写教材的目标："为往圣继绝学，为万世开太平。"但是继承什么创新什么、继承多少创新多少，这个度很难把握。本书学习、借鉴、引用了很多国内外专家学者的研究成果，在此表示真诚的感谢。我们力图处理好继承和创新的关系，但是在度的把握上肯定还有许多地方处理得不合适，真诚欢迎大家提出批评意见和改进性建议。欢迎热心的读者直接发电子邮件给我：

sfyan@vip.sina.com；sfyan@sjtu.edu.cn

真诚感谢北京大学出版社黄蔚编辑的辛勤工作，从组稿，到编写体系、编写体例、文字处理等方面，她都给予了许多帮助。

颜世富
2015年9月5日
于上海交通大学安泰经济与管理学院大楼18楼